法治思维与法律方法文库

中国司法的经验与智慧

指导性案例中法律方法的运用实践

EXPERIENCE AND WISDOM FROM CHINESE JUDICATURE

孙光宁◎著

国家社科基金“案例指导制度的实践经验与发展完善研究”（18BFX056）研究成果

国家社科基金重大项目“新兴学科视野中的法律逻辑及其拓展研究”（18ZDA034）

山东大学（威海）青年学者未来计划研究成果

中国法制出版社
CHINA LEGAL PUBLISHING HOUSE

目 录

第六章 部门法指导性案例的特点与重点

引　言

法律方法：指导性案例在推进法律统一适用中的独特优势

一、指导性案例研究与法律方法研究相结合的多重原因

在法治进程中，法律统一适用具有十分重要的实践意义和价值。十八届四中全会《关于全面推进依法治国若干重大问题的决定》明确："推进严格司法……加强和规范司法解释和案例指导，统一法律适用标准。"这为案例指导制度确定了基本定位和整体方向。最高人民法院院长周强指出："案例指导制度是最高人民法院根据中央关于司法改革的决策部署，为总结审判经验、加强监督指导、统一法律适用、提高审判质量、维护司法公正而建立的一项具有中国特色的司法制度。"在2010年《关于案例指导工作的规定》之后，最高人民法院陆续发布了多批几十个指导性案例，每一批指导性案例的发布，都会引起司法实践部门和法学理论研究者的重视，进而出现了不少以指导性案例为主题的研究成果。

关于统一法律适用，我国相关研究成果可以概括为以下几个方面。（1）统一法律适用的重要意义。法律实施的核心在于统一适用，是法治的基本原则与核心内容，具有重要的政治意义、社会意义和法治意义。（2）统一法律适用面临的困难。主要表现在新型案件带来的冲击、法律规范不明晰以及内部的冲突、个案差异的存在、司法政策的影响、地区与审级的不同、自由裁量权的不规范、裁判结果评判标准的不一致等诸多方面。在司法过

程中的具体表现包括缺少裁判依据的发现机制、裁判结论的论证机制和自由裁量权的调控机制等。（3）实现统一法律适用的机制，程序类机制包括上诉、审判监督、死刑核准等，组织类机制包括审委会、合议庭、法官会议等，此外还需要加强法官的专业化和基层法院组织建设。其中，案例指导是最主要的机制之一。

所有的指导性案例都带有一定的疑难色彩，针对的都是司法实践中遇到的各种难题。这种难题的出现会成为统一法律适用的巨大障碍，因为面对疑难案件，法官们会从不同的角度出发得出不同的结论，从而造成法律适用不够统一的情况。而所有的指导性案例中都包含着法律适用方法的运用，二者的结合具有非常重要的理论和实践意义。

法律方法的研究在学术领域中也被称为法律方法论或者法学方法论，或者法律适用方法。本书主要采用法律方法论的名称。从 20 世纪 90 年代开始，法律方法论中最为传统的分支——法律解释（学）开始在国内法理学研究中受到关注，出现了相当数量的研究成果。由法律解释到法律论证，再到其他法律方法论的分支（如利益衡量和漏洞补充等），整个法律方法论在法学研究中的地位不断上升。学者越来越意识到法律如何操作和适用之研究的重要性，我国的法学正在经历从宏大叙事到微观论证的研究转换。以立法为中心的研究视角正在逐渐被以司法为中心的研究所超越。返回“法的形而下”，形成法理学的实践品格，成为我国法学研究的一种重要进路。近些年来关注于具体操作层面的法律方法论研究也在这种背景下得以逐渐兴起。

进入 21 世纪，法律方法论逐渐成为国内法学研究中的“显学”。法律方法论研究论文呈逐年明显增长的趋势。以“法律方法”或“法学方法”为题名的专著或译著基本上都是在这个时期出版的。如果说，20 世纪国内法律方法论研究还主要局限于对法律解释的研究上，那么，21 世纪以来，国内学界逐渐有了“法律方法论”研究的明确意识。随着越来越多的学者和法官开始关注和研究法律方法及其中的基本理论问题，法律方法论的学科意识开始觉醒。我国学界推出了大批法律方法论研究译著、专著与论文。[1]实务部门的法律家立足于司法实践，也推出了一些法律方法论研究成果。

法律方法论在国内法学研究中的兴起，归根于其顺应了法治建设的实际需要。虽然，法学研究可以重视“形而上”的内容。但是，经世致用却是法学研究更为重要的部分，能够持续获得广泛关注的研究领域，大多都是能够满足实践需要的。在中国特色法律体系已经形成的背景下，如何将法律规范贯彻于实践之中，成为理论界与实务界共同关注的内容，而司法领域则是重中之重，这也是法律方法论研究的核心领域。可以说，法律方法的兴起和受到重视，是实践法治、贯彻法治、落实法治的需要。

在中国法治实践和理论发展过程中，来自西方的理论资源如何适应中国的语境，一直是一个重要却难以解决的课题，法律方法论的研究也不例外。二者结合的过程不是非此即彼，也不是一蹴而就，而是短期此消彼长、长期共生相济的。某些节点的出现能够推动西方理论与中国实践的结合，指导性案例就属于这种情况。换言之，对指导性案例的研究很可能是法律方法论寻求突破、与中国法治实践相结合的重要方式。从法律方法论的视角研究指导性案例有着十分重要的意义和价值，这一结论至少可以得到以下理由的支持。

第一，法律方法论的研究已经具备相当的基础，为研究指导性案例提供了理论前提和分析工具。从 20 世纪 90 年代以法律解释为开端，法律方法论的研究经过了二十多年的时间。从最初大规模的引介和翻译外国作品，到现在特别强调中国司法问题的成果；从当初法律解释的一枝独秀，到法律论证、法律推理、利益衡量和漏洞补充的百花齐放，法律方法论研究的成果已经非常丰富，也出现了不少与中国司法实践相结合的观点和成果。此外，从学科建设的角度来说，法律方法论又发展出法律解释学、法律逻辑学、法律修辞学和法律语言学等分支，使其理论体系更加全面和完善。整体理论上的丰富和完善，为微观上对特定案件进行

---

〔1〕对相关研究的详细学术梳理，请参见陈金钊、焦宝乾等：《中国法律方法论研究报告》，北京大学出版社 2012 年版；孙光宁等：《中国法律方法论研究报告（2011—2016）》，知识产权出版社 2017 年版。

细致分析提供了多种分析工具和视角，比较典型的是法律解释的诸多方法，包括文义解释、历史解释、目的解释、体系解释、社会学解释等，法律论证又包括逻辑方法、对话方法和修辞方法等。这些操作性较强的法律方法能够使得对案件的分析更加深入和透彻，使得最终的裁判结论具有坚实的根据和理由。

第二，每个指导性案例中都包含运用法律方法的典型实践，具有非常丰富的方法论因素。任何司法案件的审判过程，实质上都必须运用到法律方法，只是其中复杂和精密的程度有所不同。多数简单案件仅仅使用一种或者两种法律方法就能够形成判决结论。而指导性案例是从司法实践中遴选出来的优秀案例，体现了主审法官对法律规范的理解和对案件事实的认定，凝结了司法实践中的经验和智慧，其实质是法律方法的适用。从本书后续具体章节中可以看到，某一种法律方法能够体现在多个指导性案例之中，而某些指导性案例又综合运用了多种法律方法。可以说，指导性案例中体现了非常多的运用法律方法的因素，二者有着高度的内在契合。

第三，指导性案例具有正式效力，能够推动法律方法在司法实践中的认知和认可。根据最高人民法院《关于案例指导工作的规定》第 7 条："最高人民法院发布的指导性案例，各级人民法院审判类似案例时应当参照。"这里的"应当参照"就是官方确定的指导性案例的正式效力。虽然对于如何准确界定"应当参照"，在学界中还存有一定争议，但是，可以肯定的是，指导性案例具有正式效力，是重要的非正式法律渊源之一。在司法实践中，指导性案例并不能够成为直接的裁判依据，至少也可以作为说理的裁判理由。如果司法实践中出现了直接参照指导性案例的案件，那么其中所包含的方法论因素就能够得以体现，通过后案法官的参照行为而对某一类案件的审判发挥推动作用。而且，指导性案例的正式效力能够使其成为满足形式要件（判决应有明确的法律依据）的正当理由，这种推广法律方法的方式比单纯依靠学术界的呼唤更为直接有效。

第四，指导性案例来源于中国司法的实践，是扬弃法律方法论的本土资源。根据《关于案例指导工作的规定》第 4 条和第 5 条，能够推荐指导性案例的主体包括最高人民法院、高级人民法院、中级和基层人民法院（通过层级上报）以及社会相关人士。无论采取何种推荐模式，指导性案例都是中国司法实践中已经发生法律效力的案件。可以说，指导性案例都是源自司法实践的真实典型案例。如果说法学理论还可以直接从西方学说中引入并深受其影响的话，那么，源自中国司法实践的案件却不会受到西方法学理论的左右，而是按照自身特定的规律发生和发展。从这个意义上说，指导性案例是中国法律方法论研究的优秀本土资源，能够成为对西方法律方法论进行批判和吸收的资料和依据。这一点也是从法律方法论研究指导性案例最为重要的理由。

第五，目前已经公布的指导性案例已经呈现出越来越多的类型，能够更加丰富地展现法律方法的实践运用。与司法实践直接相关的指导性案例包括最高人民法院所发布的和最高人民检察院所发布的。相比而言，最高人民检察院所发布的指导性案例主要是刑事案件，而最高人民法院所发布的指导性案例则涵盖了多个主要的部门法。从最初传统的民事案件、刑事案件，再到后来的商事案件，甚至包括知识产权案件、劳动法案件和海商案件。最高人民法院的所发布的指导性案例，在数量上连续攀升，更在涉及的部门法领域中呈现出多种样态。案件数量和类型上的多样，为从法律方法论的视角展开分析提供了重要的前提。虽然具体的法律方法非常多，但是，并非都能够在同一类型的案件中适用。例如，遵守罪刑法定原则的刑事案件，强调文义解释方法，认为应当从刑法规范的一般含义来解读；民事案件中，法官拥有更多的自由裁量权，能够使得利益衡量和漏洞补充等方法有用武之地。在本书后续的章节中，有很多借助于多种法律方法对同一指导性案例进行分析的内容，可以更加细致地展示以上特点。

第六，指导性案例具有统一的正式文本，为法律方法论的细致分析提供了优质素材。根据《关于案例指导工作的规定》第 6 条："指导性案例，统一在《最高人民法院公报》、最高人民法院网站、《人民法院报》上以公告的形式发布。"这就意味着，每一个指导性案例都有统一的正式文本。从法学流派的角度而言，法律方法论总体上属于规范法学，带有明显的教义学属性，强调从正式法律规范出发来处理案件。具有统一正式文本的指导性案例，在这个意义上成为法律方法论研究的优秀素材。在很多受到社会舆论关注的案件中，法律方法论也能够发挥作用，但是，统一文本的缺乏使得对案件的解读往往呈现出“公说公有理，婆说婆有理”的情况，因为案件信息的提供者大多是带有特定倾向的大众媒体，甚至是网络传闻。换言之，虽然很多社会热点案例也可以从法律方法论的角度进行细致分析，但是，在基础文本上的不统一，对于精细化运作的法律方法论来说，会大大影响分析的准确性。

第七，指导性案例由最高人民法院发布，其中的方法论因素能够借助于司法系统得以推广。与英美法系的判例不同，指导性案例是由最高人民法院遴选和发布，并在地方各级法院中被参照。这一整体的运作方式带有明显的行政化色彩。虽然这一运作方式也受到了学者们的指摘，但是，在一定程度上却有助于指导性案例的迅速推广。在每次发布某一批指导性案例的时候，最高人民法院总会下达特定的“通知”，详细说明每一个指导性案例所追求的目标和效果。这就意味着，每个指导性案例都包含着最高人民法院的特定意图。通过地方法院参照指导性案例，最高人民法院的这些意图就会贯彻到司法实践之中，从而有利于实现法律的统一适用。同样在这个过程中，各种法律方法的实践运用也会被认知和认可，最终有利于提升各级法院司法实践中方法论因素的运用程度。

第八，指导性案例有前期铺垫，其中法律方法的运用容易被地方法院所接受。在案例指导制度出台之前，最高人民法院就经常在其公报中发布多个典型案例，并出版相关的案例汇编。这些都是地方法院研习的重要材料，虽然并不具有如指导性案例那样的正式效力。而且，很多地方法院，尤其是一些高级人民法院，早已开始汇编在本省审判实践中发挥效力的指导性案例，也成为本辖区内法院学习的材料。这样，即使通行全国的指导性案例是由最高人民法院所发布的，也并不会导致地方法院措手不及。地方法院早已在研习公报案例或者本省内的指导案例中初步领略了法律方法运用的实践。

第九，相比于抽象的理论言说，指导性案例能够以更加生动直接的方式提升法官运用法律方法的自觉性。在法律方法论研究过程中，抽象的理论概括是不可避免的，也是十分必要的。但是，过于抽象概括甚至晦涩的理论表达，难以被接触具体案件的司法者所接受，这种情况也影响了法律方法论发挥对司法实践的推动作用。而来源于司法实践的指导性案例则不同，它们都是具体的生动案件，并且正式文本中将案情经过、裁判理由、裁判要点等都给予明示。这实际上拉近了法律方法论与司法者之间的距离。将指导性案例中的法律方法因素进行分析和提升，将使得法官更加清晰地认知法律方法的内容及其重要性。虽然所有的案件都必然包含方法论的因素，但是，目前法官运用法律方法大多停留在自发的阶段，仅仅是基于长期的工作经验积累，缺乏理论上的概括和提升。通过展示指导性案例中法律方法的运用，法官可以直接体会到方法论的意义，从而推动其运用法律方法的自觉性。这是一种以案说“法”的工作，只是这里的“法”并非是法条或者法典，而是“方法”。从长远的角度来看，拥有方法论素质的司法者，能够更好地将案件事实与法律规范相结合，形成合法合理的高质量判决，对于法治进程的推动是大有裨益的。

第十，从法律方法论的视角研究指导性案例，有助于法学理论与部门法的结合。法律方法论要摆脱“屠龙之技”的困境，真正发挥对司法实践的推动作用，至少可以从两个方面着手，一是走向个案分析，二是与部门法结合。在西方法律方法论发展过程中，很多著名的方法论学者也大都在某一部门法领域享有盛誉。例如，著有《法学方法论》的拉伦茨也是著名的民法学者，考夫曼和格林则在刑法研究中颇有建树。但是，中国的法律方法论却主要是由法理学者倡议和推动的，在具体法律规范的认知和应用上存在着一定缺陷。指导性案例则能够实现以上两个方面的结合：既能够体现法律方法论走向个案的趋势，又能够通过部门法案件的分析实现其与法学理论的交融。

从以上几个方面的原因可以看到，从法律方法论的角度来分析和研究指导性案例，具有重要性、必要性和可行性。可以说，指导性案例是西方法律方法理论与中国具体司法实践的结合点，是中国法律方法论深入发展的宝贵本土资源，对推动法治建设也有相当重要的实际意义，值得全面分析和阐释。虽然法院等实务部门也会关注指导性案例，但是，从法律方法论的视角分析指导性案例，形成的结论能够弥补单纯从实务出发的局限和不足，体现法学理论对司法实践的推动作用。

二、指导性案例中的法律方法对推动法律统一适用的独特优势

在法律适用的过程中，有三个最主要的因素：案件事实、法律规范和审判主体。从统一法律适用的角度来说，案件事实是社会中自然发生的事实，决定着法律规范的选择和适用，并非由法律规范所决定，不能成为统一法律适用的因素。因此，要实现法律统一适用，需要从法律规范和审判主体两个方面入手。就法律规范方面而言，由于法官需要在个案中运用法律规范，因此，当法律规范越发细致和精确的时候，法官就越能够针对具体的案件事实直接运用法律规范。相反，当法律规定过于概括和模糊的时候，法官在寻找法律依据时就会遇到困难。这种统一法律适用的思路可以被称为“细化规范途径”，其典型代表为最高人民法院和最高人民检察院发布的司法解释。从内容上看，司法解释是对相关基本法律或者法律的细化，使得法律规范更加具体、便于操作和适用。例如，指导性案例 8 号的法律依据是《公司法》第 183 条，但是，在案件处理过程中如何判断公司的经营管理发生严重困难，该法律条文并没有给出具体标准和条件。《公司法解释（二）》第 1 条专门针对此问题进行了细致规定，判断公司的经营管理是否出现严重困难，应当从公司的股东会、董事会或执行董事等方面的运行现状进行综合分析。如果没有《公司法解释（二）》第 1 条的规定，只是依靠法官在具体案件中判断公司的经营管理发生严重困难，那么，极其多样的公司运行情况将使得法官需要付出极大的时间和精力去研判相关的判断标准。这样的情况不仅在指导性案例中非常常见，在普通案件的审理过程中也是屡见不鲜。甚至从某种意义上说，缺少了司法解释，法官仅

仅基于法律规定，难以在审理过程中形成准确判断，当然也容易造成法律适用的不统一。

但是，现有的司法解释在统一法律适用方面也有着自身的固有缺陷。即使法律规定通过司法解释得到细化，但是，仍然不可能为每一个案件提供现成答案。每一个具体案件都有自身特殊的案情，在抽象的法律规范和具体的案件事实之间，总是存在着差距，这也是法律适用方法存在的客观原因。虽然目前法官在审理案件时都力图寻找到最接近、最准确的法律规定作为依据，但是，法律规定总是带有抽象概括的属性，法官也总是需要发挥主观能动性来弥合法律规定与案件事实之间的距离。更重要的是，如果对于司法解释过于依赖，那么，法官基于这种思维定式在面对稍微疑难一点的案件时，就会变得不知所措。从长远的角度来说，以司法解释为代表的“细化规范途径”会影响法官的法律思维水平，使其难以对案件事实与法律规范之间的关系作出准确判断。例如，全国多地出现了职工在上下班途中被火车撞伤或者撞死的情况，一些法院机械适用《道路交通安全法》中的“机动车”定义，将火车排除在机动车概念之外，最终得出了“火车不是机动车”的错误结论。造成这一错误的原因之一，就在于对机动车这一概念的具体范围，除了《道路交通安全法》之外，没有其他法律或者司法解释作出规定，法官就简单套用了《道路交通安全法》中的概念界定。其实，对于判断火车是否属于机动车，法律适用方法就能够给出正确答案。例如，利用法律解释方法中的文义解释，即按照法律规范在日常语言文字中的一般含义，就能够判断火车属于机动车；结合目的解释、体系解释等其他解释方法，就能够更加充分地对该结论进行说明。再如，法律推理方法中存在日常推理，根据社会中的一般经验和常识，也能够判断火车属于机动车。从以上的对比可以看到，过于依赖司法解释存在不少消极影响。要统一法律适用，司法解释能够发挥重要作用，但是，对其局限性也应当有充分认知。在司法解释的“准立法”性质日益受到诟病的背景下，司法解释在统一法律适用方面也需要发生转变。

如果说司法解释是通过细化法律规范来实现法律的统一适用，那么，指导性案例则更多的是通过提升法官的素质和能力从长远的角度实现同样的目标。在指导性案例的正式文本中，专门设置了“裁判要点”，是直接表述案例中提炼或者体现出来的规则。从统一法律适用的角度来看，裁判要点的存在和司法解释在形式和内容上都没有本质区别，只是在系统性和全面性上有所差异：裁判要点仅仅概括了相应案例中的抽象规则，而司法解释则是对特定法律大规模全面地细化或者具体化。对于裁判要点的存废，学界一直有争议，即使在已经运行判例制度的大陆法系国家中，也是如此。赞成者认为，裁判要点的存在以简洁的方式明确了案例中的抽象规则，便于法官援引；反对者则认为，判例的重要性在于案件本身，裁判要点中明确表述的规则会使得法官忽视案例本身。从案例指导制度的整体发展来看，在运行初期应当在裁判要点中明确抽象规则，启动实务界对指导性案例的认知、认可和重视；在案例指导制度逐渐步入正轨之后，裁判要点的内容不宜过于具体，或者更多的内容转变为对核心案情的重述，这样可以引导法官关注案件的全貌。

可以说，指导性案例中的裁判要点部分，在功能上与司法解释是重合的；要真正发挥指导性案例在统一法律适用中的作用，关注的重点就不能限于裁判要点，而应放在其他方面，其中所蕴含法律适用方法就是重中之重。例如，指导性案例61号在裁判理由的第一部分，针对案件的核心争议之一进行了细致说明，表述为：“（一）符合刑法的立法目的……（二）符合法条的文意……（三）符合援引法定刑立法技术的理解……”。这样的表述直接表明了裁判理由所适用的方法，包括目的解释、文义解释和体系解释等。从这样的裁判理由中，法官能够发现各种法律适用方法如何与具体的案件事实相结合，如何利用法律适用方法来解决案件的争议问题。再如很多其他指导性案例的裁判理由直接体现了目的解释方法的运用，例如指导性案例21号认为：“免缴防空地下室易地建设费有关规定适用的对象不应包括违法建设行为，否则就会造成违法成本小于守法成本的情形，违反立法目的，不利于维护国防安全和人民群众的根本利益。”指导性案例40号认为：“如果将职工个人主观上的过失作为认定工伤的排除条件，违反工伤保险‘无过失补偿’的基本原则，不符合《工伤保险条例》保障劳动者合法权益的立法目的。”指导性案例46号认为：“商标的作用主要为识别性，即消费者能够依不同的商标而区别相应的商品及服务的提供者。保护商标权的目的，就是防止对商品及服务的来源产生混淆。”指导性案例64号认为：“电信业务的经营者作为提供电信服务合同格式条款的一方，应当遵循公平原则确定与电信用户的权利义务内容，权利义务的内容必须符合维护电信用户和电信业务经营者的合法权益、促进电信业的健康发展的立法目的……”这些都是借助于立法目的来对相应法律规范的含义进行阐释和说明，实质上就是目的解释方法的显性运用。

如果法官对裁判理由中的这些表述予以适当关注，就能够逐渐领会到其中法律适用方法的实践，从长远的角度来看，对其提升审判业务素质和能力都是十分有益的。虽然目前裁判理由中适用的各种法律方法多数仍然没有以显性的方式被表述和体现，需要进行细致挖掘才能发现，但是，只要反复研习指导性案例及其裁判理由，法官就完全可以将法律方法的运用从自发的经验总结发展到自觉的主动实践。员额制和责任制等司法制度，都对法官的业务素质提出了较高要求，不仅能够有效处理普通案件，对于疑难案件，也应当予以妥善应对。从法律方法论的角度来说，全面掌握法律方法有助于通过提升业务素质来审判疑难案件，指导性案例多数都带有疑难色彩，能够以直接、生动和具体的方式展现法律方法的运用实践，反复研习这些案例就能够逐渐掌握其中蕴含的法律方法。随着业务素质的整体提升，法官在面对疑难案件时能够形成相当的共识，从而推动了法律的统一适用。

司法解释与指导性案例，代表着两种不同的推动法律统一适用的途径。司法解释侧重于直接提供现成的抽象规则，特点是短平快和令行禁止；指导性案例则更关注审判者长期业务素质的提升，通过形成共识的方式推动法律统一适用，特点是慢工出细活和细水长流。司法解释的缺陷在于忽视了审判主体的能动性以及无法及时应对新类型案件，指导性案例的缺陷则是需要较长时间的经验积累和反复研习。简而言之，司法解释注重短期效果，而指导性案例则注重长期效果。二者对于推动法律统一适用来说具有优劣势上的互补关系，都应当等量齐观。以往的司法实践过分重视了司法解释的作用，现在借助于正式的案例指导制度，我们也应当格外推崇指导性案例的细致研习。

三、指导性案例中的法律方法在推动法律统一适用方面的特点

从前文的论述中可以看到，指导性案例和法律适用方法有着非常密切的联系，二者相结合的研究有着充分的基础；指导性案例对于推进法律统一适用有着重要价值，这种价值主要是通过其中法律适用方法的研习来提升法官素质得以体现。目前很多关于指导性案例的研究已经开始关注以上方面的内容，但是这一点还没有完全得到学界的充分认知。要将这方面的内容进行细致分析，需要关注的问题是指导性案例中法律适用方法在推动法律统一适用方面的特点。从本书的内容安排上可以看到，同一个指导性案例可以借助于多种法律适用方法得以分析。形成这一特点的主要原因如下：

首先，各种法律适用方法之间本身并非泾渭分明，在宏观体系上存在一定交叉之处。法律适用方法的体系包括法律解释、法律推理、法律论证、利益衡量和漏洞补充等，这些具体的适用方法并非一开始就得以构建，而是以法律解释为开端不断延伸发展出来的，各个学者从自身研究的侧重点出发，用不同的法律术语对司法过程展开分析。以上宏观体系是目前国内学者研究的概括和总结，并非一步到位地建立完整体系。在国外的相关研究中，各种法律适用方法也经常混用，出现交叉的情况是屡见不鲜的。而且，国外学者在分析相关理论问题时，并不特意区分诸如法律解释、法律论证、法律推理之间的严格区别，而是以论述问题或者案例为中心。只要是能够与论题相联系的理论资源，都可以援引。当然，特定地区的学者也经常保持自己的常用术语或者研究习惯，例如，德国学者经常使用“法学方法论”一词，其范围与法律方法论基本相当；而美国学者并不经常用到

法律方法论的总体体系，而主要是用法律推理来涵盖整个法律方法论体系。我们可以看到美国学者在以法律推理为主题的论文或者专著中，也大量充斥着法律解释和法律论证的运用。基于以上分析，无论是从法律方法论发展的历时性来看，还是从不同地区学者研究的传统来看，各种法律适用方法之间从来没有绝对严格的界限。各种具体法律适用方法之间存在的区别，往往是相对的。各种具体法律适用方法各自有其特点和侧重。所以，要借助于法律适用方法来分析指导性案例，需要将各种法律适用方法都界定在其狭义的范围之内。

其次，指导性案例作为疑难案件，可以而且需要利用多种法律适用方法进行全面分析。从案例指导制度的定位来看，要实现法律统一适用的目标，遴选的指导性案例就不能是常见的普通案件，因为这将降低指导性案例被认可和接受的程度，也无法满足法官的实际需要。当法官面对疑难案件难以形成准确判断、进而危及法律统一适用时，指导性案例能够在这个方面发挥重要作用，无论是在短期内提供具体规则，还是在长期内提升法官素质，都是其发挥作用的表现。而疑难案件之所以存疑，就在于案件事实与法律规范之间并不存在严格的对应关系，案件事实往往位于法律规范范围的灰色地带，甚至法律规范本身就有矛盾冲突、漏洞甚至空白之处。而法律适用方法恰恰是特别适合处理此类案件。以法律解释方法为例，多数普通案件依靠文义解释方法就能够得到裁判结果；而各种论理解释方法则可以细致分析法律规范的全面含义，及其与案件事实之间的复杂关系，从而为解决疑难案件提供重要参考。由此我们可以看到，面对同一个指导性案例，法官可以借助于多种法律适用方法，来消解其中的困难之处；多种法律适用方法在同一指导性案例的运用也为法官进行决策提供了全面参考。例如，针对指导性案例 6 号，可以从法律解释、法律推理和利益衡量等方法展开相关研究。当更多的法律适用方法都能够针对某一案件得到比较一致的结论时，即使面对的是疑难案件，法官也能够形成高质量的判决。当类似的疑难案件都得到类似的处理时，法律适用就能够在很大程度上保证一致的效果。

最后，指导性案例未必都完全在裁判理由中展示法律适用方法的运用实践，特定案件中需要深入分析才能看到。所有的指导性案例都需要经过层层遴选，而且最高人民法院在公布指导性案例的正式文本时，也对其裁判文书进行了重新编辑。因此，指导性案例文本中的裁判理由部分，未必能够完全反映原初案件的全部情况。而且，从形成判决结论的角度来说，多数裁判理由仅仅适用了少数几种法律适用方法。而要全面分析指导性案例的裁判理由，研究者应当基于法律适用方法的整体体系展开，并不能仅仅局限于裁判理由直接表现的法律适用方法。在法律适用方法的体系中，法律解释具有比较悠久的历史和操作性较强的具体方法，一直受到了司法者的重视，在指导性案例裁判理由中也得到了广泛体现。借助于法律推理和法律论证等其他方法，也能够对同样一个指导性案例的裁判理由进行阐释和说明。在尝试使用多种法律适用方法对指导性案例裁判理由进行分析之后，会形成兼听则明的全面效果。以此所展示的法律适用方法的综合实践，也能够为法官研习指导性案例及其相应的法律适用方法，提供丰富的素材。从这个意义上说，在全面分析指导性案例的裁判理由时，不仅需要关注其直接适用的方法，更要挖掘言外之意，从裁判理由没有直接涉及的方法出发，重新审视裁判理由。

总之，指导性案例非常适合引入法律适用方法的研究，而指导性案例中包含的法律适用方法的丰富实践，也非常有利于推动法律的统一适用。随着案例指导制度不断发展完善，指导性案例的数量也不断增多，法律适用方法在其中的实践也将日益丰富。二者的结合研究不仅能够推动法律方法在中国的扬弃和提升，更能够继续为司法实践中统一法律适用提供更加全面的理论参考。

第一章

指导性案例的基本类型及其法律方法

《关于案例指导工作的规定》第2条规定了指导性案例的几种主要类型：（一）社会广泛关注的；（二）法律规定比较原则的；（三）具有典型性的；（四）疑难复杂或者新类型的；（五）其他具有指导作用的案例。从法律适用方法的角度而言，第（二）和（四）类型是受到更多关注的。本章第一节中考察了抽象概念在指导性案例中的具体化方式，针对的是第（四）类型中的一种特殊情况。第二节则直接考察了第（二）类型，具体分析了指导性案例是如何将比较原则的、笼统的甚至模糊的规定进行细化的。第三节则是对已经公布的指导性案例重新进行了类型化，依据规则创新程度的不同，具体分为整合法律渊源、扩展规则界限和规避规范缺陷等类型。

第一节 抽象概念在指导性案例中的具体化方式

在司法实践中，如何将法律规范中的抽象概念进行具体化阐释，是一个比较困难的问题，具有正式法律效力的指导性案例能够为解决这一问题提供提示和启发。在指导性案例 11 号中，司法者对“利用职务上的便利”进行了扩张解释，对“公共财产”进行了创新性的界定，其中都体现了经验、智慧和实践理性。但是，这种阐释也有一定的隐忧，包括扩张解释边界、法官能动性的发挥都不确定，法律解释方法的实用主义色彩以及忽视量刑环节等。指导性案例中对抽象概念的阐释实质上是司法实践现状与发展方向的缩影。

一、对“利用职务上的便利”的扩张解释

案例指导制度已经从理论呼唤转变为制度实践，最高人民法院、最高人民检察院和公安部都宣布创制指导性案例。其中，最高人民法院所发布的指导性案例更受关注，也成为地方各级法院重点研习的对象。根据《关于案例指导工作的规定》第 7 条，地方各级法院在审理类似案件时应当参照指导性案例，这种正式的法律效力对司法实践工作有着重要影响。在指导性案例的正式文本中，裁判要点是核心内容，“指导性案例所确定的裁判要点，对人民法院审理类似案件、做出裁判具有指导作用，即在根据法律、有关司法解释做出裁判的同时，各级人民法院在审判类似案件时应当参照，

并可以作为裁判文书的说理依据加以引用”。〔1〕在指导性案例具有如此正式效力的背景下，地方各级法院更应当认真对待指导性案例。

最高人民法院已经陆续公布了十几批指导性案例，涵盖了多个部门法。从已经公布的这些案例可以看到，在严格遵守现行制定法的基础上，案件的主审法官大多能够灵活地适用法律规范，特别是对于司法实践中难以解释的抽象概念，运用多种法律适用方法进行阐释和解读，展现了高超的司法智慧和实践理性，特别值得后来的参照者效仿。相比于具体案件的参照，研习指导性案例所蕴含的法律适用方法能够提升后来司法者的业务能力和水平，也许是指导性案例更大价值所在。

法律规范大多都包含着不同抽象程度的概念，抽象概念一方面能够体现法律规范所追求的普遍性，另一方面也容易在与具体案情结合时出现龃龉。尤其是后一方面的内容，经常给司法者在实践中界定法律意义上的事实带来不少困难。特别是就我国的情况来说，转型时期复杂的社会形势使得高度抽象的法律规范难以招架，在遇到某些法律规范意义模糊或者矛盾时，司法者往往因为难以使其具体化到案件中陷入窘境。对指导性案例的深入分析和学习，能够带来一些提示和启发。这里选取指导性案例 11 号作为分析对象，探讨该案法院如何对贪污罪中的抽象概念进行具体化，进而形成高质量的判决结论。根据指导性案例 11 号的裁判要点，该案在判决贪污罪时有两个核心问题：(1)“利用职务上的便利”的主体不仅包括本人，还包括利用职务上有隶属关系的其他国家工作人员；(2)“公共财物”包括土地使用权，属于贪污的对象。

“利用职务上的便利”是贪污罪的主要犯罪行为方式，是对贪污罪本质属性进行概括的抽象概念。但是，无论是刑法条文还是最高人民法院的司法解释，都没有给该概念以明确的界定。可以说，这种缺失是由现实中贪污罪的多种复杂样态所决定的，同时也给司法者进行认定带来了不小的困难。根据 1999 年《最高人民检察院关于人民检察院直接受理立案侦查案

〔1〕张先明：《用好用活指导性案例 努力实现司法公正——最高人民法院研究室负责人就案例指导制度答记者问》，载《人民法院报》2011 年 12 月 21 日第三版。

件立案标准的规定》（试行）规定："贪污罪是指国家工作人员利用职务上的便利，侵吞、窃取、骗取或者以其他手段非法占有公共财物的行为。'利用职务上的便利'是指利用职务上主管、管理、经手公共财物的权力及方便条件。"这是对贪污罪中"利用职务上的便利"比较权威的界定，但是，这一界定仍然无法概括和应对多样的贪污现象，指导性案例 11 号就是如此。

在本案中，被告人杨延虎为义乌国际商贸城建设领导小组副组长兼指挥部总指挥，主持指挥部全面工作，对下属的土地确权报批科人员及其分管副总指挥打招呼，使得虚报的拆迁安置得以实现，进而获得拆迁安置补偿款。被告本人并没有直接主管、管理、经手公共财物，其是否构成贪污罪成为焦点问题。比较有影响力的一种观点认为，贪污罪中的"利用职务上的便利"，只能指行为人利用其职责范围内的主管、管理、经手公共财物的便利条件；无论是行为人主管、管理、经手公共财物，都是由行为人所担负的职责所产生。如果行为人利用与自己职责、职权无直接关系或者说不是以职责为基础的便利条件侵占本单位公共财物，就不属于"利用职务上的便利"。[1]换言之，行为主体所利用的"便利"必须是其依现任公职行使处分、处理或者控制公共财物或具有公共财物本质属性的特定的非公共财物的职务行为的过程和时机，即行为主体与其职务行为的涉公共财物性密不可分。[2]可以说，目前比较主流的观点关注更多的是对利用职务便利的具体方式进行划分和界定，但是对行为主体的范围有所忽视，大多是默认将"本人"作为利用职务便利的主体，几乎很少关注将与其有隶属关系的其他国家机关工作人员也作为"利用职务便利"的主体，这种忽视在指导性案例 11 号中便遇到了法律适用上的困难。

指导性案例 11 号在裁判理由中直接认定，贪污罪中的"利用职务上的便利"，是指利用职务上主管、管理、经手公共财物的权力及方便条件，既包括利用本人职务上主管、管理公共财物的职务便利，也包括利用职务上

〔1〕 肖中华：《也论贪污罪的"利用职务上的便利"》，载《法学》2006 年第 7 期，第 138～139 页。
〔2〕 刘流：《论贪污罪中"利用职务上的便利"》，载《法律适用》2001 年第 6 期，第 26 页。

有隶属关系的其他国家工作人员的职务便利。但是，这种认定并没有给出充分的论证和说理。从法律解释方法的角度来说，在指导性案例11号中，行为主体范围上的扩展属于扩张解释方法的运用。

扩张解释是指法律条文之文义过窄，不足以表示立法真义，乃扩张法律条文之文义，以求正确阐释法律意义内容的一种解释方法。〔1〕适当的扩张解释并不违背罪刑法定原则，有利于实现刑法人权保障机能和社会保护机能的统一，有利于增强稳定、抽象的刑法立法对易变、复杂的社会现实的适应性，具有重要的实践价值。〔2〕但是，扩张解释也应当有必要的界限，“刑法条文所可能具有的最宽含义”“法律条文逻辑含义许可范围”“具有解释对象核心属性”“国民预测可能性”和“合法＋合理”标准等，都是学者提出的实体限制方式。还有学者提出了过程论的操作方式，主张展开合理的扩张解释时，应当遵循一定的操作路径：（1）需要判断所要解决的事项是否属于扩张解释的对象；（2）需要根据一般公民的预测可能性对刑法条文用语的通常含义进行正向扩展，然后根据处罚的必要性进行反向限缩；（3）需要通过法律商谈来检验解释结论的性质；（4）需要通过一种程序性方式，来终局性地解消对实体性问题的分歧。〔3〕这些限制方式固然有其学理价值，但是，对于具体的司法实践操作来说，仍然显得过于繁复、模糊和抽象，难以真正实现具体化的目标。指导性案例11号能够以直观的方式展现扩张解释的实践应用，虽然在其裁判理由中并没有明确给出扩张的理由，但是，我们仍然可以分析该案法官进行扩张解释的实体原因。

在分析这些实体原因之前需要明确的问题是：扩张解释在法律解释方法体系中的地位，也即其与其他法律解释方法的关系。法律解释中众多具体的解释方法并非独立，而且与其他方法之间并非截然区分。就其具体操作特点而言，扩张解释不得不依赖其他实质性或权威性理由（论据）的支持，因而并不能称为相对独立的解释方法。与其说它们是某种法律解释方

〔1〕杨仁寿：《法学方法论》，中国政法大学1999年版，第110页。
〔2〕陈志军：《论刑法扩张解释的根据与限度》，载《政治与法律》2005年第6期，第110页。
〔3〕冯军：《论刑法解释的边界和路径——以扩张解释与类推适用的区分为中心》，载《法学家》2012年第1期，第63页。

法，还不如说是针对法律解释结果的某种分析；而解释结果的得出，则可能是其他法律方法论家庭成员的功劳。[1]换言之，扩张解释主要是一种基于其他解释方法而形成的最终结果表现，有很多解释方法都能够在指导性案例11号中得以适用，并最终形成扩张解释结果，比较典型的是目的解释和类推解释，我们可以对此展开分析。

（一）基于目的解释的扩张解释结果

在刑事领域中，被告人的权利具有优先地位，这使得在发生疑案时应当按照有利于被告人的方式进行刑法解释。但是，在本案中，将“利用职务上的便利”的行为主体进行扩张，却使得最终的解释结果对于被告人不利。造成这种结果的原因正是目的解释。“当各种解释方法得出不同的解释结论时，最终起决定性作用的是目的论解释，而不是有利于被告。……当出于法益保护的目的，需要对刑法条文做出必要的扩大解释时，即使不利于被告人，也得适用这种解释结论。”[2]从这个意义上说，目的解释高于有利于被告人的解释倾向。具体到指导性案例11号来说，贪污罪针对的是国家机关工作人员运用公权力时非法占有公共财产的犯罪行为，其犯罪客体是公务人员职务行为的廉洁性。为了实现这一目的，刑法自然应当对公务人员提高要求、从严解释。从指导性案例11号最终的解释结果可以看到，将“利用职务上的便利”的行为主体扩展到“与本人有隶属关系的其他国家机关工作人员”，实质上是这种从严解释的结果，其前提正是目的解释方法。

（二）基于类推解释的扩张解释结果

在近代刑事法治进程中，扩张解释与类推解释是一对相互纠缠的解释方法。一般认为，在法律规范文义之内，对规范的内涵和外延进行扩张的属于扩张解释，而超越规范文义的则是类推解释。刑法解释中有条件地允

---

〔1〕 姜福东：《扩张解释与限缩解释的反思》，载《浙江社会科学》2010年第7期，第53页。
〔2〕 张明楷：《刑法分则的解释原理》，中国人民公安大学出版社2004年版，第37页。

许前者的存在，而禁止后者在实践中的适用。但是，由于规范文义的边界同样难以确定等原因，对二者所做的区分由于区分标准本身的含混与模糊而无法令人信服。实际上，二者在思维模式上本无实质区别，学术界所做的这些所谓区别工作，仅仅是为了迎合近代法治意识形态的需要。〔1〕换言之，区分扩张解释和类推解释从实践运用技术角度来说无法真正实现。只要出现了对其他规范的参照或者比照，就会在实体意义上出现类推解释，进而很可能造成扩张解释的结果，指导性案例11号就属于这种情况。

“利用职务上的便利”是职务性犯罪中经常出现的犯罪行为方式，将其主体扩展到有隶属关系的其他国家工作人员，在其他职务性犯罪中并不罕见，比较典型的就是受贿罪。《最高人民检察院关于人民检察院直接受理立案侦查案件立案标准的规定（试行）》中规定：“受贿罪是指国家工作人员利用职务上的便利，索取他人财物的，或者非法收受他人财物，为他人谋取利益的行为。‘利用职务上的便利’是指利用本人职务范围内的权力，即自己职务上主管、负责或者承办某项公共事务的职权及其所形成的便利条件。”而《全国法院审理经济犯罪案件工作座谈会纪要》中的规定并不相同：“刑法第三百八十五条第一款规定的‘利用职务上的便利’，既包括利用本人职务上主管、负责、承办某项公共事务的职权，也包括利用职务上有隶属、制约关系的其他国家工作人员的职权。”通过对比以上两个文件可以看到，受贿罪中“利用职务上的便利”的行为主体，从仅指“本人”发展到将“职务上有隶属关系的其他国家工作人员”也包含在内。基于以上的文件规定，学者们也比较了贪污罪和受贿罪的差异：贪污罪的“利用职务上的便利”仅限于直接利用职务上的便利，受贿罪中所存在的间接利用职务上的便利表现在贪污罪中也是直接利用职务上的便利。这是因为：间接利用职务上的便利，是以行为人所具有的职权或地位对其他国家工作人员存在制约关系为前提条件的。〔2〕在受贿罪中，“便利”的范围更广，它

---

〔1〕吴丙新：《扩张解释与类推解释之界分——近代法治的一个美丽谎言》，载《当代法学》2008年第6期，第48页。

〔2〕孟庆华等：《贪污罪的定罪与量刑》，人民法院出版社2008年版，第68～69页。

不仅包括在职权范围内主管、管理、经手公共财物的便利，同时也包括职务权力范围内的政治权力、人事权力所带来的便利。而在贪污罪中，行为人所利用的职权只能是主管、管理、经手公共财物方面的职权。〔1〕

但是，指导性案例11号的裁判结果并没有与前述学界的观点相同，其扩张解释的结果反而更接近于受贿罪中关于“利用职务上的便利”的相关规定。而且在指导性案例11号的裁判要点中，其文字表述与上述会议纪要中关于受贿罪的界定几乎完全相同。从这个意义上可以说，指导性案例11号的法官借鉴或者参照了受贿罪中关于“利用职务上的便利”的规定，进而在本案中对被告人的行为进行了否定评价，最终形成了判决结论。这种借鉴或者参照的实质就是类推解释。质言之，指导性案例11号的法官利用类推解释方法达到了扩张解释的结果，对被告人作出了有罪判决。

二、“公共财物”概念的内涵归纳与外延演绎

在对“利用职务上的便利”这一抽象概念界定的过程中，指导性案例11号的主审法官结合案情进行了必要的扩张解释，从中也可以看到多种法律解释方法的共同使用。而本案中另一个焦点问题是土地使用权是否是贪污罪的犯罪对象，因为被告律师提出涉案土地属于集体土地，不能成为贪污罪的犯罪对象。

根据《土地管理法》第2条规定，我国土地所有权归于国家或者集体所有，土地使用权可以转让。可以说，在土地所有权问题上并没有异议。本案法官并没有将土地所有权作为分析的重点，而是对土地使用权是否属于公共财产进行了具体界定。从法典依据上来看，《刑法》第91条对“公共财产”进行了分类界定，但是，其具体条款也并未明确土地使用权是否属于公共财产。“公共财产”这一抽象概念如何与本案的具体案情相结合，需要法官的论证和说理。

在本案的裁判理由部分，法官认为：“对土地进行占有、使用、开发、

---

〔1〕 董邦俊：《贪污罪新论》，中国方正出版社2004年版，第112~113页。

经营、交易和流转，能够带来相应经济收益。因此，土地使用权自然具有财产性利益，无论国有土地，还是集体土地，都属于刑法第三百八十二条第一款规定中的‘公共财物’，可以成为贪污的对象。”从以上表述可以看到，法官将土地使用权纳入“公共财物”概念之中，经历了演绎推理的经典步骤：（大前提）将公共财物的本质属性界定为“带来经济效益”；（小前提）土地使用权能够带来经济效益；（结论）土地使用权属于公共财产。

《刑法》第91条以明文的方式规定了公共财产的范围，包括几种主要类型：国有财物，劳动群众集体所有的财物，用于扶贫和其他社会公益事业的社会捐助或者专项基金的财物，在国家机关、国有公司、企业、集体企业和人民团体管理、使用或者运输中的私人财物。该条的规定看似是对公共财产概念作出了细致、明确的定义，然而进行深入考察可以发现，无论从法条沿革、法条规范结构、法条的司法适用，还是从学理进行分析，该条文均难谓具有规范指引意义，其政治宣示意义随着社会历史以及法律的发展也难谓仍属必要。从司法实践看，不仅无益，而且有害。[1]《刑法》第91条的规定仅仅确定了公共财产的大致范围，但是并没有确定其准确内涵，这种规定方式使得司法者在实践工作中难以准确把握公共财产的本质属性。

在遭遇如上困难的时候，最高人民法院通过指导性案例的方式对司法者在贪污罪中如何界定公共财产给予了重要提示和启发。贪污罪是一种国家公务人员的职务性财产犯罪，其与财产的经济属性密不可分。就指导性案例11号的情况来说，虽然涉案土地为集体所有，《土地管理法》中明确权利归属的规定使其不可能为犯罪嫌疑人所有，进而无法成为贪污罪的犯罪对象，但是，依附于土地上的使用权却能够带来经济效益，这种财产属性就与贪污罪有着本质联系。《土地管理法》第9条规定：“国有土地和农民集体所有的土地，可以依法确定给单位或者个人使用。”在市场经济条件下，追求经济利益已经成为普遍公认的价值趋向，而土地使用权也并不例外。在本案中，被告人正是看中了对土地使用权的剥夺能够带来拆迁安置补偿款这一点。质言之，身为国家机关工作人员，被告人通过弄虚作假取得了土地使用权，并以此为

---

〔1〕周旋：《〈刑法〉第91、92条“财产”条款应予废止》，载《法学》2012年第3期，第111页。

基础非法取得了拆迁安置补偿款，在实体意义上占有了公共财产。从这个意义上说，能够带来经济效益为贪污罪的认定提供了重要的分析参考。

指导性案例11号对公共财产的界定方式也顺应了贪污罪犯罪对象界定的总体趋势。在对旧刑法进行修订的基础上，1997年新刑法扩大了对贪污罪中公共财产的界定，比较典型的是《刑法》第394条和第271条，前者规定了应交公的礼物也属于贪污罪的犯罪对象，后者将混合所有制企业中的特定财产也纳入贪污罪犯罪对象之中。特别是从后者可以看到，只要公务人员利用职务之便非法占有其职务监管之下的财物，不论财物所有权归属谁，均不影响贪污作为一种以公权谋私利的腐败行为的本质。从国外刑法来看，多数国家刑法对贪污罪的对象未作所有权限制，可以是公共财产，也可以是私人财产，如意大利、瑞士、法国、巴西、韩国、日本的刑法典。不受贪污对象的所有权限制，符合市场经济体制下国家惩治贪污犯罪的潮流。[1]在所有制形式不能界定贪污罪犯罪对象的情况下，寻求公共财产本质属性就成为司法者在相关刑事诉讼活动中关注的焦点问题，指导性案例11号在这里对“经济效益”的界定能够为解决这一问题提供一定帮助。

从法律推理的角度来说，将经济效益归为公共财产的本质属性，是一种归纳推理的体现。从具体的现象中总结共性是归纳推理的基本过程。在本案中，法官之所以能够进行以上的归纳推理，主要原因仍然是考虑到了贪污罪的本质特征。贪污罪是一种职务性财产犯罪，既具有职务犯罪的属性，又具有财产犯罪的属性。二者之中，职务犯罪是通过财产犯罪得以体现的，虽然前者是本罪的主要性质，但是，在具体实践过程中，后者更容易把握和发现。因此，在以指导性案例11号为代表的贪污犯罪审判中，法官首要的目标就是要确定公共财产的存在。在本案中，针对争议问题，法官将分析的重点放在土地使用权而非土地所有权上，这种分析重点的确定为形成最终判决奠定了基础。

与一般财产不同，本案所涉及的土地使用权并没有直接带来经济效益，而是通过拆迁安置补偿款的方式间接带来经济效益。这种间接方式使得土

---

〔1〕 唐棣：《论贪污罪的犯罪对象》，载《兰州学刊》2004年第6期，第230页。

地使用权能否成为公共财产成为疑问。而本案法官将这种比较间接的方式也纳入“能够带来经济效益”这一本质归纳之中，根据演绎推理将土地使用权也归于公共财产的范畴，其根本目的仍然是对于国家机关工作人员的权力运用给予严格要求，力争实现贪污罪法律规范所追求的价值。换言之，对公共财产这一概念的外延进行某种程度的扩展，仍然是基于立法目的的实现，其实质仍然是目的解释方法的运用。

三、指导性案例将抽象概念具体化的可能隐忧

从指导性案例11号中可以看到，无论是运用扩张解释方法，还是运用归纳与演绎推理，法官都充分发挥了能动性，以贪污罪的本质属性为基础，将抽象概念予以具体化，最终形成了判决结论。但是，这并不意味着本案判决的形成过程和最终结果都是完美无缺的。表面上的合法性无法掩盖其内部所包含的隐忧。如果我们不予以认真对待，可能指导性案例无法发挥其真正的指导意义。

首先，扩张解释的边界难以把握。指导性案例11号将“职务上有隶属关系的其他国家工作人员”也列入了贪污罪的行为主体之中，这种扩张解释在本案中比较有说服力，但是，如何在一般案件中把握扩张解释的“度”则是比较棘手的问题。就基于目的解释的扩张解释结果来说，为了实现惩治职务性犯罪的目的，指导性案例11号所确定的“隶属关系”范围扩展到何种程度，这个问题就难以回答，毕竟作为进行总体负责的主管人员，具有隶属关系的人员非常众多，而且隶属关系自身还有亲疏远近之分。例如，本案中的被告人就是义乌国际商贸城建设领导小组副组长兼指挥部总指挥，主持指挥部全面工作，其下属人员数量较多，类型也不尽相同，要确定隶属关系的范围实属不易。这些具体范围的确定，并不是目的解释方法能够解答的。“从有弊的方面看，目的解释放松了对法律服从的要求，因而在提升目的在法律推理中作用的同时，却扩大了自由裁量权，因为目的是有多种的，目的论冲突也加大了法官等人的选择权；虽然目的解释使法律解释具有更宽广的开放性和灵活性，有助于克服法律的僵化性，但同

时也使规则意义上的法治时刻处在危险之中。”[1]如果为了片面追求国家公务人员的廉洁性，那么，扩张解释的结果可能会被滥用，甚至超越法律规范的文义而导致更多的入罪判决结果。同样的情形发生在基于类推解释的扩张解释结果之中，虽然刑事法治并不允许类推解释，但是，由于和扩张解释的纠缠不清，类推解释经常会以扩张解释的名号堂而皇之地发挥实质作用，从而导致对被告人不利的解释结果。简而言之，如何确定扩张解释的边界，单纯依靠目的解释或者类推解释，甚至是扩张解释自身，都是无法解决问题的。其中包含某些法官滥用的可能，应当引起司法实践者的重视。

其次，法官能动程度的发挥也并不确定。在指导性案例 11 号中，法律解释和法律推理都得到了运用，其外在形式都是以法律规范为基础的，但是，其中包含的能动性因素也是我们不能忽视的。也正是这种主观能动性的发挥产生了高质量的判决结果，最终被最高人民法院遴选为指导性案例在全国推广。从指导性案例力图实现司法统一适用的目标来说，本案中所蕴含的能动性能否或者在多大程度上能够传递到后续类似案件之中，仍然是存有很大疑问的。有学者认为，我国当前的法官队伍中存在一些问题，包括：（1）我国法官队伍整体的专业化水平不高；（2）我国法官队伍的职业化缺乏规范的保障和制约机制；（3）法官队伍个体之间素质参差不齐，同质化极不充分；等等。[2]虽然目前已经有所改观，但是，法官在个体层面上的差异还是非常明显而巨大的，在类似案件中能否有意识地援引指导性案例，能否真正把握指导性案例的精神，也同样无法确定。指导性案例目前在配套制度和技术上还有不少缺陷，影响了其被直接适用的效果。[3]其中比较突出的就是奖惩机制的缺乏，如果援引指导性案例无法激发法官的主动性，甚至有时会带来某种风险，那么，法官就会缺乏适用指导性案例的动力，进而也就不会以指导性案例为依据发挥其主观能动性。简而言

---

〔1〕 陈金钊：《目的解释方法及其意义》，载《法律科学》2004 年第 5 期，第 38 页。

〔2〕 谭兵、王志胜：《论法官现代化：专业化、职业化和同质化——兼谈中国法官队伍的现代化问题》，载《中国法学》2001 年第 3 期，第 136 ~ 138 页。

〔3〕 王晨光：《制度构建与技术创新——我国案例指导制度面临的挑战》，载《国家检察官学院学报》2012 年第 1 期，第 3 页。

之，太多的不确定因素都影响着指导性案例对法官能动性的发挥，消除这些不确定因素的消极影响是完善案例指导制度的重要改进方向。

再次，解释方法适用中过多的实用主义色彩。在指导性案例 11 号中，法官对“公共财产”这一抽象概念的界定是比较具有创新性的，但是，从实现入罪目的的角度来说，这种界定又带有相当浓厚的实用主义色彩。在公共财产这一抽象概念在界定时并不十分明确的情况下，本案中的解释结果并不利于被告人。“对于法无明文规定，抑或规定不明的地方，公民则享有不是明文禁止的权利而扩大其权利范围。故在刑法解释中，就应当以充分保障公民的权利、限制国家权力为原则，使刑法解释的限度向着有利于人权保障的方向发展。”〔1〕在疑罪情况下应作出有利于被告的解释，这是保护公民人权、限制司法权滥用的重要手段。如果为了追求特定的入罪结果、实现某种所谓的更高级目的，那么，作出不利于被告的解释结论就很可能沦为一种“欲加之罪何患无辞”的修饰。实用主义对结果的重视，经常会超越甚至僭越程序的运行，这一点我们已经在中国法治的初级阶段中深有体会，“运动式执法”和“选择性执法”都是其中的代表。〔2〕

最后，重定罪而轻量刑的缺陷再次显现。每个指导性案例都经过层层筛选和把关，是全国各级法院都应当效仿的模范案件，最高人民法院对其公布的方式也应当是全面而细致的。在指导性案例 11 号的正式文本中，我们看到了对两个焦点问题的细致分析，但是，对被告的量刑环节却着墨甚少。在量刑规范化已经成为基本共识的背景下，如何进行准确量刑也应当是指导性案例发挥指导作用的场合。就指导性案例 11 号的具体案情来说，法院最终认定被告人非法所得的价值为 229.392 万元，属于《刑法》第 383 条规定中贪污数额在 10 万元以上的情形，其量刑区间是从十年以上有期徒刑、无期徒刑到死刑（情节特别严重）。就被告人贪污罪的量刑而言，法官最终判决为有期徒刑 15 年，最高人民法院公布的正式文本中也没有对此量刑结果进行的解释和说明。就一般贪污犯罪而言，结合被告人的身份

---

〔1〕 薛生全：《价值指引下的刑法解释》，载《法学杂志》2004 年第 6 期，第 33 页。
〔2〕 梁治平：《法律何为：梁治平自选集》，广西师范大学出版社 2013 年版，第 314 ~ 315 页。

地位、主观恶性、犯罪手段和社会危害程度等多方面考虑，这种量刑结果整体偏轻。要通过指导性案例推动全国刑事审判中的量刑规范化，案例指导制度还有很多有待完善的地方。

结语：司法者阐释抽象概念的背后

从最高人民法院已经发布的指导性案例中，我们能够经常看到法官在个案中对抽象概念进行阐释，从内涵到外延都是如此。例如指导性案例 4 号中的“为他人谋取利益”，指导性案例 8 号中的“公司经营发生严重困难”，指导性案例 13 号中的“毒害性物质”和“非法买卖”，指导性案例 15 号中的“关联公司人格混同”以及指导性案例 16 号中的“从事中华人民共和国港口之间的运输的船舶”。虽然无法对以上所有抽象概念的阐释过程进行全面分析，但是，我们能够从中看到司法者高超的智慧、经验和实践理性，甚至对正式法律规范的变通和超越。最高人民法院所发布的这些指导性案例，虽然在阐释抽象概念时未必完美，但是，至少能够为后来的司法者提供启发和提示。同时，从司法者对这些抽象概念的具体化过程中，还能够折射出目前司法所面临的社会现实以及司法者的应对，甚至能够反映出中国法治进程的特点和方向。在将中国法治推向深入和全面的当下，这种细致的技术性进路必将显示出其越来越明显的比较优势。

第二节　原则性规定在指导性案例中的细化方式

“法律规定比较原则”是指导性案例的基本类型之一，在司法实践中具有重要实践意义。在属于此类的指导性案例 8 号中，法官基于相关法律和司法解释，对主要案情进行了分类，并结合具体案情进行了灵活处理，从而实现了对原则性规定的细化。这种“法条对照 + 个案参考”的细化方式能够为判决提供充分的合法性基础，也融合和鼓励了结合个案的具体分析。但是，创新性不足是该方式的主要缺陷，容易产生一定的消极影响。只有正视指导性案例的地位和作用，加强相关程序设计和技术保障，才能够消解以上不足。

一、指导性案例8号对相关法律和司法解释的细化

在经过了长期的热切呼唤之后，案例指导制度终于浮出水面并开始运作。根据《关于案例指导工作的规定》第7条，指导性案例在各级地方法院中具有“应当参照”的效力，虽然这种表述有些模糊和争议之处[1]，但是，总体而言，指导性案例的效力是强制性的：指导性案例是由最高人民法院依照一定的程序所制定和颁发的，通常都是通过严格的遴选机制而筛选出来的公正的、已生效的判决，它并非指法官个人在具体案件中对于法律所作的解释。指导性案例一旦颁布，就应当对包括最高人民法院在内的全国法院都能够产生一定的拘束力。这就是说，所有的法官在遇到类似案件时，都应当参照指导性案例来进行裁判。[2]因此，无论是理论界还是实务界，都应当重点学习和研讨每个指导性案例。在《关于案例指导工作的规定》第2条所确立的几种指导性案例类型中，“法律规定比较原则的”是基本类型之一。如何将法律中的原则性规定进行细化，涉及法官的自由裁量权、释明权、法律规范的体系结构与精神主旨等多方面的问题，是值得深入分析的，指导性案例8号正属于该类型。

指导性案例8号为“林方清诉常熟市凯莱实业有限公司、戴小明公司解散纠纷案”。该案判决的主要实体法依据就是《公司法》第183条，该法条规定：“公司经营管理发生严重困难，继续存续会使股东利益受到重大损失，通过其他途径不能解决的，持有公司全部股东表决权百分之十以上的股东，可以请求人民法院解散公司。”应当说，这一规定方式比较笼统和

---

〔1〕冯文生：《审判案例指导中的“参照”问题研究》，载《清华法学》2011年第3期，第90页。
〔2〕王利明：《我国案例指导制度若干问题研究》，载《法学》2012年第1期，第77页。

概括，面对复杂多样的公司管理经营状态，《公司法》第183条显得有些捉襟见肘。就解散公司需要具备的条件来说，无论是“公司经营管理发生严重困难”，还是“继续存续会使股东利益受到重大损失”，或者“通过其他途径不能解决”，均包含了诸多不确定的复杂内涵，唯有借助法官的自由裁量权，才能清晰诠释其确切含义。[1]该法条所规定的内容被学者们概括为“公司僵局”。[2]所谓“公司僵局”，主要指的是公司内部的各种经营管理结构和方式实效，在股东之间、董事之间无法形成真正有效的公司决策，使整个公司处于一种僵化的状态。

《公司法》第183条的原则性规定为司法实践中具体认定公司解散的条件和结果带来了不少困难。目前，我国司法权介入公司管理领域几乎为空白。我国关于公司僵局的破解，仅有《公司法》第183条可资适用，也就是说，现行法律只提供了诉请人民法院解散公司一个途径。这种规定方式过于谨慎与僵化，《公司法》第183条关于“公司经营管理发生严重困难”和“重大损失”的规定，判断标准不明，缺乏操作性、弹性过大，容易引发滥用诉权。例如重庆高级人民法院审理的一起“股东诉请公司解散”案，该案中被诉请解散之公司资产早已被控制（侵权）股东掏空，公司巨额亏损，股东会、董事会长期无法形成决议。即公司早已陷入无法正常运转的瘫痪事实状态。但由于《公司法》关于“公司经营管理发生严重困难”和“重大损失”没有明确判断标准，使控制（侵权）股东在诉讼中，面对法院审理认定公司僵局已形成的基本事实、面对其自身操纵下形成的股东间的人合危机等事实，仍强词夺理诡辩：只要双方共同履行股东职责，公司可以恢复生产，扭转亏损状况……达恶意拖延审判时间（本案从立案至结案历经三年之久）之目的，致使受害股东饱受讼累之苦，使早已遭受重大损失的公司和原告股东雪上加

---

〔1〕 叶林、郭丹：《试论打破公司僵局》，载《广东社会科学》2008年第4期，第189页。

〔2〕 当然，也有部分学者认为，虽然从第183条规定看，其可以规范公司僵局问题。但是，公司解散之诉的范围比公司僵局的范围要广，公司僵局只是其中之一。而且，该条并没有明确指出公司僵局的本质特征，与严格意义上的公司僵局还存在一定的距离。参见梁上上：《公司僵局案的法律困境与路径选择——以新旧公司法对公司僵局的规范为中心展开》，载《浙江社会科学》2006年第2期，第72页。

霜。[1]针对《公司法》第 183 条的原则性规定，最高人民法院通过《公司法解释（二）》中的相关规定进行了细化，主要体现在第 1 条之中。该条列举了“公司经营管理发生严重困难”的四种主要情况。

应当说，《公司法解释（二）》以司法解释的方式，对《公司法》第 183 条的原则性规定进行细化，对相关的司法实践有一定帮助。但是，随着经济生活的不断发展，公司治理也出现了更加复杂的情况，往往显得法律的直接规定有些滞后。特别是法律中比较原则性的规定，更成为司法者处理相关案件时的难题。此时，指导性案例能够为解决这一难题提供一些思路，我们应当深入分析指导性案例对法律中的原则性规定细化的方式，并可以进行推广，使得指导性案例能够真正提高司法过程和结果的质量。

在指导性案例 8 号的裁判理由中，司法者针对《公司法》第 183 条和《公司法解释（二）》中的规定，将案件的相关事实分别对应于以上法条中规定的条件，进而得出了解散公司的判决结论，我们可以用以下图表进行说明。

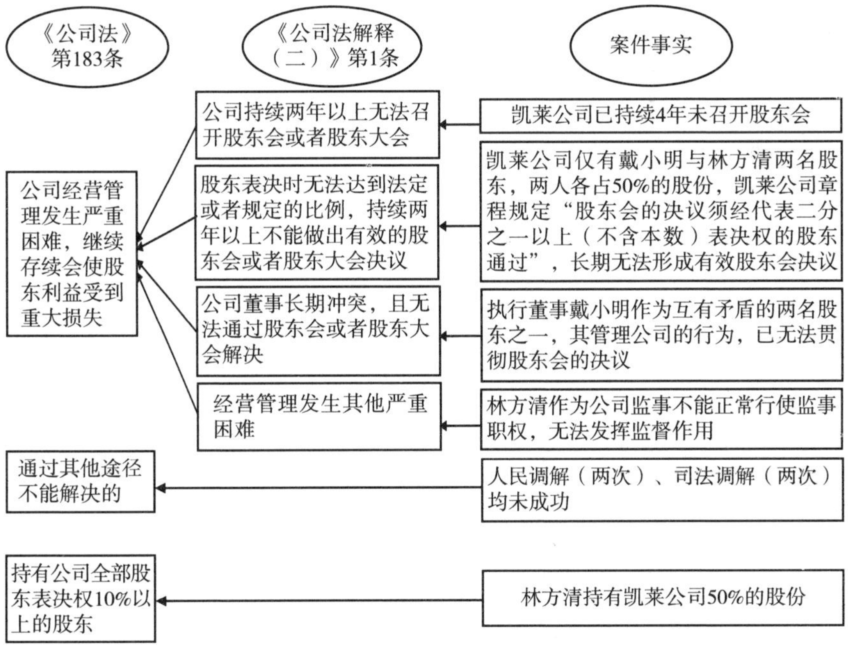

〔1〕彭鸣：《论公司僵局》，载《中国政法大学学报》2010 年第 3 期，第 109～110 页。

从以上的图表中可以看到，指导性案例8号的法官将案件事实进行了恰当的分类，并分别对应于法条中规定的情况和条件。特别是对于《公司法解释（二）》第1条中所明确列举的“公司经营管理发生严重困难”的情况，该案法官给予了最大限度的满足，而《公司法解释（二）》第1条规定，仅仅出现一种情况就可以判断“公司经营管理发生严重困难”。法官基于此做出解散公司的决定，显示了充分的法律根据。

特别需要指出的是，《公司法解释（二）》第1条中出现了兜底条款，即“经营管理发生其他严重困难”，而指导性案例8号的法官也充分利用了该条款融入了自由裁量的因素。兜底条款一般指的是在列举条款之后进行归纳和概括的条款，在法典中经常表述为“其他”，是有中国特色的立法技术之一。总体上说，兜底条款有利于体现立法的完整性和包容性，具有弥补列举条款不足的功能。[1]“其他”的常见样式是：两个以上典型事例+和（与、以及、及、或者、或）+其他+上位概念，而“其他”所指代的事项，与上位概念之间是种概念与属概念的关系，同时，处于上位概念意义域的边缘地带，与列举的典型事项之间系类似关系。[2]具体到指导性案例8号来说，《公司法解释（二）》第1条在三种明确列举项中，并没有包括监事及监事会的相关内容，而本案中法官却结合了具体案情，将作为公司监事的原告方林方清无法正常行使监督权，同样作为考量公司经营管理是否发生严重困难的标准之一。可以说，本案法官并没有完全囿于法条的明确列举规定，重点考量了监事功能也是其创造性的表现。与股东和股东会、董事与董事会一样，监事与监事会也属于公司治理结构的重要内容，与其他几种治理结构方式有着高度的一致性，因此，本案法官所进行的类比是十分有效而可靠的，也为以后处理类似案件的法官提供了新的思路和考察对象，体现了指导性案例的重要作用。

简而言之，指导性案例8号中，基于《公司法解释（二）》第1条对《公司法》第183条进行的细化，法官通过对案件事实的分类，将其对应于

〔1〕 周旺生、张建华主编：《立法技术手册》，中国法制出版社1999年版，第376页。
〔2〕 刘风景：《例示规定的法理与创制》，载《中国社会科学》2009年第4期，第97页。

该司法解释条款所列举的类型，同时融入了基于具体案情的自由裁量，最终形成了有说服力的合法裁判结果。这种细化方式我们可以简称为“法条对照＋个案参考”。为了更加充分地发挥指导性案例对原则性规定进行细化的作用，我们还应深入分析此种方式的优势与不足。

二、指导性案例对原则性规定细化方式的意义与价值

最高人民法院对案例指导制度的功能界定之一就是“统一法律适用，提高审判质量”，如果说细致规定的法律规则能够在一定程度上实现法律的统一适用，那么，如何基于原则性规定实现法律适用的统一，就成为一个棘手的问题。而这一点也正是指导性案例所承载的价值。从上文对指导性案例8号的分析中可以看到，“法条对照＋个案参考”是指导性案例对原则性规定进行细化的主要方式。其中，两个方面的重要性和优先性并不相同：法条对照具有优先的地位，在已经存在明确法条的场合中，法律规范的基本文义应当得到尊重并获得适用。从法律适用的角度来说，对法律规范基本文义的解释具有优先的地位。“文义解释优先正是人们必须服从法律的原则的一种延伸。要想使法律规定发挥作用，必须坚持文义解释方法优先原则，否则法律就难以有规范作用。”〔1〕与法条对照相比，个案参考就具有次优的地位。法官结合个案的分析、理解和阐释，都要以符合法律规范文义或者精神的方式进行，至少不能在形式上明显违背法律规范文义所确定的范围。“法条对照＋个案参考”的细化方式能够帮助法官形成高质量的判决结论：既能够符合法律规范的直接规定和精神，又能够对具体案情给予充分考量，具有重要的实践意义和价值。具体来说，这些意义和价值至少包括以下几个方面。

首先，相比于司法解释，指导性案例对原则性规定的细化方式更加具体而直接，能够以直观生动的方式提高法官对原则性规定适用的理解和认识。在案例指导制度出现之前，司法解释是对法律中原则性规定进行细化

---

〔1〕 陈金钊：《文义解释：法律方法的优位选择》，载《文史哲》2005年第6期，第147页。

的主要方式，该方式已经得到了学界比较深入的研究。虽然司法解释有着重要的实践意义，包括现实性（与现实司法实践中的问题或者政治、社会生活中的问题紧密相连）、应时性（往往都与特定时代的社会背景、政策背景或者当时的法律问题背景相联系）和典型性（反应了当时社会生活中一些比较突出的、需要由法律解决的问题），[1]但是，司法解释也经常会对法律规定进行某种误解，甚至是曲解，在法官、检察官和律师看来，新的司法解释优于旧的法律条文，详尽的司法解释优于抽象的法律条文。凡是有了司法解释，在司法实践中就几乎不可能再适用该法律条文，法律条文实际上被虚化。换言之，这样的司法解释仿佛在法典之外又产生了一部新的法律，真正的主法反而失去了适用的市场，“副法”——司法解释却大行其道。[2]即使对于比较细致的规则，司法解释都能够扩充其内容，对于法律中的原则性规定，司法解释发生曲解的可能性就更大了。比较典型的就是刑事诉讼中的“曲意释法”：公、检、法机关利用其解释和适用刑事诉讼法的“话语权”，故意违背刑事诉讼法的立法原意曲解刑事诉讼法的条文内涵，对刑事诉讼法作出有利于自己却不利于辩方的解释，以扩张自身权力并压缩辩护权行使的空间、抑制辩护权的行使。这些“曲意”的司法解释在内容上超越了正常的认识分歧，而带有明显的目的性和倾向性，最终造成了侵夺辩护方基本诉讼权利的结果。[3]可以说，司法解释在对法律中的原则性规定进行细化方面，已经饱受诟病。司法解释以抽象规范性文件的方式出现，其本质更多的是“立法权”而非“司法权”。相反，指导性案例则是以一种具体的方式向后来的司法者展示以往案件的审判经验与结论，可以在一定程度上消弭司法解释的抽象性所带来的弊端。而且，每个指导性案例都经过了细致的分析和论证，能够向其他法院提供更为精细化、技术化的规范与指导。通过分析、理解和领悟指导性案例对原则性规定的细化方式，法官能够在结合案情的基础上，合理地行使自由裁量权

〔1〕 纪诚：《最高人民法院司法解释：一个初步的考察》，中国政法大学出版社2007年版，第49页。

〔2〕 邓修明：《论我国司法解释模式的重塑》，载《社会科学研究》2007年第1期，第88页。

〔3〕 万毅：《“曲意释法”现象批判——以刑事辩护制度为中心的分析》，载《政法论坛》2013年第2期，第15～16页。

来形成判决结论，真正地做到依法审判。有学者甚至建议逐步减少司法解释的数量，代之以指导性案例来作为最高人民法院规范和统一地方各级法院审判业务的主要方式。

其次，“法条对照”为主的细化方式能够最大限度地使得裁判理由和结果符合现有法律规定，尽可能地保证判决的合法性基础。从对照的对象来看，司法解释固然有很多弊端，但是，仍然是目前得到正式认可的规范性法律文件，能够提供合法性效力。因此，“法条对照”也同样需要依据司法解释中的规定。就实际效果来说，“法条对照”的方式，一方面能够减少法官行使自由裁量权所带来的个体风险，另一方面更能够使得判决在形式上具有直接的法律依据，进而具有合法性效力。在指导性案例 8 号中，法官正是将案件事实与《公司法解释（二）》第 1 条进行分类对照：在《公司法解释（二）》第 1 条规定，案件事实满足一个标准即可判断存在“公司经营管理出现严重困难”的情况下，通过分类对照，法官确立了该案满足了《公司法解释（二）》第 1 条规定的所有标准，这使得最终判决解散公司在法律上有了坚实的基础。从法律解释的角度来说，这体现了当然解释方法的适用。当然解释是指对于法律未明文规定的事项，按照立法目的具有比明文规定的事项更应适用的理由时，将该事项纳入其适用范围的解释方法。举重以明轻或者举轻以明重，就是最为典型的当然解释的例子。[1]满足一个条件即成立“公司经营管理出现严重困难”，满足所有四个条件自然可以更加肯定“公司经营管理出现严重困难”的存在。“法条对照”的方式符合了法律解释的一般技术与方法，也为最终判决提供了形式上的合法性基础。

再次，“个案参考”为辅的细化方式能够鼓励法官结合具体案情进行更加深入的分析。在指导性案例 8 号中，法官在《公司法解释（二）》第 1 条的明示列举项之外，重点考量了监事制度的作用，这是其结合具体案情进行“个案参考”的集中体现。在根据“法条对照”确立了基本判决倾向之后，法官利用“个案参考”的方式进行了验证和肯定，最终形成了解散

---

〔1〕孔祥俊：《法律方法论·第二卷：法律解释的理念与方法》，人民法院出版社 2006 年版，第 1013 页。

公司的判决结论。这就意味着，面对着原则性规定，法官需要发挥主观能动性，在法律所赋予的自由裁量范围内针对个案案情进行独立思考。在指导性案例 8 号的裁判理由中，法官认为："判断公司的经营管理是否出现严重困难，应当从公司的股东会、董事会或执行董事及监事会或监事的运行现状进行综合分析。'公司经营管理发生严重困难'的侧重点在于公司管理方面存有严重内部障碍，如股东会机制失灵、无法就公司的经营管理进行决策等。"相对于法律和司法解释的规定，裁判理由的以上表述是一种更为细致的分析和判断标准，也为其他裁判类似案件的法官提供了一定的审判思路和办法。在法律规定比较原则的案件中，如果不结合具体案情，法官往往无法做出独立判断，前述重庆发生的股东诉请公司解散案就是例证。面对必须做出裁判的案件，法官应当勇于根据自己对法律的理解以及对案件事实的解释形成独立判断。同样在指导性案例 8 号中，《公司法》第 183 条规定了"通过其他途径不能解决"这一条件，在实践中也存在着是否必须穷尽所有纠纷解决途径的争议。该案法官认为，两次人民调解和两级法院分别进行的司法调解都未获成功，虽然并未完全穷尽解决本案纠纷的所有途径，但是，这些尝试的失败结果也证明了原被告之间的矛盾基本无法调和，解散公司是可以一劳永逸地解决纠纷的直接方式。基于这种考虑，法官做出了解散公司的决定，这种思维过程同样是其基于具体案情所做出的结论。虽然这种"自由心证"并无绝对客观的标准和依据，但是，如果能够增强各种法律方法的运用，包括法律解释、法律论证、法律推理和利益衡量等，将使得"个案参考"的结果更加全面、细致和稳妥。这也要求法官在日常业务能力的提升中增强学习法律方法的自觉性，唯此才能在面对原则性规定时做出准确判断。

最后，无论是法条对照还是个案参考，都渗透和秉持着法治的基本理念，这也对原则性规定的细化提供了宏观指导。在以指导性案例 8 号为代表的股东请求解散公司案件中，颇有争议的是，在公司尚处于盈利状态下应否解散公司。有观点认为，公司制度所设定的主要目标就是盈利，在满足这个基本条件的情况下，仍处于盈利状态的公司不应通过司法程序被解散，否则将造成市场秩序的某种混乱，也无法实现公司的目的。解散公司毕竟是一种破坏性非常强的解决方式，会引起一系列相关问题，例如员工、客户、社区和市场等都可能因此而受损。因此，解散公司的判决不宜做出。应当说，这种观点有一定道理，但是并不全面，因为公司制度除了资合性之外，还有人合性，换言之，公司的正常运转并非仅仅依靠资金的聚合，还包括内部结构的正常运转，股东之间、董事之间等内部人员关系的融洽。公司是否盈利与其经营管理是否发生严重困难之间并无必然联系：股东会或者董事会的正常决策可能失败，导致公司亏损；准确的投资和正常的生产也可能伴随着股东会和董事会的停止。例如，在指导性案例 8 号中，虽然长期没有股东会或者董事会的决议，但是，凯莱实业有限公司仍然处于正常生产的盈利状态。而法官做出解散公司的决定是符合《公司法解释（二）》第 1 条的，因为该法条的内容并没有将公司处于亏损状态列为公司经营管理发生严重困难的情形。本案法官所进行的法条对照是符合公司法律制度的主旨理念的，即“公司经营管理发生严重困难，继续存续会使股东利益受到损失”，其判断的本质标准在于有限责任公司的“人合性”基础丧失，兼采“资合性”标准。当公司出现人合性危机时，企业可能仍处于盈利状态，但公司股东之间的分歧通过其他途径无法得到解决，可以预见到这一分歧将可能导致股东利益受到重大损失，股东也可以提起请求解散公司诉讼。〔1〕正如《最高人民法院关于发布第二批指导性案例的通知》中对指导性案例 8 号的评价：“指导案例 8 号是准确适用公司法第 183 条、妥善处理公司僵局问题的典型案例，既严格限定了公司解散的条件，又依法保护了股东权利，有利于规范公司治理结构，促进市场经济健康发展。”可以说，规范公司治理结构，而不囿于涉案公司是否处于盈利状态，才是最高人民法院确定该指导性案例的目的，这也符合公司法律制度的基本理念：只有更加规范的公司结构，才能从总体上保证公司的长期正常运转与经营，才能保证市场秩序的长期稳定。缺少规范治理结构的公司，即使盈利也仅仅是昙花一现。考虑公司内部治理结构的运作情况，而非公司是否

〔1〕范黎红：《有限责任公司司法裁判解散的困惑及法理思考》，载《法学》2007 年第 4 期，第 67 页。

盈利，也是当今主要国家公司法律制度中的普遍做法。当然，从个案参考的角度来说，苏州市中院驳回原告诉讼请求，更多的是出于对公司盈利状态的考量；而江苏省高院判决解散公司，则更加体现了公司法律制度的主旨。同时，两级法院都尝试进行司法调解，也印证了尽量维持公司存续的个案参考，虽然最终未能调解成功。从指导性案例8号的判决形成过程可以看到，在法条对照和个案参考的过程中，法官能够将法律规定、法典主旨和具体案情结合起来，为形成合法、合理、能够被普遍接受的判决奠定了坚实的基础。

三、指导性案例对原则性规定细化方式的缺陷及其消解

在对法律中的原则性规定进行细化的问题上，“法条对照＋个案参考”的方式具有重要的实践意义和价值，能够为法官提供一定的借鉴和参考。但是，该细化方式也有一些内在的缺陷，同样需要引起我们的关注。其中比较核心的问题是过于保守法条而缺乏创新力度。

作为一种新的司法制度，指导性案例应当具有更多的功能，进行规制创新就是其中的中心内容。“对于案例指导制度来说，创制规则是其根本职责之所在。没有规则的创制，也就没有指导性案例存在的必要性。案例指导制度通过创制司法规则，发挥其对司法活动的指导作用，以弥补立法与司法解释的不足。”〔1〕如果缺少了该项功能，案例指导制度仅仅是对以往制度的重复，属于制度中的重复建设。从指导性案例8号中所概括出来的“法条对照＋个案参考”方式，并不具有显著的创造性：法官将具体案件按照现有法律和司法解释的条款进行重新分类，虽然能够借助于当然解释方法来增强合法性基础，但是，能够留给后来处理类似案件法官的新思路和新规则，并没有多少。充其量可以将监事功能的发挥纳入判断公司经营管理是否发生严重困难的标准之中，这种司法规制的创制并没有多少实质性突破。

---

〔1〕陈兴良：《案例指导制度的规范考察》，载《法学评论》2012年第3期，第126页。

造成这种创造性不足的原因可能非常多：主审法官需要规避由独立判断所带来的风险，最高人民法院出于谨慎考虑，需要将符合法条规定置于优先地位，这些都是我们可以理解却不应原谅的原因。过于保守和谨慎所带来的创造性缺乏，在实质上影响了地方各级法院借助于指导性案例学习细化原则性规定的效果，进而造成了指导性案例影响力非常有限的后果。如果地方各级法院所看到的指导性案例，仅仅是按部就班，甚至是因循守旧，那么，这些法官将缺少学习、研讨以及适用指导性案例的动力。

与指导性案例8号相比，最高人民法院公布一些其他指导性案例更有创造性。例如，指导性案例5号就借鉴了学术研究中已经有所呼吁的“附带性审查”：当前许多具体行政行为是依据下位法作出的，且未援引和适用上位法。人民法院无权撤销、改变甚至是宣布规章无效，只有在个案裁判中才具有法律规范的选择适用权。因此，法院一般不宜直接在判决书中宣告违反上位法的规章无效，而应直接依据合法的上位法对被诉具体行政行为是否合法作出认定。[1]在行政诉讼法没有严格地规定将全部抽象行政行为纳入司法审查范围的背景下，法官可以在裁判理由（而非裁判结果）中对抽象性行政行为的合法性效力进行判断，这里所确立的规则就带有较强的创造性，为处理类似案件提供了新的思路。再如指导性案例6号，法官将“对行政相对人影响较大的行政处罚”纳入了《行政处罚法》第42条中的“等”字的含义范围。[2]虽然表面上与指导性案例8号一样都利用了兜底条款，但是，指导性案例6号中的法官将判决的法律依据直接认定为“等”字所包含的内容，并没有像指导性案例8号那样进行了大量的法条对照，其确立的规则也具有浓厚的创新色彩。从以上横向对比就可以看到，指导性案例8号所确立的、对原则性规定的细化方式，在创新性上有所缺乏。也许这种情况也从侧面说明了细化原则性规定的困难，但是，越是在

〔1〕 最高人民法院案例指导工作办公室：《指导案例5号〈鲁潍（福建）盐业进出口有限公司苏州分公司诉江苏省苏州市盐务管理局盐业行政处罚案〉的理解与参照》，载《人民司法》2012年第15期，第51页。

〔2〕 最高人民法院案例指导工作办公室：《指导案例6号〈黄泽富、何伯琼、何熠诉成都市金堂工商行政管理局行政处罚案〉的理解与参照》，载《人民司法》2012年第15期，第52页。

困难的案件中提供创新性规则，才越能够显示出指导性案例的价值，指导性案例不应知难而退，而应迎难而上。

与创新性缺乏相联系，指导性案例 8 号还可能暗示着单一裁判结果的倾向，这同样会产生消极影响。指导性案例 8 号的裁判结果是解散公司，最高人民法院意在通过该案件强调公司结构治理的重要性，但是，在没有相反结果的指导性案例出现之前，地方法院很有可能将此视为最高人民法院对类似案件裁判结果的一种暗示。毕竟，在目前审判机关中仍然存在大量行政化色彩的背景下，最高人民法院的诸多举措都带有公共政策的色彩，需要地方各级法院具体执行和实施，指导性案例也同样能够承担这一任务。“案例指导制度中充满上对下规制意义的‘指导’二字内含着它贯彻最高司法机关一元意志、形成司法一体的意图和倾向，司法管理功能是这一制度必不可少，也可以说是最核心的特征。而管理的对象是司法自由裁量权。自由裁量权是司法权的核心，案例指导制度弥补了既往绩效管理制度对其规范不力的缺憾，是推进司法管理规范化的重要步骤。”〔1〕在服从上级指示（暗示）高于个案分析的行政化运行模式下，地方法院很可能以指导性案例 8 号为依据，在类似案件中做出更多解散公司的判决。虽然上文中已经分析，公司结构治理的法律主旨重于个别公司的盈利，但是，是否解散公司、是否通过其他途径维系公司的存在，仍然应当由法官基于具体案情做出判断，而不是仅凭指导性案例的暗示就确定判决结果。否则，一味强调对指导性案例 8 号的适用，将不必要地解散很多公司，影响市场秩序的稳定，产生相当消极的社会效果。

其实，替代公司解散的救济之道可包括：命令变更公司章程，判令公司决议无效，允许股东享有某种权利；等等，其中最有效的是要求公司或其他股东以公平合理的价格购买原告的股份。收买股份不仅使受害股东取得公平合理的价值退出公司，而且不影响公司的继续存续，达以“多赢”之救济。美国有一半的州法律规定或法院采取了强制收买股份这一救济措施。就连德国也通过法院以判例法的形式创立了两种与此相类似的替代救

〔1〕 秦宗文：《案例指导制度的特色、难题与前景》，载《法制与社会发展》2012 年第 1 期，第 100 页。

济方式：退出权和除名权。〔1〕在国外已经出现比较成熟立法例的基础上，国内的司法判决完全可以予以借鉴。虽然目前《公司法》并未直接规定这一方式，但是，指导性案例可以部分地创制该规则，在诸如指导性案例8号这类案件中，以调解的形式进行某种强制的股权转让或者置换。这种方式更具创新性，也更能够为后来的法官提供新的规则基础。

面对着指导性案例在细化原则性规定方面的缺陷，我们应当尽量消解该缺陷产生的消极影响。笔者认为，基本方式是要正视指导性案例的地位与影响。指导性案例固然经过了精挑细选，无论是裁判过程还是结果都具备较高质量，而且具有“应当参照”的效力，但是，在对原则性规定进行细化的问题上，结合个案案情更应优先考虑。制度的成功在很大程度上依赖其现实操作性，依赖完善、科学、可行的程序安排和技术保障体系的存在。案例指导制度在程序、操作技术层面上都存在着不少缺憾，有必要加强对指导性案例的选择、编辑、适用和完善的程序设计和建构，加强对相关技术保障体系的研究和开发。〔2〕由此，我们更应当将指导性案例的功能定位于提供审判思路的范围，甚至在特定案件中能够提供新规则。但是，不宜将其简单地视为最高人民法院的强制要求。这样，在处理细化原则性规定的问题上，法官的任务是在满足形式合法性的条件下灵活处理所面对的案件，而非简单地模仿或者复制指导性案例。在这个没有终极标准的过程中，指导性案例是重要的参考，但绝非是唯一的参考。

第三节　指导性案例对法律规则的扩展与变通

在最高人民法院所公布的指导性案例中，包含一定创制规则的因素，其

〔1〕李汯永、官欣荣：《公司僵局与司法救济》，载《法学》2004年第4期，第86页。
〔2〕王晨光：《制度构建与技术创新——我国案例指导制度面临的挑战》，载《国家检察官学院学报》2012年第1期，第12页。

实质是对法律规则进行扩展和变通。依据规则创新程度的不同，这些扩展和变通的方式可以分为整合法律渊源、扩展规则界限和规避规范缺陷等类型，分别强调判决理由之间的融贯关系、法典条文的实体续造和适应社会需求的灵活变通。指导性案例对法律规则的扩展和变通体现了高超的司法智慧和实践理性，对其精神的领会和贯彻能够提升司法裁判的能力和水平。

一、整合法律渊源：指导性案例判决理由之间的融贯关系

从酝酿到实施，案例指导制度一直受到理论界与实务界的高度关注，其中不仅包含着吸收英美法系判例法精神的期待，更被赋予了统一司法适用的历史使命。在已经宣布创制指导性案例的三个部门中，最高人民法院所公布的指导性案例无疑更受重视。所有被遴选为指导性案例的案件，都经过了层层筛选，体现了最高人民法院的特定倾向，值得深入分析和探讨。

最高人民法院给指导性案例的定位是“总结审判经验，统一法律适用，提高审判质量，维护司法公正”，这种官方色彩浓厚的界定并没有消除理论与实践中产生的诸多疑问。案例指导制度充分借鉴了英美法系中的判例法传统，而后者允许法官公开创制具有规范意义的法律规则。基于此，指导性案例是否应当具有创制法律规则的效力？如果可以，那么，指导性案例又应当如何创制规则？对于普通法官而言，如何在审判实践中援引指导性案例、发挥创制规则的实际效果？

对以上问题的回答也许是十分复杂、难以一概而论的。但是，可以肯定，各个指导性案例在实质上都能够展现法律规则的多种实用方式和方法，其中必然包含着一些创制规则的因素。如果各种指导性案例仅仅是对现有法律规则的简单机械适用，那么，它们将难以对具体司法实践产生影响，案例指导制度也将变得毫无意义。

实际上，通过案例或者判例创制法律规则，并非仅仅出现在英美法系，大陆法系也长期具有这种传统。以德国和法国为代表的大陆法系主流国家并没有以法定的形式授予法官法律解释权，但在现实的法律运作过程中，

法官不但日常地行使着解释法律的事实性权力，甚至有可能根据法律解释形成的判例发展出全新的法律规则。[1]大陆法系中，通过案例创制规则往往采取了法律解释的方式，因为这种方式在外在表现上没有直接威胁和侵害立法权，同时又能够达到创制规则的效果。对于中国的案例指导制度来说，这种方式同样可取。

“司法裁判只能就已发生的事件作事后判断，其至多只能期待；其于由此发展出来的裁判标准将影响未来的行为。法治国原则所包含的权力分立原则要求，司法裁判应尊重立法者的规范制定特权。然而，假使立法者未发挥其功能，而司法权如果自己不发现规则，将产生完全不能符合最低的法安定性及正义的要求之状态时，则前述要求亦不完全禁止司法权自己去寻求规则，事实上它也多次这样做。”[2]尊重立法者意志、严格适用既有的法律规则，是司法者的首要任务。但是，在中国转型时期特殊的社会背景下，法律规则的漏洞、残缺、矛盾、混乱、不完善以及与民众的诸多隔阂，都为司法者的适用带来了相当的困难。当然，这种情况从侧面也凸显了案例指导制度的重要意义。建立案例指导制度虽然不是推动法律适用标准统一唯一有效的途径，但是非常重要的途径。相对于抽象、稳定的法律条文，案例本身就具有较强的适应性，既可以将抽象法条具体化，从而帮助人们正确理解和适用法律，也可以通过个案创造裁判规则，弥补现有法律疏漏，使法官在处理案件时有据可循，还可以通过对司法经验与智慧的传承，形成司法统一、裁量一致的司法文化和裁判思维。[3]简而言之，指导性案例首要的任务是适用法律规则，在制度允许的范围之内可以对法律规则进行部分创制。

司法者可以通过案例的形式创制法律规则，其原因可能是多方面的。其中比较直接的原因在于法律规则与社会现实之间的紧张关系。如果法律规则与社会现实高度一致，能够较好地满足社会需求，那么，法官就不会

〔1〕 魏治勋：《法律解释体制与法官的法律解释权》，载《东方法学》2013 年第 3 期，第 79 页。
〔2〕 ［德］拉伦兹：《法学方法论》，陈爱娥译，商务印书馆 2003 年版，第 254 页。
〔3〕 胡云腾、于同志：《案例指导制度若干重大疑难争议问题研究》，载《法学研究》2008 年第 6 期，第 6 页。

有进行规则创制的动力。由于法律规则具有天然的滞后性，而社会现实却在不断发展之中，稳定性与变动性的矛盾聚焦于司法案件之中，司法者此时需要对规则进行一定限度的创新、改造或者扩充。当然，需要指出的是，限于既定的权力结构以及出于制度稳妥的考虑，最高人民法院不会直接冠之以“创制”或者“创造”，我们可以称之为“对规则的扩张和变通”。

一般来说，法律规则与社会现实的关系大致可以分为三种：基本适应、部分适应和严重不适应，这实质上也是通过案例进行规则创新在必要性上的不同程度。最高人民法院已经发布的指导性案例，也可以此作为分类的标准，相应的扩展和变通规则方式概括为三种类型：整合法律渊源、扩展规则界限、规避规则缺陷。这里将分别对三种类型进行考察和分析。

就整合法律渊源的类型而言，基于权力的划分和对立法者的尊重，司法者在审判案件时首要的任务就是适用既有的法律规则，这一点对于指导性案例来说同样如此。在指导性案例的篇章结构中，我们清楚地看到了“相关法条”这一设置，就是确定法条依据的直接体现。但是，在纷繁复杂的审判活动中，即使能够确定法律规则作为依据，在很多场合中也需要其他的法律资料对判决结论进行确认和巩固，也就是需要多种法律渊源的整合。我国法理学界的传统理论认为，法律渊源就是法律的表现形式，是一种关于法律的分类。但是当我们研究成文法向判决转换的过程时，就会发现法律渊源在法学中的另一个角色，即法律渊源是法官发现法律的地方。一般法律与个案之间的缝隙及法律可能存在的空缺结构，决定了法官在处理案件时必须发挥选择、识别功能才能发现法律，同时法官的司法角色也决定了其事实上负有形成裁判规范的责任，法官只有借助裁判的过程才能创造出针对个案的有效的法律规范。[1]在法律渊源概念中，将某个具体规范视为纠纷解决的权威依据，实际上就是给出了一个权威理由来判定为什么用该具体规范裁决案件是正确的。通过权威理由的方式形成裁判规范，一方面可以使法官在寻找裁决依据和进行裁判说理的时候，充分认识到何种规范作为裁判规范是正当合理的，另一方面可以使法官在进行以上工作

〔1〕 陈金钊：《司法过程中的法律发现》，载《中国法学》2002年第1期，第56页。

时，确定比较精确的范围。法律渊源理论通过裁判规范将立法中的法、事实上的法转变成司法中的法，从而凸显出其应有的司法适用意义。[1]简而言之，司法意义中的法律渊源为法官提供了形成判决的法律依据，能够利用多种法律渊源对判决结论进行说理和论证，将大大增加判决结论的说服力和可接受性。

在现有的法律渊源中，制定法所提供的法律规则无疑是最主要的法律渊源，每个指导性案例也都给出了法律规则上的相应法条依据。除此之外，部分指导性案例还引入了其他类型的法律渊源，例如法律原则和司法政策。

在指导性案例2号中，被告违背了与原告在二审期间达成的调解协议，对此，法院的生效判决认为："未按和解协议履行还款义务，违背了双方约定和诚实信用原则，故对其以双方达成和解协议为由，主张不予执行原生效判决的请求不予支持。"其中双方约定主要是由《民事诉讼法》的相关规则规制，而诚实信用原则也在本案中发挥了重要作用。在二审期间达成的调解协议中，原告已经做出了不少让步，而被告试图以不履行该调解协议的方式进一步减少自己所应赔偿的数额，这种严重违背诚信原则的行为自然应当受到司法者的否定评价。在基于法律规则确定基本判决基本走向之后，司法者利用法律原则加强了判决的论证效果。如果说指导性案例2号是在民事程序法中强调诚信原则，那么，指导性案例15号则是在实体法意义上利用诚信原则作为说理理由。在该案件中，作为被告，几名公司股东存在着滥用公司法人独立地位的行为，法院经过审理认定："上述行为违背了法人制度设立的宗旨，违背了诚实信用原则，其行为本质和危害结果与《公司法》第20条第3款规定的情形相当，故参照《公司法》第20条第3款的规定。"本案判决并没有十分确切的法律规则依据，法官主要是参照《公司法》第20条第3款的规定，这种判决的形成方式并不具有较强的说服力。在此基础上，法官还援引了《民法通则》第4条中关于诚信原则的规定，对被告的滥用行为进行否定评价，加强了最终判决的说服力。

在司法实践中，法律原则的适用大凡有四种情形：（1）原则与规则一

---

〔1〕彭中礼：《法律渊源词义考》，载《法学研究》2012年第6期，第65页。

致情形下，原则作为规则的基础和指引；（2）规则缺位的情形下，适用原则以作漏洞补充；（3）原则与规则相冲突的情形下，适用原则创制规则的例外；（4）原则之间相互冲突情形下的特别复杂的适用。〔1〕同样是出于制度初创和制度稳健的考虑，最高人民法院所公布的指导性案例只是选择了第一种情形，其他三种更为复杂的情况在目前还不宜通过指导性案例的方式表现。法律原则也是法律渊源的重要内容，但是其适用却一直备受争议，原因就在于其概括性、抽象性和不确定性。如果在案件中能够挖掘法律原则的含义，特别是那些能够与具体规则相一致的含义，那么，法律原则还是能够成为形成判决的法律依据的。“无论是一般法律解释还是法律漏洞填充，法官都经常借助法律原则。……没有文本为基础的问题，现有法律体系对不同性质的权利都有予以保护的一般原则。虽然原则的特性是抽象性，但拥有原则的积极意义在于既给法官创制规则提供了依据，又为法官合理行使造法权力划定了底线。”〔2〕

同样的情况也适用于司法政策在指导性案例中的作用。指导性案例 4 号和 12 号都是故意杀人案件，而且这两个案件在审理过程、判决结果、情节判断上具有高度的一致性。更重要的是，在这两个案件的判决理由中都强调，要根据案件的具体情节，从尽量化解社会矛盾角度考虑来形成判决结果。这些高度相似的话语表述都体现了当前刑事领域中宽严相济的司法政策。化解社会矛盾、促进社会和谐、追求审判的社会效果，都属于宽严相济的刑事政策范畴，也是该政策的细化和具体化，这一点已经在最高人民法院的《关于贯彻宽严相济刑事政策的若干意见》得到了充分体现。对于死刑立即执行和死刑缓期执行之间，并不存在绝对意义上的区别，如何在二者之间进行选择需要进行大量的考虑和分析，其中司法政策占有相当重要的比重，因此，司法者在形成结论时直接援引司法政策作为正当性依据，以提升该结论的可接受性。

---

〔1〕 林来梵、张卓明：《论法律原则的司法适用——从规范性法学方法论角度的一个分析》，载《中国法学》2006 年第 2 期，第 122 页。

〔2〕 万鄂湘、李克：《法官综合培训教程》，中国政法大学出版社 2006 年版，第 233 页。

从以上几个指导性案例对法律原则和司法政策援引的情况来看，司法者追求的是将尽可能多的判决理由都指向自己的判决结论，而且这些判决理由之间没有矛盾、相互支持。判决理由之间的这种关系在法律方法论的研究中被称为“融贯性”：各个命题之间相互协调一致，相互支持，没有明显的矛盾存在，共同服务于或者指向同一目标。在司法过程及其结论中，由于融贯性强调多个法律命题之间的一致关系，所以，以融贯性为标准可以衡量构成判决理由的各个部分之间是否存在矛盾，是否共同支撑着最终的裁判结果。融贯性可以促使法官尽可能地减少判决理由之间的矛盾关系，从而最大限度地证立（justify）自身的判决结论。[1]适用多元的法律渊源，并在其间形成融贯关系，这种方式并非简单地直接适用法律规则，也属于对规则的创新适用。

二、扩展规则界限：法典条文的实体续造

在整合法律渊源的适用方式中，司法者只是借助于其他法律渊源来辅助对法律规则的适用。这种方式所利用的都是界定较为清晰的现有法律资料，而且多种法律渊源都与要处理的案件事实有着高度契合性，因此，其创新性并不强。如果法律规则与社会现实只有部分符合，法律规则所规制的程度或者范围没有满足社会现实的需求，这就需要司法者在一定程度上对法律规则的界限进行扩展。

所有的法律规则都是对社会现实的抽象界定，其结果是追求普遍性而在一定程度上忽视特殊性。而案件事实却总是展现出自身的特殊性，这样，在法律规则与特殊案件事实之间会产生龃龉的情况。作为其中的协调者，法官的选择要么是裁剪案件事实，要么是扩展法律规范。前者更可能的结果是削足适履，而后者更能够体现司法的实践理性智慧，自然也成为指导性案例更加注重的方式。需要说明的是，即使对法律规则进行扩展和变通，

---

〔1〕孙光宁：《判决理由的融贯性——从〈孝经〉判案说起》，载《浙江社会科学》2012年第7期，第67～68页。

司法者仍然必须满足形式合法性的底限要求：以现有的明确规则作为裁判的法律依据，不能在没有法律依据的情况下进行裁判，更不能直接在裁判文书中对法律规则进行否定性评价。这种形式合法性的要求不仅是出于确认判决合法性的需要，更是减少或者规避法官职业风险的需要。每个指导性案例都有直接明确的法条依据，这也是最高人民法院给地方各级法院提出的基本要求。根据对法条形式利用方式的不同，我们可以将扩展法律规则界限的方式分为外延式扩展和内涵式扩展两种类型。

（一）外延式扩展

现有的法典中，在法条具体表述上经常出现“等”和“其他”的字样，这种立法技术被称为兜底条款。兜底条款有利于体现立法的完整性和包容性，具有弥补列举条款不足的功能。〔1〕一般来说，在中国现行的法典中，“等”的常见样式是：两个以上典型事例 + 等 + 上位概念，“等”所指代的事项，与上位概念之间是种概念与属概念的关系，同时，处于上位概念意义域的边缘地带，与列举的典型事项之间系类似关系。〔2〕兜底条款的存在使得法官在保守形式合法性底限的时候，能够在法律规则的边缘地带进行扩展，将特定事项通过兜底条款纳入法条规定之中，进而做出裁判。

例如，在指导性案例 6 号中，法官将“没收较大数额的财产”纳入《行政处罚法》第 42 条的“等”字之中，认为行政机关在做出该种行政处罚的时候，也应当告知行政相对人有举行听证的权利。而本案中的行政机关并没有做到这一点，因此，法院判决行政机关程序违法。〔3〕最高人民法院案例指导工作办公室也认为：“从立法到司法都一致认为，行政处罚法第

〔1〕 周旺生、张建华主编：《立法技术手册》，中国法制出版社 1999 年版，第 376 页。

〔2〕 刘风景：《例示规定的法理与创制》，载《中国社会科学》2009 年第 4 期，第 97 页。

〔3〕 在裁判理由中，法院生效裁判认为：《中华人民共和国行政处罚法》第 42 条规定：“行政机关作出责令停产停业、吊销许可证或者执照、较大数额罚款等行政处罚决定之前，应当告知当事人有要求举行听证的权利。”虽然该条规定没有明确列举“没收财产”，但是该条中的“等”系不完全列举，应当包括与明文列举的“责令停产停业、吊销许可证或者执照、较大数额罚款”类似的其他对相对人权益产生较大影响的行政处罚。为了保证行政相对人充分行使陈述权和申辩权，保障行政处罚决定的合法性和合理性，对没收较大数额财产的行政处罚，也应当根据行政处罚法第 42 条的规定适用听证程序。

42 条的‘等’字，系开放式的不完全列举，应当是指其明文列举的三种行政处罚以外，并且与列举处罚类似的其他对相对人权益产生重大影响的行政处罚。”[1]指导性案例 6 号适用的是“等”字，而指导性案例 7 号则使用了“其他”。指导性案例 7 号依据的是《民事诉讼法》第一百四十条第一款第（十一）项，该条规定：“裁定适用于下列范围：……（十一）其他需要裁定解决的事项。”与前两个案例适用法律规定中的兜底条款不同，指导性案例 8 号适用了司法解释中的兜底条款。具体来说，在该案中需要判断公司的经营管理是否发生严重困难，这正是《公司法解释（二）》第 1 条针对《公司法》第 183 条进行的细化，前者规定了几种判断标准，包括股东会、董事会或执行董事等运行的现实状态，最后也有兜底条款：“（四）经营管理发生其他严重困难，公司继续存续会使股东利益受到重大损失的情形。”在本案的裁判理由中，除了对《公司法解释（二）》第 1 条中前三种明确列举情况进行肯定之外，法官还特别将监事或者监事会列入该兜底条款中：“原告作为公司监事不能正常行使监事职权，无法发挥监督作用。”这实质上是对上述兜底条款内容结合本案案情进行的充实与完善。

通过以上分析可以看到，在分析的三个指导性案例中，司法者都充分挖掘了兜底条款这一立法技巧，在保证形式合法性的基础上，利用兜底条款的形式对法律规则进行了补充，使得相应的法律规则能够更好地适应案情，形成质量更高的判决结论。

（二）内涵式扩展

在另外一些指导性案例中，法条依据中并没有设置兜底条款，这种情况使得司法者对法律规则进行扩展时在形式合法性上需要寻找其他途径。而具有高度实践智慧的司法者选择对特定概念进行内涵上的扩展，以此来实现法律规则与具体案情的结合。

例如，在指导性案例 3 号中，司法者对受贿罪情节中的“为他人谋利

---

〔1〕 最高人民法院案例指导工作办公室：《指导案例 6 号〈黄泽富、何伯琼、何熠诉成都市金堂工商行政管理局行政处罚案〉的理解与参照》，载《人民司法》2012 年第 15 期，第 53 页。

益”进行了范围上的扩展，认为该情节不仅包括承诺阶段，还包括实施阶段和实现阶段。满足其中任何一个阶段都属于“为他人谋利益”的范畴。这种扩展的范围实质上对国家机关工作人员提出了更严格的要求。同样，在指导性案例 11 号的贪污罪认定中，法官也扩展了法律规则的内涵。该案的裁判理由认为，对于“利用职务上的便利”这种犯罪方式，该案法官认为：“既包括利用本人职务上主管、管理公共财物的职务便利，也包括利用职务上有隶属关系的其他国家工作人员的职务便利。”这样，对于“利用职务上的便利”这一犯罪要件，法官进行了主体上的扩展，将其他有隶属关系的国家工作人员也纳入其中，同样是对贪污罪法律规则的扩展。以上两个案件都针对了现实生活中出现的新型受贿罪和贪污罪，对法律规则在内涵上的扩展适应了反贪腐的社会需求，因此被遴选为指导性案例，也体现了最高人民法院的肯定态度。

另外，在指导性案例 13 号中，司法者也扩展了法律规则的内涵。该刑事案件的两个焦点问题是：氰化钠是否属于毒害性物质，“买卖毒害性物质”这一情节是否必须兼顾买和卖两种行为。司法者对以上问题分别给出了肯定和否定的答案。对于前一个问题，氰化钠并没有被收录到《关于办理非法制造、买卖、运输、储存毒鼠强等禁用剧毒化学品刑事案件具体应用法律若干问题的解释》和《关于公安机关管辖的刑事案件立案追诉标准的规定（一）》之中，但是，法官认为“氰化钠虽不属于禁用剧毒化学品，但系列入危险化学品名录中严格监督管理的限用的剧毒化学品，易致人中毒或者死亡，对人体、环境具有极大的毒害性和极度危险性，极易对环境和人的生命健康造成重大威胁和危害”。可见，出于保护公众安全和健康的目的，法官扩大了毒害性物质的范围。基于同样的原因，法官也认为只需要实施买或者卖中的任何一个行为，都构成“非法买卖毒害性物质”的犯罪行为。现实中惩治环境犯罪的迫切需要，使得司法者对相应的法律规则进行了内涵上的扩展，对实施犯罪行为的人员给予更严格的要求，进而实现保护公众健康安全的目的。

从以上对相关指导性案例的分析可以看到，外延式扩展和内涵式扩展都满足了审判活动中形式合法性的底限要求，二者的区别仅仅在于是否利用了兜底条款这一立法技术。无论采取何种方式，司法者都对法律规则进行了实质意义上的补充和完善，这种情况被学者称为“法律续造”。拉伦茨将其分为“法律内的法的续造”（漏洞补充）和“超越法律的法的续造”〔1〕，虽然可能在实质意义上超越法律，但是，司法者必须表达对立法者的尊重，也只能在立法者设定法律规则的基础上通过法律解释的方式进行。此时，司法者应受到来自各方面的限制与制约，例如，有学者认为：“续造的概念意味着法官应尊重立法者的权威，承认法律规范意旨和法律精神等的存在。续造意义上的法律适用并不意味着法官可以对适用于具体案件的法律任意设计。在进行续造时法官必须表达对法治的信仰，并自觉接受法律规则和程序的约束。”〔2〕还有学者认为：“法官、法院通过法律解释续造法律是一个被广泛承认的事实，……法律解释续造的方法应适合或嵌入法律规则体系，法官必须比立法者更加顾忌既有法律体系的实质内容和逻辑关系，必须证成其选择的政策立场足以为既有的法律规则体系提供最融贯的解说。”〔3〕

前述几个指导性案例都在实质上拓展了法律规则的范围，能够做到在既定规则基础之上进行扩展，最终目的就是为了减少法律规则与社会现实之间的距离，使得法律规则的实施能够产生更加积极的社会效果。与直接利用现有法律依据相比，这种扩展规则界限的方式更需要司法者深刻领悟法律规范与案件事实（及其背后的社会现实）之间的复杂关系，并且需要对扩展规则界限做出正当性论证，同时还要具备一些敢于扩展规则的勇气。因此，通过扩展界限的方式适用法律规则，更具有创新性。同时，这种方式又能够兼顾形式合法性的要求，因而成为目前指导性案例中比较普遍的做法。大多数指导性案例都能够在确定法律规则的基础上，对其外延或者内涵进行扩展，以适应实际审判工作的需要。

---

〔1〕［德］拉伦茨：《法学方法论》，陈爱娥译，商务印书馆2003年版，第246页。

〔2〕陈金钊：《法官如何表达对法律的忠诚》，载《法学》2001年第12期，第22页。

〔3〕孙学致、郑倩：《生成于法条与政策之间的裁判理性》，载《吉林大学社会科学学报》2013年第2期，第146页。

三、规避规则缺陷：适应社会需求的灵活变通

通过扩展界限适用法律规则，针对的是法律规则仅有少部分与社会现实发生矛盾的情况。但是，如果在某些案件中，法律规则存在着严重缺陷，与社会现实相去甚远，其严格适用将会产生不利的社会效果，那么，司法者会变通执行该法律规则，甚至回避该法律规则的适用。相比而言，法律规则与社会现实发生严重冲突的情况较少，进而需要规避规则的情况在现实中也不多，指导性案例 5 号就属于这种情况。

在指导性案例 5 号中，《江苏省〈盐业管理条例〉》设定了部分行政许可和行政处罚，苏州市盐业局以此为根据对行政相对人做出了行政处罚决定。法院在裁判理由中对以上行政许可和行政处罚都给予了否定性评价，原因就在于超越了《行政许可法》第 15 条第 1 款、第 16 条第 3 款、《行政处罚法》第 13 条的规定和《立法法》第 79 条：在已经有行政许可和行政处罚的法律规定前提下，地方政府不能越权设定新的行政许可和行政处罚；最终，法院判决行政机关败诉。

根据原《行政诉讼法》第 11 条和 12 条的规定，行政诉讼的受案范围仅仅包括具体行政行为，不受理针对行政法规、规章或者行政机关制定、发布的具有普遍约束力的决定、命令所提出的诉讼。这种没有将抽象行政行为（行政规范性文件）纳入司法审查的范围之内的规定被认为是《行政诉讼法》的重大缺陷。而现实中众多行政纠纷都是由抽象行政行为引起的，指导性案例 5 号就是典型例证。在审理此类案件中，法官面临着不小的难题：如何对抽象行政行为的合法性进行判断，进而采取何种形式对其进行否定评价？从司法实践来看，各法院的处理方式主要有以下几种情况：第一，认为被告依据的行政规范性文件合法，在裁判文书中直接予以确认。第二，法院在审理中认为行政机关的行政解释互相矛盾，经向最高人民法院请示得到答复后，再根据答复意见选择适用的相关行政解释。第三，通过法律解释方式将行政规范性文件认定为具体行政行为而作出相应裁判。

第四，以行政规范性文件不属行政诉讼受案范围为由拒绝受理。第五，法院在审理案件中，认为作为依据的行政规范性文件违反上位法律法规，更多的是不予适用。此种情形下，法院在对所审查的行政规范性文件进行合法性判定的时候表现得比较谨慎。法院在裁判时通常回避对行政规范性文件的合法性进行认定，而直接适用高位阶的法律法规判决。[1]

在以上几种情况中，最后一种实质上没有直接否定行政规范性文件的合法性，而是以直接适用更高阶法律规则的方式，规避了《行政诉讼法》中关于受案范围的规定。值得注意的是，这种规避并没有出现在最终的判决结论之中，而仅仅是形成判决结论过程中的裁判理由，否则将直接与以上《行政诉讼法》的规定发生直接冲突。在裁判理由中对抽象行政行为进行评价，被称为“附带性审查”。“法院对抽象行为进行审查的目的，是为了全面地对被诉具体行为的合法性进行审查，是为了给当事人的权益提供更彻底的法律保护。法院为了审理行政案件，而不得不审查作为被诉具体行为依据的抽象行为。因此，抽象行为并不是法院的审理对象，法院的审理对象只是当事人之间的实体权利义务纠纷，在行政诉讼中，也就是被诉具体行为的合法性。”[2]附带性审查有着自身独特的优势：既可通过阻止违法抽象行政行为的具体适用，防止其损害相对人的合法权益，又不损害立法体制和行政立法权，较符合我国国情，而且各级法院已有十余年的使用经验。在具体操作上，法院仅在判决书“本院认为”部分确认抽象行政行为不合法、不予适用，而不在主文中判决无效，意味着司法审查只是对不当的抽象行政行为的司法矫正，是对相对人权利的司法救济，而不是对行政机关行使职权的干涉，更不意味着法院取代行政机关实施抽象行政行为。[3]《行政诉讼法》在受案范围上的缺陷，与社会现实中对抽象行政行为进行司法审查的强烈需要之间，有着很大差异。这种矛盾冲突都集中凸显在行政诉讼领域之中，也为司

---

〔1〕郭百顺：《抽象行政行为司法审查之实然状况与应然构造——兼论对行政规范性文件的司法监控》，载《行政法学研究》2012年第3期，第63～64页。

〔2〕胡锦光：《论我国抽象行政行为的司法审查》，载《中国人民大学学报》2005年第5期，第15页。

〔3〕胡志超：《论对抽象行政行为的司法审查》，载《法律适用》2001年第12期，第16页。

法者带来了巨大挑战。而在实践中总结出来的附带性审查，实质上就是规避了《行政诉讼法》在受案范围上的缺陷，在不直接与其冲突的前提下同样能够达到判断抽象行政行为合法性的目的。就指导性案例5号所涉及的核心问题而言，《行政诉讼法》受案范围的规则与社会现实需求之间存在严重冲突，对其进行修改也成为学术界和实务界中的主流声音。司法者敏锐地发现了这一症结，并在滞后的立法进行修改之前以附带性审查的方式，在一定程度上缓解了以上冲突。最高人民法院将该案例遴选为指导性案例在全国推广，将使得附带性审查在地方各级法院的审判工作中发挥更广泛的积极效果。这种在正式法律规则余留的狭窄制度空间内的适用技巧，展现了司法者高超的实践智慧和创造性。较之于前两种对法律规则进行扩展和变通的方式，规避规则缺陷的方式在创制规则的程度和深度上更胜一筹。

结语：在保守与能动之间的指导性案例

“法官的任务，一方面要保守，一方面也要创造；既不能太过保守，致蹈墨守成规，胶柱鼓瑟之讥，又不可太过创造，致涉捣乱纲纪的嫌疑；增一分则太长，减一分则太短。这是何等高深，何等奥妙的艺术！做司法官的一定要有一种历久的内心修养，才能达到可以守则守，可以创则创，寓守于创，寓创于守的境界。”〔1〕这一鞭辟入里的观点深刻揭示了司法者在运用法律规则时的挑战，究其实质就是在保守与能动之间有所选择。理想的状态自然是实现二者的协调一致，但是，在现实条件的诸多限制之下，司法者经常难以实现这种理想状态，需要借助于外部资源。经过精心筛选、体现司法智慧的指导性案例，能够为法官裁判具体案件带来新的思路和方法。“寻求先例的冲动存在于任何官员的行为之中，不考虑他是否需要，也

〔1〕 吴经熊：《法律哲学研究》，清华大学出版社2005年版，第227页。

不顾及先例是否存在。”〔1〕借助于指导性案例的启发，普通法官能够积累对法律规则适用的理解，并将这种理解充分发挥，由此可以实现指导性案例的预设目标。

如果说普通案件中司法者的首选是保守，那么，作为最高人民法院正式公布、体现高度司法智慧的指导性案例，其能动的成分要大大高于普通案件。我们可以在上文的分析中看到，整合法律渊源、扩展规则界限、规避规则缺陷等，都是指导性案例中对法律规则进行扩展和变通的方式，也都体现了司法者在审判案件时的能动因素。当然，这三种方式并非截然分开，甚至不会是后续指导性案例灵活适用法律规则的仅有方式。我们期待着最高人民法院继续发布更多体现司法智慧和能动因素的指导性案例，以脚踏实地的方式真正推动中国的法治进程。

〔1〕［美］卡尔·卢埃林：《布满荆棘的丛林》，载于［美］博西格诺等：《法律之门》，邓子滨译，华夏出版社2002年版，第6页。

第二章

法律解释方法在指导性案例中的运用

法律解释方法在法律方法论中具有历史悠久、体系完备、操作性较强的特点，其基本分类为文义解释和论理解释。由于指导性案例总是带有一定疑难色彩，更适合论理解释的运用。诸多论理解释在指导性案例中都能够发现适用的实践，而且各自有不同的效果，这是本章第一节主要分析的内容。第二节是对第一节的细化，主要以指导性案例6号为分析对象展示了多种解释方法对法律规范意义边缘的阐明。第三节主要分析了法律解释结果与实际案件的社会效果之间，存在的矛盾之处及其原因，意在提醒法官需要关注法律解释的社会效果。第四节则是超越了具体的解释方法，强调了多种具体解释方法运用的背后存在着宏观的解释倾向，例如有利于弱者。第五节主要是分析了案例指导制度对推进法律解释共同体的实践意义。

第一节 论理解释方法在指导性案例中的运用及其完善

一般而言，大陆法系的法律解释方法主要包括文义解释、体系解释、历史（法意）解释、目的解释、合宪解释和社会学解释等。其中，文义解释方法的适用具有优先性，其他几种解释方法则合称为论理解释，在适用上并无绝对的位阶关系。[1]英美法系司法实践的法条解释方法，主要包括字面解释规则、黄金规则和缺陷规则。[2]其中字面解释规则与文义解释方法大致具有相同含义，都是强调基于法律规范在一般语言文字中的通常含义来阐释其意义，减少对边缘和不常见意义的阐释。无论是从维护立法者权威，还是提高司法裁判效率来说，法官都应当首先使用文义解释方法来阐释法律规范的含义，并说明其与案件事实之间的关系。这一点对于指导性案例来说同样适用。

无论是大陆法系对成文法的推崇，还是英美法系中涉及的法条解释，既有的法典或者法条都是司法者不能回避的裁判依据，也是最终判决结论的基本立足点。因此，文义解释或者字面解释都是首选的解释方法。如果说文义解释是“就法论法”的话，那么，论理解释就是“法外求法”，是从法律规范之外的诸多因素出发，对案件事实所涉及的法条进行解释。在

---

〔1〕杨仁寿：《法学方法论》（第二版），中国政法大学出版社2012年版，第138页。

〔2〕相关论述参见［英］赞德：《英国法：议会立法、法条解释、先例原则及法律改革》，江辉译，中国法制出版社2014年版，第212页以下。黄金规则是字面解释出现荒谬时寻求的其他解释方法，缺陷规则已经被称为目的解释方法，对立法的背景和原因进行充分考量。从这种范围界定可以看到，大陆法系的论理解释大致相当于英美法系中黄金规则与缺陷规则的总和。

绝大多数普通案件中，法官直接运用文义解释就可以形成比较稳妥的结论，但是，在需要超越法律进行思考和裁判的案件中，文义解释并不能为案件提供优质答案。这一点在英美法系需要推翻先例时表现得尤为明显，在大陆法系的创新性判例中也是如此。虽然最高人民法院一再强调指导性案例并非先例或者判例，但是，众多指导性案例中包含着创新规则的因素，已经没有争议，甚至可以说是指导性案例的应有之义。否则，单单以裁判要点的方式提供抽象规则，这样的指导性案例与原有的司法解释，不仅神似而且形似，指导性案例也就失去了存在的制度价值。而大量引入论理解释，能够展示指导性案例的创新之处，为各级法官提供研习的样本和素材，也能够提升法官运用法律解释方法的能力和水平。质言之，论理解释才是指导性案例运用法律解释方法的重点，而众多指导性案例也已经展现了这一点。

一、目的解释的运用及其效果

作为基本的法律解释方法之一，目的解释具有独特的理论地位和实践价值。在指导性案例 13 号中，焦点问题的解决都是依靠目的解释方法完成的。适用目的解释方法的难题在于其依据的确定。通过分析其他指导性案例可以看到，立法目的和司法政策都能够作为目的解释的依据，其中前者还可以分为法条目的和法典目的两个层次。深入分析法律解释方法在指导性案例中的适用方式，对于提升司法实践的水平具有重要意义。目的解释运用的效果则主要包括目的性扩张和目的性限缩两种。

（一）目的解释方法在指导性案例 13 号中的实践运用

根据《关于案例指导工作的规定》第 7 条，各级人民法院审判类似案例时应当参照指导性案例。虽然学术界对“应当参照”是否为强制性效力规定仍然有争议，但是，各个指导性案例毕竟对司法实践工作有着重要的影响。这些影响突出地表现在规则创制上：“对于案例指导制度来说，创制规则是其根本职责之所在。没有规则的创制，也就没有指导性案例存在的必要性。案例指导制度通过创制司法规则，发挥其对司法活动的指导作用，以弥补立法与司法解释的不足。"〔1〕通过指导性案例创制规则固然十分重要，但是，限于目前的权力架构，司法者不宜过多地创制规则。特别是对于地方各级的普通司法者来说，更应当通过对指导性案例的研究和分析，学习其中所包含的法律适用方法。案例指导不仅为法官解决同类或者类似案件提供具体指导，而且可以为法官办案提供思维方式、法条援引、法律推理、法律解释、法律论证和价值衡量等方面的指引。这是一个从案例到规范再到具体案件的过程，不仅为法律条文的理解限定了特定语境，更为重要的是有助于审判人员训练区别适用的审判技巧，培养灵活适用法律的审判意识，避免机械司法。〔2〕简而言之，指导性案例更重要的价值体现在法律适用的方法论上，唯此，普通法官才能举一反三地贯彻指导性案例，才能在审判相类似的案件时援引指导性案例，最大限度地发挥指导性案例的实际效果。

在各种法律适用方法中，法律解释方法的历史最为悠久，其理论分析和实践成果也最为丰富。其中，目的解释方法具有独特重要的地位，尤其是在刑事审判中。"所谓目的解释，指以法律规范目的为根据，阐释法律疑义的一种解释方法。"〔3〕有德国刑法学者认为，"一个正确的解释必须永远同时根据法律的字面文义和法律的目的来进行，仅仅满足其中的一个标准是不够的。"〔4〕在法律解释的诸多方法中，文义解释方法被公认为具有首要适用的优先性，但是，以上将文义解释方法和目的解释方法相提并论的观点，也表明了刑事审判领域中对目的解释的高度重视。这里将以指导性案例13号这一刑事案件作为切入点，分析目的解释方法在最高人民法院的指导性案例中适用的具体方式。

指导性案例13号主要涉及的是《刑法》第125条第2款，其中存在着

---

〔1〕 陈兴良：《案例指导制度的规范考察》，载《法学评论》2012年第3期，第126页。
〔2〕 江勇等：《案例指导制度的理论与实践探索》，中国法制出版社2013年版，第248~249页。
〔3〕 梁慧星：《民法解释学》，中国政法大学出版社1999年版，第226页。
〔4〕 ［德］罗克辛：《德国刑法学》，王世洲译，法律出版社2005年版，第86页。

两个焦点问题：一是氰化钠是否属于毒害性物质；二是非法买卖毒害性物质罪的“买卖”是否必须兼顾买和卖两种行为。[1]就第一个问题而言，无论是2003年《关于办理非法制造、买卖、运输、储存毒鼠强等禁用剧毒化学品刑事案件具体应用法律若干问题的解释》，还是2008年《关于公安机关管辖的刑事案件立案追诉标准的规定（一）》，都没有涉及对《刑法》第125条中“毒害性物质”的界定，这为司法实践中适用该条款带来了极大的困难。是否将氰化钠认定为毒害性物质，直接涉及王某等人是否构成犯罪，被告的辩护律师也以此为由要求法院宣告无罪。“对于法无明文规定，抑或规定不明的地方，公民则享有不是明文禁止的权利而扩大其权利范围。故在刑法解释中，就应当以充分保障公民的权利、限制国家权力为原则，使刑法解释的限度向着有利于人权保障的方向发展。”[2]从有利于被告人进行解释的角度来说，在是否成立犯罪出现疑问的时候，应当遵循“疑罪从无”的解释倾向。但是，本案中，司法者却将氰化钠界定为毒害性物质，并最终做出了有罪判决。从法律解释的角度来说，该判决所依据的正是目的解释方法。

在裁判理由中，法院认为：“氰化钠虽不属于禁用剧毒化学品，但系列入危险化学品名录中严格监督管理的限用的剧毒化学品，易致人中毒或者死亡，对人体、环境具有极大的毒害性和极度危险性，极易对环境和人的生命健康造成重大威胁和危害，”因此，法院认定氰化钠属于《刑法》第125条中的毒害性物质，进而做出有罪判决。在这里，我们看到，法院做出这种解释是为了保护“环境和人的生命健康”，在广义上属于“公共安全”，《刑法》第125条也直接规定“非法制造、买卖、运输、储存毒害性、放射性、传染病病原体等物质，危害公共安全的，依照前款的规定处罚”。其中“危害公共安全”直接表明了本条所力图保护的法益。换言之，根据刑法条文所追求的目的阐释法律规范的含义，是目的解释方法直接适

---

〔1〕指导性案例13号主要案情是：王某和金某非法购买氰化钠，后来又将部分氰化钠出售给孙某、钟某和周某，该五人均将氰化钠用于电镀生产，尚未造成严重后果。法院判决五人构成非法买卖、储存危险物质罪，同时均适用缓刑。

〔2〕薛生全：《价值指引下的刑法解释》，载《法学杂志》2004年第6期，第33页。

用的表现。在大多数情况下，刑法条文所追求的目的都表现为一定的法益。“立法者并非随意规定犯罪及其构成要件，而是根据需要保护并值得保护的生活利益来确定哪些行为应规定为犯罪以及这些犯罪的构成要件如何。因此，只有根据法益实质地解释构成要件，方不至于使立法者保护法益的目的落空。”〔1〕

适用同样的目的解释方法，法官对本案中第二个焦点问题也给出了自己的答案。从有利于被告人的角度来说，从严解释的选择就是将《刑法》第125条中的“买卖”界定为同时具备两种行为才构成犯罪。但是，本案中的法官否定了以上解释倾向，其判决理由仍然是保护公共安全。〔2〕从本案中两个焦点问题的解释中可以看到，在出现刑法条文的文义发生模糊的时候，司法者强调该法条所保护的法益，并依此目的作为依据，对相关物质（氰化钠）和行为（买和卖）进行了性质认定。

需要强调的是，虽然在指导性案例13号中，司法者适用目的解释方法，以法条所维护的法益作为解释的标准，“司法者对刑法分则任何一个犯罪构成要件的解释结论必须符合该罪的法益保护目的，否则这种解释就是错误的，或者应认为尚未满足构成要件，不认定为该罪”。〔3〕但是，这并不意味着以上的适用过程是完美无缺、无懈可击的。从刑法解释原理的角度来说，以上目的解释运用并不完全符合有利于被告人进行解释的基本倾向，而且，将氰化钠归于毒害性物质的认定过程也有扩大解释之嫌。因为针对如何界定《刑法》第125条中的毒害性物质，无论是学术界还是实务界，都有着广泛争议，有学者主张使用“禁用剧毒化学品”作为毒害性物质界定的范围。〔4〕我们能够从指导性案例13号中发现目的解释方法适用的

〔1〕苏彩霞：《实质的刑法解释论之确立与展开》，载《法学研究》2007年第2期，第49页。

〔2〕法院的裁判理由认为：“‘非法买卖’毒害性物质，是指违反法律和国家主管部门规定，未经有关主管部门批准许可，擅自购买或者出售毒害性物质的行为，并不需要兼有买进和卖出的行为；王召成等人不具备购买、储存氰化钠的资格和条件，违反国家有关监管规定，非法买卖、储存大量剧毒化学品，逃避有关主管部门的安全监督管理，破坏危险化学品管理秩序，已对人民群众的生命、健康和财产安全产生现实威胁，足以危害公共安全。”

〔3〕吴江：《论法益在刑法分则中的解释论机能》，载《江海学刊》2011年第6期，第229页。

〔4〕孙万怀：《买卖毒害性化学品的对象性质——以刑法解释的协调性原则为视角》，载《法学杂志》2013年第1期，第90页。

方式和程序，但是，单独这一种解释方法无法解决刑事审判中的所有问题，目的解释方法本身也有一定的局限性，这也是我们分析和适用该方法时所不能忽视的。

（二）立法目的作为目的解释的依据

“解释方法之桂冠当属于目的论之解释方法，因为只有目的论的解释方法直接追求所有解释之本来目的，寻找出目的观点和价值观点，从中最终得出有约束力的重要的法律意思；而从根本上讲，其他的解释方法只不过是人们接近法律意思的特殊途径。”〔1〕在指导性案例 13 号中，我们充分看到了目的解释方法的重要地位：在法律规范的文义理解发生模糊或者不清楚的时候，目的解释在规范文义的范围之内决定了判决的最终结果。但是，目的解释方法也有内在的固有缺陷，其中比较突出的就是难以确定目的的具体内容。“从有弊的方面看，目的解释放松了对法律服从的要求，因而在加大目的在法律推理中作用的同时，却扩大了自由裁量权，因为目的是有多种的，目的论冲突也加大了法官等人的选择权；虽然目的解释使法律解释具有更宽广的开放性和灵活性，有助于克服法律的僵化性，但同时也使规则意义上的法治时刻处在危险之中。”〔2〕换言之，由于目的的多样和复杂，如何确定目的解释的依据，是我们在适用该解释方法时必须面对的难题。

在以指导性案例 13 号为代表的刑事审判中，这种难题同样存在，学者们对此也已经有所关注。刑法的目的往往是一种观念的抽象的存在，甚至不是一种客观的存在，刑法文本的一般目的往往更多地取决于解释者的价值判断。发现和解释刑法目的的过程本身是一个相对自由、具有相当的不确定性和主观性的判断和选择的过程。〔3〕就刑法而言，难以确定的是分则具体条文的目的。刑法的解释就是要从刑法的文言出发（在刑法用语可能

〔1〕［德］汉斯·海因里希·耶塞克、［德］托马斯·魏根特：《德国刑法教科书》，徐久生译，中国法制出版社 2001 年版，第 193 页。

〔2〕陈金钊：《目的解释方法及其意义》，载《法律科学》2004 年第 5 期，第 38 页。

〔3〕梁根林：《罪刑法定视域中的刑法适用解释》，载《中国法学》2004 年第 3 期，第 130 页。

具有的含义内），通过各种解释方法，得出符合刑法目的的结论，从而发挥刑法的人权保障机能与法益保护机能。[1]虽然刑法目的难以从终极意义上确定，但是，以上学者们的分析却能够带来一些启发和提示：我们可以将目的进行层次上的划分，进而进行目的解释。例如，指导性案例13号中，刑法的目的就是保护特定法益，在《刑法》第125条中表现为生命和健康，而在类罪名中表现为公共安全。

需要特别明确的是，以上对目的进行层次上的划分，都属于立法目的的范畴。换言之，司法者在运用目的解释的时候，首先要尊重的是立法者所追求的目的，而非司法者自身的目的。“法律应当把某种思想表达出来，使其走向客观化并且得以保存。我们必须洞悉法律所蕴含的思想，揭示其内容。法律解释＝法律的重建。解释者应当站在立法者的立场上，模拟后者再次形成法律思想。”[2]这种对立法目的的尊重，一直是大陆法系的司法者进行法律解释时所遵守的基本立场。在最高人民法院所公布的指导性案例中，我们也可以看到，司法者将立法目的分为法条目的和法典目的，进而基于这种分类适用目的解释方法。

1. 运用法条目的进行目的解释

法律规范绝大多数是由具体的规则构成的，而每个指导性案例都展现了法律规则的具体运行，在适用规则时也都在追求一定的目的。法律规则的目的经常表现为法条目的，这也是指导性案例中目的解释方法运用的重要方式。例如，在指导性案例3号中，主要适用的是《刑法》第385条，对该条于受贿罪中“为他人谋取利益”的界定，法官认为，只要满足“为他人谋取利益”的承诺、实施和实现这三个环节中的任何一个，都构成受贿罪。这也是一种从严解释的倾向。表面看来同样是采取了对被告人不利的解释结果，但是，针对国家机关工作人员职责的特殊性，司法者对其从严要求也属正当。无论是受贿的哪一个环节，都没有

---

〔1〕张明楷：《刑法原理》，商务印书馆2011年版，第20页。

〔2〕［德］萨维尼、［德］格林：《萨维尼法学方法论讲义与格林笔记》，杨代雄译，法律出版社2008年版，第7页。

改变这些行为“权钱交易”的本质，这一点也得到了《全国法院审理经济犯罪案件工作座谈会纪要》《关于执行〈关于惩治贪污罪贿赂罪的补充规定〉若干问题的解答》等规范性文件的肯定。最高人民法院案例指导办公室也认为，“为他人谋取利益”是指行为人利用职务上的便利，为行贿人谋取各种好处，从而作为收受贿赂的对价，体现了受贿罪权钱交易的本质特征。至于有无实际为其谋取利益或是否谋取到利益，不影响受贿的性质。[1]从《刑法》第385条所追求的立法目的而言，做出以上结论是比较合适与正当的。

同样的情况也发生在指导性案例11号“杨延虎等贪污案”之中，该案所依据的主要是《刑法》第382条关于贪污罪的规定。其中，对于“利用职务上的便利”这种犯罪方式，该案法官认为：“既包括利用本人职务上主管、管理公共财物的职务便利，也包括利用职务上有隶属关系的其他国家工作人员的职务便利。”这种界定将主体范围进行了扩大解释，依据的仍然是对国家机关工作人员运用权力的严格要求。贪污罪是一种以非法占有公共财物为目的的财产性犯罪，其侵害的犯罪客体主要是职务的廉洁性。由于权力的行使中可能产生异化和腐败等多种问题，刑法针对国家机关工作人员的权力行使都进行了严格要求。为了保证其职务的廉洁性这一立法目的，司法者完全可以进行从严解释。这样也就形成了指导性案例3号和11号的解释结论。

2. 运用法典目的进行目的解释

在立法目的的层次中，法条目的是从属于法典目的的。法条文本中很少直接表明其目的，这就为司法者探寻立法目的带来了一定困难。在需要运用目的解释的场合中，司法者还会借助于法典的目的来形成解释结论。在中国立法文本中，很多法典经常在开头直接表明了立法目的，这也为司法者确定立法目的、进行目的解释提供了便利条件，这一点在指导性案例中也有所体现。

---

〔1〕 最高人民法院案例指导工作办公室：《指导案例3号〈潘玉梅、陈宁受贿案〉的理解与参照》，载《人民司法》2012年第7期，第38页。

例如，在指导性案例6号中，司法者将“没收较大数额财产”归入《行政处罚法》第42条之中（“等”字所包含的未明确列举项），认为该种行政处罚也应由行政机关告知行政相对人有听证权利〔1〕。裁判理由给出的解释是：“为了保证行政相对人充分行使陈述权和申辩权，保障行政处罚决定的合法性和合理性，对没收较大数额财产的行政处罚，也应当根据《行政处罚法》第42条的规定适用听证程序。”在这里，目的解释方法得到了直接的适用，而确定目的的依据正是《行政处罚法》的整体立法目的。〔2〕本案中的原告由于被告的行政处罚（没收财产）而受到了巨大的损失，而被告工商局并没有告知听证权利的事实，使得相对人无法通过听证程序来进行陈述和申辩。在行政机关和相对人之间明显的实力对比中，缺少程序权利将进一步削弱行政相对人的弱势地位，不利于实现行政法律所追求的目标。从行政处罚法律规范的目的角度来说，在《行政处罚法》第42条中的列举项无法保护相对人的听证权利，而司法者阐释“等”字的含义、充分阐释该条规范的边缘意义则能够实现立法目的。因此，运用目的解释方法能够证成该案的判决结论。〔3〕

以法典目的作为目的解释的依据，也体现在指导性案例8号的裁判理由之中，而且表现得更为直接和具体。该案的裁判理由明确：“二审法院从充分保护股东合法权益，合理规范公司治理结构，促进市场经济健康有序发展的角度出发，依法作出了上述判决。”这一点与《公司法》的立法目的是高度一致的。〔4〕如果说指导性案例6号中，相对人的陈述权和申辩权还是从属于法典目的的话，那么，指导性案例8号的裁判理由则在文字表述上都与法典目的更加一致。

---

〔1〕《行政处罚法》第42条规定：“行政机关作出责令停产停业、吊销许可证或者执照、较大数额罚款等行政处罚决定之前，应当告知当事人有要求举行听证的权利。”在明确列举项中并不包括指导性案例6号所涉及的“没收较大数额财产”。

〔2〕《行政处罚法》第1条规定了该法典的立法目的：“为了规范行政处罚的设定和实施，保障和监督行政机关有效实施行政管理，维护公共利益和社会秩序，保护公民、法人或者其他组织的合法权益。”

〔3〕孙光宁：《法律规范的边缘意义及其解释方法——以指导性案例6号为例》，载《法制与社会发展》2013年第4期，第61~62页。

〔4〕《公司法》第1条规定了该法典的立法目的：“为了规范公司的组织和行为，保护公司、股东和债权人的合法权益，维护社会经济秩序，促进社会主义市场经济的发展。”

以上两个指导性案例比较典型地反映了法典目的作为目的解释依据的实践情况。在其他指导性案例中，法典目的则更多地以间接的方式予以表现，在文字表述上未必与法典载明的立法目的完全一致。在这些指导性案例中，裁判理由用不同的表述来援引法典目的作为依据。例如，在指导性案例10号中表述为“公司法尊重公司自治”；在指导性案例14号中表述为“有利于其改过自新”；在指导性案例15号中表述为“严重损害了债权人的利益”“违背了法人制度设立的宗旨”“违背了诚实信用原则”等。这些裁判理由的表述方式虽然没有直接援引法典中明文规定的立法目的，但是，无论是在学理上还是在司法实践中，这些法典目的已经得到了公认，裁判理由对其引用也表明了目的解释方法将法典目的作为依据，虽然只是间接的方式。

（三）司法政策作为目的解释的依据

“对法律解释适用这样一点：规范文本应当表达规范目的。法律规范的语言文本是一种运载工具，立法者借此公开他们所追求的规范目的。……文本具有实现目的的服务功能。对法律解释而言，它是首要的辅助工具。倘若不打算偏离解释的初衷，就必须看到文本表达的缺陷。历史解释也旨在探求当时立法者的目的观。”〔1〕无论是法条目的还是法典目的，都有比较明确的规范文本表述，以此可以对目的解释的依据进行分析和挖掘。但是，这些立法目的大多过于概括和抽象，并不能完全限制目的解释的恣意，甚至有学者认为，立法目的作为刑法解释的目标本身都值得怀疑，原因在于：（1）立法的过程十分复杂，刑法条文的形成往往没有痕迹或痕迹不清；（2）立法不是对个案的命令，刑法规范和用语具有高度的抽象性、一般性和概念性，司法实践中出现的大量事实是立法者在设置规范时根本没有考虑到的；（3）刑法条文本身所存在的冲突，也说明有时根本就没有立法原意。〔2〕学者们还从很多其他角度提出了限制目的解释的方案。例如，以保

〔1〕［德］魏德士：《法理学》，丁晓春、吴越译，法律出版社2003年版，第322页。
〔2〕肖中华：《刑法目的解释和体系解释的具体运用》，载《法学评论》2006年第5期，第12～13页。

障人权作为终极目的："在解释刑法的时候，也要以刑法'保障人权'的终极目的为指导。对犯罪构成进行符合目的性（刑法目的）的解释，从而实现刑法的目的。否则可能违背刑法的人权保障目的，不当地限制乃至剥夺了公民的自由和权利。"〔1〕再如，对目的解释进行综合限制："由目的的多样性所导致的目的解释方法的复杂性，给解释者带来了更大的难度和无尽的困扰。解释者只有在把握整体法秩序之目的的前提下，在个别目的与整体目的之循环互动中，理解法律的具体目的与抽象的终极目的之间的关系，同时根据法律伦理性原则去理解法律规定的客观意涵，以使之'适合事理'，才能真正把握目的解释方法之真谛。"〔2〕此外，文义解释限定的范围和宪法规范也能够发挥限制目的解释恣意的作用。总体来说，这些限制目的解释的方案设计，表面上看起来毫无破绽、义正词严，但是，对于身处具体司法实践之中的普通法官来说，却显得过于概括、抽象和繁复，难以真正对审判工作发挥具体指导作用。

由于目的解释中的"目的"，在界定时具有强烈的主观性，尤其是在审判过程中，司法者也会将自身所确定的目的贯彻到目的解释之中。从这个意义上说，无论是制度还是理念，都无法真正从终极意义上限制目的解释。此时，我们能够采取的措施就是尽量从微观上寻找能够对目的解释的恣意进行限制的具体依据，而指导性案例4号和12号则提供了这些具体依据中的重要内容：司法政策。

指导性案例4号和12号都是故意杀人案件，这两个案件在多个方面都有着高度的相似性，表现在从轻情节（婚恋引发纠纷、坦白悔罪、顺从归案、积极赔偿等）、从重情节（手段特别残忍、未获得被害人家属谅解等）、审理过程（一审到二审，不核准死刑再到改判）、判决结果（故意杀人罪，死缓同时限制减刑）等。在对各种量刑情节进行综合分析和考量，最终形成判决结论的时候，裁判要点都将"化解社会矛盾"作为确定判决

〔1〕陈晓明等：《理论刑法学专论》，科学出版社2006年版，第24页。
〔2〕刘国：《目的解释之真谛——目的解释方法中的"目的"辨考》，载《浙江社会科学》2012年第1期，第58页。

结果所追求的目标。[1]“社会矛盾化解”是近几年来政法系统中三项重点工作之一，宽严相济的刑事政策也是为该重点工作服务的。在最高人民法院印发的《关于贯彻宽严相济刑事政策的若干意见》中也多次提及对社会矛盾的化解，第5条、第40条、第41条、第42条等都直接使用了“化解社会矛盾”的表述。[2]

可以说，指导性案例4号和12号都体现了最高人民法院对宽严相济刑事政策的推行与贯彻。无论是最高人民法院《全国法院维护农村稳定刑事审判工作座谈会纪要》，还是《在审理故意杀人、伤害及黑社会性质组织犯罪案件中切实贯彻宽严相济刑事政策》等文件，都对在宽严相济的刑事政策下如何处理死刑案件进行了原则上的规定和政策上的指导。“指导案例所提供的裁判规则具有较司法解释和政策更为具体的表现形式，对于司法活动来说，具有更为直观的可参照性。关于死刑立即执行与死刑缓期执行的界限，尽管以往的政策原则是明确的，司法解释的规定也是可行的，但是在具体操作上仍然不易掌握。……裁判要旨是从具体案件中引申出来的，结合案情能够更为准确地把握死刑立即执行与死刑缓期执行的界限，而这也正是案例指导制度中的裁判规则所具有的优越性。”[3]

虽然立法目的更具有稳定性，但是，在面对无限丰富的社会现实时，司法者利用特定时期的司法政策作为目的解释的依据，更能够使得法律规范具有与时俱进的灵活性与适应性。这也是日益复杂的社会形势对法律适用提出的更高要求，特别是在强调罪刑法定的刑事审判中，刑法教义学与现实生活的丰富多样之间的矛盾，需要目的解释进行协调，此时，刑事政策就是具体操作目的解释的重要依据。“刑事政策思想从诞生之日起，便被

---

〔1〕 指导性案例4号的裁判要点认为：“人民法院根据案件性质、犯罪情节、危害后果和被告人的主观恶性及人身危险性，可以依法判处被告人死刑，缓期二年执行，同时决定限制减刑，以有效化解社会矛盾，促进社会和谐。”指导性案例12号的裁判要点认为：“人民法院根据案件具体情节，从尽量化解社会矛盾角度考虑，可以依法判处被告人死刑，缓期二年执行，同时决定限制减刑。”

〔2〕 例如，该文件第5条规定：“贯彻宽严相济刑事政策，必须严格依法进行，维护法律的统一和权威，确保良好的法律效果。同时，必须充分考虑案件的处理是否有利于赢得广大人民群众的支持和社会稳定，是否有利于瓦解犯罪，化解矛盾，是否有利于罪犯的教育改造和回归社会，是否有利于减少社会对抗，促进社会和谐，争取更好的社会效果。”

〔3〕 陈兴良：《死刑适用的司法控制——以首批刑事指导案例为视角》，载《法学》2013年第2期，第57页。

打上了鲜明的目的烙印。刑法刑事政策化的重要表现就是对目的性的强调，它要求刑法应回应社会，并基于这种回应性确定刑法的目的，以制定出有着鲜明目的导向、长于应变的刑法。……刑法的司法解释是刑法回应社会的重要途径，也是刑法刑事政策化在司法阶段最直接的表现方式。一定的政策倾向表现为具体的刑法目的，刑事司法以此为导向，通过具体的解释结果最终决定着刑法的现实面目。”〔1〕指导性案例4号和12号对死刑立即执行和死刑缓期执行之间的选择，以及对限制减刑制度的适用，都体现了刑事政策及其所追求的目的和效果，这也成为司法者在实践工作中运用目的解释的范例。

当然，司法政策也有自己的缺陷，进而，将其作为依据也可能会影响目的解释的实际效果。政策导向使得制定法的解释成为工具理性的产物，它自始至终受到目的的支配，是法官在目的指引下采取一定解释方法以使解释结果与制定法相联系的活动。实务中的解释，实际上是在锁定解释结果后，通过对司法与解释技术进行选择性运用的逆向推理过程。因而，目的论解释严格说来并非解释方法，而是对现代法律解释实践的一种事实性判断。它揭示的是现代法律解释中的实质主义倾向。解释的边界太富弹性，它的变色龙性质使得解释的正当性更多地取决于解释所产生的结果是否被社会接受。〔2〕简而言之，缺乏稳定性、过于重视结果的司法政策，即使作为目的解释的依据，也只能是在特定时期发挥参考的作用，不能成为形成最终解释结论的唯一依据，否则法律解释的客观性及其对法治的尊重与维护都会受到严重动摇。不过，我们仍然需要肯定的是，相比于过于抽象的概念和术语（例如人权保障和宪法制约等），将司法政策作为目的解释的依据，毕竟具有更强的操作性，也体现了司法者对当前社会形势与法律规范之间关系的深刻理解，是值得在实践工作中借助于指导性案例进行推广和普及的。

理性的人类行为总是在追求特定的目的，司法者在审判中的实践工作

〔1〕周折：《刑事政策视野中的刑法目的解释》，载《中外法学》2007年第4期，第453页。

〔2〕劳东燕：《公共政策与风险社会的刑法》，载《中国社会科学》2007年第3期，第134页。

也是如此。目的的广泛存在使得目的解释方法的运用总是存在着恣意的可能，于是，问题的关键在于如何确定目的解释的依据，从而使得目的解释的运行被限制在正当的范围之内。从最高人民法院已经发布的指导性案例中可以看到，立法目的和司法政策都是运用目的解释方法的重要依据，尤其前者为主要依据。除了目的解释之外，法律解释的多种具体方法都能够在指导性案例中有所体现。“寻求先例的冲动存在于任何官员的行为之中，不考虑他是否需要，也不顾及先例是否存在。”〔1〕虽然指导性案例并非严格意义上的先例，但是，却能够在法律解释方法的实践运用上给普通司法者以提示和启发。由于配套制度和技术操作层面上存在着一定缺陷，这会影响到指导性案例被直接适用的效果。〔2〕也许指导性案例不会像先例那样被后来的审判实践多次直接援引，但是，如果能够充分挖掘其中所包含的法律解释技巧和智慧，那么，指导性案例就能够以潜移默化的方式提升判决的质量，这对于切实推动中国法治的进程来说，可能是更重要的。

特别需要指出的是，以上规范性文件中的立法目的、司法政策和法律原则，都是具体指导性案例在对其裁判结果进行论证时所使用的，而最高人民法院还通过一种特殊的方式直接表明了将特定案件遴选为指导性案例所追求的目的，其名称是《最高人民法院发布第×批指导性案例的指导意义》。〔3〕这些文件用“旨在”的表述，对每一个指导性案例的遴选目的进行了精确的概括。对于意图适用目的解释的各级法官来说，不仅需要了解目的解释在单独指导性案例中的运用方式，更应当领会最高人民法院遴选该指导性案例的目的，因为后者能够有效支持法官在出现类似案件时更有把握参照指导性案例。

---

〔1〕［美］卡尔·卢埃林：《布满荆棘的丛林》，载于［美］博西格诺等：《法律之门》，邓子滨译，华夏出版社2002年版，第6页。

〔2〕王晨光：《制度构建与技术创新——我国案例指导制度面临的挑战》，载《国家检察官学院学报》2012年第1期，第3页。

〔3〕这些文件被集中收录在最高人民法院案例指导工作办公室编著的《中国案例指导》丛书中。参见胡云腾主编：《中国案例指导》（总第1辑），法律出版社2015年版，第11、85、153页；颜茂昆主编：《中国案例指导》（总第2辑），法律出版社2015年版，第11、97、184、243页；颜茂昆主编：《中国案例指导》（总第3辑），法律出版社2016年版，第20、119、263页。

（四）目的解释的运用效果

既然目的解释借助于规范性文件中的各种直接规定在指导性案例中大行其道，那么，后续的问题是：运用目的解释实现了何种效果。从宏观的角度分析，目的解释的运用是实现了所谓的“目的”，加强了裁判结果的论证。从法律方法论运行的微观角度来说，目的解释的运用对特定指导性案例中的核心概念进行了扩张或者限缩。〔1〕

“法律文义所涵盖之案型，有时衡诸该规定之立法意旨，显然过狭，以致不能贯彻该规范的意旨，是故，显有越过该规定之文义的必要，以将其适用范围扩张至该文义原不包括的类型。……学说上称为‘目的性之扩张’。”〔2〕目的性扩张是运用目的解释之后形成的效果，在指导性案例中有不少表现。例如指导性案例23号在界定“消费者”概念时，减少了对主观状态要件的要求。〔3〕其裁判理由实际上扩大了这一概念的范围，使得所谓的“知假买假”的群体也被纳入消费者概念之中。指导性案例29号则将“具有广泛社会认知的企业简称”纳入企业名称的概念之中。〔4〕指导性案例40号则扩大了工伤认定中“工作场所”范围。〔5〕与目的性扩张相反，目的性限缩则缩小了特定概念的范围。例如在指导性案例21号中，法官面对适用既有规定可能带来不正义的情况，采用了目的性限缩的方法进行裁判。〔6〕指

〔1〕需要说明的是，传统法律方法论将目的性扩张和目的性限缩都作为漏洞补充的具体方式。但是，漏洞补充的很多具体方法与其他法律方法交叉过多，更应被理解为适用法律方法的一种情况，而非一种独立的法律方法。（参见孙光宁：《漏洞补充的理论定位——法律方法论的视角》，载于陈金钊、谢晖主编：《法律方法》（第十卷），山东人民出版社2010年版，第157页。）由此，目的性扩张和目的性限缩与目的解释方法的关系更为密切，故将此二者引入目的解释的探讨和分析。

〔2〕黄茂荣：《法学方法与现代民法》，中国政法大学出版社2001年版，第400~401页。

〔3〕指导性案例23号裁判理由认为：“只要在市场交易中购买、使用商品或者接受服务是为了个人、家庭生活需要，而不是为了生产经营活动或者职业活动需要的，就应当认定为‘为生活消费需要’的消费者，……法律并未对消费者的主观购物动机作出限制性规定。”

〔4〕指导性案例29号裁判要点1为：“对于企业长期、广泛对外使用，具有一定市场知名度、为相关公众所知悉，已实际具有商号作用的企业名称简称，可以视为企业名称予以保护。”详细分析参见李友根：《论企业名称的竞争法保护——最高人民法院第29号指导案例研究》，载《中国法学》2015年第4期。

〔5〕指导性案例40号的裁判理由认为：“‘工作场所’，是指与职工工作职责相关的场所，在有多个工作场所的情形下，还应包括职工来往于多个工作场所之间的合理区域。”

〔6〕黄锴：《“目的性限缩”在行政审判中的适用规则——基于最高人民法院指导案例21号的分析》，载《华东政法大学学报》2014年第6期，第42页。

导性案例33号对《合同法》第59条，指导性案例37号对《民事诉讼法》第239条，指导性案例53号对《物权法》第219条，指导性案例67号对《合同法》第167条，也都进行了限缩性解释。[1]无论是目的性扩张还是目的性限缩，并没有完全突破或者超越法律规范的文义射程，虽然某些解释结果处于规范文义的边缘地带。目的解释在指导性案例中的运用效果是，在突出法律目的的基础上，对部分法律规则的含义进行创造性的推演或者明确，甚至在特定情况下创造了新的规则。

二、体系解释的运用及其效果

体系解释方法是将法律概念或者规范放置于整个法律体系的背景之下，结合上下文以及法律规范与相应其他规范之间的关系，对其含义做出说明。与目的解释相比，体系解释的依据是法律规则与其他规范之间的关系，而不是主观性、灵活性更强的法律目的，因此，体系解释更接近于文义解释，也备受司法实务工作者的重视。体系解释的出发点和预设前提是法律体系作为一个统一系统的内部协调性。“系统性论据居于法律学说的核心。因此，在解释某一制定法条款时，我们必须关注那些为理解这一条款而作出贡献的其他条款。”[2]即使在法律规范之间存在不一致或者冲突的情况，司法者依然可以通过法律规范之间的总体指向来选择解释法律规范的结论。从这个意义上说，《立法法》中所确立的解决规范冲突的规则，实质上就是体系解释的经验总结和具体体现。

在指导性案例中，体系解释也存在着不少运用的情况。例如指导性案例20号涉及专利权申请临时保护期内侵权行为的处理问题，该案裁判理由认为：“对于侵犯专利权行为的认定，应当全面综合考虑专利法的相关规定。……”这就是直接对相关法条进行体系解释的直接表述，而该案运用

---

〔1〕曹志勋：《论指导性案例的“参照”效力及其裁判技术——基于对已公布的42个民事指导性案例的实质分析》，载《比较法研究》2016年第6期，122～123页。

〔2〕［瑞典］亚历山大·佩岑尼克：《法律科学：作为法律知识和法律渊源的法律学说》，桂晓伟译，武汉大学出版社2009年版，第31页。

体系解释的结果，则确认了法律漏洞的存在。最高人民法院对该案的解读也认为："我国专利法对此没有明确具体的规定，最高人民法院在综合考虑专利法相关规定的基础上使用体系解释的方法在该案判决中解释出如下裁判规则……"〔1〕。这一论述直接表明了体系解释的运用。类似的情况也存在于指导性案例21号中，法官在经过了对诸多涉案法律文件的检索和审查之后，认为存在着涉案行为并没有直接被明确调整，进而根据立法目的做出了裁判结果。〔2〕上文中论及的指导性案例23号的裁判理由也认为："法律并未对消费者的主观购物动机作出限制性规定。"这一论断也是分析了《消费者权益保护法》《产品质量法》《食品安全法》等法律之后形成的。从以上的例证中可以看到，体系解释运用之后的效果之一，是发现相关法律对案件的核心问题并没有明确规定，或者即使有规定也非常模糊。这是存在法律漏洞的典型情况。

当然，体系解释在指导性案例中的运用结果，并非都是发现法律漏洞，也存在着相反的情况。例如，指导性案例8号处理了公司僵局问题，其裁判理由部分针对《公司法解释（二）》第1条的规定，分别从股东会、董事会和监事等方面进行论述，确认本案案情符合"公司经营管理发生严重困难"的情况；同时确认本案案情也符合《公司法解释（二）》第5条的

---

〔1〕最高人民法院案例指导工作办公室：《指导案例20号〈深圳市斯瑞曼精细化工有限公司诉深圳市坑梓自来水有限公司、深圳市康泰蓝水处理设备有限公司侵害发明专利权纠纷案〉的理解与参照——专利临时保护期内实施发明所得产品的后续使用不侵害专利权》，载于吕山主编《中国法律评论》2014年第1期，法律出版社2014年版，第180页。

〔2〕指导性案例21号涉及的规范性文件主要包括：国务院《关于解决城市低收入家庭住房困难的若干意见》第16条、建设部等七部委《经济适用住房管理办法》第8条、《人民防空工程建设管理规定》第48条、《人民防空法》第22条、第48条。该案裁判理由认为："上述关于经济适用住房等保障性住房建设项目免收各种行政事业性收费的规定，虽然没有明确其调整对象，但从立法本意来看，其指向的对象应是合法建设行为。"详细分析参见最高人民法院案例指导工作办公室：《〈内蒙古秋实房地产开发有限责任公司诉呼和浩特市人民防空办公室人防行政征收案〉的理解与参照》，载《人民司法》2014年第6期。

规定，最终判决公司解散。[1]可以说，指导性案例8号的裁判理由实质上是逐条梳理了《公司法解释（二）》的相关规定，运用体系解释方法形成了裁判结论。类似的情况也出现在指导性案例27号中，该案全面对比了《刑法》第264条、第266条和第287条的规定，并结合了部分比较刑法理论，细致区分了在网络环境中的盗窃罪与诈骗罪，对司法实务处理相关问题发挥了很好的参考提示作用。[2]此外，指导性案例61号则以立法技术的名义，否定了法律漏洞的存在，并结合立法目的和法条文义形成了裁判结论。[3]此类案件在运用体系解释之后，并没有确认法律漏洞的存在，而且对相关法律规范的相互关系进行了确认，进而形成裁判结果。

从以上分析可以看到，确认法律漏洞的存在和确定法律规范的含义，是指导性案例运用体系解释方法之后的两种基本效果。从数量和频率上来看，前一种效果占据明显优势，其原因仍然源于指导性案例创制规则的整体定位。在直接运用文义解释没有获得裁判结论时，法官需要对涉案的所有法律规范进行全面比较和分析，其结果分为肯定和否定两种。其一，如果此种分析能够形成肯定的结论，那么，基于相关法律规范就能够明确法律规范的含义。这是在普通案件中运用体系解释之后的通常情况，也即前述第二种效果。其二，如果比较和分析的结果并没有形成正面结论，反而确定了法律漏洞的存在，那么，后续的工作则需要结合目的解释等其他方法进行实体上的补充和完善，也即前述第一种效果。而大多数指导性案例都带有疑难色彩，并非司法实践中普通的典型案例，当然也大量包括弥补

〔1〕《公司法解释（二）》第1条规定："单独或者合计持有公司全部股东表决权百分之十以上的股东，以下列事由之一提起解散公司诉讼，并符合公司法第一百八十三条规定的，人民法院应予受理：（一）公司持续两年以上无法召开股东会或者股东大会，公司经营管理发生严重困难的；（二）股东表决时无法达到法定或者公司章程规定的比例，持续两年以上不能做出有效的股东会或者股东大会决议，公司经营管理发生严重困难的；（三）公司董事长期冲突，且无法通过股东会或者股东大会解决，公司经营管理发生严重困难的；（四）经营管理发生其他严重困难，公司继续存续会使股东利益受到重大损失的情形。"第5条规定："当事人不能协商一致使公司存续的，人民法院应当及时判决。"

〔2〕最高人民法院案例指导工作办公室：《〈臧进泉等盗窃、诈骗案〉的理解与参照——利用信息网络进行盗窃与诈骗的区分》，载《人民司法》2015年第12期，第19～20页。

〔3〕指导性案例61号的裁判理由认为："援引法定刑是指对某一犯罪并不规定独立的法定刑，而是援引其他犯罪的法定刑作为该犯罪的法定刑。刑法第一百八十条第四款援引法定刑的目的是为了避免法条文字表述重复，并不属于法律规定不明确的情形。"这里引述"避免法条文字表述重复"的立法技术，实质上就是基于对整个刑法文字表述体系的理解做出的体系解释。

法律漏洞的情况。这一定位决定了其运用体系解释后形成的第一种效果明显多于第二种。质言之，在创制规则方面，体系解释经常成为指导性案例运用其他解释方法的必经阶段，而此后解释方法的运用更具有实体的决定意义。

三、历史解释的运用及其效果

对于历史解释（法意解释），法律方法论研究中对确定其依据存在不同观点，一部分学者将其认定为是立法者在制定法律规范时追求的目的，另一部分学者则将其界定为法律规范自身的客观目的。这两种观点分别被称为主观解释论和客观解释论，也都存在着各自的缺陷。对前者来说，通过“移情”的方式探寻立法者原意，在终极意义上无法彻底实现；后者又容易与目的解释过度混淆。[1]无论何种界定，对于历史解释在司法过程中的具体操作来说，对历史沿革的各种立法资料进行汇总分析，是获得解释结果的主要方式。目前几乎每个国家都有《法律解释法》（Interpretation Act），其中的基本内容之一就是有关法律解释的基本规则。[2]例如，《澳大利亚法律解释法》对引入外部资料解释法条，在15AB条中有着专门的规定，很多内容都涉及借助于法案通过之前的诸多材料进行历史解释。[3]如果说目的解释和体系解释主要是一种共时性分析，那么，历史解释则通过历时性探究来获得对法律规范含义的解读。

对于司法过程来说，裁判结果的形成都是要基于现行有效的法律规范，这成为历史解释直接进入裁判理由的巨大障碍，指导性案例也不例外。在目前所有指导性案例的裁判要点和裁判理由部分，在涉及对特定法律规范进行解释时，几乎没有对相关历史上各种立法资料进行引述的表现。造成历史解释“缺位”的具体原因可以从很多方面分析，例如立法资料难以全

---

〔1〕参见陈金钊等：《法律方法论研究》，山东人民出版社2010年版，第344～348页。

〔2〕［美］安·赛德曼等：《立法学：理论与实践》，中国经济出版社2008年版，第381～382页。

〔3〕《澳大利亚法律解释法》，宁敏译，载于梁慧星主编：《民商法论丛》（第11卷），法律出版社1999年版，第756～757页。

面获取；法官也不擅长或者没有精力搜索立法资料；立法资料没有被官方承认为正式法律渊源，在裁判文书中引述立法资料容易引起争议；等等。因此，仍然处于初创阶段的案例指导制度，对历史解释采取比较保守的态度也是可以理解的。

但是，这并不意味着历史解释在指导性案例中没有任何体现。在目前法律解释的正式制度中，最高人民法院是司法解释的制定者；从制定规范性文件的角度来说，最高人民法院在这一领域中就是立法者，同时也是指导性案例的“立法者”；历史上最高人民法院处理审判问题留下的各种资料，都可供指导性案例所借鉴。实际上，绝大多数已有的指导性案例，都曾经被最高人民法院以不同形式发表过，例如指导性案例 21 号就曾经登载《中国行政审判案例》丛书第 2 卷，更多指导性案例都曾刊登在《人民法院案例选》等最高人民法院的官方刊物中。更重要的是，根据《关于案例指导工作的规定》第 9 条，曾经刊登在《最高人民法院公报》上的案例，经过整理和筛选之后，也可以作为指导性案例发布。最高人民法院在发布第九批和第十批指导性案例的通知中，专门明确了这些指导性案例都是经过清理和编纂的原公报案例。从表面上看，将公报案例再次发布为指导性案例，似乎有重复之嫌。但是，如果将最高人民法院视为公报案例和指导性案例的立法者，那么，以上重复发布则是一种对历史沿革中原有立法资料的重视，实质上正是历史解释的隐性运用。虽然这种运用并没有在某个具体指导性案例中得到直接体现，但是，却能够产生特殊的强调效果。

历史解释强调分析立法资料，其目的在于获知立法者在制定规范时的意志或者意图，进而基于这一意图确定现行规范的含义。由此可知，这一操作过程的预设前提是，立法者的意图虽经历史发展却一以贯之。以上指导性案例以隐性的方式运用历史解释，形成的效果是：最高人民法院在处理审判领域中的某些疑难问题时，从最初的公报案例到现今的指导性案例，其态度不仅没有改变，而且更加强调。相应地，地方各级法官在处理类似案件时，更应当在把握最高人民法院的这种态度和意图的基础上参照执行。

例如，指导性案例 38 号为田永诉北京科技大学拒绝颁发毕业证、学位证案，刊登于《最高人民法院公报》1999 年第 4 期。该案在当时引起了相当关注，成为国内行政诉讼经典案例之一。最高人民法院将该公报案例重新编纂为指导性案例，强调的核心内容至少有两个方面。其一，高校能够成为行政诉讼被告。在田永案发生的时候，行政诉讼被告的范围被基本限定在行政机关，高校能够成为行政诉讼的被告，对当时这种比较保守的范围界定不啻为重大冲击，这也是该案能够引起社会广泛关注的主要原因。在田永案之后，全国出现了多起大学生状告学校的案例。但是，即使有了田永案作为公报案例，时至今日，仍然有很多法院以高校不能成为行政诉讼被告为由拒绝受理类似案件。将田永案确定为指导性案例，是对历史上特定资料的重新强调，是再次确认高校能够成为行政诉讼的被告，在实质意义上扩大了行政诉讼的受案范围，并且这种强调会借助于指导性案例"应当参照"的正式效力，转化为各级法院的具体实践，破除根深蒂固的保守观念。在立案登记制普遍实施的背景下，高校成为行政诉讼的被告得到了越来越多的肯定；将田永案确立为指导性案例，也表明了最高人民法院对这一发展趋势的尊重和肯定。其二，正当程序原则的适用。对于田永案，最高人民法院在编辑裁判理由的措辞使用上发生了明显的变化。该案基本事实之一是，对于退学决定，被告不仅没有直接向原告本人宣布和送达，并且没有明确允许原告提出申辩意见。对此，《最高人民法院公报》在重述裁判理由时表述为："忽视当事人的申辩权利，这样的行政管理行为不具有合法性。"〔1〕虽然当时专门整理此案裁判文书的公报编辑并没有了解和熟悉正当程序原则，但是，朴素的程序正义观念却支撑了这个没有直接法条依据的结论。〔2〕面对同样的案件事实，指导性案例 38 号的裁判理由则表述为"为充分保障当事人权益，从正当程序原则出发，被告应将此决定向当事人送达、宣布，允许当事人提出申辩意见"。这里直接引述的"正当程序原则"是形成裁判结论的基本依据，却没有在判决书原文或者公报案例原文中明确出现。在我国仍然没有制定行政程序法的背景下，正

〔1〕《最高人民法院公报》1999 年第 4 期，第 142 页。
〔2〕何海波：《司法判决中的正当程序原则》，载《法学研究》2009 年第 1 期，第 133 页。

当程序原则虽然被普遍肯定，但却没有法条上的直接规定。最高人民法院在该指导性案例的裁判理由中如此表述，实质上是对正当程序原则的强调，并提醒各级法院在处理类似案件（尤其是行政诉讼）时进行参照。

四、综合运用解释方法的两种融贯效果

除了以上几种基础的解释方法之外，指导性案例中还可以分析出其他解释方法的运用。例如通过预测社会效果来反推裁判结论的社会学解释方法，在指导性案例4号和12号的裁判理由中以“维护社会秩序、化解社会矛盾”的措辞得以表现。这里无法对所有解释方法在指导性案例中的运用进行全面分析，但是，从以上几种主要法律解释方法的运用来看，裁判理由都借助于这些解释方法而得到了充分展示和说明，而且各种解释方法之间相互配合和支持，形成了两个层面上的融贯效果。

特定命题之间的融贯性具有以下一些主要特征：（1）它在逻辑上是一致的；（2）它阐明了一种高度的或然性的一致性；（3）它阐明了很多在信念体系各组成部分之间的相对较强的推论性联系；（4）它是相对统一的，比如说，它没有分裂为相对没有联系的子系统；（5）它几乎没有包含无法解释的异常现象；（6）它提出了一种相对稳定的，到最后仍然是融贯的世界观；（7）它满足了观察的需要，这意味着它必须包含把一种高度的可靠性归因于数量合理的认识上自发信念的法律。〔1〕简而言之，具有融贯性的命题之间不仅不存在矛盾之处，而且能够通过相互支持和配合，加强对某一结论的论证效果。对于指导性案例运用诸多法律解释方法来说，我们可以发现两个层面上的融贯效果：一种是个案内部层面上的，另一种则是类似指导性案例之间的，也即超个案层面的。

就个案内部层面上解释方法的融贯效果来说，指导性案例的裁判理由往往不限于使用某一特定的解释方法，而且综合运用了多种解释方法。例

---

〔1〕［瑞典］亚历山大·佩岑尼克：《法律科学：作为法律知识和法律渊源的法律学说》，桂晓伟译，武汉大学出版社2009年版，第208页。

如前文分析体系解释时提及的指导性案例61号，就使用了体系解释、目的解释和文义解释方法。同样使用这三种解释方法的还有指导性案例32号，其效果也是形成了融贯的解释论证系统。[1]类似的情况也发生在指导性案例18号之中。[2]产生这一效果的原因仍然在于指导性案例的疑难色彩：在依靠文义解释无法明确裁判结果的前提下，各种论理解释方法之间并无绝对的适用顺位，法官尽量使用多种解释方法，并依靠其共同指向的解释结论来加强说理和论证。

就超个案层面上解释方法的融贯效果来说，主要指的是一些比较类似的指导性案例之间存在着共同的宏观指向。例如指导性案例4号和12号在罪过情节、审判经过和裁判结果上都高度相似，其裁判理由中都涉及“化解社会矛盾”的指向。指导性案例38和39号针对的都是高等学校拒绝颁发学位证书或不授予学位决定的可诉性问题，加上指导性案例22号，这三个案例都指向了扩大行政诉讼受案范围的宏观结论，都属于在2014年《行政诉讼法》修改之前在司法实践中进行的政策性探索。[3]此外，除了指导性案例38号直接论及正当程序之外，强调及时处理信息公开申请的指导性案例26号，以及强调具体行政行为应有明确法条依据的指导性案例41号，都属于以行政正当程序为归属的案件。相比于个案层面上解释方法之间的融贯效果，这些具有共同指向的指导性案例之间存在着较弱的融贯关系。但是，其背后蕴含着最高人民法院希望地方法院予以参照的深层扩展效果，其影响力也更为长远。对于地方法院的法官来说，研习指导性案例不仅需要了解个案层面上诸多解释方法的运用技术，更要领会最高人民法院推崇的宏观指向，这样就能够在微观和宏观两个层面上提升审判能力和素质。

---

〔1〕宋保振：《法律解释方法的融贯运作及其规则——以最高院“指导案例32号”为切入点》，载《法律科学》2016年第3期，第39页。

〔2〕孙光宁：《末位淘汰的司法应对——以指导性案例18号为分析对象》，载《法学家》2014年第4期，第99~100页。

〔3〕王天华：《案例指导制度的行政法意义》，载《清华法学》2016年第4期，第41页。

五、法律解释方法在指导性案例中运用的完善方向

虽然指导性案例运用多种法律解释方法已经有了比较丰富的实践，但是，这并不意味着这些实践非常成功。从指导性案例被裁判文书直接参照的比例来看，整体参照率极低且所涉及的地域和法院层级都非常有限，原因之一就是指导性案例难以成为进行说理论证的实质理由。[1]法律解释方法的运用水平是衡量指导性案例进行裁判说理的基础性因素之一，丰富全面、细致深入地运用各种解释方法，有利于提高指导性案例被认可及其被参照的概率，有利于发挥案例指导的制度效果。结合前述解释方法的运用实践，指导性案例需要在这个方面继续完善的方向大致包括以下几个方面。

（一）降低或者淡化文义解释的运用比例，扩大论理解释的运用比例。

指导性案例应当是带有一定疑难色彩的案件，能够为各级法院提供审判疑难案件的思路或者结论。《关于案例指导工作的规定》第 2 条将指导性案例分为 5 类，还有学者列出了影响性案例、细致型案例、典型性案例、疑难型案例和新类型案例，无论何种案例都应当以创制规则为中心，否则只是具有示范意义而没有指导意义。[2]例如，刑事指导性案例在裁判要旨方面缺乏指导性的主要表现有：（1）重复已有的司法解释；（2）案件并非实务中的疑难案件；（3）没有提出实质性的法律适用结论；（4）裁判结论及其论证有待商榷。[3]要进行规则创制，就意味着单纯依靠文义解释无法形成最优答案，需要运用多种论理解释方法来完成证成裁判结论的任务。当然，这并不意味着文义解释应当被架空。对于以“法律规定”的形式表现出来的文义解释，裁判理由应当细致说明相关法条依据，不能过于笼统

---

〔1〕 向力：《从鲜见参照到常规参照——基于指导性案例参照情况的实证分析》，载《法商研究》2016 年第 5 期，第 98～99 页。
〔2〕 陈兴良：《案例指导制度的规范考察》，载《法学评论》2012 年第 3 期，第 120～121 页。
〔3〕 林维：《刑事案例指导制度：价值、困境与完善》，载《中外法学》2013 年第 3 期，第 507～508 页。

和含混，对于其他论理解释也是如此。在这个方面，无论是案例的遴选，还是裁判要点和裁判理由的概括，都不尽如人意。其原因一方面在于目前裁判文书说理仍然不够细致充分，造成了遴选中的困难；另一方面，最高人民法院在确定以及编纂指导性案例时，注重裁判结论而忽视对其进行解释和论证，是授人以“鱼”而非授人以“渔”。虽然前文中分析了若干论理解释运用的实践，但是，裁判理由中的相关表述多是一笔带过或者语焉不详，各级法官除了获得一些略显突兀的结论之外，难以获知结论中解释方法的运用情况。对此，最高人民法院应当重视指导性案例文本的编纂问题，对其中涉及论理解释的情况，加强对其进行详细论述的自觉性，不仅在表述内容上更加丰富，还要有意识地突出特定解释方法的运用，甚至不排除在裁判要点中专门强调。

（二）对比多种解释结论之间的差异，并细致说明取舍理由。

多种解释方法的运用形成了两个层面上的融贯效果，有助于形成个案结论以及类似个案的共同指向。但是，这并不意味着多种解释方法的运用总是能够获得融贯效果。从法律解释方法的体系角度来说，不同解释方法都是从司法实践总结概括出来的，都是分析和解读法律规范的特殊视角，相互之间并无绝对正误之分，这也决定了论理解释方法之间无法有固定适用顺位。运用不同的解释方法，很可能会形成不同解释结论，在指导性案例裁判理由中的表现可以分为两类。（1）法官回应律师意见。法律解释方法具有工具属性，可以被所有法律职业群体使用。律师提出的意见，也是运用解释方法之后形成的结论。如果与法官意见产生偏差，那么，法官应当对此有所回应，指导性案例也应当在裁判理由部分有所表述。新修订的《刑事诉讼法》以及 2016 年出台的《关于深化律师制度改革的意见》都强调了庭审中律师意见的重要性，而且《〈关于案例指导工作的规定〉实施细则》第 11 条也规定了法官应当对律师关于参照相应指导性案例的意见有所回应。指导性案例 3 号、11 号、13 号、27 号和 63 号，都在裁判理由中对辩护意见有所回应，是十分值得肯定的。但是，大多数裁判理由部分都没有对律师意见有所回应。出于自身职业伦理，当事人的律师必然会提出指向不同结果的意见。法官应当给予有效回应，这也是推动审判中心主义的重要表现。指导性案例应当在这个方面成为表率，应当详细介绍法官对律师意见是否采纳的理由。(2) 上级法院改变原审结果。在已有的指导性案例中，有近三分之一的比例涉及改变原审结果的情况，甚至在指导性案例20号中，最高人民法院直接撤销了一审和二审判决。在面对同样的法律规范时，不同解释结论的背后是多种解释方法的运用。但是，在指导性案例的裁判理由部分，最高人民法院只是提及了审理的最终结果和理由，对于原有的裁判结论并没有做任何评价与说明。这种行文方式固然是指导性案例的编写体例之一，[1]但是，也丧失了对解释方法的运用进行比较的机会。对于主审案件的法官来说，其裁判结论被上级法院修改，毕竟是一种比较消极的评价。如果能够细致比较不同审级中多种解释方法的运用，能够使得下级法官更准确地理解上级法院所确定的解释结论，更能够使得原初裁判结果获得肯定评价。其间接效果则是下级法官更有动力去研习指导性案例。已经有学界呼吁将合议庭中的法官不同意见写入判决书，[2]虽然目前全面实施的时机尚未成熟，但是，不同审级法院之间的差异意见，还是能够纳入终审判决理由之中的。这样也可以使得后案下级法院明确相应解释方法的运用及其结论。总结以上两类情况，多种解释方法在指导性案例中的运用是“融贯有余，交锋不足”，相应的完善措施是在裁判理由部分细致分析和全面评价不同解释结论之间的差异，帮助后案法官明晰案件的整体过程和结果。

（三）在具有共同宏观指向的指导性案例之间，强化其解释方法运用的整体目标。

除了个案层面上的融贯之外，同类相关的指导性案例之间也会在解释

---

〔1〕 胡云腾、吴光侠：《〈关于编写报送指导性案例体例的意见〉的理解与适用》，载《人民司法》2012年第9期，第33页。

〔2〕 张泽涛：《判决书公布少数意见之利弊及其规范》，载《中国法学》2006年第2期。

目标上相互融贯。例如指导性案例18号和40号同属劳动法案件，前者确认末位淘汰不能成为用人单位单方解聘的理由，后者则确认职工在本职工作中的过失，不影响其工伤认定。以上案件的核心问题，都没有在劳动法律法规中直接规定，属于法律空白或者漏洞之处。此时，法官的解释倾向就发挥了重要作用。这两个劳动法案件的最终裁判结果都有利于劳动者，但是在裁判理由的解释中却没有提及这一点。在涉及劳动法案件时，有利于劳动者是一种基础解释倾向，将其在指导性案例的裁判理由中直接表述，能够帮助法官正确处理劳动纠纷。[1]再如前文论及的行政法指导性案例中，在正当程序原则上，26号、38号和41号的解释结论分别强调了程序及时、允许申辩和程序形式合法等内容。全面的行政程序法尚未出台，而行政法治和社会现实都强烈要求行政行为遵循正当程序。在供需矛盾之中，指导性案例能够部分地提供正当程序原则的规则供给，但是需要在裁判理由部分予以明确。由于正当程序原则的内容非常丰富、单独的指导性案例难以全面涵盖，采用多个指导性案例分别强调其中部分内容，就成为最高人民法院比较现实的选择。这就要求最高人民法院对特定宏观指向（如正当程序原则）有着整体理解和把握，并以此为标准遴选相应的指导性案例；同时，还要在裁判理由部分中以直接措辞进行表述，使得这些同类相关的指导性案例形成前后相继的融贯关系。目前，最高人民法院还没有完全达到以上要求，只是在部分指导性案例中蕴含着特定动向。为了使得案例指导制度走向成熟并充分发挥积极作用，最高人民法院应当有意识地在以上方面努力。

（四）听取各方意见和建议，在完善遴选和编纂程序的基础上凸显解释方法的运用。

《关于案例指导工作的规定》及其实施细则，对于指导性案例的遴选

---

〔1〕比较典型的案例是“火车不是机动车案”：南京两级法院沿用《道路交通安全法》中的“机动车”定义，认定火车不是机动车，拒绝对在上下班途中被火车撞死的职工进行工伤认定。在该案中，参照有利于劳动者的解释倾向（或者立法目的）有利于得出正确结论。参见耿宝建：《法律要如何去解释——从〈工伤保险条例〉中“机动车”的解释谈起》，载《上海政法学院学报》2012年第2期，第74~76页；陈金钊：《拯救被误解、误用的法律——案说法律发现方法及技术》，载《法律适用》2011年第2期，第91~92页；梁三利：《“上下班途中”与“机动车”的法律解释——高某诉南京市劳动保障局工伤认定案引发的思考》，载《法治论丛》2011年第2期，第132~133页。

和编纂程序进行了比较详尽的规定，特别是后者专门增加了案例指导工作专家委员会。但是，指导性案例的遴选和编纂程序仍然主要是由最高人民法院案例指导工作办公室操作的。虽然法院系统之外的各界人士都可以推荐供遴选的指导性案例，但是，从已有的指导性案例来看，遴选来源全部是法院系统内部。更重要的是，虽然《〈关于案例指导工作的规定〉实施细则》中规定，对于需要进一步研究的备选案例，可以咨询相关机构和专家，但却没有提及原审或者终审法官的意见。[1]亲历性是司法的基本属性之一，直接审判案件的法官对于案件事实及其法律解释问题有着超乎他人的理解，在研究备选案例时应当特别重视其意见。鉴于指导性案例的重要性，建议最高人民法院增加备选指导性案例的公示程序，即使只是内部公示（包括对案件原审人员），也可以增加专业观点及其对备选案例效果的预测。这种兼听则明的效果，比单独依靠案例指导工作办公室的操作要更加稳妥和准确。此外，部分指导性案例公布之后，并没有产生预期中的积极效果；除了案件的实体结论可能有所偏差之外，裁判要点和裁判理由的具体行文和措辞也非常重要。从运用解释方法的角度来说，能够产生不同效果的论理解释，也需要借助于直接的言辞得以表达。例如，体系解释在确定存在法律漏洞时，可以表述为“经过对相关法律规范进行收集和整理之后，仍然缺失直接规定该问题的法条”；运用目的解释明确法条含义是，可以表述为：“根据××法（或者××法××条）所追求的目的”。这些措辞都能够比较明显地突出法律解释方法的运用，使得各级法官在接受创制规则的同时，提升解释和适用法律的能力，使得指导性案例同时发挥短期和长期效果。

（五）通过强调指导性案例的参照，激励各种解释方法的创造性运用。

从正式规定的角度来看，案例指导制度缺乏有效的激励机制，法官没

---

〔1〕《〈关于案例指导工作的规定〉实施细则》第7条：“案例指导办公室认为有必要进一步研究的备选指导性案例，可以征求相关国家机关、部门、社会组织以及案例指导工作专家委员会委员、专家学者的意见。”

有足够的动力去研习和参照指导性案例，因为这需要消耗专门的时间和精力，还可能降低审判效率，甚至可能会引起更多争议。[1]在缺乏明确强制性规定的背景下，裁判文书参照指导性案例仍然并非常态。相应地，指导性案例中运用解释方法的实践，也没有直接发挥应有的积极效果。最高人民法院应当对此充分认识，并在正式制度规定中寻求完善，激励各级法院参照指导性案例，研习其中解释方法的运用。这一点可以从两个方面具体展开。(1) 案例指导制度自身，应当继续提升指导性案例的效力等级，并细化违反指导性案例的后果。《关于案例指导工作的规定》及其实施细则中，都强调了指导性案例不能作为裁判依据，只能作为进行说理和论证的理由，而且没有直接规定违反指导性案例的后果。这一效力界定明显过低，影响了法官参照指导性案例及其解释方法的积极性。从法律渊源的角度来说，指导性案例已成为司法裁判中基于附属的制度性权威并具有弱规范拘束力的裁判依据，具备"准法源"的地位。[2]虽然此种效力位阶低于制定法和司法解释，但是仍然有相当的权威性。大陆法系的司法先例能够证实，判例的约束力问题随着司法实践的发展最终可以解决。[3]从长远的角度来看，最高人民法院应当逐渐提升指导性案例的效力等级，使得指导性案例及其解释方法能够名正言顺地进入裁判依据。相比于效力界定，细化违反指导性案例的消极后果，更能够从反面推动指导性案例的参照。目前只有部分来自最高人民法院的观点认为，对于应当参照而未参照指导性案例的，经上诉或者申诉后，上级法院会参照指导性案例改判或者发回重审。[4]但是，这一点并未在正式规定上有所体现，最高人民法院应当在完善案例指导制度时对此重点考虑。毕竟，对于主审法官来说，避免改判或者发回重审是足够强大的反向激励。(2) 案例指导制度应当与其他相关制度相互配合。"随着以审判为中心的诉讼制度、法官员额制和办案责任制等司法改革

---

〔1〕 李仕春：《案例指导制度的另一条思路——司法能动主义在中国的有限适用》，载《法学》2009 年第 6 期，第 73 ~ 74 页。

〔2〕 雷磊：《指导性案例法源地位再反思》，载《中国法学》2015 年第 1 期，第 272 页。

〔3〕 张骐等：《中国司法先例与案例指导制度研究》，北京大学出版社 2016 年版，第 164 页。

〔4〕 张军：《充分发挥案例指导作用 促进公正高效权威的社会主义司法制度建设——在全国法院案例工作会议上的讲话》，载于胡云腾主编：《中国案例指导》（总第 1 辑），法律出版社 2015 年版，第 294 页。

的逐步深入，对统一裁判标准、促进司法公正的要求和期待更为迫切，案例指导工作面临新的发展机遇，任务也更加艰巨。”〔1〕例如，办案责任制使得法官需要获得更加全面准确的裁判依据，在面对疑难案件时也能够灵活运用解释方法进行妥善解决，参照指导性案例及其解释方法则有利于完成以上任务。再如加强裁判文书说理，法官在裁判文书中回应关于参照指导性案例的意见，能够增强裁判文书的说理，这一点也得到了《〈关于案例指导工作的规定〉实施细则》第 11 条的确认。〔2〕如果能够充分吸收指导性案例及其解释方法，那么，裁判文书的说理将大大增强。参照指导性案例，并非仅仅依靠案例指导制度自身，还有赖于司法制度之间的配合。对此，最高人民法院在创制或者完善其他司法制度时，可以将参照指导性案例作为重要内容。

结语：技术因素对制度运行的助推作用

在法治进程不断深入的背景下，各种司法制度不断建构和完善，要发挥这些制度的最大效果，还需要方法和技术因素的配合。就案例指导制度所主要借鉴的判例法（普通法）来说，在制定法规则残缺不全的背景下，依靠判例的不断积累依然可以推动规则的完善，由此推动法治的发展，其中的关键因素之一就是法官们不断运用各种解释方法。“古典普通法思想强调连续性（它可以根据先例和原则对连续性进行法律解释），而不是变化（它无法为变化找到特定的法律评价标准）。”〔3〕案例指导制度已经初具规模，其效果仍然有待提升，改进措施之一就是强化其中法律解释方法的运用以及普及。凸显法律解释方法运用的指导性案例，不仅能够在实体结论上进行规则创新，还能够为后案法官展示结论的形成过程和理由，这样的

〔1〕陈增宝：《让指导性案例成为公正司法重要参照》，载《人民法院报》2015 年 11 月 1 日，第 2 版。

〔2〕郭锋等：《〈《关于案例指导工作的规定》实施细则〉的理解与适用》，载《人民司法》2015 年第 17 期，第 35 页。

〔3〕［英］科特瑞尔：《法理学的政治分析：法律哲学批判导论》，张笑宇译，北京大学出版社 2013 年版，第 27 页。

研习过程不断反复，有助于法律思维水平的提高，进而对未来的审判活动产生积极影响。

如果将方法路径的意义扩展到整个法治进程中，那么，可以看到，很多纸面上非常美好的制度设计，在现实中却屡屡碰壁，原因之一就是缺乏具体落实的方法和途径。虽然方法和技术并非万能，但是，将其与制度运行相互结合则能够形成最大合力。法治宏伟蓝图的实现，不仅需要宏观的顶层设计，还需要微观的实施方案；不仅需要战略意义上的整体考量，也需要战术意义上的具体操作。充分发挥技术因素对制度运行的助推作用，能够在完善的制度框架中锦上添花，甚至能在残缺的制度背景下雪中送炭，是法治践行者不可忽视的重要实质性内容。

第二节　指导性案例中法律规范边缘意义的解释方法

指导性案例6号的判决中，法官充分挖掘了《行政处罚法》第42条中“等”字的含义，这属于对法律规范意义边缘的解释和适用，对相关司法实践有着重要的指导意义。一般来说，文义解释方法限定了法律规范边缘意义的底限范围，而包括目的解释、历史解释、体系解释等在内的论理解释方法则提供了实体内容，其融贯关系能够成为检验法律规范边缘意义解释结果正当性的标准。从深层视角分析，在利用多种解释方法适用法律规范的边缘意义时，我们能够经常发现特定法律变革或者发展的前奏。

一、指导性案例6号对法律规范意义边缘的解释方式

在法律体系已经形成的背景下，法学研究与实践的重心更多地向司法领域中倾斜，司法领域中的诸多具体问题也已经受到了越来越多的关注，

甚至在法学界中出现了一种研究立场的转换。“当‘司法’经常作为公共话题被讨论时，当司法活动日益紧密地关涉公共生活的塑造与公共福祉的提供时，我们观察和分析司法问题的立场就必须发生相应的转换，我们研究司法问题的理论范式就应当发生相应的革新。”〔1〕在这种理论研究范式的变革中，我们不能仅仅满足于在中西司法文化和制度上的简单比较，而应就中国司法活动中的特殊问题进行更加细致的分析。法律解释学正是能够进行这种细致分析的技术手段。相对于难度较大、成本较高的体制改革，技术改进是应该并且也完全有可能先行一步、走得更快更好的。正是技术和手段可以把法律体系从内在矛盾的困境里解救出来并加以改进，与此相应地推动实用的法解释学发展便是大势所趋。〔2〕从这个意义上说，我们可以借助于强调微观和具体的法律解释学来分析目前司法实践中出现的各种现象，并从中获得有益结论。

案例指导制度无疑是近两年中最受瞩目的司法现象之一。无论是出于借鉴英美法系的理论目的，还是实现同案同判的现实目标，判例制度、案例制度、先例制度等，无论具体名称如何，都竞相成为理论界和实务界长期热切呼唤的对象。在2010年底，最高人民法院发布了《关于案例指导工作的规定》，这成为案例指导制度启动的正式标志。其后，最高人民检察院和公安部也颁布了类似文件。在2012年中，诸多正式颁布的指导性案例也成为热点研究对象。由于最高人民法院的特殊地位，也由于法院是最为经典意义上的、适用法律的“司法”机关，这里仅以最高人民法院发布的指导性案例为研究对象。

虽然在静态意义上完美无缺，但是，一旦在司法实践中得到适用，法律规范就会显示出自身的不足，特别是在其意义的边缘地带上。现代语言哲学的研究成果已经为我们揭示，任何规范都有自己的意义中心和意义边缘，法律规范也不例外。在意义的中心地带，法律规范是明确的、典型的

---

〔1〕 方乐：《从“问题中国”到“理解中国”——当下中国司法理论研究立场的转换》，载《法律科学》2012年第5期，第12页。

〔2〕 季卫东：《法解释学大有发展》，载《东方法学》2011年第3期，第128页。

和稳定的，相反，在意义的边缘地带却会出现适用中的模糊情况。意义中心对于多数法官来说都能够掌握，因为此时法律规范与案件事实基本能够实现涵摄而得以解释。而如何对法律规范的边缘意义进行解释，就成为对法官的挑战。这也正是指导性案例能够发挥作用的领域。

最高人民法院《关于案例指导工作的规定》中第2条规定："本规定所称指导性案例，是指裁判已经发生法律效力，并符合以下条件的案例：（一）社会广泛关注的；（二）法律规定比较原则的；（三）具有典型性的；（四）疑难复杂或者新类型的；（五）其他具有指导作用的案例。"其中，（三）属于以法律规范的中心意义为适用对象的案件，而（二）和（四）都涉及对法律规范边缘意义的解释。这样，指导性案例的具体表述方式，特别是裁判要点和裁判理由部分，能够为法官处理类似案件提供指南。更重要的是，根据《关于案例指导工作的规定》第7条，"最高人民法院发布的指导性案例，各级人民法院审判类似案例时应当参照"。这就意味着，指导性案例具有一种强制适用的属性，地方各级人民法院在处理类似案件时具有应当援引指导性案例的责任和义务。"因为指导性案例是由最高人民法院依照一定的程序所制定和颁发的，通常都是通过严格的遴选机制而筛选出来的公正的、已生效的判决，它并非指法官个人在具体案件中对于法律所作的解释。指导性案例一旦颁布，就应当对包括最高人民法院在内的全国法院都能够产生一定的拘束力。这就是说，所有的法官在遇到类似案件时，都应当参照指导性案例来进行裁判。"[1]简而言之，指导性案例既具有指导意义，又具有"应当参照"的强制属性，是各级地方法院应当重点研究和学习的对象。虽然每个指导性案例都是以现有的法律规范为依据进行判决的，但是，其解释法律规范的具体方式并不相同。在已经公布的指导性案例中，指导性案例6号正是对法律规范的意义边缘进行了细致的分析，最终形成了令人信服的裁判结果，能够成为我们在探讨相关问题时的借鉴对象。

指导性案例6号的裁判要点是："行政机关作出没收较大数额涉案财产

---

〔1〕王利明：《我国案例指导制度若干问题研究》，载《法学》2012年第1期，第77页。

的行政处罚决定时，未告知当事人有要求举行听证的权利或者未依法举行听证的，人民法院应当依法认定该行政处罚违反法定程序。”而其法律规范的依据是《行政处罚法》第42条：“行政机关作出责令停产停业、吊销许可证或者执照、较大数额罚款等行政处罚决定之前，应当告知当事人有要求举行听证的权利。”法院在裁判理由中认为，虽然该条规定没有明确列举“没收财产”，但是该条中的“等”系不完全列举，应当包括与明文列举的“责令停产停业、吊销许可证或者执照、较大数额罚款”类似的其他对相对人权益产生较大影响的行政处罚。为了保证行政相对人充分行使陈述权和申辩权，保障行政处罚决定的合法性和合理性，对没收较大数额财产的行政处罚，也应当根据《行政处罚法》第42条的规定适用听证程序。

通过对裁判理由的概述中可以看到，在指导性案例6号中，司法机关充分挖掘了“等”字的含义，在“责令停产停业、吊销许可证或者执照、较大数额罚款”之后，增加了“没收财产”的内容。指导性案例6号主要适用了《行政处罚法》第42条，其中列举项由于其含义明确稳定而属于法律规范的意义中心，未完全列举项（没收财产）则由于“等”字的模糊含义而属于规范意义的边缘。

在明确列举项之后运用“等”字是我国立法中的常见现象，在各个部门法中都广泛存在，这种立法技术的基本特征之一是：法条中的“等”所指代的事项处于上位概念语义的模糊区域，它与列举的典型事项之间不是全同、包含或被包含的关系，也不是全异的排斥关系，而是一种类似关系。因此，针对一个具体的事项，只有考虑相关因素，才能相对准确地判断其是否被“等”所指代。[1]可见，“等”字在法律规范中属于比较边缘的地带，如何在司法实践中具体解释和适用，需要法官在个案中考虑相关因素之后才能够确定。而指导性案例能够对相关因素的考量、进而对法律规范意义的边缘意义进行挖掘和适用，提供相当重要的参考。“对于案例指导制度来说，创制规则是其根本职责之所在。没有规则的创制，也就没有指导

〔1〕 刘风景：《例示规定的法理与创制》，载《中国社会科学》2009年第4期，第98页。

性案例存在的必要性。案例指导制度通过创制司法规则，发挥其对司法活动的指导作用，以弥补立法与司法解释的不足。”〔1〕指导性案例所创制的规则，不仅是实体上的，还包括程序上的和思维上的。指导性案例要形成新规则，弥合法律与社会之间的缝隙，充分利用对法律规范意义的边缘地带进行解释，就可以做到这一点。同时，这种新规则的形成方式也不能过于随意，否则将造成司法的恣意裁判。在指导性案例6号中，充分分析“等”字所包含的意义，这种对法律规范边缘意义的挖掘在普通的司法实践中并不常见，而本案的法官却以剑走偏锋的方式利用“等”字进行裁判。我们需要细致分析其所使用的解释方法，以彰显指导性案例对法律思维的借鉴和指导意义。

二、文义解释：法律规范边缘意义的底限范围

在法律解释的各种具体方法中，文义解释方法具有优先适用的地位，这一点已经成为学者们的基本共识。“文义因素首先确定法律解释活动的范围，接着历史因素对此范围进一步加以确定，同时并对法律的内容，即其规定作一提示。紧接着体系因素与目的因素开始在这个范围内进行规范意旨的发现或确定工作。这时候，‘合宪性’因素也作了一些参与。最后，终于获得了解释结果。”〔2〕从法律规范的文义出发，能够获得最接近法律规范本意的解释结果，也最能够以符合法律规范本意的方式适用法律，形成最终判决，达到严格司法的法治目标。在纷繁芜杂的各种解释方法中，唯有文义解释具有这种首要适用的地位。

但是，对于文义解释具体的内容，仍然存在着一些不同观点。从比较直接的角度来说，文义解释仅仅包括望文生义；但是，还有其他学者将文义解释的范围进行了扩张。有学者认为，文义解释是指根据法律（包括精神、规范、原则等，其中主要是法律文本所载明的意义）来确定法律规定

〔1〕 陈兴良：《案例指导制度的规范考察》，载《法学评论》2012年第3期，第126页。
〔2〕 黄茂荣：《法学方法与现代民法》，中国政法大学出版社2001年版，第288页。

中有争议语词及事实的法律意义的解释方法。文义解释包括字面解释、限缩解释、法意解释、合宪解释、当然解释、语法解释、体系解释、比较解释。〔1〕在司法过程中，将法律概念作为开放的类型通过解释来确定，我们对文义解释的定位就不是仅仅根据法律语词的通常含义进行解释，对法律语词文义的确定实质上是对语用意义的阐明，因此，对法律语词的确定就必然引入其他的解释因素。〔2〕甚至还有学者将目的解释、体系解释、历史解释和社会学解释都纳入文义解释的具体方法。〔3〕从确定法律规范边缘意义的角度来说，采取狭义界定更能够将文义解释方法与其他解释方法相区别，也能够从典型的文义解释方法中分析法律规范边缘意义的确定方式与过程。因此，这里将文义解释界定为依据文本字面的通常含义对法律规范的意义进行的阐释和说明。这里的通常含义是指法律文本所使用的字、词、句的意义是普通人通常理解、共同接受的含义。因为立法者制定法律的意图是让普通人懂得其含义，遵守其规则，因此起草法律时所使用的字词句都应当与通常使用的语言规则相符。通常含义既不简单地等同于直接的字面含义又不是脱离其在具体背景之下的特定含义。它必须是人们共同普遍接受的含义。〔4〕

具体到指导性案例6号中，司法者判决所依据的主要法律规范是《行政处罚法》第42条。该条在明确列举项之后出现了“等”字。根据一般词汇规则的理解方式，“等”字的通常含义包含着一些未明确列举的内容，但是，这些未列举内容与前面明确列举的内容具有相同的属性和特征。这种立法技术属于广义上的兜底条款。在我国现有的法律文本中，比较典型的是狭义兜底条款，即在法条内的款项中，在明确列举项之后用“其他”作为总括。例如，同样是在《行政处罚法》中第8条在进行了六项列举之后，用“（七）法律、行政法规规定的其他行政处罚”作为对前述列举项

〔1〕陈金钊：《文义解释：法律方法的优位选择》，载《文史哲》2005年第6期，第144~146页。
〔2〕王彬：《文义解释的反思与重构》，载《宁夏大学学报》（人文社会科学版）2008年第3期，第132页。
〔3〕贾秀琴：《论法律文义的一般与具体解释》，载《广州大学学报》（社会科学版）2008年第11期，第50页。
〔4〕致远：《文义解释法的具体应用规则》，载《法律适用》2001年第9期，第10页。

的总括，这就是典型的兜底条款。“等”和“其他”并称为广义上的兜底条款。二者都具有概括的功能，由于自身并不明确和具体，也都属于法律规范的意义边缘。

对于兜底条款，法官在司法实践中很少使用，其原因是多方面的。在法治的初级阶段，有法必依成为主流的观念，司法者也尽力在尽量明确的法律意义中心内寻求针对事实的权威性的规范解答，相应地，处于法律规范意义边缘的兜底条款并不符合以上要求，自然也很容易受到“无视”的待遇。即使要适用兜底条款，也需要满足极高的标准要求。例如，在刑事诉讼中，要求适用“兜底条款”认定的行为必须与同一条文明确规定的行为类型在法律性质等方面具有相同或类似的价值。考察以下方面是必要的：(1) 行为造成的危害后果；(2) 行为本身的危险性程度；(3) 行为和危害结果间发生的盖然性程度；(4) 行为和危害结果之间是否介入其他因素，以及介入因素对结果发生原因力的大小；(5) 行为在社会上发生的普遍程度等。[1]前后相继的司法实践不仅形成了路径依赖，也降低了后来者适用兜底条款的勇气和信心。同时，一旦从兜底条款打开缺口，会将法律规范的意义进行大规模的扩充，甚至会引起司法权的极度扩张。保守、稳定的属性以及举足轻重的社会地位使得司法者不敢、不能也不应当随意扩展自身既定的权力领域。“兜底条款高度的抽象性和概括性，直接结果是导致国民对其行为丧失部分的可预测性，无法通过刑法合理规范自身行为、预测行为后果。而在司法实务中，具有一定模糊性的兜底条款被司法者过分依赖或运用不当则会成为司法机关滥用刑罚权的合法工具，同时公众也无法依据兜底条款监督司法适用，法的模糊性是司法扩张性最安全的模式和最稳妥的载体。”[2]

虽然兜底条款的使用有一定风险，但是，这并不意味着法官在任何条件下都不能使用该条款。在指导性案例6号中，法官就利用了广义兜底条

〔1〕何荣功：《刑法“兜底条款”的适用与“抢帽子交易”的定性》，载《法学》2011年第6期，第158页。

〔2〕施兰花：《法律解释下兜底条款的适用完善》，载《湖北警官学院学报》2012年第5期，第49~50页。

款的特性，在法律规范意义的边缘地带填充了新的实体内容，而在形式上并没有完全违背法律规范的文义，毕竟，“等”字为司法者提供了开阔的论证和补充空间。但是，如果《行政处罚法》第42条没有“等”字而仅有明确列举项，那么，法官将“没收财产”归于该法条就属于超越了法律规范字面意义的极限，实质上是公开的法官造法行为。这在目前的权力结构中是不允许的。换言之，如果没有“等”字，《行政处罚法》第42条所确立的法律规范就没有意义的边缘地带，主审法官自然也不可能挖掘其边缘意义而做出裁判了。

由此可以看到，在适用中处于优先地位的文义解释，为司法者理解和依据相关的法律规范划定了底限范围、极限范围或者最大范围。法官只能在文义解释方法所确立的这种范围之中进行选择，而不能超越该范围。从指导性案例6号中可以看到，文义解释所确立的意义范围，不仅包括法律规范的意义中心，还包括意义的边缘地带。二者都体现在相关法条的规定之中，任何超越边缘意义的行为将违背文义解释的要求，也就是违背了形式合法性的要求。此时的法律解释就不再是依法审判，而是司法的恣意甚至专断。无论是当事人、社会公众还是法律职业共同体，都不能接受这种超越法律文本底限范围的裁判结果。

但是，由文义解释引发的问题仍然存在。文义解释所确定的是法律规范意义的最大范围，即使在该范围之内，法官能够进行的判决结果也仍然是多样的，而且，这些裁判结果都能够满足形式合法性的要求。在这种情况下，司法者又该如何决策？特别是以兜底条款为代表的、法律规范意义的边缘地带，在形式上也没有违背法律文本的通常含义。此时，在阐释规范的边缘意义时，如何保证裁判结果符合法律规范的实体指向或者基本精神，仍然是留给司法过程的疑问。例如，在指导性案例6号中，法官已经借助兜底条款将“没收财产”增加到对《行政处罚法》第42条之中，那么，法官是否会继续使用这种方式在其他个案中将更多行政处罚类型列入该条，也是一个在实践中有可能出现的问题。质言之，面对着丰富多样的案件事实，单纯依靠文义解释方法是难以抉择的，司法者还需要借助于其他多种解释方法才能够在案件事实中发现和探知相关法律规范的意义，特别是其中边缘地带的意义。

三、论理解释：法律规范边缘意义的实质考量

面对着文义解释所划定的底限范围，要保证司法者形成正当的判决结果，其方式是多样的。例如，诉讼制度中的审级制度就可以通过上级法院的重新审查而纠正不当的一审判决结果。这种程序方式也可以预防司法者借助于兜底条款在法律规范意义的边缘地带恣意判决。与程序方式相对，实体上保证判决结果正当性的方式就是要求利用各种论理解释方法的解释结果之间具有融贯性。

与文义解释相对，论理解释并不局限于法律规范的文本表达，而是以发现立法意图和体现法律实效为目标，通过对法律文本相关的内在、外在资料的分析，来确定法律条款的真实含义。论理解释具体包括目的解释、历史解释、体系解释等主要的法律解释方法。〔1〕文义解释方法强调的是对法律规范意义的直接阐释，而论理解释则将法律规范直接和间接的意义都作为探寻的目标和对象。论理解释的特点是，在解释法律规定时，不过分拘泥于法律规定的文字、语句等字面意思，而是基于一定的法律理由，联系一切与之相关的因素，依一定标准进行逻辑上的推理、论证来确定和阐明法律规定的含义和内容。因此，论理解释带有浓厚的价值判断色彩。〔2〕在英美法系中，论理解释也被称为黄金规则（The Golden Rule），强调不拘泥文字表面的意思，同时参考相关的法规作为解释的标准，包括条文展现的法律系统及其整体性、法律的立法意旨、立法背景、立法目的等因素，给予法官极大的解释空间。〔3〕在多数一般案件中，司法者运用文义解释就可以在案件事实与法律规范之间建立对应关系，这也是法律规范的意义中

---

〔1〕 胡玉鸿：《法律原理与技术》，中国政法大学出版社2002年版，第384页。
〔2〕 雍琦：《法律适用中的逻辑》，中国政法大学出版社2002年版，第293页。
〔3〕 潘维大：《英美法导读》，法律出版社2000年版，第179页。

心所适用的场合。但是，在某些特定的案件中，司法者需要发掘法律规范的意义边缘，这时候单纯依靠文义解释就无法完成这样的工作，而论理解释所提供的多种具体方法则有助于确定法律规范的意义边缘。

由于论理解释的各种具体方法各有特点和侧重，因此，在同一案件中所形成的判决结果可以通过各种论理解释方法得以建立和修正。换言之，如果能够运用不同的论理解释方法获得同样的判决结果，那么，这种判决结果就能够被认为是正当的，这一点对于解释法律规范的边缘意义同样适用。而不同解释方法的运用指向同一结论，这就是论理解释方法融贯性的表现和要求。

融贯性发源于现代实践哲学，受到了很多法学家的重视，是当前法学研究的前沿领域之一，在法律解释学的研究中也是如此。融贯性具有这样一些基本特征和属性：（1）它在逻辑上是一致的；（2）它阐明了一种高度的或然性的一致性；（3）它阐明了很多在信念体系各组成部分之间的相对较强的推论性联系；（4）它是相对统一的，比如说，它没有分裂为相对没有联系的子系统；（5）它几乎没有包含无法解释的异常现象；（6）它提出了一种相对稳定的，到最后仍然是融贯的世界观；（7）它满足了观察的需要，这意味着它必须包含把一种高度的可靠性归因于数量合理的认识上自发信念的法律。〔1〕简而言之，融贯性意味着各个命题之间协调一致，相互没有矛盾，并且指向同一结论。在司法过程及其结论中，由于融贯性强调多个法律命题之间的一致关系，所以，以融贯性为标准可以衡量构成判决理由的各个部分之间是否存在矛盾，是否共同支撑着最终的裁判结果，融贯性可以促使法官尽可能地减少判决理由之间的矛盾关系，从而最大限度地证立（justify）自身的判决结论。〔2〕具体到运用论理解释方法阐释法律规范的边缘意义来说，在文义解释所确定的意义范围之内，只要运用各种论理解释方法能够最终形成相同的结果，那么，该判决结果就是法律解释

〔1〕［瑞典］亚历山大·佩岑尼克：《法律科学：作为法律知识和法律渊源的法律学说》，桂晓伟译，武汉大学出版社2009年版，第208页。

〔2〕孙光宁：《判决理由的融贯性——从〈孝经〉判案说起》，载《浙江社会科学》2012年第7期，第68页。

融贯性的表现，能够经得起质疑和挑战。

在指导性案例6号中，司法者将“没收财产”纳入了“等”字的范围，实际上是借助了兜底条款的形式阐释了法律规范的边缘意义，并最终形成了判决结果。为了保证司法者适用法律规范边缘意义的正当性，我们需要在文义解释确定的底限范围之内，以论理解释的融贯性为标准来审查判决结果。

（1）目的解释方法：“所谓目的解释，指以法律规范目的为根据，阐释法律疑义的一种解释方法。”[1]借助于法律规范所追求的目的，法律规范的意义也能够得以阐发，即使是边缘意义。在指导性案例6号中，《行政处罚法》所追求的整体目的之一就是保护行政相对人的利益，限制行政机关滥用权力。本案中的原告由于被告的行政处罚（没收财产）而受到了巨大的损失，而被告工商局并没有告知听证权利的事实，使得相对人无法通过听证程序来进行陈述和申辩。在行政机关和相对人之间明显的实力对比中，缺少程序权利将进一步强化行政相对人的弱势地位，不利于实现行政法律所追求的目标。从行政处罚法律规范的目的角度来说，在《行政处罚法》第42条中的列举项无法保护相对人的听证权利，而司法者阐释“等”字的含义、充分阐释该条规范的边缘意义则能够实现立法目的。因此，运用目的解释方法能够证成该案的判决结论。

（2）历史解释方法：该解释方法主要是借助于立法史料来探寻立法者在历史上所追求的目标，利用法律规范的历史沿革来阐释其意义。历史解释认为，法律规范的制定者有其一以贯之的目标追求，在法律规范意义模糊不清时可以借助于各种立法资料来澄清其意义。对于案例指导制度而言，其创制者就是最高人民法院，我们不能再套用“立法者”这一名称，而应当将最高人民法院前后一致的目标追求作为运用历史解释方法的依据。在指导性案例6号中，判决的主要结果是针对行政相对人的听证权利，其背后所蕴含的主旨是对正当程序的尊重，而这一点恰恰也是最高人民法院长久以来追求的目标。在指导性案例的前身之一——最高人民法院公报案例中，我们可以看到

---

〔1〕 梁慧星：《民法解释学》，中国政法大学出版社1999年版，第226页。

很多以正当程序为裁判依据的案件。例如，《最高人民法院公报》2005 年第 3 期刊登的“张成银诉徐州市人民政府房屋登记行政复议决定案”中，司法机关的判决理由是：“行政复议法虽然没有明确规定行政复议机关必须通知第三人参加复议，但根据正当程序的要求，行政机关在可能作出对他人不利的行政决定时，应当专门听取利害关系人的意见。”在法律规范并没有明文规定而处于意义的边缘地带时，最高人民法院强调依据正当程序原则作出裁判。如果完全局限于现有的法律、法规和规章，行政权力的恣意行使就难以纠正，当事人所求的正义也将无处可寻。但法官们并没有机械地依赖立法，等待立法。面对法律、法规具体规定缺乏的情况，他们用正当程序原则来弥合法律漏洞，为具体行政管理领域树立起法律的界碑。[1]由此可见，正当程序原则是最高人民法院一直强调的基本原则，特别是在阐释法律规范的边缘意义时，最高人民法院对其保持了一贯的肯定态度。而且，将该案件选为指导性案例并在全国法院中推广，这一点本身也是最高人民法院表达自身意图的直接方式。可以说，从正当程序原则的使用上来看，指导性案例 6 号的判决结果符合最高人民法院的稳定意图，历史解释方法能够支持该判决结论。

（3）体系解释方法：所有的法律规范都处在特定的法律体系之中，结合整个法律体系的“语境”可以更加明确具体规范的意义，这就是体系解释方法的精髓。“系统解释要求在法规的背景下对一个法律原理来加以理解，而不是单独对其进行考察。”[2]拉伦茨也认为：“解释规范时亦须考量该规范之意义脉络、上下关系体系地位及其对该当规整的整体脉络之功能为何。”[3]特别是在面对法律规范的边缘意义等出现模糊和不确定的场合时，司法者更应当将特定法律规范置于整个法律体系之中，通过相关规范的比照而确定法律规范的边缘意义。指导性案例 6 号的法官在裁判理由中就参考了《四川省行政处罚听证程序暂行规定》第 3 条关于“较大数额的

〔1〕 何海波：《司法判决中的正当程序原则》，载《法学研究》2009 年第 1 期，第 144 页。
〔2〕［德］N. 霍恩：《法律科学与法哲学导论》，罗莉译，法律出版社 2005 年版，第 134 页。
〔3〕［德］拉伦茨：《法学方法论》，陈爱娥译，商务印书馆 2003 年版，第 316 页。

罚款”的规定，这种做法就展现了体系解释方法的运作过程。一方面，从整体而言，《行政处罚法》第42条主要是关于听证程序的规定，这一点同样是《四川省行政处罚听证程序暂行规定》的主要立法对象，二者在总体性质上是相同的，都属于听证制度的法律体系；另一方面，在指导性案例6号的裁判理由中，如果要将“没收财产”列为对相对人权益影响较大的行政处罚类型中，就必须要满足一定的数额条件。司法者不能凭空界定这一条件，也必须寻求特定的规范性文件作为参考，而立法性质相同的《四川省行政处罚听证程序暂行规定》就成为理想的参考对象，而且后者能够辅助主要裁判结果的证立。简而言之，司法者恰当地运用了体系解释的方法，通过法律规范之间的相互借鉴和参考为确定具体法律规范的边缘意义提供了正当理由，进而形成了最终的裁判结果。

（4）当然解释方法：指对于法律未明文规定的事项，按照立法目的具有比明文规定的事项更应适用的理由时，将该事项纳入其适用范围的解释方法。举重以明轻或者举轻以明重，就是最为典型的当然解释的例子。[1]从基本定义中可以看到，当然解释需要参考立法目的，这显示了其对目的解释方法的吸收。针对指导性案例6号中的目的解释方法，上文中已经有所涉及。在保护行政相对人的立法目的之下，在运用当然解释的时候需要确定两相对比的对象之间具有相同的性质。具体到指导性案例6号中，《行政处罚法》第42条中的列举项与“没收财产”之间应当首先具有相同的性质，这一点已经在裁判理由中明示：“对相对人权益产生较大影响的行政处罚。”基于此，运用当然解释就需要在明确列举项（责令停产停业、吊销许可证或者执照、较大数额罚款）和未明确列举项（没收财产）之间进行轻重对比。就对行政相对人的影响程度而言，没收财产比明确列举项更为严重。既然较轻的明确列举项都需要告知听证权利，那么，影响和性质更为严重的未列举项（意义边缘）就更需要行政机关履行这样的义务。从当然解释的角度来说，指导性案例6号的判决是非常正当的。对于在《行政处罚法》第42条运用当然解释方法，最高人民法院早已进行了指导。例

〔1〕孔祥俊：《法律方法论·第二卷：法律解释的理念与方法》，人民法院出版社2006年版，第1013页。

如已经编入《人民法院案例选》（行政卷）的“台顺职业介绍所不服南平市劳动局以自行发布虚假广告等对其予以处罚决定案”〔1〕，在该案中，南平市劳动局做出处罚决定，撤销台顺职业介绍所；该职业介绍所并未获得任何告知自己有听证权利的通知。同样是基于《行政处罚法》第42条，该案的法官认为，“撤销”是比其他几种告知听证权利的列举项更为严重的行政处罚决定，更应获知听证权利。甚至还有学者质疑，对行政相对人影响更为严重的限制人身自由的行政处罚却没有规定告知听证权利的义务，这一点是《行政处罚法》第42条的重要缺陷。〔2〕由此可见，运用当然解释方法可以得出结论，没收财产将对行政相对人的权利产生更大影响，针对这一事项告知相对人听证的权利是非常正当的。

（5）社会学解释方法：该解释方法是将判决产生的社会效果和影响作为阐释法律规范含义的参考。“社会学解释，指将社会学方法运用于法律解释，着重于社会效果预测和目的衡量，在法律条文可能文义范围内阐释法律规范意义内容的一种法律解释方法。”〔3〕由于不同的判决结果会产生不同的社会影响，在文义解释许可的范围之内，法官更愿意选择那些能够在更大社会范围内发挥更佳影响的判决结果，这也是法律推动社会发展的重要方式。就指导性案例6号的案情来说，文义解释所确定的法律规范意义，既包括中心意义（明确列举项），也包括边缘意义（“等”字）。在这种宽泛意义范围之中，法官依据任何意义做出裁判都不会违背形式合法性的底限要求。但是，如何具体选择判决结果很大程度上依赖于法官的自由裁量，即法官对该案件性质的认知及其社会影响的预测。如果仅仅依据《行政处罚法》第42条的明确列举项，那么，法官将作出有利于被告的判决结论，这种判决的社会影响将使得行政机关更加漠视相对人的听证权利，甚至在一定程度上鼓励或者纵容行政机关对权力的滥用。这种社会效果将是消极的。相反，如果充分挖掘该法律规范中的边缘意义，做出有利于行政相对

---

〔1〕最高人民法院应用法学研究所编：《人民法院案例选》（行政卷），中国法制出版社2000年版，第630页。

〔2〕陈骏业：《行政行为适法解释判解》，武汉大学出版社2004年版，第78页。

〔3〕梁慧星：《民法解释学》，中国政法大学出版社1999年版，第236页。

人的判决，那么，不仅在本案中当事人的权益可以得到维护，而且能够提醒行政机关要尊重相对人的程序权利，这种扩散性的社会影响将有利于行政机关规范行使其权力。在两相权衡之下，使用法律规范的边缘意义更能产生积极的社会效果，这也应当成为司法者的理性选择。

由于论理解释包含多种具体方法，这里无法一一全部列举进行分析。但是，从以上几种主要论理解释方法的解释结果可以看到，指导性案例6号的判决结论是所有解释结果的共同指向。换言之，各种解释结果之间不仅没有矛盾，反而相互支持，形成了融贯性关系，这使得该案的判决结果能够被普遍接受为正当裁判。

结语：法律规范边缘意义的发轫效果

在司法实践中，法官针对多数普通案件都能够通过发现法律规范的中心意义而进行裁判。但是，在某些较为特殊的案件中，法律规范的边缘意义就要发挥重要作用，需要我们运用多种解释方法才能形成最终裁判结论。正如指导性案例6号所揭示的，文义解释方法确定了法律规范的意义边界，只要在该范围内的裁判结果都符合形式合法性的要求；而论理解释则充分进行了实体考量，保证了判决结论的正当性。该案法官的裁判结果就实现了以上两个方面的结合与统一，具备了成为指导性案例的条件。如果将其中对法律规范边缘意义的解释进行深入分析可以看到，法律规范边缘意义经常意味着某种法律变革或者修改的前奏。换言之，法律规范的演进经常是从其边缘意义发生的，这也就是法律规范边缘意义的发轫效果。指导性案例6号的判决充分挖掘了《行政处罚法》第42条的边缘意义，其精神主旨就是正当程序原则，这一点已经成为《行政处罚法》修改的重要指导原则：在程序滥用方面，法院具有完全的审查权，可以根据正当程序原则进行判断，审查的强度较对实体问题的监督要更为有力。[1]从这个意义上说，“法院、特别是最高人民法院在审理和审查具体案件的过程中有可能及

〔1〕 江必新：《完善行政诉讼制度的若干思考》，载《中国法学》2013年第1期，第10页。

时洞察某些少数意见将转变为多数意见的社会趋势，从而可以提前在制度框架中表达这种少数意见、促进对少数意见的政治认知、使得公共决策更加明智而富有弹性，避免多数派的专制和僵化以及代议机构因讨价还价的妥协而造成的盲点”。[1]虽然在相关法条修改之前，法官只能适用现有法律规范，但是，却可以充分挖掘其中的边缘意义进行某种变革的尝试。如果类似问题经过长期的司法经验积累与探索而形成比较一致的意见，那么，这些成熟的意见完全可以成为立法修改应当重点参考的内容，成为法律变革的动力与方向。最终的结果是在司法和立法之间形成良性循环，共同推进法治进程的发展。因此，法律规范的边缘意义本身就具有十分重要的意义，值得我们充分使用多种解释方法进行阐释。

第三节　指导性案例中解释结果与实际效果的矛盾及其原因

案例指导制度正式运行以来，指导性案例的类型日益多样。作为第一个劳动法指导性案例，指导性案例18号对广泛存在的末位淘汰制给出了司法回应。就该案自身的判决理由和结论来说，多种法律解释方法的运用都能够证成其合法性与合理性。但是，作为指导性案例，该案在全国范围内的实际效果却不容乐观，从地方法院和劳动力市场这两个方面都可以得到确认。发生这种断裂的原因在于，指导性案例所依附的最高人民法院的公共政策功能存在着不少缺陷。成功的个案未必能够成为成功的指导性案例，我们需要对指导性案例所附带的公共政策功能保持警惕和谨慎的态度。

---

〔1〕季卫东：《最高人民法院的角色及其演化》，载许章润主编：《清华法学》（第七辑），清华大学出版社2006年版，第20页。

一、指导性案例18号的裁判结论及其解释方式

2010年底，最高人民法院发布了《关于案例指导工作的规定》，这标志着案例指导制度正式从理论设计变成了制度实践。案例指导制度具有重要的实践价值和功能，例如弥补制定法的不足；统一司法尺度，避免“同案不同判”；规范法官自由裁量权的行使，促进司法公正；总结司法经验，提高审判水平；提高审判效率，节约司法资源；消除当事人的不满情绪；等等。[1]因此，无论是理论界还是实务界，都对案例指导制度寄予厚望，每一个指导性案例也引起了多方关注。第五批指导性案例将案例指导制度所涉及的领域从传统的刑法、民法和行政法领域，扩展到劳动法、知识产权法等领域，使得指导性案例的类型更加多元，更加能够适应不同审判领域的实践需要。其中，指导性案例18号是第一个严格意义上的劳动法指导性案例，而且涉及比较敏感的“末位淘汰”制度的法律评价问题，值得深入分析。

在指导性案例18号中，劳动者王鹏在中兴通讯公司分销科从事销售工作，后因分销科解散等原因转岗至华东区从事销售工作。中兴通讯公司的《员工业绩考核办法》将员工考核结果分为四等，并将第四等认定为不能胜任工作。在2008年下半年、2009年上半年以及2010年下半年的考核中，王鹏的考核等级都为末位等次。公司由此解除劳动合同并支付部分经济补偿金。劳动仲裁与法院审判结果均认为，中兴通讯公司的单方解除劳动合同的行为违法，应支付相应的赔偿金。最高人民法院在公布该案正式文本中总结了“裁判要点”：“劳动者在用人单位等级考核中居于末位等次，不等同于‘不能胜任工作’，不符合单方解除劳动合同的法定条件，用人单位不能据此单方解除劳动合同。”

在指导性案例的正式文本结构中，“裁判要点”是对整个案件核心问题的集中概括，体现了案件中所适用的基本规则，甚至能够直接被后案法

---

〔1〕 苏泽林主编：《中国案例指导制度的构建和应用》，法律出版社2011年版，第52页。

官在判决书中直接援引作为裁判依据。指导性案例 18 号中的裁判要点，集中在“末位等次”与“不能胜任工作”之间的关系上。

“末位淘汰”是从西方管理经验中引进的一种激励机制，一般是将位于考核结果最末端的员工进行淘汰。从积极的方面来说，末位淘汰机制能够极大地激发出劳动者的积极性，促使其为了降低自身的职业风险而在本职工作上更加努力，从而为单位带来更好的效益。但是，末位淘汰也存在着一定的法律风险，尤其是在真正将处于末位的劳动者进行淘汰时——指导性案例 18 号就属于此种情况。末位淘汰并非严格的法律术语，但是，却在社会生活中广泛存在，而且直接关系到劳动者和用人单位之间的基础关系，法律对此又应当有所回应。在立法需要稳定、无法精确细化的背景下，司法便成为法律回应末位淘汰的直接领域，最高人民法院正是通过指导性案例的方式向各级司法机关展示了以上回应过程及其结论。

从指导性案例的形成过程来看，根据《关于案例指导工作的规定》，最高人民法院是将已经判决的案例遴选为指导性案例，并要求各级法院在审判类似案件时予以参照。因此，每一个指导性案例都兼具双重身份：遴选之前的普通案件和遴选之后的指导性案例。前者的效力仅仅及于自身，而后者则遍及各级法院。由此，我们也可以对指导性案例 18 号分为两个层次进行分析：作为普通案件，指导性案例 18 号如何形成针对末位淘汰的判决，这些结论又有何种理由支持；作为指导性案例，指导性案例 18 号的判决结论如何对类似案件产生影响，这些影响又该如何评价。本部分主要分析前一个层次。

指导性案例 18 号的判决结论简单而明确：“劳动者在用人单位等级考核中居于末位等次，不等同于‘不能胜任工作’，不符合单方解除劳动合同的法定条件，用人单位不能据此单方解除劳动合同。”这一结论不仅合法，而且合理。由于法官在具体案件中总是对法律规范和案件事实实践的关系进行法律解释的工作，方法论意义上的法律解释遍及每个案件的全部过程，而且，法律解释的各种具体方法已经比较系统而全面，我们可以借此分析以上判决结论。

(1) 文义解释方法

从维护法治稳定性和确定性的角度来说，文义解释方法在诸多法律解释方法中具有优先的地位。“文义因素首先确定法律解释活动的范围，接着历史因素对此范围进一步加以确定，同时并对法律的内容，即其规定作一提示。紧接着体系因素与目的因素开始在这个范围内进行规范意旨的发现或确定工作。这时候，‘合宪性’因素也作了一些参与。最后，终于获得了解释结果。”〔1〕一般来说，文义解释就是按照法律规范字面所具有的通常含义进行解释，这不仅是保证审判效率的需要，也是保证法律规范在具体个案中得到贯彻实施的需要。只有在文义解释方法无法确定法律规范的具体含义时，才能够适用其他解释方法。

就指导性案例18号来说，法官需要给用人单位（中兴通讯公司）所制定的末位淘汰机制和“不能胜任工作”之间进行准确的法律定性。1995年1月1日生效的《劳动法》第26条第2项和2013年7月1日生效的《劳动合同法》第42条第2项有着相同的规定：“劳动者不能胜任工作，经过培训或者调整工作岗位，仍不能胜任工作的。”这也是判决本案最主要的法律规范，核心的问题就是“不能胜任工作”的判断。

从文义解释的角度来说，劳动者在绩效考核中位于末位，与其是否能够胜任工作，二者之间并没有必然联系。指导性案例18号的裁判要点中也认为二者之间并不等同，末位淘汰是否属于“不能胜任工作”的规范文义范围之内，结论并不确定。一方面，末位淘汰属于用人单位的内部规章制度，根据《劳动合同法》第4条的规定，在满足了若干条件之后，内部规章制度属于合法有效。〔2〕如果末位淘汰也符合以上条件，那么，仍然存在着合法的可能性。另一方面，从违法的角度来说，考核中处于末位并不等同于劳动者不胜任工作，这种做法中的淘汰，应该理解为考核不合格的劳

〔1〕 黄茂荣：《法学方法与现代民法》，中国政法大学出版社2001年版，第288页。

〔2〕 这些条件主要包括(1)经职工代表大会或者全体职工讨论，提出方案和意见，与工会或者职工代表平等协商确定；(2)工会或者职工有权通过协商予以修改完善；(3)公示或者告知劳动者。

动者从原来的工作岗位上被淘汰下来的内部管理行为，而不应该是劳动者被解除劳动合同的法定行为。以“末位淘汰”来替代劳动法中规定的解聘条件是有悖法律精神的。[1]

简而言之，单纯的文义解释方法并没有为本案给出直接的答案。立法中对“胜任工作”等关键性概念的规定缺乏必要的解释，欠缺可操作性。“不能胜任工作”的标准何在？评判主体是谁？现实中用人单位既是胜任与否的标准的提供者，又是评判者，这种既是裁判又是当事人的情形，使劳动者劳动权根本无任何保障。[2]在面对纷繁复杂的具体案件时，文义解释方法的不足经常得以显现，此时需要其他法律解释方法共同配合才能为法官形成判决提供参考和帮助。这些案件多少都带有一些疑难的色彩，也正是体现法官审判的智慧和经验的场景。案例指导制度正是能够将这些智慧和经验进行汇总，向更多的司法实务工作者进行展示，从而体现出该制度的重要实践价值。

（2）目的解释方法

一般来说，“所谓目的解释，指以法律规范目的为根据，阐释法律疑义的一种解释方法”。[3]在该解释方法运用的过程中，最难以确定的就是“目的”，原因在于：作为一种主观心理状态，目的是无法直接获知的，而且，不同的主体之间也经常有着不同的目的指向。但是，在司法实践过程中，立法目的是能够直接指导法官审判的重要依据，而且在法典中经常出现对立法目的的直接表述，虽然这种表述可能比较概括和抽象，但是，毕竟能够对法官有着宏观方向上的指引。

就指导性案例18号所主要依据的《劳动法》和《劳动合同法》来说，其立法目的的表述是比较明确的。根据《劳动法》第1条和《劳动合同法》第1条，保护劳动者的权益是其首要的目的，其背后的原因也是多方

---

〔1〕孙付、赵健：《用人单位以“末位淘汰”解除劳动合同不合法》，载《人民司法》2005年第8期，第109页。
〔2〕周春华、刘俊：《用人单位单方解除劳动合同制度研究》，载《法学论坛》2008年第5期，第142页。
〔3〕梁慧星：《民法解释学》，中国政法大学出版社1999年版，第226页。

面的，包括：（1）劳动关系双方经济地位的不平等需要国家通过立法予以矫正；（2）劳动合同法属于劳动法的范畴，具有社会法的属性，应以解决劳动问题、保护劳动者的整体利益为己任；（3）目前强资本弱劳动的格局使得劳动者权益屡遭侵害，必须强化对劳动者的保护，以构建和谐稳定的劳动关系。[1]

以上立法目的的确定为劳动案件的审判定下了基调，指导性案例 18 号也不例外。在文义解释的适用无法确定判决结论的时候，目的解释就显示出重要的作用。“对法律解释适用这样一点：规范文本应当表达规范目的。法律规范的语言文本是一种运载工具，立法者借此公开他们所追求的规范目的。……文本具有实现目的的服务功能。对法律解释而言，它是首要的辅助工具。”[2]如前所述，末位淘汰是否属于“不能胜任工作”的规范文义，结论并不确定。在左右摇摆之中，参照《劳动法》和《劳动合同法》的立法目的，法官就应当尽可能地做出有利于保护劳动者权益的裁判，这也是指导性案例 18 号的最终判决结果。

（3）历史解释方法和体系解释方法

历史解释方法强调的是将利用相关规定在历史上的沿革发展脉络（主要表现为各种立法资料）来确定法律规范的含义。而体系解释则是强调结合法律规范所在的整个体系，将规范置于法律体系的视野之下，经过与其他相关规范的比较之后确定规范的含义。前一种方法侧重于历时性，而后一种则强调共时性。在指导性案例 18 号中，以上两种方式实现了结合。

从历史解释的角度来说，从《劳动法》到十几年之后的《劳动合同法》，对于用人单位单方解除劳动合同的规定几乎没有重大变化，特别是在“不能胜任工作”这一规定上一字未改。从体系解释的角度来说，以上相同的规定也是两部联系密切的法典之间的重要共性。由此可见，立法者对用人单位单方解除劳动合同的权利做出了极大的限制，只有满足了法定明

---

〔1〕 林嘉：《〈劳动合同法〉的立法价值、制度创新及影响评价》，载《法学家》2008 年第 2 期，第 2 页。
〔2〕［德］魏德士：《法理学》，丁晓春、吴越译，法律出版社 2003 年版，第 322 页。

示的实体条件和程序条件之后，用人单位才能够单方解除劳动合同。另外，从体系解释的角度还可以看到，这种严格的规定也体现了劳动合同与一般合同的重大区别：后者能够经由双方约定而在合同中确定"合同解除权"，这一规定在前者中只能由法律明文规定。

将以上从严解释的倾向运用到指导性案例18号中，法官自然应当对中兴通讯公司单方解除劳动合同的行为进行严格审查。只要存在着可能违反单方解除劳动合同的情形，法官都会判决用人单位败诉。这既是尊重立法上一以贯之的发展趋势（历史解释），也是将劳动合同与其他合同进行比较后（体系解释）形成的当然结论。

（4）社会学解释方法

"社会学解释，指将社会学方法运用于法律解释，着重于社会效果预测和目的衡量，在法律条文可能文义范围内阐释法律规范意义内容的一种法律解释方法。"〔1〕在法律规范的文义范围之内，法官都会尽量使得判决结论能够形成更加积极的社会效果，在合法的基础上尽可能实现合理，这是社会学解释的要旨所在。而利用社会学解释形成的判决结论，都是一种倒果为因的过程：先判断不同判决结论可能产生的社会影响，然后再去选择那种能够产生积极社会影响的判决结论。

从指导性案例18号的判决结论来看，法官更多的是从倾向于保护劳动者权益的角度出发，严格限制用人单位单方解除劳动合同的权利，使得劳动者尽可能地不被解聘。用人单位单方解除劳动合同会对劳动者个人及其家庭造成严重影响，而且，末位淘汰已经在很多单位得到广泛运用。在法律规范的文义并没有直接明确末位淘汰的性质时，如果判决末位淘汰合法，那么，大批劳动者很有可能因此而被解聘，这会对社会秩序的稳定形成巨大威胁。基于这种对判决效果的预测，本案法官最终确定了用人单位解聘行为违法的判决结论。

通过以上几种主要法律解释方法的运用，我们都能够形成相同的判决

---

〔1〕 梁慧星：《民法解释学》，中国政法大学出版社1999年版，第236页。

结论指向，这种情况实质上是判决理由融贯性的表现。融贯性意味着各种命题之间协调一致，相互没有矛盾，并且指向同一结论。在司法过程及其结论中，由于融贯性强调多个法律命题之间的一致关系，所以，以融贯性为标准可以衡量构成判决理由的各个部分之间是否存在矛盾，是否共同支撑着最终的裁判结果。融贯性可以促使法官尽可能地减少判决理由之间的矛盾关系，从而最大限度地证立自身的判决结论。在文义解释所确定的意义范围之内，只要运用各种解释方法能够最终形成相同的结果，那么，该判决结果就是法律解释融贯性的表现，能够经得起质疑和挑战。[1]从法律解释的角度来说，指导性案例18号的判决结论是合法而合理的，体现了法官审慎的考量、经验和智慧，这也是其“升级”为指导性案例的先决条件。

二、指导性案例18号判决结论的扩展效果

就案件自身来说，指导性案例18号的判决理由和结论都能够成立，多种解释方法的适用都可以证成裁判结果。但是，一旦被最高人民法院遴选为指导性案例，该案产生的实际扩展效果范围将大大增加。更重要的是，成功的个案未必一定能够成为成功的指导性案例，个案的判决结论未必能够在更大范围内产生同样积极的社会影响。在指导性案例这个层面上，我们还需要对其可能产生的扩展效果进行更加深入的分析。[2]

在展开这种分析之前需要解决的前提问题是，指导性案例具有扩展效果的原因何在？对该问题的细致分析有助于全面探究指导性案例的实际扩展效果。按照从宏观到微观的层次，我们可以将指导性案例产生扩展效果

---

〔1〕孙光宁：《法律规范的意义边缘及其解释方法——以指导性案例6号为例》，载《法制与社会发展》2013年第4期，第61页。

〔2〕需要说明的是，这里所分析的扩展效果与前文中社会学解释方法所强调的积极效果，共同属于判决所产生的社会影响，但是二者仍然存在着相当不同：社会学解释方法仅仅存在于个案视野之中，仅仅对普通案件可能产生的直接社会影响进行预测和判断，而本部分探讨的扩展效果则是在指导性案例这个层面上进行的考量，视角更加宏观和全面。虽然在普通案件层面上，法官也许会或多或少地将宏观的扩展效果纳入裁判结果的形成过程，但是不会达到特别细致和全面的程度。

的原因概括为以下三个方面：（1）最高法院的公共政策功能。在整个法院系统中，最高法院的地位十分独特，其采取的多种举措经常能够对全国的法院产生重要影响，并经过地方法院的审判等工作向社会传播和扩散。可以说，最高法院具有着鲜明的公共政策功能。从美国联邦最高法院的实践中就可见一斑：联邦法院的判决总是对社会的多个方面产生重要影响，很多矛盾尖锐的社会问题都借助于联邦最高法院的判决而得到缓解或者解决。从这个意义上说，最高法院的公共政策功能是其具体行为产生社会影响的根本原因。“层级越高，法条主义的影响力就越弱，而这些决定对法律权利义务的冲击力就越大。更高层级的司法部门，最高法院是最高点，就是制定大量法律并由更低层级法院以法条主义的方式实施（尽管忠诚度不完美）的地方。”[1]（2）中国法院系统中浓重的行政化色彩。虽然备受学界诟病，但是，行政化色彩仍然是中国法院系统中的基本特征之一。而且，对于指导性案例的扩展效果来说，行政化所带来的高效率恰恰是重要的推动因素。最高人民法院所制定的具有公共政策功能的文件或者决定，都能够借助于高效的行政化体制得到贯彻实施。虽然存在着“上有政策，下有对策”的情况，但是，地方法院还是能够通过各种方式推行最高人民法院的政策，这种贯彻实施的效率要远远高于循序渐进的普通法适用。作为最高人民法院相当重视的制度，案例指导制度自然也不例外。从2005年《二五改革纲要》到2010年《关于案例指导工作的规定》，最高人民法院一直重视案例指导制度并最终付诸实践，这也决定着各个指导性案例会借助于地方法院的审判实践而产生扩展影响。（3）“应当参照”的效力规定。《关于案例指导工作的规定》第7条规定：“最高人民法院发布的指导性案例，各级人民法院审判类似案例时应当参照。”这种“应当参照”表明了最高人民法院对指导性案例的重视态度，也强调地方各级法院应当重视并积极适用指导性案例，这也为指导性案例被地方各级法院所认可和接受提供了直接的正式官方依据。“指导性案例是由最高人民法院依照一定的程序所制定和颁发的，通常都是通过严格的遴选机制而筛选出来的公正的、已生效

[1]［美］波斯纳：《法官如何思考》，苏力译，北京大学出版社2009年版，第42页。

的判决，它并非指法官个人在具体案件中对于法律所作的解释。指导性案例一旦颁布，就应当对包括最高人民法院在内的全国法院都能够产生一定的拘束力。这就是说，所有的法官在遇到类似案件时，都应当参照指导性案例来进行裁判。"〔1〕

由以上分析可以看到，最高人民法院所发布的指导性案例经过地方各级法院的参照适用，会对实际的审判工作产生重要影响。从某种意义上说，指导性案例的判决理由和结论代表着最高人民法院的态度和倾向，其影响力甚至不亚于正式法律或者司法解释。对于社会中多种复杂的法律问题，指导性案例的扩展效果已经开始展现。例如，指导性案例1号就针对房地产市场中频繁出现的"跳单"现象进行了判决，将其分为恶意和善意两种并保护后者。该案例也分析了跳单与居间合同之间的关系，在现今国家房地产宏观调控政策的背景下，其对房地产中介活动的扩展效果已经初步显现。〔2〕

与指导性案例1号类似，指导性案例18号也是针对社会中广泛存在的法律现象给出明确的司法回应，也由此产生相应的扩展效果。末位淘汰在劳动市场中的广泛存在已经成为不争的事实，在相应的法律规定不明、没有直接对其性质进行界定的情况下，由司法对该法律现象进行回应是比较可取的，因为这种方式既能够满足立法稳定性的需要，又能够利用司法判决及时处理这些社会现象。但是，这并不意味着司法回应必定产生广泛的积极社会效果，即使是通过指导性案例的形式。具体而言，指导性案例18号所能够产生的扩展效果可以从地方法院和劳动力市场两个方面进行分析。

一方面，通过在类似案件中参照指导性案例，地方法院可以贯彻最高人民法院的意图，但是，这种贯彻仍然有可能产生背道而驰的效果。在案例指导制度的运作过程中，地方法院的角色和作用是在"审判类似案例时应当参照"指导性案例，指导性案例的实际效果主要取决于地方法院的贯

〔1〕王利明：《我国案例指导制度若干问题研究》，载《法学》2012年第1期，第78页。

〔2〕李金升：《最高人民法院指导性案例对房产中介公司的现实影响》，载《中国房地产》2012年第6期，第65页。

彻。如前所述，作为普通案件，指导性案例18号的判决理由和结论都比较妥当，特别是其中强调对劳动者权益的保护，这一点也正是其被遴选为指导性案例的关键之处，体现了最高人民法院的意图。但是，与个案判决不同，指导性案例的实际扩展效果取决于更多复杂的因素，包括基层司法者的业务素质以及特定社会形势等。就指导性案例18号所主要依据的《劳动合同法》来说，其在地方法院中的实际效果与立法初衷在很大程度上并不一致。《劳动合同法》实施后，在法律规定（如经济补偿、免收诉讼费用的规定）和金融危机的双重作用下，全国的劳动争议案件大幅增加，给各级法院特别是基层法院带来巨大的压力，这种压力不仅来源于工作量的增加，更来源于维护社会稳定的政治要求。法官们发现，声称倾斜保护劳动者的劳动合同法并不那么好用，因为审判实践中的许多困惑从中找不到答案。地方法院频繁召开内部研讨会，研究制定司法指导意见。这些指导意见产生了一些消极后果：在司法实践中，部分地方法院实际上把对劳动者倾斜保护原则修改为对劳资双方平等保护原则，甚至有的地方法院进行选择性保护。[1]作为《劳动合同法》中极其重要的环节，指导性案例18号所涉及的用人单位单方解除劳动合同的权利也属于以上情况。如果在地方法院中强行贯彻指导性案例18号所体现的保护劳动者权益、严格限制用人单位单方解除劳动合同权利的倾向，那么，最终的结果可能会引发更多的劳资纠纷，这与《劳动法》所追求的劳资双方的双赢目标是截然相反的。这样，在普通案件中值得强调的目标（保护劳动者权益）却在更大的范围内遭遇了实施上的困难。我们固然能够赞许个案判决的正确与妥当，却无法保证其在社会中的扩展效果也是个案中积极效果的叠加。在对指导性案例18号的分析中可以清楚地看到，作为普通案件和作为指导性案例，两个层次之间还是存在着巨大差异的。在地方法院审判实践这个层面上，指导性案例18号的扩展效果似乎并不乐观。即使出现了末位淘汰的类似案件，地方法院更多的考量对象还是维稳等更加复杂的社会因素，而不是似乎有

---

〔1〕 徐道稳：《地方法院司法能动的社会效果研究——以劳动合同法的实施为例》，载《河北法学》2013年第4期，第25页。

些一厢情愿的指导性案例。

另一方面，在劳动力市场中，充分了解指导性案例 18 号的劳资双方很可能会加剧其既有的矛盾。就劳动者来说，对相关劳动法知识的了解和积累是其维权的重要前提，根据有关调查显示，目前，劳动者对于《劳动合同法》等相关法律法规的了解程度很低，远远比不上用人单位管理方对于新法渴望并且努力了解的程度。劳动者对于法律本身常常失去信心，劳动者对于法律缺乏了解。[1]与复杂细致的立法规定不同，指导性案例以生动直接的形式展现，劳动者对其了解更加容易和便捷，特别是对于末位淘汰的相关案件来说。指导性案例 18 号的扩展和示范效果很可能会引起维权劳动者更加积极的关注。目前，在我国市场主体诚信意识差、诚信度低又缺乏相应诚信机制的情况下，劳动合同解除的规定更多地向劳动者倾斜，这种规定很容易造成劳动力市场中诚信危机的加剧，进而危及社会及经济秩序，使劳资利益矛盾尖锐化。[2]

更重要的是，用人单位如果了解了指导性案例 18 号中的判决理由和主旨意图，固然会减少末位淘汰机制的适用，但是更可能会加倍谨慎用工，甚至缩减用工，最终也不利于劳动者整体利益的提升。调查显示，多数企业认为《劳动合同法》使企业用人成本增加，民营企业认为人工成本大幅增加的比例最高，占到 29%，远高于国有企业（12%）和外资企业（15%）。[3]《劳动合同法》对企业解聘员工的规定，增加了企业解雇员工的难度和成本，而对职工随意离职的现象却没有明确规定，企业缺乏限制员工随意离职的手段，留下了劳动纠纷的隐患，给企业员工管理带来很大的难度。《劳动合同法》对企业用工不利的影响导致了企业采取了谨慎用工、减少用工的策略，不利于扩大就业。[4]在人工成本增加和限制单方解

〔1〕 郑桥、姜颖：《〈劳动合同法〉的实施对我国劳动关系的影响》，载《新视野》2008 年第 1 期，第 61 页。

〔2〕 李敏华、刘忠杰：《劳资利益博弈之理性——以劳动合同解除为例》，载《社会科学家》2008 年第 8 期，第 82 页。

〔3〕 程延园、杨柳：《〈劳动合同法〉实施对我国企业人力资源管理的影响》，载《经济理论与经济管理》2010 年第 7 期，第 70 页。

〔4〕 杭宇：《〈劳动合同法〉实施对我国企业用工的影响》，载《中国人力资源开发》2009 年第 9 期，第 92 页。

除劳动合同的双重压力之下，用人单位更多的是选择减少用工，这种决策同时又会影响更多的劳动者就业。在我国劳动力资源供大于求的背景下，缩减就业岗位在一定程度上损害了劳动者的整体利益。对于意图通过指导性案例加强保护劳动者权益的最高人民法院来说，这种事与愿违的扩展效果可能出乎意料。

三、司法应对“末位淘汰”的层次及其隐忧

从前两部分的分析中可以看到，指导性案例 18 号在普通案件层面上非常成功，但是其扩展效果却并不乐观，同一个案例的两个层面之间发生了断裂和背反。虽然指导性案例 18 号发布的时间并不长，其在司法实践中的扩展效果仍然有待考察，但是，从《劳动合同法》生效以来对地方法院审判工作的实际影响来说，以上并不乐观的扩展效果并非杞人忧天。旨在推行案例指导制度、发挥公共政策功能的最高人民法院，或许低估了指导性案例所面对的复杂形势。就指导性案例 18 号所涉及的末位淘汰而言，司法的应对可能在个案中是有效的，却在更大的范围内未必仍然能够保持积极的效果。通过司法的方式（尤其是案例指导制度的方式）来应对诸如末位淘汰之类的复杂社会问题，存在着不少的隐忧，这些隐忧可以从地方法院和最高法院两个层面来展开。

（一）地方法院：参照指导性案例的准确性不足

在地方法院处理指导性案例 18 号这个层面上，如果劳动者仅是在胜任工作的前提下业绩居于末位，则用人单位仅能根据末位淘汰制的规定，对业绩居于末位的劳动者进行降级、降职、降薪、待岗培训等形式的处理，而不能主张解除劳动合同。要区分两者，就需要设定科学合理的考核指标体系，以判断劳动者能否胜任工作。[1]但是，对于是否胜任工作的判断却是对司法者的严峻考验。对于立法中没有给出准确界定，通过指导性案例的

---

〔1〕 金炜：《劳动合同法视野下末位淘汰制的性质界定》，载《人民司法》2012 年第 12 期，第 31 页。

方式进行补充和完善是比较妥当的选择，这也能够显示出指导性案例的创新性。“对于案例指导制度来说，创制规则是其根本职责之所在。没有规则的创制，也就没有指导性案例存在的必要性。案例指导制度通过创制司法规则，发挥其对司法活动的指导作用，以弥补立法与司法解释的不足。”〔1〕而指导性案例18号仅仅给出了末位淘汰与不能胜任工作不能等同的结论，却没有对背后的原因进行进一步的阐释和说明。这种缺位可能是由于主审法官担心言多必失，更大的可能则是回避对“不能胜任工作”的司法界定，从而失去了司法创新的良好契机。立法者留下了过于模糊的界定，司法者有必要进行填充，对于指导性案例而言尤其如此。不可否认，“不能胜任工作”需要一套比较科学严谨的评价系统，而现在很多用人单位的考核方式存在着不少疏漏之处，主要表现在：（1）考核指标设计科学性的欠缺和量化标准的模糊，使得考核具有相当大的主观性和片面性；（2）考核过程中的有意高估或低估等现象，影响了考核应有的公正和合理；（3）对一个人的考核评价，从不同的角度，由不同的人及在不同的时间，都会有较大的区别；（4）管理者有意的偏袒。〔2〕对于这种比较复杂的评价系统，在缺乏相应专业知识背景的情况下，司法者尤其是基层法院的判断未必足够准确。

由此我们可以看到，指导性案例18号的裁判理由虽然充分却不够深刻和明确。在裁判理由中法官认为，中兴通讯公司不能证明王鹏“不能胜任工作”的理由有两个方面：（1）《员工绩效管理办法》规定“C（C1、C2）考核等级的比例为10%”，虽然王鹏曾经考核结果为C2，但是C2等级并不完全等同于“不能胜任工作”；（2）王鹏从分销科转岗，但是转岗前后均从事销售工作，并存在分销科解散导致王鹏转岗这一根本原因，故不能证明王鹏系因不能胜任工作而转岗。应当说，这两个方面的理由都能够成立，但是，却过于表面和直接，仅仅就局限于个案的具体事实。这些理由中对于末位淘汰与不能胜任工作之间的关系缺乏明确界定，最高人民法院在本

〔1〕陈兴良：《案例指导制度的规范考察》，载《法学评论》2012年第3期，第120页。
〔2〕于安：《激励理论——关于末位淘汰制的思考》，载《中国人力资源开发》2006年第1期，第81页。

案的裁判要点中也没有相关说明。

深刻裁判理由的付诸阙如，直接影响了地方法院参照指导性案例的准确性。《关于案例指导工作的规定》第 7 条将指导性案例的效力界定为“应当参照”，虽然这貌似是一种强制性规定，但是，对其实际效果的解读却并没有形成一致意见。“从语义学角度分析，参照执行给裁判者留下了自由裁量的较大空间，似无必须照办的含义，因此，在‘参照’之前加上‘应当’，感觉上是矛盾组合。”〔1〕甚至有学者认为：“‘应当’的规范指向是弱强行性规范，而‘参照’的规范属性是限制任意性规范。强行性规范不论强弱，都不应修饰，也不能修饰，更不能改变任意性规范的属性，因此，‘应当’无法修饰并改变‘参照’的规范属性。这样，把‘应当’与‘参照’搭配在一起，就在形式上是非理的，实践上也不可能是有力的。”〔2〕最高人民法院研究室负责人认为：“指导性案例应不具有正式的法律效力，不属于正式的法律渊源，不能被裁判文书直接援引。……指导性案例具有事实上的拘束力，法官在处理同类或类似案件时，应当充分注意、参照指导性案例。”〔3〕虽然强调“事实上的拘束力”的观点得到了一些学者的赞同，但是，这种定位无疑降低了指导性案例的强制效力，容易给地方法院回避参照指导性案例提供借口。另外，如何界定“类似案件”也缺乏有效的操作步骤和指引。即使法官意图参照指导性案例 18 号，依据何种标准判定自己正在审判的案件属于“类似案件”，在没有确切指引和规定的情况下，法官的个人判断需要冒着一定风险，法官是否愿意承担这种风险，都是未知数。如果在审判实践中出现了类似案件，应当援引指导性案例 18 号而法官并未参照，甚至做出了相反的判决结论，那么，当事人是否能够以此为理由提起上诉，二审法院能否将“应当援引指导性案例而未援引”作为适用法律错误的表现，这些具体操作上的细节问题都没有在《关于案例指导工作的规定》等文件中有所涉及。从前述《劳动合同法》在法院中被援引

---

〔1〕张志铭：《对中国建立案例指导制度的基本认识》，载《法制资讯》2011 年第 1 期，第 43 页。
〔2〕谢晖：《“应当参照”否议》，载《现代法学》2014 年第 2 期，第 54 页。
〔3〕胡云腾等：《〈关于案例指导工作的规定〉的理解与适用》，载《人民司法》2011 年第 3 期，第 36 页。

用于审判实践的情况来看，法外的社会秩序价值，是法官在审判劳动案件时更加看重的，甚至为了特定时期的地方稳定，法官会无视或者规避《劳动合同法》的规定。这样，指导性案例18号的目标追求——保护劳动者权益，就无法通过地方法院的审判实践而变成现实。从这个意义上说，指导性案例仅仅为地方法院的审判实践提供了一种冠冕堂皇的参考理由，其适用的位次远远低于更多社会现实因素。由此，我们也不能对地方法院能够准确适用指导性案例抱有过高的期望。

（二）最高人民法院：发挥公共政策功能存在缺陷

在《人民法院报》所评选的2013年度最高人民法院十大司法政策中，《最高人民法院关于审理劳动争议案件适用法律若干问题的解释（四）》也入选其中，这也从侧面反映了对形势严峻的劳动市场进行司法回应的必要性，而指导性案例18号也恰恰是第一例劳动法指导性案件。以上举措相互结合都体现了最高人民法院的公共政策功能。就判决结果来说，虽然保护劳动者的倾向值得肯定，但是，该案例既没有给出如何判断“不能胜任工作”的指导，也很有可能产生消极的扩展效果。“最高法院作为最高上诉法院……更重要的是要有一套在当代中国其实更缺乏的与这样一个法院的功能相适应的同时也与这种社会转型相适应的司法知识，一种在更开阔的视野下对社会利益的平衡和把握，一种对公共政策的敏感和精细，一种对上诉法院功能的重新定位，对可能后果的预见力，以及一批真正超越了纠纷解决而理解了规制治理的道理的法官。”[1]指导性案例18号身上所发生的内在矛盾在一定程度上说明，最高人民法院的理解和判断也是不够准确的，至少是不够全面和有预见性的。如前所述，《劳动合同法》在实施效果上不能令人满意，基于这种背景，指导性案例18号的出台很有可能是最高人民法院强调继续严格执行向劳动者倾斜政策的产物，但是，这一值得肯定的“善意”初衷却遭遇了“不能胜任工作”的现实难题，也许这一点

---

〔1〕苏力：《司法解释、公众政策和最高法院——从最高法院有关“奸淫幼女”的司法解释切入》，载《法学》2003年第8期，第38页。

是最高人民法院所始料未及的。

在司法者比较善于处理的问题中，法官所形成的判决比较准确到位，但是，在另一些司法并不擅长的领域中，法官的判决有可能弄巧成拙，如何界定司法判断的范围就成为问题的关键，很明显，过宽或者过窄的范围都将损害司法者的能力和社会形象。在这一问题上，最高人民法院同样处于摇摆之中：在指导性案例18号中，面对“不能胜任工作”的判定问题，最高人民法院能够力推保护劳动者权益而明示其意图；在指导性案例10号中，最高人民法院却回避了对公司内部规定所涉及的事项，虽然该事项直接牵涉公司的重大变动，而且依靠公司内部管理机制难以处理妥当。

虽然指导性案例是最高人民法院发挥公共政策功能的重要方式，但是，该方式仍然受制于最高人民法院自身的局限。在知识储备、思维方式、分析视角和视野等方面，最高人民法院都有不少不足之处，而且这些不足甚至难以在短时期内被克服。这也就决定了其公共政策的功能也存在着不少缺陷。“由于缺乏政治学、经济学知识的底蕴，同时又没有丰富的政治工作和经济工作的实践经验；因而对最高人民法院大多数法官而言，对创制的公共政策究竟会产生什么样的后果难免心中无数，由此导致最高人民法院在创制公共政策过程中面临知识的障碍。”〔1〕我们可以从指导性案例18号的扩展效果中窥见以上缺陷。如果按照案例指导制度的理论设计，由地方法院在类似案件中严格参照指导性案例18号的判决理由和结论，那么，全国各级地方法院类似案件的判决结论将对国内劳动力市场形成一种巨大的影响，使得用人单位的成本进一步上升，削减用工的倾向也随之进一步加剧，劳动者的就业机会也随之进一步减少，甚至劳资双方的矛盾也将进一步加剧。地方法院并没有法律纸面上所规定的完全独立或者中立的地位，行政化、地方化的法院体制使得地方法院必须对可能发生的消极社会影响保持足够的警惕，因此，以上所假设的消极后果并不会大规模出现。但是，这种情况又会反过来影响案例指导制度的实效，甚至影响最高人民法院的

〔1〕 张友连：《最高人民法院公共政策创制功能研究》，法律出版社2010年版，第180页。

权威。不恰当的指导性案例会使得最高法院进退维谷，无论是否在地方法院的审判中实践都会产生消极影响。

由此可见，虽然转型时期的最高人民法院力图维持司法的本来定位——独立、被动和中立，但是，在目前的环境中，最高人民法院带有强烈的政法体制色彩，是一个科层制的能动司法机关，在很大程度上成为中央政策的执行机构。这说明中国的最高人民法院不可能成为司法制度逻辑意义上的“样板最高法院”。[1]简而言之，在最高法院这个层面上，通过指导性案例的方式来应对诸如末位淘汰之类的复杂社会问题，仍然难以获得准确的判断，未必能够发挥良性的公共政策功能，产生大规模的积极社会影响。

从以上地方法院和最高法院两个层面上的分析可以看到，末位淘汰之类的复杂社会问题，已然广泛存在而且毁誉参半。而司法判决往往明确区分是非曲直，以这种简明的判断方式来应对复杂的社会问题，未必能够取得最佳的综合效果，可能需要法律内外的多种因素共同作用才能真正做到趋利避害。从这个意义上说，社会中的复杂问题并不适合由最高法院做出直接判断，进而也不太适合用指导性案例的方式发挥广泛的扩展效果，因为其中包含了大量的决策风险，尤其是在中国当下处于急剧变革的社会转型时期，最高人民法院占有的社会资源并不丰富的背景下。以有限保守的司法去应对复杂的社会问题，效果往往并不理想，甚至会适得其反。最终效果不仅会暴露出司法天然的局限性，甚至有引发更复杂的社会问题的风险。出于决策的稳健和谨慎，司法判决多数是比较保守的。虽然也曾经在部分时期出现过大规模的司法积极主义，例如沃伦法院，但是，历史上绝大多数情况下，法院都是以保守作为主要姿态出现的。而且，我国大致遵循的大陆法系传统，司法判决以尊重立法者意志为主要合法性来源。在指导性案例18号中，鉴于对劳动者权益的倾向性保护，司法者判决末位淘汰不能等同于“不能胜任工作”，也是遵循着以上思路。但是，变动不居的社会发展往往要冲破既有法律的约束和羁绊，二者的紧张关系在司法领域

---

〔1〕 侯猛：《中国最高人民法院研究：以司法的影响力切入》，法律出版社2007年版，第136页。

中凸显。而且，劳动力市场的变化与特定时期的社会形势密切相关，这决定了劳动法案件的复杂性。如果用单一的、保守的司法去面对这些难题，很可能造成劳资双方两败俱伤的结果，司法的权威性也因此而大打折扣。指导性案例18号的判决理由和结论就存在着这一隐忧：一旦地方法院真正严格在类似案件中参照指导性案例18号，表面上劳动者的胜诉将很有可能掩盖着背后更加严峻的劳动力市场形势。

综合以上基于指导性案例18号的分析，指导性案例所附带的公共政策功能要真正在社会中发挥积极效果，无论是最高人民法院还是地方法院都需要作出多方面的努力。一方面，最高人民法院应当更加细致地挑选和斟酌指导性案例。在指导性案例18号中，末位淘汰背后所隐藏的复杂问题是简明的司法判断难以有效回应的，这提示着最高人民法院应当尽可能回避那些过于复杂或者法律规则有待细化和完善的案件。这一点与美国联邦最高法院的“最低限度主义”有着类似之处：“法院的心智倾向于远离抽象学说，而和特点的案例保持紧密关系。甚至在宪法领域，仅仅对解决纠纷确有必要法官才会倾向于运用抽象学说。最近的最高法院拥护最低限度主义。实际上，司法最低限度主义已经成为20世纪90年代美国法律的最显著特征。”〔1〕减少回应社会中存在的巨大争议问题，是司法最低限度主义的核心要义之一。基于自身的社会影响力，最高法院应当审慎地参与复杂社会问题的决策。对于指导性案例来说，最高人民法院还应当对于入选的案例进行更加详细的分析，不仅展现案件的全貌，更要对其中的判决理由进行充分、深入地论证，无论是在事实认定还是在法律适用上。指导性案例18号对末位淘汰与“不能胜任工作”之间关系缺乏有效论证，就是值得吸取的教训。

另一方面，地方法院的法官在研习指导性案例时，不能仅仅局限于“裁判要点”，而应对案例的各个环节进行全面参照。裁判要点固然总结了指导性案例的主旨，但是，目前裁判要点的内容已经成为变相的抽象规则，

---

〔1〕［美］桑斯坦：《就事论事——美国联邦最高法院的司法最低限度主义》，泮伟江、周武译，北京大学出版社2007年版，第4页。

这一点实际上并不符合案例指导制度的理想运作方式。“对未来案件具有拘束力的，归根结底是判决中的判例规则。判例规则应由未来主审案件的法官亲自概括和抽取，而不应由裁判摘要事先概括和抽取，因此裁判摘要不应具有拘束力，其性质和内容只应是整个判决的内容提要。……如果中国未来继续保留抽象的、立法性的司法解释制度，那么案例指导制度和承载抽象规则的裁判摘要将不可避免地成为变相的司法解释，成为司法解释制度的附庸，最终尴尬地处于可有可无之间。”〔1〕如果只是看到指导性案例18号的裁判要点，地方法院的法官并不会充分了解该案所蕴含的丰富信息，更无法领会其中规则的运用方式。只有全面分析整个案件的事实及其法律适用过程，待决案件的法官才能从中总结出应当适用的规则，进而进行更加准确的、符合法律适用规律和精神的“参照”。这一过程从短期来看可能耗费了相当的时间和精力，但是，从长远来看，保持关注那些凝聚了司法经验和智慧的指导性案例，有助于提升地方法院法官的业务素质和能力，是真正贯彻依法办事所需要的。以上最高人民法院和地方法院的努力方向仅仅是发挥指导性案例的公共政策功能的初步设计。随着更多指导性案例的发布及其参照适用，其社会影响力也将日趋多元，我们还可以展开更加精致和具体的探讨。

结语：谨慎对待指导性案例的公共政策功能

在转型社会的敏感时期，最高人民法院的任何重大举措都会引起广泛关注，尤其是受到长期关注的案例指导制度。由于最高法院天然具有公共政策的功能，相应地，每个具体的指导性案例也都或多或少地附带了公共政策的功能。在指导性案例出台之前，《最高人民法院公报》上的诸多案例虽然并不具备正式效力，但是在实质上已经借助于地方法院的参考而以隐形的方式发挥了公共政策的作用。在案例指导制度正式运作之后，借助于具体的指导性案例，最高人民法院间接地表达了自身对某一问题或者某

〔1〕宋晓：《裁判摘要的性质追问》，载《法学》2010年第2期，第96页。

一类问题的判断倾向，同样通过“参照”的方式而在全国法院审判实践中得以贯彻。通过这一指导性案例的运行模式，最高人民法院所发挥的公共政策功能就能够对社会生活产生重要影响。

但是，指导性案例的公共政策功能同样受到最高人民法院在能力和资源上的局限，我们还需要谨慎地对待。通过对指导性案例18号的深入分析可以看到，最高人民法院所预设的目标指向很难在现实中得到实现，该案例所附带的公共政策功能难以真正发挥。对于地方法院来说，在指导性案例的参照适用缺乏完善配套机制的情况下，更重要的目标是尽可能做到“案结事了”，维持局部社会秩序的稳定。“中国传统的选择、交换、说理、反思都非常缺乏制度性条件的保障，容易为一时一地事实上的力量对比关系左右，公共决定的过程带有太大的任意性，对事实上的偶然因素不能进行有效的非随机化处理，因此社会缺乏相对确定的行为预期。”〔1〕基于以上传统，无论是地方法院还是劳资双方，都不会那么重视指导性案例18号的参照作用，而是将更多的精力放在具体案件甚至群体性事件的解决上。这种选择实质上“架空”了案例指导制度，也使得相应指导性案例的公共政策功能落空。

最高人民法院发布指导性案例18号来推动地方法院对劳动者权益进行保护，这种初衷是无可厚非的，但是，事与愿违的结果却几乎是不可避免的。进而言之，也正是这种并不乐观的结论才能从反面促进最高人民法院在遴选指导性案例时更加细致和谨慎，将可能产生的扩展效果纳入遴选标准，才能使得每个指导性案例真正在司法实践中被参照。从这个意义上说，指导性案例18号的发布仅仅是投石问路，其并不乐观的扩展效果是案例指导制度初创时期必经的阵痛，也是该制度不断成熟和完善的铺路石。

〔1〕 季卫东：《宪政新论》，北京大学出版社2002年版，第83页。

第四节　指导性案例中保护弱者的法律解释倾向

作为来自司法实践中的典型案例，指导性案例中都包含着成功进行法律解释的因素和倾向，有利于弱势者进行解释就是其中的重要内容。这一解释倾向在行政类、民商类和刑事类指导性案例中都有所体现。有利于弱势者进行解释，有着多方面深层原因，包括符合立法意旨或目的、推动司法中的平等对抗、借助于指导性案例形成扩展效果和体现最高人民法院一贯倾向等。但是，这一解释倾向也有其作用限度，并不能一味偏向弱势者。在司法过程中贯彻有利于弱势者解释倾向时，应当在具体个案中确定弱势者的身份，优先适用文义解释方法，谨慎适用社会学解释方法，并推动在法律解释共同体之间的对话和协商。指导性案例是司法实践的缩影，包含着有利于弱势者等实体法律解释倾向。这些超越工具属性的倾向，能够引导着研习指导性案例的法官更加准确地适用法律解释的具体方法和技术。

一、保护弱者倾向在指导性案例中的操作与表现

从法律解释学的角度来看，每一个司法案件都包含着法律解释的因素，都有具体法律解释方法的运用，只是在数量和质量上有所差别。在经过层层遴选之后获得最高人民法院的认可，每个指导性案例中都包含着法律解释方法运用的成功经验和实践智慧，更应当成为地方各级法院研习的优秀素材。除了有各种具体解释方法的运用之外，指导性案例在法律解释的实践运作中还包含着一些重要的共性倾向，这些解释倾向超越并引领着具体解释方法的运用，也同样应当成为研习指导性案例时需要关注的问题，保护弱者（弱势者）就是其中之一。

在司法个案中，多数情况是原告和被告之间的纠纷交由中立的法官进行处理，而双方当事人在司法程序之外的社会资源占有量上有所不同，在特定的案件中差异巨大。例如行政案件中的行政机关和相对人之间、消费者维权案件中的商家和消费者之间、刑事案件中的检察机关和被告人之间，都在现实社会实力上存在着相当明显的差距。司法制度的设计不能在以上案件中将双方当事人完全等同对待，必须要注意以上实力的对比情况，适当地向弱者进行倾斜，例如刑事案件中的疑罪从无原则。法官在个案中进行法律解释的时候，也应当顺应以上的解释趋势，对弱势者进行更加有利的倾向性解释。

在细致分析该解释倾向之前，需要明确的是具体司法个案中的弱势者与弱势群体之间的关系。弱势群体是一个颇为普遍使用的概念，在法学、政治学、社会学和伦理学等诸多学科中都有不同的界定，但是，其中还是有不少共性的群体被公认为弱势群体，例如农民、老人、儿童、妇女和残疾人等。完整界定弱势群体是非常困难的，而且这一概念随着时空条件的变化，其具体内涵也有所变动。在转型社会的背景下，利益多元和贫富分化日趋明显，关注、保护和救助弱势群体已经成为普遍共识，法律手段是其中非常重要的方面。目前学者们在这个方面的研究成果多是侧重于制度建构的路径。在立法方面新设或者完善的制度包括最低生活保障制度、自然灾害紧急救助制度、社会保险法律制度、农村社会保障制度、公益基金、就业制度、扶贫制度、教育医疗制度，等等。[1]在司法方面维护弱势群体的利益主要包括司法救助、法律援助、减免诉讼费用等。可以说，弱势群体的构成和范围比较稳定，其指向的人数也比较众多，而司法个案中的弱势者则仅仅局限于其所参与的案件，相对来说比较随机和具体，任何人都可能参与诉讼程序，也可能成为其中的弱势者。这是二者的区别所在。但是，弱势者与弱势群体的重要关联在于：弱势群体在社会中数量众多，也相应地参加了相当数量的司法案件。由于其缺乏社会资源，在进入司法程

---

〔1〕 参见李昌麒：《弱势群体保护法律问题研究——基于经济法与社会法的考察视角》，载《中国法学》2004 年第 2 期，第 87～89 页。

序后，弱势的地位会进一步加剧，赢得案件的可能性也会进一步降低。在这个意义上，二者是高度重合的。此时，法官应当对其进行倾向性的解释，在满足合法性的基础之上尽可能对弱势者做出有利判决。如果说前述现有的制度进路主要是帮助弱势群体“打得起”官司的话，那么，对弱势者进行有利解释的倾向则是一种“打得赢”官司的技术进路。

美国联邦最高法院的宪法解释实践，是这一进路的典型代表。例如著名的布朗诉教育委员会案，黑人在社会中是弱势群体，参与行政诉讼案件时又成为相对弱势的当事人一方，此类案件在美国很多州法院中有不少失败的例子。但是，该案的最终结论推翻了先例中的“隔离但平等原则”，确立了种族隔离为违宪。沃伦法院在该案中对黑人儿童在受教育权方面的不平等现实给予了充分关注，进而决定了本案的结论。这种解释就明显带有有利于弱势者的倾向性。在很多民权案件中，弱势群体通过司法诉讼的方式主张自身权利，一旦获得法官的认可，就能够大大提升自身在社会中的地位。可见，在维护弱势群体的权益方面，司法有着自身独特的优势：司法一方面依靠国家权力而非纠纷主体自身力量，其本身运作的规范性能有效抑制恣意和维护平等等优势，为涉及弱势群体的纠纷解决奠定了正义的基础，极易获得弱势群体信赖成为权利救济的重要途径；另一方面，在化解弱势群体与其他社会成员的矛盾，缓解弱势群体对社会的负面心理上，司法也具有重要作用。最终，司法往往能够将容易发展为政治问题的弱势群体问题转化为法律问题或技术问题，从而维护整个社会的政治秩序和政治稳定。[1] 质言之，法官在司法个案中对弱势者进行有利的倾向性解释，是通过司法维护弱势群体权益的一个缩影，多个指导性案例已经为我们展示了这一点。

（一）行政案件中的相对人

在行政案件中，面对着掌握强势权力、拥有众多资源的行政机关，行

---

〔1〕 张维：《司法对弱势群体倾斜性保护的正当性与可行性分析》，载《社会科学家》2008 年第 3 期，第 70 页。

政相对人的原告地位处于明显的弱势。加之信赖保护等行政法基本原则，相对人在维护自身权益时，需要面临诸多困难。此时，法官需要充分考虑到这一实力对比情况，在法律规定并不是十分明确的时候，对行政相对人进行有利解释。可以说，目前多数行政类指导性案例都带有这种倾向性解释的色彩。

例如在指导性案例5号中，针对某盐业公司在没有申请工业用盐许可证的情况下从事的经营行为，苏州市盐务局根据《江苏省〈盐业管理条例〉实施办法》对其进行了行政处罚。但是，根据《行政许可法》第15条第1款、第16条第3款的规定，地方行政机关的规范性文件仅能就上级文件中明确授权的范围设定行政许可，而国务院的《盐业管理条例》中并未针对经营工业用盐的活动授权地方行政机关设定行政许可。质言之，行政机关做出行政处罚所依据的行政规范性文件超越了上位法的规定。此时，法官需要面对的是《行政诉讼法》第12条中，明确将抽象行政行为（行政规范性文件）排除在受案范围之外的规定。

在2014年修改之前，《行政诉讼法》并未将抽象行政行为正式纳入司法审查的范围，这不仅使最为重要的一个行政领域缺少常规的法律监控，而且还影响到对具体行政行为司法审查的法律效果。因为现实中，常见的行政违法、越权都始于抽象行政行为。[1]可以说，在指导性案例5号中，行政相对人作为弱势的一方，通过行政诉讼的方式维护自身权益，这一过程却因为《行政诉讼法》的明确规定而受到阻碍，这种情况在行政诉讼的司法实践中并不少见。本案的法官采取了一种间接的方式，在裁判理由中对抽象行政行为进行否定评价，进而做出了裁判结果：认定苏州市盐务局做出的行政处罚无效。这种方式被学者们称为附带性审查：原告不能直接对抽象行政行为提起诉讼，法院也不能单独对抽象行政行为进行司法审查，法院只是在审查具体行政行为时对具体行政行为所依据的抽象行政行为进

〔1〕 程竹汝：《行政法治必须解决的一个关键问题——论对抽象行政行为的监督》，载《政治与法律》2005年第1期，第23页。

行附带审查。[1]指导性案例5号并没有保守于《行政诉讼法》第12条的规定，以曲线的方式将抽象行政行为纳入司法审查的范围之中。诸多细致的说理和论证都是为了维护相对人的权益，其最终的裁判结果也使得弱势一方得到了充分救济。作为第一个行政类指导性案例，指导性案例5号在对弱势者进行倾向性解释方面的示范作用还是十分明显的。

特别需要说明的是，根据2014年11月1日全国人民代表大会常务委员会关于修改《中华人民共和国行政诉讼法》的决定，前述的附带性审查已经有了《行政诉讼法》上的明文依据。修改后的《行政诉讼法》第53条规定："公民、法人或者其他组织认为行政行为所依据的国务院部门和地方人民政府及其部门制定的规范性文件不合法，在对行政行为提起诉讼时，可以一并请求对该规范性文件进行审查。"这一修订实质上肯定了前述附带性审查的作用和意义，并正式将其吸收为规定，为维护行政相对人的权益又增加了重要方式。从先后的时间关系上来看，司法领域中的指导性案例在实质上为立法修改进行了前期探索，在司法中积累的成功经验不仅通过指导性案例表现出来，更是最终以法律条文修正的方式得以体现，贯穿其中的则是对行政相对人权益的高度关注。

司法者对行政相对人权益的关注也体现在指导性案例6号中：相对人由于无照经营网吧而被没收了三十余台电脑，但是，工商局并未告知其举行听证的权利。《行政处罚法》第42条规定了三种应当告知听证权利的行政处罚，而本案法官针对具体案情，认为没收较大数额的财产也属于以上情况，并将其纳入《行政处罚法》第42条规定的"等"字之中。最终判决工商局因为程序违法而导致其行政处罚无效。在这里，"等"字属于法律规范的意义边缘，对其进行合法性与合理性论证需要高于普遍案件的说理成本。[2]指导性案例6号的法官花费大量成本进行说理论证，对"等"字所包含的意义进行了充分解释说明，最终的目的和结果也同样是为了维

---

〔1〕上官丕亮：《论抽象行政行为的不可诉性与可附带司法审查性》，载《西南政法大学学报》2005年第3期，第108页。

〔2〕孙光宁：《法律规范的意义边缘及其解释方法——以指导性案例6号为例》，载《法制与社会发展》2013年第4期，第60页。

护行政相对人的合法权益。

在后续发布的指导性案例中，对相对人进行有利解释的情况也不少见。指导性案例22号突破了不能评价内部行政行为的传统观点："最终认定来安县人民政府作出的批复虽然属于内部行政行为，一般情况下不可诉，但由于其所属国土行政管理部门直接将该批复付诸实施并对行政相对人的权利义务产生了实际影响，故该批复法律效力外部化，具有了可诉性。"〔1〕这种产生外部化效果的内部行政行为应当成为行政诉讼的受案范围，其最终的出发点仍然是对弱势一方的行政相对人进行有利解释。指导性案例26号则确认，行政机关内部的工作流程，不能成为其延迟进行信息公开的理由。这一观点有助于保证相对人及时有效地获得政府公开的相关信息。

从目前已经发布的行政类指导性案例来看，其基本结果都是提升和加强对行政机关的要求标准，进而维护相对人的权益，是对后者进行倾向性解释的典型样态。虽然现代行政法的基本精神是限制政府权力，实现其与相对人的利益平衡，但是，我国目前行政法规规章的制定，往往只考虑管理的方便，而没有或者较少考虑相对人的方便，这种"惯性"在广义的立法层面上造成了利益失衡的结果。〔2〕作为社会正义的最后防线，司法对相对人进行有利解释，实质上是为立法上的失衡进行补救，行政类指导性案例则为法官更好地完成以上任务提供了富有启发的思路。

（二）民商事案件中的消费者、劳动者

在传统民事案件中，双方当事人的地位大致平等，并没有明显的强势和弱势之分。但是，现代经济的迅速发展打破了以上平衡，在特定案件中形成了一些弱势者，其中比较典型的就是消费者和劳动者。这些弱势者在维权过程中面对着诸多困难，需要司法者对其进行有利解释，多个指导性案例也说明了这一点。

---

〔1〕最高人民法院案例指导工作办公室：《指导案例22号〈魏永高、陈守志诉来安县人民政府收回土地使用权批复案〉的理解与参照——内部行政行为外部化具有可诉性》，载于吕山主编：《中国法律评论》（2014年第一卷），法律出版社2014年版，第191页。

〔2〕曾祥华等：《立法过程中的利益平衡》，知识产权出版社2011年版，第106页。

在消法类指导性案例中，法官经常运用证明责任分担的方式对消费者进行有利解释。例如，指导性案例 17 号中，裁判理由认为："被告合力华通公司没有证据证明张莉购买该车用于经营或其他非生活消费，故张莉购买汽车的行为属于生活消费需要，应当适用《中华人民共和国消费者权益保护法》。"而在指导性案例 23 号中，法官认为"原、被告双方对孙银山从欧尚超市江宁店购买香肠这一事实不持异议，据此可以认定孙银山实施了购买商品的行为，且孙银山并未将所购香肠用于再次销售经营，欧尚超市江宁店也未提供证据证明其购买商品是为了生产经营。孙银山因购买到超过保质期的食品而索赔，属于行使法定权利。"以上两个案例都将证明原告消费者身份的责任分配给了被告经营者，并且推定，如果无法证明原告将购买产品用于生产经营和销售，就将其认定为消费者。民事诉讼证明责任的基本分配原理是"谁主张，谁举证"。但是，针对消法案件中消费者处于弱势的特殊情况，指导性案例倒置了证明责任，这样有助于减少消费者的负担，更能够维护其与经营者之间的平衡关系。

除了以上在程序上运用证明责任分配的方式之外，消法类指导性案例还在实体结论上对消费者做出倾向性解释结果。同样是在指导性案例 23 号中，裁判要点确认：消费者依据食品安全法等法律要求索赔，无论其购买食品时是否明知该食品不符合安全标准，因为法律并未对消费者的主观购物动机做出限制性规定。这一要点实质上针对的是"知假买假"的情况。在消法案件中，对于知假买假而索赔的情况，司法实践中存在着不少争议。而该指导性案例的以上观点明显有利于消费者一方，这对于澄清司法实践中的误解、更好地维护消费者的权益，是大有裨益的。

除了消法案件中的消费者，劳动诉讼中的劳动者也属于司法个案中的弱势者，指导性案例 18 号就是比较有代表性的劳动法案件。该案针对用人单位广泛采用的末位淘汰制度进行了评析，认为劳动者在考核中处于末位，并不能由此判定其"不能胜任工作"，这一点正是用人单位单方解除劳动合同的法定条件之一。末位淘汰并非严格的法律概念，既存在合法的可能，也存在违法的因素。在这种两可之间的选择中，法官的选择是确认其与

“不能胜任工作”之间并不等同，实质上对末位淘汰进行了否定评价，这使得处于弱势一方的劳动者获得了权利的救济。

（三）刑事案件中的犯罪嫌疑人

在最为传统的诉讼类型之一——刑事案件中，面对着强大的国家机器，任何个体都是弱势者，现代刑事法律也一直强调“疑点利益归于被告”。不同历史时期有着不同的刑事政策，对如何进行有利于被告的倾向性解释也有着不同的指导意义。我国目前实施的是宽严相济的刑事政策，从有利于刑事被告人的角度来说是其中“宽”的方面发挥作用的领域。具有高度相似性的指导性案例 4 号和 12 号就属于这种情形。

在这两个发生在农村的故意杀人案件中，从轻的情节大致包括是由恋爱引发的民间矛盾、犯罪人归案后能坦白悔罪、积极对受害人家属进行赔偿等，从重的情节大致包括手段特别残忍、未取得受害人家属谅解等。在以上多种从重和从轻情节并存的情况下，如何进行综合把握来确定最终的量刑结果，是对主审法官的巨大挑战。从司法程序运行的角度来说，指导性案例 4 号和 12 号在一审和二审都判决了死刑立即执行，在最高人民法院不核准死刑的情况下，最终改判为死刑缓期执行并限制减刑。从不核准死刑的决定来看，最高人民法院认为应当在综合把握以上犯罪情节的基础上，总体对犯罪嫌疑人给予从宽的处理。《关于贯彻宽严相济刑事政策的若干意见》第 22 条明确指出：“对于因恋爱、婚姻、家庭、邻里纠纷等民间矛盾激化引发的犯罪，……应酌情从宽处罚。”

除了以上发生在农村的刑事案件之外，社会中的弱势群体还包括少年儿童，指导性案例 14 号专门针对青少年为上网而实施抢劫犯罪的案件，适用了禁止令的处理方式。《关于贯彻宽严相济刑事政策的若干意见》第 20 条对未成年人犯罪如何适用法律作出了比较详细的说明，总体倾向是尽量挽救、从轻处罚。指导性案例 14 号特别强调了禁止令在处理未成年人犯罪案件中的重要作用，实质上也是有利于犯罪嫌疑人的解释结果。

总之，以上几种主要的诉讼类型，都有相应的指导性案例展现了法官如何在具体案件中进行有利于弱势者的法律解释。由于指导性案例都是从生效判决中层层遴选出来的，因此，每一个最终发布出来的指导性案例都包含着最高人民法院的特定指向。在很多案件中都体现了对弱势者的倾向性解释，这就对地方各级法院的审判活动做出了相应的提示，能够帮助法官更加准确地理解法律解释的实践运用方式，对提升其业务能力有着重要意义。

二、指导性案例中存在保护弱者倾向的多种原因

任何具体的司法制度都不可能脱离整体的司法环境甚至社会环境，案例指导制度也不例外。可以说，直接来源于司法实践的指导性案例也是当下中国司法运行状态的一个缩影。从上文的分析中可以看到，对弱势者进行有利解释已经成为指导性案例中的重要法律解释倾向，但是，要使得地方法院更好地理解并实践这一倾向，我们还必须发掘背后的原因。具体来说，在指导性案例中存在着保护弱势者倾向的法律解释，至少应当包括以下几个方面的原因。

首先，对弱势者进行有利解释，符合相应法律规范的立法意旨或者目的。尊重立法者并执行其意旨，是司法者审判案件时的首要选择，多数大陆法系国家也都一直保持着这样的传统。与之相对应的就是目的解释方法。在前述列举的指导性案例中，有很多部门法直接明确了自身的目的，其中的重要内容就是特别注重加强对弱势者的保护。例如《行政诉讼法》《行政处罚法》《消费者权益保护法》《劳动法》和《劳动合同法》等法律，都在第一条明确了其立法目的，就是为了保护弱势者，只是保护的具体对象各有侧重。除此之外，《合同法》第 41 条甚至直接规定了在格式条款的解释发生争议时，按照不利于格式条款提供者的方式进行解释。由于在绝大多数情况下，生产者和经营者向消费者提供格式条款，以上规定是直接表达了立法者强调对弱势的消费者进行有利解释的倾向。在法律解释的诸多方法中，尊重立法者意旨的目的解释占有十分重要的地位，即使是在强调

罪刑法定的刑事领域中。“解释方法之桂冠当属于目的论之解释方法，因为只有目的论的解释方法直接追求所有解释之本来目的，寻找出目的观点和价值观点，从中最终得出有约束力的重要的法律意思；而从根本上讲，其他的解释方法只不过是人们接近法律意思的特殊途径。”[1]既然立法者考虑到了弱势者在主张自身权利过程中所遇到的种种困难，并且在立法目的中直接表述了对其进行特殊照顾的倾向，那么，司法者在处理个案时自然应当遵循立法目的，进而以目的解释为统领，对弱势者进行有利解释。

其次，对弱势者进行有利解释，能够缩小当事人在司法程序之外过于悬殊的实力对比，从而推动司法过程中的平等对抗。“冲突主体在从不平等的社会实存状态进入诉讼领域后，抹去了一切不平等，以同一身份，即诉讼当事人，步入一个法律拟制的空间。诉讼当事人实质上是诉讼空间拟制的概念，过滤了包括不平等因素在内的实质内容。”[2]这里描述的是诉讼领域的理想状态，双方当事人可以进行平等的对抗。但是，司法程序无法消除当事人之间在法庭之外的绝对不平等或者不对等，此时有利于弱势一方进行解释则是对这种不平衡关系的弥补。在传统拉丁语法律谚语中就有着 *In dubio minitius* 或者 *In dubio*, *pars mitior est sequenda*（遇到疑问时进行从宽解释）的说法，这里的“从宽”应当更多的是在出现疑问时，法官拥有一定自由裁量权，此时就应当对弱势者给予更好的待遇，其实质也是有利于弱势者的解释倾向。更重要的是，现代社会的发展，尤其是经济的发展造成了不同群体在资源占有量上的巨大差异，一旦通过诉讼的方式来解决他们之间的纠纷，这种过于悬殊的实力差异会影响到司法程序能否顺利进行，甚至影响到实体正义的实现程度。对于普通的个体公民来说，在刑事诉讼中需要面对强大的检察机关和公安机关，在行政案件中需要面对日益膨胀的行政权力，在消法案件中需要面对颇具规模的生产者或者经营者，有时甚至是跨国企业。这些强势者能够利用其占有的社会资源在司法过程

---

〔1〕［德］汉斯·海因里希·耶塞克、［德］托马斯·魏根特：《德国刑法教科书》，徐久生译，中国法制出版社2001年版，第193页。

〔2〕张世全：《当事人诉讼地位平等的程序原理》，载《山东社会科学》2004年第2期，第64页。

中占据优势地位，进而能够更好地争取有利于自身的裁判结果。相应地，弱势一方则难以招架，甚至会由于在司法程序中耗费的时间精力而加剧自身的弱势状态。如果司法者完全忽视这种程序之外的实力对比关系，那么，很容易受到强势者的不当影响而做出偏听则暗的裁判结果。"程序是一个合理性商谈过程。形式合理性司法中的程序是一个司法竞技和对抗的过程，实质合理性司法程序基本上由家长式的法官主导。程序合理性司法并不完全否定当事人双方的对抗和竞技，但是，这种对抗和竞技必须以当事人双方的举证能力的相应性为条件，避免雄辩等于真理、金钱决定胜诉的诉讼富人游戏现象，并通过一系列制度保障这种平等交往权的切实实现。"〔1〕除了司法制度能够保障诉讼过程中的平等对抗之外，以法律解释为代表的技术进路也能够提供相当的帮助。司法绝非真空的理想地带，法官应当在出现当事人实力对比过于悬殊的案件中，做出倾向于弱势者的解释，从而在一定程度上消除弱势者的劣势，形成平等对抗的竞争状态。

再次，指导性案例具有正式法律效力，其对弱势者进行有利解释的倾向能够在地方法院中形成扩展效果，有助于形成社会整体的利益平衡。根据《关于案例指导工作的规定》第7条，对与指导性案例相类似的案件，地方法院在审判时应当参照。这是对指导性案例法律效力进行的集中规定。虽然"应当参照"这一表述有一定的模糊之处，有学者甚至认为其最终的定位仍然是任意性规范，〔2〕但是，从最高人民法院一系列推行案例指导制度的举措来看，指导性案例具有正式法律效力，是应当得到肯定的。"因为指导性案例是由最高人民法院依照一定的程序所制定和颁发的，通常都是通过严格的遴选机制而筛选出来的公正的、已生效的判决，它并非指法官个人在具体案件中对于法律所作的解释。指导性案例一旦颁布，就应当对包括最高人民法院在内的全国法院都能够产生一定的拘束力。这就是说，所有的法官在遇到类似案件时，都应当参照指导性案例来进行裁判。"〔3〕

---

〔1〕夏锦文：《现代性语境中的司法合理性谱系》，载《法学》2005年第11期，第55页。
〔2〕谢晖：《"应当参照"否议》，载《现代法学》2014年第2期，第54页。
〔3〕王利明：《我国案例指导制度若干问题研究》，载《法学》2012年第1期，第79页。

由于案例指导制度的实践运行时间还不长等原因，指导性案例仍然没有广泛地被地方法院所参照适用。可以预见，随着指导性案例的类型和操作方式更加完善，地方法院将会更有效地参照指导性案例，这些案例将会对司法实践工作产生重要影响，自然也包括其中对弱势者进行有利解释的倾向。换言之，具有正式法律效力的指导性案例会推动司法实践中有利于弱势者的法律解释，在地方法院中的扩散效果会提升弱势者获得权利救济的能力与水平，最终推动社会整体利益的平衡。

以上预见性结果的得出仍然可以借鉴美国宪法案件中的解释倾向。除了上文中提及的布朗诉教育委员会等民权案件之外，在 1941 年的爱德华兹诉加利福尼亚州案中，杰克逊大法官坚决主张维护贫困工人的权利，确定加利福尼亚州禁止穷苦季节性工人进入该州的法律无效，因为不能基于可能的犯罪就限制弱势群体的迁徙自由。这一判决结论实质上否定了行政机关的决定，有利于弱势者拥有更广泛的自由权利。在与之相类似的行政诉讼案件中，多数情况下，法官会尊重行政机关的解释，这一现象被称为“谢弗林尊重原则”。这一原则有助于稳定权力之间的关系，但是，如果出现了行政机关的解释结果对弱势群体不利的情况，联邦最高法院的大法官们并不会保守这一原则。例如在 Avery v. Secretary of Health and Human Services 案中，Breyer 大法官并没有一味单纯听信医疗行政机构对如何判定痛苦程度、进而确定适用社会残疾保险程序的解释，而是重新确立了一些参照指标，借此来衡量医疗事故受害者的痛苦程度，进而确定赔偿金额。这一解释结果从程序上和实体上都倾向于对弱势群体加强保护。从美国平等保护的司法审查标准来看，严格审查（strict scrutiny）标准主要适用于那些有关种族、民族血统以及某些时候外侨身份等案件，用以保护那些长期处于社会不利地位的少数弱势群体。中度严格审查（middle—level standard）标准主要适用于那些与立法或政府行政行为所要达成的目的或利益具有充分关联性（substantially related）的案件，一般用以保护那些接近弱势群体的特殊群体，如与“性别”“非婚生”等相关的特殊群体。合理基础审查（rational—basis test）标准主要适用于那些系争立法或政府行政行为，没有把任何弱势群体作为分类标准，也没有违背任何宪法基本权利的保障的案件。[1]由此可见，联邦法院在进行涉及各个群体之间平等问题上的司法审查时，其严格程度与相应群体的弱势程度有着直接关联。越是弱势的群体，通过司法审查对其保护的程度也越高。从美国宪法解释的实践来看，总体的趋势是不断扩大并保障公民（尤其是弱势者）的自由权利范围，相应地会对剥夺或者限制公民自由权利的干扰因素（如行政机关、垄断企业等）进行否定评价。由于遵循先例的传统，以及美国联邦最高法院拥有正式的司法审查权力，各类有利于弱势群体的宪法案件及其解释会直接转变为对社会产生重要影响的“法律”。虽然我国的指导性案例还并不具备这种效力，最高人民法院也没有完备的司法审查权力，但是，正式的法律效力以及司法系统的行政化高效运作，还是能够为指导性案例发挥实际作用提供良好的基础。

最后，保护弱势者一直是最高人民法院强调的解释倾向，指导性案例是这一倾向的最新形式。在最高人民法院的多种举措中，都能够看到强调对弱势者的保护，原有的形式包括司法解释、公报案例等。（1）司法解释。在《劳动法》修改和《劳动合同法》颁布之前，最高人民法院在《关于审理劳动争议案件适用法律问题若干问题的解释》（法释［2001］14号）中专门就劳动合同的签订问题进行了有利于劳动者的细致规定，并且确立了劳动争议应当由用人单位承担举证责任，这一点已经被指导性案例18号重申。对于作为弱势者的劳动者，最高人民法院的司法解释在多个层次上都强调应当在争议中对其做出有利解释，宏观方面的文件如《关于充分发挥审判职能切实维护企业和社会稳定的通知》《关于审理企业破产案件若干问题的规定》以及《关于人民法院审理事业单位人事争议案件若干问题的规定》，微观方面的文件如《关于解除劳动合同的劳动争议仲裁申请期限应当如何起算问题的批复》等。这些司法解释有力地弥补了法律规定的模糊和概括等不足之处，由此维护了劳动者的权益。除此之外，司法解释还有很多有利于消费者的规定，例如《关于产品侵权案件的受害人能否以产

[1] 门中敬：《宪政宽容论》，商务印书馆2011年版，第329页。

品的商标所有人为被告提起民事诉讼的批复》等。（2）公报案例。最高人民法院长期在其公报中发布多个案例，这些公报案例虽然没有正式法律效力，但是，已经成为地方法院业务学习甚至是裁判案件的重要依据。从这个意义上说，公报案例是指导性案例的前身。司法解释的准立法性质受到了不少批评，其出台也必须慎之又慎。面对着法律的疏漏和社会现实的冲击，公报案例能够及时针对具体问题给出及时回应，具有明显的优势。很多公报案例和现有的指导性案例之间有着非常密切的联系，例如“张成银诉徐州市人民政府房屋登记行政复议决定案”与指导性案例 5 号，都是强调行政机关应当遵守程序规定，程序违法的决定应归于无效。而“建明食品公司诉泗洪县政府检疫行为行政命令纠纷案”中，最高人民法院明确支持，在行政管理过程中，上级的行政命令如果产生了直接的、外部的法律效果，那么，该行政命令应当属于行政诉讼的受案范围。这一结论与指导性案例 22 号的观点——内部行政行为在产生“外部化”效果时应当纳入行政诉讼受案范围，是高度一致的。再如消法案件中，“陈梅金、林德鑫诉日本三菱汽车工业株式会社损害赔偿纠纷案”强调举证责任应当由生产者承担，这种利用举证责任分配来对消费者进行倾向性解释的做法与前述指导性案例 17 号、23 号也是高度一致的。简而言之，指导性案例对弱势者的倾向性解释并非原创，而是有着较长的传统和背景，在司法解释和公报案例中都有迹可循，体现了最高人民法院一以贯之的基本立场和态度。指导性案例有着自身独特的优势：比司法解释更能够及时回应司法中出现的微观问题，比公报案例有更加正式的法律效力。这些优势都能够使得指导性案例继续关注弱势者的处境，推动地方法院通过参照指导性案例而加强对弱势者的保护。

三、保护弱者倾向在司法实践中的解释限度

从以上的分析可以看到，在指导性案例中出现对弱势者进行有利保护的原因是多方面的，从立法到司法再到历史传统都有所涉及。多样的指导

性案例是中国司法实践的一个缩影，有利于弱势者的解释倾向也并不仅仅存在于指导性案例的参照之中，更应当贯彻到日常司法实践之中，只是指导性案例将该解释倾向表现得比较突出。“现代社会，法官并不是纯粹的法律文本的执行者。法官作为中立的裁判者，解决的是社会中的纠纷，故法官的法律思维方式不能排除对社会影响或社会效果的考虑。换句话说，除了严格根据法律文本解释法律外，法官还需考虑文本外的一些因素，如重视利益衡量的效果、注重保护弱势群体的利益等。经济势力较弱的一方在与强势主体发生纠纷时，往往处于相对的弱势地位。……法官的思维方式中应当具有对此类弱势群体的保护意识。”[1]但是，这并不意味着在所有案件中，都必须照顾弱势者的利益，都必须对其进行有利解释。换言之，有利于弱势者的解释倾向固然重要，但毕竟不是决定裁判结论的唯一因素。在参照指导性案例、重视该解释倾向的基础上，法官应当具备更加宏观全面的视野，充分理解其自身所内含的局限性，准确把握有利于弱势者的解释限度。

首先，法官需要在具体个案中区分弱势者的身份，以决定是否对其进行有利解释。在前文中列举了一些司法个案中弱势者的典型代表，这仅仅是就一般情况而言的。法官在进行审判活动时，仍然应当细致区分以上一般情况是否适用于其主审的案件。例如，指导性案例 17 号和 23 号都是消法案件，但是，被告经营者首先对原告的消费者身份提出了质疑，法官在裁判理由中首要的任务也是要确认原告身份。通过举证责任分配等方式，以上两个案例都能够确定原告的身份。这一确认的过程提醒后案法官，要对弱势者进行倾向性解释，就必要首先确定弱势者的存在。在另外一些案件中，表面上的弱势者并非一定要给予其有利解释，比较典型的就是被告为国家机关工作人员的案件。在指导性案例3 号（受贿案）和11 号（贪污案）中，国家机关工作人员都实施了职务性犯罪，最终的裁判结果并没有采纳被告人的辩护意见，而是判决了更加严厉的惩罚。指导性案例 3 号所涉及的是新型受贿行为，包括虚假出资合办公司、低价购房等，对于这些

---

〔1〕 毕玉谦主编：《司法公信力研究》，中国法制出版社 2009 年版，第 476 页。

行为能否纳入受贿行为的范围之中，在司法实务中是存在一定分歧的。最高人民法院通过指导性案例3号确认了这些行为在性质上仍然是权钱交易，属于受贿罪的具体表现。这种解释结果对利用更具有隐蔽性、复杂性的新手段受贿提出了具体明确的处理意见，解决了司法实践中经常遇到、存在认识分歧的问题，有利于统一认识，及时、有效地依法查处手段翻新、花样百出的新类型受贿犯罪案件，有利于依法从严惩处腐败犯罪。[1]如果仅仅是以静态的、机械的方式理解对刑事被告进行有利解释，那么，抽象意义上的罪刑法定原则将很可能以“法无明文规定”为由，使得该案被告脱罪。但是，国家机关公职人员的身份决定了刑法应当对其提出更高的行为要求。在涉及渎职犯罪时不能简单地适用有利解释倾向，否则会使得大量新型受贿犯罪逃脱刑法制裁。类似的情况也出现在指导性案例11号的贪污犯罪之中，该案的核心争议问题之一就是：利用有隶属关系的下属的权力，是否属于贪污罪中的“利用职务上的便利”。对此，刑法以及相关司法解释都没有明确，学理研究上也有分歧，法官需要确定解释的倾向，进而确定裁判结果。同样是出于对国家公职人员的严格要求，本案最终的结论肯定了上述行为属于贪污罪的表现。这一点与《关于贯彻宽严相济刑事政策的若干意见》也是一致的：“对于国家工作人员贪污贿赂、滥用职权、失职渎职的严重犯罪，……要依法从严惩处。对于国家工作人员职务犯罪和商业贿赂犯罪中性质恶劣、情节严重、涉案范围广、影响面大的，或者案发后隐瞒犯罪事实、毁灭证据、订立攻守同盟、负案潜逃等拒不认罪悔罪的，要坚决依法从严惩处。”由此可见，虽然在一般意义上，犯罪嫌疑人属于刑事诉讼中的弱势者，但是，某些特殊身份的弱势者并不能一概给予有利解释，指导性案例3号和11号中的国家公职人员，与指导性案例4号、12号中的普通村民以及14号中的未成年人，并不能等同对待。

其次，对弱势者的有利解释必须以文义解释为前提。这种对文义解释方法的尊崇包括两个方面的含义：（1）在适用顺序上，强调文义解释方法

---

〔1〕 最高人民法院案例指导工作办公室：《指导案例3号〈潘玉梅、陈宁受贿案〉的理解与参照》，载《人民司法》2012年第7期，第36页。

优先性，只有在文义解释方法无法确切阐释规范含义时，才能够适用有利于弱势者的解释倾向。“文义解释优先正是人们必须服从法律的原则的一种延伸。要想使法律规定发挥作用，必须坚持文义解释方法优先原则，否则法律就难以有规范作用。……文义解释优先正是尊重议会或人民代表大会权威的体现。这一点是现代法治的基本要求。正是因为我们在探寻法治的实现途径，文义解释优先的原则才彰显出其存在的必要。”〔1〕文义解释应当成为首要适用的解释方法，这一点已经成为基本共识。从对弱势者进行有利解释的指导性案例中，法官的裁判理由都是以文义解释方法为前提和基础的，但是，由于案情复杂和法律规定的模糊，单纯依靠文义解释无法完全解决纠纷。在这种情况下，法官才会对弱势者进行有利解释。例如指导性案例3号中的新类型受贿，指导性案例11号中的“利用职务上的便利”，指导性案例17号和23号中的“消费者”，等等。在多种解释并存、相互之间仍无法区分优先顺序的情况下，文义解释方法陷入了困境，而将对弱势者进行有利解释纳入法官的考量之中，就成为合理的选择。（2）有利于弱势者的解释倾向不能超越法律规范文义的最大范围。如果仅仅适用文义解释无法阐明法律规范的意义，那么，多种解释方法都可以帮助法官确定规范的意义。但是，所有其他解释方法的作用范围和结果，都不能超越法律规范文义的最大限度，否则司法将僭越立法，使得裁判失去合法性基础。例如，在指导性案例6号中，法官充分挖掘了《行政处罚法》第42条中的“等”字含义，进而做出了对行政相对人有利的法律解释。虽然“等”字所包含的意义处在该法律规范的边缘，但是，毕竟仍然没有超越规范文义的最大范围。如果《行政处罚法》第42条中没有“等”字，仅仅列出了三项需要告知听证权利的行政处罚事项，那么，法官就无法将“没收较大数额的财产”这一行政处罚事项列入“等”字之中，最终的判决结果也将会完全逆转，自然也无法形成有利于弱势者的解释。强调对行政相对人进行有利解释，具有正当性，以上充分利用规范文义范围的做法也体现了法官的能动性。

---

〔1〕陈金钊：《文义解释：法律方法的优位选择》，载《文史哲》2005年第6期，第147页。

再次，在贯彻有利于弱势者解释的倾向时，法官需要谨慎地使用社会学解释方法，对裁判结果可能产生的社会影响和效果进行细致分析和预测。由于弱势者的特殊地位，法官对其在司法个案中进行倾向性解释，背后的最终目的仍然是为了实现社会利益的综合平衡。这也是一种比较理想的社会效果。而社会学解释方法恰恰是以裁判产生的社会效果为依据对法律规范作出解释。在文义解释方法无法彻底阐明规范含义的时候，多种解释结果形成了竞争关系。此时判断哪一种解释更为恰当，就不是一个简单的理论认识问题，而是要预测每种解释可能带来的社会效果，通过对社会效果的考量选择预测结果较好的解释而放弃预测结果相对较差的解释。〔1〕这就是社会学解释方法的核心要义，对社会效果的重视是其与有利于弱势者解释倾向具有内在一致性的表现。例如，在指导性案例 6 号中，如果法官并没有深入挖掘“等”字的含义，仅仅就《行政处罚法》第 42 条明确列举的处罚事项进行分析，那么，没收较大数额财产这种对相对人影响较大的行政处罚事项，就缺少了听证程序的监督，最终的结果将是放松对行政权力的限制，损害了弱势者相对人的权益。这一消极的社会效果并不是行政处罚、行政诉讼以及听证程序所追求的。特别需要说明的是，作为选择解释结果标准的社会效果，仅仅是预测性的，未必与最终产生的实际效果完全一致，这一点也是适用社会学解释方法的难点所在，对于实现有利于弱势者的解释倾向来说，同样如此。例如，在最高人民检察院所发布的指导性案例 2 号中，针对被告人的绑架犯罪行为，在二审将死刑立即执行改为死刑缓期执行之后，最高人民检察院提起抗诉，最终改判为死刑立即执行。其中，最高人民检察院认为二审改判确有错误的原因之一就是“社会危害极大”，主要表现在犯罪人的行为不仅剥夺了被害人的生命、给被害人家属造成了无法弥补的巨大痛苦，也严重影响了当地群众的安全感，同时，二审的改判结果不被被害人家属和当地群众接受。〔2〕在死刑立即执行和死刑缓期执行之间，并没有绝对的界限，从重和从轻的多种情节并存，给法

〔1〕 梁慧星《裁判的方法》，法律出版社 2003 年版，第 150 页。
〔2〕《最高人民检察院公报》2011 年第 2 号。

官裁判带来了巨大困难，而社会影响和社会效果就是其中相当重要的考量因素。二审的改判表面上有利于弱势者（刑事被告），但是，产生的消极社会影响却抵消了有利于弱势者解释倾向所带来的积极效果。在综合考虑本案的多种情况之后，最终改判为死刑立即执行还是能够产生最优的社会效果的。类似的情况也发生在指导性案例20号的专利权纠纷之中。该案例确认了在专利申请的临时保护期内所实施的制造行为，其后续的销售等行为在临时保护期结束后并不侵害专利权。由于专利申请人在临时保护期内能够寻求的法律救济非常少，因此，处于一种非常被动的弱势状态。但是，该案例确认的结果却实质上进一步加剧了该弱势者的弱势处境：出于申请发明专利的需要，申请人不得不公开其技术方案，这就给了他人实施其发明的可能性，但申请人对此却无力阻止，甚至是在使用人明确拒绝支付使用费的情况下，申请人也不能禁止他人的使用；等到获得专利授权之后，相关市场可能已经被使用人抢占了，即便专利权人此时能够顺利拿到临时保护期内的使用费，市场份额的损失对于权利人来说才是“致命的”、不可逆的。[1]简而言之，专利申请人在临时保护期内是弱势者，应当得到更加全面有效的救济，但是，指导性案例20号并没有对其裁判结果可能产生的社会效果进行分析和预测，反而选择了加剧弱势者弱势状态的结果。

面对着运用社会学解释方法中预测社会效果的困难，美国宪法解释的一些实践做法能够给我们带来一定启发，比较典型的就是布兰代斯论辩法（诉讼法）（Brandeis briefs）。在涉及妇女工作时间限制的穆勒诉俄勒冈州（Muller v. Oregon）一案中，布兰代斯向最高法院所提交的著名辩护状主要依据的就不是现有的法律，也不是人道主义、生存伦理这些虚无缥缈的价值裁断，而是长达数百页的统计资料，用这些经验数据来解析工作时间的延长对妇女的影响。由此首创的“布兰代斯诉讼法”，即法律对话在法律不充分、有缺陷时向社会学开放，在进行法庭辩论、规则重建时，利用表

〔1〕杨明：《从最高人民法院第20号指导案例看发明专利的临时保护制度》，载《北京仲裁》2014年第1期，第46页。

述社会情形的统计数据维护法律的客观、正当发展的。[1]“自布兰代斯在穆勒诉俄勒冈州案中运用统计学证据成功挑战形式主义法律推理以来，关注目的、政策及社会后果的‘布兰代斯辩论法’已成为律师法庭辩论的重要方法。而西岸宾馆诉帕里什案则成为洛克纳时代终结和法律形式主义在联邦最高法院破产的标志性案件。至布朗诉教育局案，法院已日益倾向于将社会政策及判决的社会后果等作为其说理的基础性论据。”[2]相比于在个案中的经验性总结，这种以数据分析为基础的方法能够更加准确地帮助法官对裁判结果可能产生的社会效果进行预测，由此法官可以判断是否以及在多大程度上贯彻有利于弱势者的解释倾向。

最后，在司法过程中，针对有利于弱势者解释的倾向，应当在法律解释共同体之间展开充分的对话与沟通。公开、民主与透明是现代司法的发展趋势，在个案的诉讼过程中，每一方当事人都有权利表达自己的意见并提供相应的理由，无论是弱势者还是强势者都是如此。“司法审查也没有损害民主的参与目标。相反，它通过对培养政治中的道德参与的言论自由和其他自由给予特殊的保护而捍卫着这些目标。不仅如此：它提供了一个公民如果愿意的话可以通过辩论进行参与的政治平台，从而比投票更为直接地把他们的道德生活联系在一起。此外，在这个平台上，在日常政治中分量最弱小的少数的分量得到了显著提高。”[3]质言之，弱势者更加需要平等对话与协商的平台。具体到司法过程中，弱势者能够借助于程序权利扩大自己的声音，呼唤法官对其观点的重视。此时，在各方当事人与法官之间形成了一种类似于“理想商谈”的情景。法官可以在充分听取多方意见的基础上，对弱势者的声音进行有效回应，从而决定如何贯彻有利于弱势者的解释倾向。而在此过程中发挥主导作用的法律职业共同体，也是法律解释共同体。“法律职业人士所作的解说……是以法律规定及法律体系的内在秩序作为推理起点的，他们思考的首先是法律的各种相关规定，并探求

---

〔1〕贾敬华：《塑造规则的法庭对话模式分析》，载《法制与社会发展》2008年第2期，第40页。
〔2〕刘翀：《现实主义法学的批判与建构》，载《法律科学》2009年第5期，第19～20页。
〔3〕［美］德沃金：《至上的美德：平等的理论与实践》，冯克利译，江苏人民出版社2003年版，第235页。

法律的目的、精神、原则，同时以法律理论作为推理依托，来确定针对具体事实的法律结论，即他们是在法律文化的语境中来对社会予以解说的，所以说法律职业共同体是一个解释共同体，它绝不仅仅是一个解决纠纷的群体，而是一个不断地、细致地废止规则、确立新规则的共同体。”〔1〕法律解释共同体都利用既有的各种解释方法，对案件事实及其相关法律规范进行阐释和解读，为法官最终确定裁判结果提供了多种视角，其中自然也包括有利于弱势者的解释倾向。在这种全面把握和理解的基础上，法官的裁判结果就具有了兼听则明的效果。例如，在指导性案例3号中，裁判理由的四个部分，分别针对律师的辩护意见作出，从中也对该案的核心问题进行了阐释。〔2〕虽然最终的结果都是反驳了这些辩护意见，但是，毕竟法官对律师的解释倾向给出了直接明确的回应。最终解释的总体结论并没有有利于刑事被告，理由是对弱势者的身份进行了区别对待。从上文提及的最高人民检察院指导性案例2号中也可以看到，经过了一审、二审、再审，从市中级人民法院、市人民检察院，到高级人民法院、省人民检察院，再到最高人民法院和最高人民检察院，都依法定程序参与其中，并表达了自身观点，核心问题就在于是否对被告的行为给予有利解释。在指导性案例4号和12号中，也有类似的程序进展。在所有诉讼程序过程中，每个司法部门都要表达其意见，并提供支持理由。这就使得在是否贯彻有利于弱势者的解释问题上有了充分而全面的分析解答。从对这些指导性案例进行研习的过程中，地方各级法院的法官能够更加细致地了解有利于弱势者解释的实践运作，为在将来的案件中准确运用这一解释倾向奠定了良好基础。

〔1〕张文显：《法律职业共同体引论》，载《法制与社会发展》2002年第6期，第21页。

〔2〕这些辩护意见包括（1）关于被告人潘玉梅、陈宁及其辩护人提出二被告人与陈某共同开办多贺公司开发土地获取“利润”480万元不应认定为受贿的辩护意见；（2）关于被告人潘玉梅及其辩护人提出潘玉梅没有为许某某实际谋取利益的辩护意见；（3）关于被告人潘玉梅及其辩护人提出潘玉梅购买许某某的房产不应认定为受贿的辩护意见；（4）关于被告人潘玉梅及其辩护人提出潘玉梅购买许某某开发的房产，在案发前已将房产差价款给付了许某某，不应认定为受贿的辩护意见。参见《人民法院报》2011年12月21日第四版。

结语：超越法律解释的工具属性

我们固然不能离开体制或权力结构以及社会价值来片面地奢谈纯粹的法律技术问题，但却还是应该适当地将两者分而治之。即使在那些没有制度上的根本变革就无法进展的地方，有关操作手段上的成熟度也还是会在很大程度上左右结局、决定胜负。正是技术和手段可以把法律体系从内在矛盾的困境里解救出来并加以改进，与此相应地推动实用的法解释学发展便是大势所趋。[1]传统的法律解释特别关注于技术层面，突出各种具体解释方法的工具属性。法律解释共同体的每个成员都可以运用这些解释方法，来为实现自己所追求的目标服务。在目前法律职业共同体还没有充分具备方法论意识和技能的背景下，突出法律解释的工具属性还是相当必要的。但是，这并不意味着法律解释没有自己的目标追求。我们不能迷失在各种解释方法的精致运用之中，更应当了解和挖掘其背后的价值指向，有利于弱势者就是其中的重要内容。

无论是对社会中的弱势群体，还是对个案中的弱势者，维护其利益的现有措施大致分为两种：物质上直接的救济和制度上的变革。单独任何一种方式都有不少弊端，就物质救济来说，“通过法律所能提供给弱势群体的主要是发展机会、竞争能力和物质帮助。发展机会和竞争能力的提供和保障是授人以渔，而物质帮助则是授人以鱼。长期以来，无论是观念还是制度，我们都过重依赖于物质帮助来实现对弱者的保护。这是很片面的，也是有害的”。[2]就制度变革来说，法律资源的有限以及牵涉的多方利益关系，都为制度变革增加了不少困难。而在司法中对弱势者进行有利解释，则能够成为一种“中间道路”：在法律规范文义的范围之内，尽可能地对弱势者进行保护。这种方式既能够使得弱势者的声音被社会所认知，又能够在实体结果上维护其权益。通过在多个指导性案例中体现这一有利解释

〔1〕 季卫东：《法解释学大有发展》，载《东方法学》2011 年第 3 期，第 126 页。
〔2〕 冯彦君：《强化社会弱势群体法律保护的新视野》，载《法制与社会发展》2003 年第 4 期，第 14 页。

倾向，最高人民法院已经清楚地表明了自身立场。数量巨大的弱势者在很多情况下需要诉诸法律来维权，法官此时应当秉持着有利于弱势者的解释倾向，并以其为指导来运用具体的法律解释方法，这也许才是真正从价值层面上而非技术层面上，贯彻和适用指导性案例的精髓所在。

第五节　指导性案例对构建法律解释共同体的推动作用

指导性案例的正式文本中对审理过程有着相当细致的叙述，展示了不同法律职业者之间的交流。从这个意义上说，案例指导制度是法律解释共同体进行对话的新机制。从已经公布的指导性案例来看，法官和检察官之间在刑事类案件中的交涉能够形成司法权力之间的制衡，法官对律师质疑的回应则充分展现了释明权的重要作用。当然，案例指导制度在推动法律解释共同体对话的作用上仍有不少局限。在中国法治实践中需要建构法律解释共同体，在深厚共同利益缺位的背景下，通过指导性案例的示范作用推动建立一种最低限度意义上的法律解释共同体，是一种比较现实的路径选择。

一、法官与检察官的交涉：司法权力之间的交锋与制衡

长期备受关注的案例指导制度已然从理论设计变成了制度实践，最高人民法院和最高人民检察院都发布了自己的指导性案例。《最高人民法院关于案例指导工作的规定》第 7 条："最高人民法院发布的指导性案例，各级人民法院审判类似案例时应当参照。"根据《最高人民检察院关于案例指导工作的规定》第 15 条和第 16 条，对于最高人民检察院发布的指导性案例，各级人民检察院在办理同类案件、处理同类问题时，可以参照执行；如不执行，应当书面提出意见，报经检察长或者检察委员会决定。从这些司法文件的规定中可以看到，指导性案例具有正式的法律效力，能够为司

法实践工作者提供相当重要的启发。由此，研究者从诸多角度对指导性案例进行了细致分析，主要包括案例指导制度的运作方式和从部门法角度探讨具体指导性案例等。

除了通过制度的运作发挥对司法实践的提升和推动作用之外，指导性案例还具有其他更为深远的意义和价值。在公布的各个指导性案例之中，裁判过程都是其中非常重要的构成部分，每个指导性案例的文本都对这个部分用较大篇幅进行叙述。甚至一些案例需要经过再审程序才能确定最终裁判结果。尤其是在刑事类指导性案例中，由于检察院也是专门的司法机关，能够利用抗诉等权力对法院的判决提出异议，案例最终结果的形成往往需要多种法律职业者进行细致分析和商讨之后才能确定。从这个意义上说，指导性案例具体地展现了法律职业群体在司法个案中的相同或者不同的意见，并借助于司法程序的正当运行针对争议问题各自发表观点，其实质是法律解释共同体之间一种重要的对话协商机制。

在司法过程中，所有的法律职业群体都在对案件事实与适用法律进行着各种解释，因此，法律解释共同体实质上是从法律解释的角度重新解读和界定法律职业共同体，二者具有大致相似的内涵与外延。“法律职业人士所作的解说……是以法律规定及法律体系的内在秩序作为推理起点的，他们思考的首先是法律的各种相关规定，并探求法律的目的、精神、原则，同时以法律理论作为推理依托，来确定针对具体事实的法律结论，即他们是在法律文化的语境中来对社会予以解说的，所以说法律职业共同体是一个解释共同体，它绝不仅仅是一个解决纠纷的群体，而是一个不断地、细致地废止规则、确立新规则的共同体。”[1]随着法治进程的不断深入，在中国构建法律职业共同体已经受到了理论界与实务界的热切呼唤，很多学者也提出了不少具体措施，例如，根据实际需要将基层司法与正式司法适度分离；在国家不能将基层司法（即使是部分）从正式司法制度中分离出去的前提下，根据司法层级的需要分别规定法庭、基层法院、上诉法院和最高法院以及少数民族地区的法官的任职资格和条件；恢复法学应有的功

---

〔1〕 张文显：《法律职业共同体引论》，载《法制与社会发展》2002年第6期，第21页。

能和地位，保持法学界与法律实务的合理关系；等等。[1]在实际举措中，卓越法律人才培养计划中也强调理论界与实务界要进行互聘。但是，这些措施要真正显现成效，还需要相当长的时间。更重要的是，相比于构建法律职业共同体所面临的困难来说，以上措施能否以及在多大程度上发挥实效仍然存有不小的疑问。

一般来说，共同体的形成及其自治需要具备多个条件，例如，一套维系其独立或者存在的系统、一个对其生存构成一定威胁的强大权力中心或者“敌对势力”、能得到外在权力中心的（以习惯、制度安排或者自觉的方式）认可甚至保护、在一定程度上维持或者促进本共同体的某种特色或者功能。[2]而在中国，基础共同利益上的缺乏使得各种法律职业之间缺少充分的沟通和交流，甚至在特定情况下会相互蔑视或诋毁。由此也有学者质疑法律职业共同体存在的可能性，尤其是在“民间的”律师和“官方的”法检机关之间：由于法官、检察官与律师的职业准入制度、相互间的职业流动制度存在明显的问题，而政法机关又容易对律师产生一定的防范和整治心态，因此，律师在整个政法体制中不仅越来越走向边缘化，而且在法律思维方式、职业道德和法律价值观等方面与“公检法三机关”产生了难以弥合的矛盾和对立。律师与政法机关这种缺乏互信和合作精神的关系，决定了所谓的“法律职业共同体”还远远没有形成。[3]

应当说，这种批评的观点反映了现实中的一些痼疾，有其一定的道理。但是，现状中的不足并不能成为阻碍前进的理由，毕竟，法律职业共同体的建构及其作用的发挥，已然成为法治建设过程中的普遍经验，在中国推进法治的进程中，我们仍然应当努力构建本土的法律职业共同体。虽然从宏观司法制度上的变革最为直接有效，但是，这种变革由于涉及面过广而需要审慎进行，甚至需要付出特定的巨额成本。相反，微观技术层面上的

---

〔1〕 范愉：《当代中国法律职业化路径选择——一个比较法社会学的研究》，载《北方法学》2007年第2期，第93页。

〔2〕 孙笑侠、李学尧：《论法律职业共同体自治的条件》，载《法学》2004年第4期，第22页。

〔3〕 陈瑞华：《法律职业共同体形成了吗（下）——以辩护律师调查权问题为切入的分析》，载《中国司法》2008年第3期，第19页。

革新却更能够循序渐进地推动法律职业共同体的形成。从法律方法论的角度来看，各个法律职业群体之间应当就法律解释的问题进行充分对话、交流和协商，在求同存异中巩固共享的专业知识、思维方式和职业技能，进而形成法律解释共同体。虽然这种方式并非像基础制度变革那样大张旗鼓，但是，其润物无声的方式却能够以最小的代价推动法律职业共同体的形成，而案例指导制度正是法律解释共同体之间进行对话协商的良好契机。

现有的司法制度已经为法律职业群体之间在法律解释问题上进行对话协商提供了不少方式，例如民事诉讼程序中的举证制度、刑事诉讼程序中的辩护制度等，甚至合议制度的存在也使得法庭内部法官之间也可以进行直接的交流。作为法律解释共同体之间交流的新方式，案例指导制度有着独特之处：指导性案例能够以直观生动的方式展现出案件中不同法律职业群体之间的正面交锋，无论是其对话的外在形式，还是交流的具体内容，都能够得以直接呈现。以往的对话方式大多都是程序规范的抽象规定，在面对丰富的具体案件时，缺乏结合案情的针对性，而这些恰恰是案例指导制度发挥优势的场域。

在司法过程中，法律解释共同体主要包括法官、检察官和律师，由此可以根据指导性案例的案情介绍将对话协商分为两类：法官和检察官之间以及法官和律师之间。法官和检察官同属于拥有司法权力的专业群体，其对话主要体现在刑事类指导性案例之中，尤其是经过了多重刑事审判程序的案件，能够使得涉及的法官和检察官充分就案情及其法律适用问题进行充分交流，最高人民检察院在其第一批指导性案例中的“检例第 2 号”正是属于此种情况。[1]

---

〔1〕该案的主要案情是：在检例第 2 号中，被告人经过踩点之后，绑架了 9 岁的被害人，骗取其父母手机号之后将其杀害。被告人购买一部新手机并向被害人父亲提出赎金。被告人在异地再次想与被害人父亲联系时，因记错电话号码而终止了勒索行为。公安机关将被告人抓获后，被告人交代了绑架杀人经过，并带领公安人员指认犯罪现场。宁波市人民检察院提起公诉，宁波市中级人民法院判决被告人绑架罪，并判处死刑。被告人提出上诉后，浙江省人民法院判决死刑缓期两年执行。被害人父亲提出申诉，浙江省高级人民检察院提请最高人民检察院按照审判监督程序提出抗诉。在最高人民检察院向最高人民法院提出抗诉之后，最高人民法院指令浙江省高级人民法院再审，浙江省高级人民法院最终判决被告人死刑。

“指导案例所提供的裁判规则具有较司法解释和政策更为具体的表现形式，对于司法活动来说，具有更为直观的可参照性。关于死刑立即执行与死刑缓期执行的界限，尽管以往的政策原则是明确的，司法解释的规定也是可行的，但是在具体操作上仍然不易掌握。……裁判要旨是从具体案件中引申出来的，结合案情能够更为准确地把握死刑立即执行与死刑缓期执行的界限，而这也正是案例指导制度中的裁判规则所具有的优越性。”〔1〕死刑立即执行和死刑缓期执行之间，刑法规范的相关规定较为抽象，这使得司法实践中在二者之间的选择缺少较为确切的依据和标准，也成为刑事审判活动中的难题之一。而在检例第 2 号中，围绕着死刑立即执行和死刑缓期执行，市人民检察院、市中级人民法院、省高级人民法院、省人民检察院、最高人民检察院、最高人民法院都基于不同诉讼程序牵涉其中，也都对该案中的基本案情和法律适用表达了自身的意见。尤其是最高人民检察院检察委员会在向最高人民法院提出抗诉时认为，高级法院改判死刑缓期二年执行确有错误，应予纠正。其抗诉理由的论证比较充分，并且具有较强的针对性。〔2〕在死刑立即执行和死刑缓期执行之间并无绝对界限的前提下，问题的关键就在于何种解释更加准确。更加充分和细致的论证说理，相应地更有解释力和说服力。省人民检察院、最高人民检察院和最高人民法院形成了适用死刑立即执行的共识，并通过正当程序最终使得高级人民法院纠正了自己的“错误”，借助于再次改判确定了本案的最终结果。

《宪法》第 135 条，《人民检察院组织法》第 16 条、17 条、18 条，《人民法院组织法》第 11 条、13 条等条款，都是对法院和检察院之间关系的直接规定。这些抽象规定虽然构建了二者之间的基本关系框架，但是，

〔1〕 陈兴良：《死刑适用的司法控制——以首批刑事指导案例为视角》，载《法学》2013 年第 2 期，第 57 页。

〔2〕 这些理由包括（1）被告人绑架犯罪事实清楚，证据确实、充分。本案定案的物证、书证、证人证言、被告人供述、鉴定结论、现场勘查笔录等证据能够形成完整的证据体系。（2）二审判决确有错误，因为其所依据的两个事实认定上的疑点，都能够最终被排除。（3）被告人所犯罪行极其严重，对其应当判处死刑立即执行，这一点表现在：被告人精心预谋，主观恶性极大；被告人犯罪后果极其严重、社会危害性极大；二审改判死刑缓期二年执行不被被害人家属和当地群众接受。

司法实践中的诸多复杂问题远非简明的条文所能涵盖。最高人民法院和最高人民检察院所公布的指导性案例，却能够在一定程度上弥补此种缺陷，在对案情和法律的解读中实现法院和检察院之间的充分交流。而且，指导性案例具有正式的法律效力，能够推动地方各级司法机关在处理类似案件时具备更高水平的解释能力和水平，有助于提升法律解释共同体的业务技能。这对于实现案例指导制度所追求的“同案同判”效果是十分有益的。

“对前提越是一致，就越有可能遵循三段论模式来进行法律推理。因此，法律就会表现为（而在一定意义上，也就是）客观、非个人化。同理，解释之客观性是以存在一个单一的文化解释共同体（interpretative community）为前提的。”〔1〕司法领域中并不存在自然科学意义上的客观性，或者说，司法领域中的客观性实质上是法律解释共同体之间形成共识的主体间性。尤其是在掌握司法权力的法院和检察院之间，在特定案件中通过对话协商形成的共识，不仅能够克服恣意司法的弊端，还能够形成司法权力之间的有效制衡。“立足于法律解释共同体的内部制衡和外部归责的这样的监督措施比院长旁听制更能抵制来自权力的干涉，比摄影机进法庭更能保障议论的严肃性和合理性，比直接追究法官个人的误判责任更能防止司法上的陋见和偏见。”〔2〕。在多数涉及抗诉的刑事类指导性案例中，我们都能看到类似的情况，检例第2号对这一点表现得尤其鲜明。质言之，从法律解释共同体的角度来说，指导性案例的意义在于展示不同法律职业之间的对抗，展现司法权力之间的交锋和制衡，最终通过正当程序的运作保障判决结果经过多个法律解释主体的审视而得以确定。

二、法官与律师之间的交流：庭审质疑的回应与释明

在法律解释共同体内部，法官和检察官分享了司法权力，二者所代表的法院和检察院之间的交涉大致处于平等的对话状态。但是，在具体案件

---

〔1〕［美］波斯纳：《法理学问题》，苏力译，中国政法大学出版社2001年版，第255页。
〔2〕季卫东：《法治秩序的建构》，中国政法大学出版社1999年版，第143~144页。

中，当律师代表当事人提出诸多质疑，并由法官给出回应时，法律解释共同体内部的这种对话则明显带有不平等的色彩。“法官是从国家的目的出发，借助权力话语来理解和评价法律，因而其话语是垄断性的，而律师是借助法律话语来沟通与权力话语的关系，其话语是社会性的。由此，必然导致彼此交际与沟通上的阻隔，形成法官与律师之间的单向度的支配关系，这种支配性关系使律师无法在平等的基础上实现与法官的对话和沟通，很多情况下可能导致律师对法官的盲目附和和无奈屈从。”〔1〕在中国的司法语境中，法官处于天然的强势地位，对于律师所提出的质疑并非总是能给出满意的回应，甚至有时直接忽视或者漠视来自律师的质疑，在某些极端的情况下，法官甚至当庭利用审判权力驳斥或者压制律师的意见表达。这也是当前法律解释共同体没有形成的直接表现之一。

但是，在相当数量的指导性案例中，都有法官对律师意见的有效回应，甚至这些回应的内容在最终判决形成过程中发挥着十分重要的作用。例如，在最高人民法院指导性案例 3 号中，裁判理由的主体部分正是针对四个主要辩护意见分别进行了细致的回应，〔2〕进而为该案的性质作出的总体认定。同样的情形发生在最高人民法院指导性案例 4 号之中。〔3〕在以法官为主导的司法过程中，法官和律师的天然不平等地位很容易导致对话和交流的不充分。而在指导性案例中，出现了不少法官在裁判理由中对律师辩护意见进行回应的情况。在中国当下法律解释共同体的交流活动中，这是相当难能可贵的，也体现了指导性案例的示范作用。当然，其中法官对律师意见的回应更多的是为了阐释和说明案件中的疑问之处。质言之，法律解释共同体的这种内部交流仍然主要是法官进行释明的活动。

---

〔1〕杨海坤、黄竹胜：《法律职业的反思与重建》，载《江苏社会科学》2003 年第 3 期，第 85 页。

〔2〕这些辩护意见包括：(1) 关于被告人潘玉梅、陈宁及其辩护人提出二被告人与陈某共同开办多贺公司开发土地获取“利润”480 万元不应认定为受贿的辩护意见；(2) 关于被告人潘玉梅及其辩护人提出潘玉梅没有为许某某实际谋取利益的辩护意见；(3) 关于被告人潘玉梅及其辩护人提出潘玉梅购买许某某的房产不应认定为受贿的辩护意见；(4) 关于被告人潘玉梅及其辩护人提出潘玉梅购买许某某开发的房产，在案发前已将房产差价款给付了许某某，不应认定为受贿的辩护意见。

〔3〕辩护理由主要包括：(1) 关于被告人杨延虎的辩护人提出杨延虎没有利用职务便利的辩护意见；(2) 关于被告人杨延虎等人及其辩护人提出被告人王月芳应当获得土地安置补偿，涉案土地属于集体土地，不能构成贪污罪的辩护意见。对于以上两条辩护意见，法官在裁判理由中也分别进行了否定。

释明权既是法官的一种权力，更主要的是一种义务，法官应当对司法活动中出现的疑问进行解释。释明权具有重要的实践意义和价值，主要包括：（1）法官释明权有利于实现实体公正，实现社会正义；（2）释明权制度可以制约法官过度的诉讼指挥权能，为当事人开辟更宽广的司法救济途径；（3）设置释明权制度是建立和谐诉讼程序的重要保障。[1]但是，释明权的实际运作现状仍然不能令人满意，法官在听取律师意见之后，较少给予有针对性的回应。尤其是在判决书写作过程中，过于精简的篇幅很难针对审判中的争议问题进行充分阐释。这样，本来就处于不平等地位的法官和律师之间的交流就更不充分了。在缺少详细释明的背景下，在指导性案例中突出法官对律师质疑的回应，正是体现了这些案例作为法律解释共同体对话交流渠道的重要意义。

首先，针对律师质疑的有效回应，能够公开自由心证的过程和结论，体现判决的公正与公开。法官在诉讼过程中形成的自由心证，是判决的前提和基础，决定着整个案件的基本性质和走向。但是，心证的过程和结果往往不能直接被了解和探知，只能够通过法官的外在行为表现出来，而对律师质疑的有效回应正是这种外在行为的重要表现形式。在英美法系的对抗制诉讼体制中，虽然律师在法庭中积极活动，但是，法官仍然是在最关键的时刻对其观点进行评价，以保证司法过程的有序进行，这也是法官公开其心证的重要方式。当前，在以法官为主导的中国司法活动中，要体现审判过程和结论的公开性，法官需要全面公开其心证，尤其是在律师提出质疑的问题上。原因在于，律师代表当事人在其他问题上已经达成了共识，而恰恰是在争议问题上需要法官给予释明，这也是庭审中最有价值的问题。在这些案件中，作为法律解释共同体的成员，双方律师和法官分享的共识固然是形成判决的重要部分，但是，只有通过公开法官的自由心证中对争议问题的释明，才能实现法律解释共同体的实质交流，至少也能够避免不少误解的产生。在指导性案例11号和13号中，针对律师提出的辩护意见，

---

〔1〕陶建国、何秉群：《对抗与和谐——谈法官的释明权》，载《河北法学》2007年第8期，第150～151页。

法官释明的理由不仅合理，而且充分且有针对性，当事人也非常认同这些理由，最终服判息诉，相关的法律问题得到了妥善解决。

其次，在指导性案例中，律师提出的质疑多是案件的核心问题，对这些质疑的回应大多体现了法官的能动性和创造性。虽然最高人民法院确定了指导性案例的几种类型，但是，从已经公布的指导性案例来看，法官发挥能动性和创造性，对纸面上的法律规则进行灵活运用和变通的情况，占据了相当大的比重。〔1〕“对于案例指导制度来说，创制规则是其根本职责之所在。没有规则的创制，也就没有指导性案例存在的必要性。案例指导制度通过创制司法规则，发挥其对司法活动的指导作用，以弥补立法与司法解释的不足。”〔2〕例如指导性案例11号中，被告人通过下属（同为国家工作人员）在职务上的便利，侵占了国有资产。律师的辩护意见认为该种行为没有被刑法明示为贪污罪的外在表现，不应认定为犯罪。而该案法官在裁判理由中认为，贪污罪中“利用职务上的便利”行为，“既包括利用本人职务上主管、管理公共财物的职务便利，也包括利用职务上有隶属关系的其他国家工作人员的职务便利”。这一点直接确定了被告人犯罪行为的存在及其性质。再如指导性案例13号，律师认为，被告人所运输、储藏和买卖的氰化钠，并没有被相关化学品名录确定为禁用剧毒化学品，而仅仅是限用化学品。对该辩护的回应直接决定着被告人罪名能否成立。该案法官认为，“氰化钠虽不属于禁用剧毒化学品，但系列入危险化学品名录中严格监督管理的限用的剧毒化学品，易致人中毒或者死亡，对人体、环境具有极大的毒害性和极度危险性，极易对环境和人的生命健康造成重大威胁和危害”。因此，氰化钠仍然属于毒害性物质，进而被告人罪名成立。以上两个法官对律师质疑的回应都被最高人民法院案例指导办公室在正式文本中列为“裁判要点”，成为整个案件的核心问题。从法律解释共同体进行

〔1〕《关于案例指导工作的规定》中第2条明确规定：“本规定所称指导性案例，是指裁判已经发生法律效力，并符合以下条件的案例：（一）社会广泛关注的；（二）法律规定比较原则的；（三）具有典型性的；（四）疑难复杂或者新类型的；（五）其他具有指导作用的案例。”从发挥指导作用来说，官方设定的指导性案例的几种类型并非同等重要，其中（二）和（四）应当是更符合司法实践的需要。

〔2〕陈兴良：《案例指导制度的规范考察》，载《法学评论》2012年第3期，第126页。

对话和交流的角度来说，共识性的内容无须争论，律师所提出的质疑往往是能够给当事人带来最大利益的关键问题。法官对这些问题的回应直接决定着整个判决的走向和性质，也体现着法官灵活运用法律规则的能力。以上几个指导性案例可以说明，在对律师质疑的释明中隐含着法官的创造性和能动性，也为法官创新规则提供了解释、说明和论证的机会，充分体现了指导性案例的重要实践价值。

再次，指导性案例在正式文本中重视法官对律师质疑的回应，能够在一定程度上弥补判决书写作过于简略的缺陷。《人民法院第三个五年改革纲要（2009—2013）》就认为，人民法院要“加强和完善审判与执行公开制度。继续推进审判和执行公开制度改革，增强裁判文书的说理性，提高司法的透明度，大力推动司法民主化进程”。加强判决书的说理和论证，不仅是人民法院改革的重要内容之一，也从侧面反映了司法实践中的不足与缺陷。总体而言，目前司法实践中判决书写作在论述上过于简略，而且长期固定的格式使得读者无法真正获得对案件事实及其法律适用的细致了解。从法律解释的角度来说，解释共同体的其他成员难以获得案件的充分信息以展开对话和交流。而最高人民法院在公布指导性案例的正式文本时，在案情简介及其审理过程的表述中，充分重视法官对律师质疑的回应。在这些正式文本没有将案件判决书全文公布的情况下，在法官的回应中能够发现案件的核心问题，这也是从侧面加强了对判决结论的论证和说理。在法律解释共同体内部，这种有针对性的回应不仅能够释明本案中的疑难问题，更能够成为以后类似案件中法官处理相似问题的依据，其示范作用和扩散效果也正是符合了案例指导制度的目标追求。

最后，法官在诉讼过程中释明律师的质疑，能够在法律解释共同体中实现判决最大限度的可接受性。借助司法解决纠纷的现实目标是“案结事了”，也就是实现判决的可接受性。无论是援引法律规范还是释明律师的质疑，都是围绕着该目标展开相关活动的。法律解释共同体的不同成员在司法过程中形成了三角关系，其中，法官固然位于优势地位，但是，形成能够为各方所接受的判决结果也是其追求的共同目标。“法官的判决也只有遵循了为司法界所认可的技术规则，才会为检察官、律师们所接受。由此可见，在共同的法律方法之上，法律职业者有个交流、对话的平台。不仅如此，法律方法作为法律职业共同体所一致遵守的相对固化、稳定的行为准则，也是限制和约束法律职业人员的一种有效工具。”[1]更重要的是，一旦自己的质疑没有得到充分的、令人满意的释明结论，律师还可以借助于当事人的诉讼权利，借助于其他司法制度对法官的权力进行限制。比较典型的就是上诉制度：借助于上级法院对案件的重新审理，对初审法官的论证和说理进行重新评价，会使得后者处于职业风险之中。特别是在当下中国司法环境中，地方各级法院普遍将上诉率、发回重审率、改判率、调解率等量化指标作为评价个体法官的衡量标准，这也推动了法官更加积极地追求判决的可接受性。从现有公布的指导性案例也可以看到，多数法官充分释明律师质疑的案件，当事人大都能够接受判决结论，或者上诉法院也维持原判。律师、初审法官和上诉法官，都属于法律解释共同体，在这个范围之内获得普遍接受的判决结论，是能够符合合法性与合理性的要求的，能够经得住检验。经过了严格遴选的指导性案例，都是以上结论的例证。

三、指导性案例在推动法律解释共同体对话交流中的缺陷及其完善

作为法律解释共同体之间对话交流的新制度形式，指导性案例能够将法官、检察官和律师之间在模范案例中的交流方式和内容，形象具体地展示给其他法律解释共同体的成员。较之于抽象的法典规定，这种方式具有一定的优势和实践价值。但是，被寄予厚望的案例指导制度仍然处于初创时期，配套制度和技术性规定都有所欠缺。这一点对于其推动法律解释共同体的对话交流功能也是如此。总体而言，法律解释共同体的交流在指导性案例中仍然不够充分，具体可以从以下几个方面得到展现。

第一，在指导性案例的正式文本中，法律解释共同体交流的直接表述

---

〔1〕 胡玉鸿：《法律方法及其在实现司法公正中的意义》，载《中山大学学报》（社会科学版）2011年第5期，第142页。

出现频率较低，而且集中于刑事类指导性案例之中。虽然任何案件中都存在着法律解释共同体之间的交流，但是从展示对话交流的方式和内容这一角度来看，指导性案例的正式文本中并非总是能够看到这些对话交流。可以理解的是，出于指导作用的需要，最高司法机关在公布指导性案例的正式文本时，必须对案例的全部文本进行剪辑和编排，但是，如果只是出现了法官独自论述裁判理由，而没有参考其他法律解释共同体成员的意见（或者即使参考却没有在正文中表述），那么，很容易给后来的参照者留下“偏听则暗”的印象：似乎判决的形成仅仅需要法官发挥能动性。司法制度已经为法律解释共同体的交流提供了不少方式，司法过程所体现的程序正义也需要以公开的方式得以展现。“偏听则暗”的印象无法发挥指导性案例在推动法律解释共同体对话方面的作用。虽然在前述的一些指导性案例中涉及了一些法律解释共同体交流的例证，但是，这种例证的比重相对于指导性案例的整体来说仍然不高，而且集中于刑事类指导性案例之中。如果说最高人民检察院所发布的指导性案例主要是刑事类，那么，在最高人民法院所发布的其他部门法指导性案例中也难见法官对律师意见的直接有效回应。如果说刑事类案例需要固守罪刑法定原则的话，那么，经济高速发展所带给法律的挑战，应当在民商事案件中得以体现，其中律师的意见是相当重要的部分。例如最高人民法院指导性案例1号就属于房地产行业发达的背景下，购房者与中介之间“跳单”问题的法律处理。虽然该案中原被告的律师都对这个合同法中没有直接明确界定的问题发表了相关意见，但是，在指导性案例的正式文本中并没有看到法官的回应意见。

第二，在指导性案例中，法律解释共同体之间对话交流的宏观结构上仍然有所缺失，基本没有律师与检察官之间、双方律师之间以及法官内部异议的表现。基于现有指导性案例的正式文本，前文已经分析了法官和检察官之间的交涉以及法官对律师意见的回应。在控辩审的三角结构中，指导性案例并没有直接表述其他法律解释共同体之间的交流，包括刑事类案件中的检察官和律师之间以及民商事案件中的双方当事人律师之间。这种情况说明，指导性案例大多是从法官出发的单向灌输，没有揭示出其中的对抗性。尤其是在刑事案件中，针对检控方可能存在的疏漏，律师经常提出质疑来进行反击，以最大限度地维护当事人的利益。对话交流必然意味着基于不同的立场拥有不同的观点，完全的共识从未在司法过程中出现。在法律解释共同体的对话中，指导性案例在宏观结构上的缺失是十分令人遗憾的。而且，由于指导性案例大多存在着一定争议，有着一定疑难的色彩，即使在合议庭内部也经常会出现异议。换言之，法官内部就判决结论进行交流也属于法律解释共同体交流的内容。已经有不少意见主张将合议庭法官之间的异议也写入判决书或者其附属意见之中。虽然指导性案例中仍然没有附属判决结论之外其他法官异议，但是，从一些二审改判的案件中也可以看到，即使在法官内部，对于疑难案件的处理也没有形成一致意见。指导性案例的正式文本所公布的大多只是终审结论，没有揭示出二审改判意见所列举的具体理由。对于指导性案例的读者，尤其是对地方法院的法官来说，这些改判理由恰恰是最有价值的部分，因为由此可以直接洞悉二审法院分析案件的立场和方式方法，这对于重视发回重审或者直接改判比值的下级法院来说，是相当重要的。

第三，法官对判决理由的论述和对质疑的回应比较简略，缺乏细致的分析和论证。判决书写作过于简略已经受到了不少批评，指导性案例的正文表述也并未因此“免俗”。例如，最高人民法院指导性案例 12 号李飞故意杀人案中，法官在裁判理由部分重复了多个本案中认定的从重或者从轻情节，由此“综合考虑上述情节，可以对李飞酌情从宽处罚，对其可不判处死刑立即执行”。正如前文所述，在死刑立即执行和死刑缓期执行之间并没有绝对意义上的界限，在简单重复了案情之后的“综合考虑”很难使得相似案件的参照者看到死刑政策的具体适用方式。再如最高人民法院指导性案例 16 号海商法案件中，对于界定涉案船舶“宁安 11”轮是否属于《海商法》第 210 条第 2 款规定的“从事中华人民共和国港口之间的运输的船舶”，法官在裁判理由中直接将营业运输证载明的核定经营范围作为认定依据，而没有采取以船舶适航证书上记载的船舶可航区域或者船舶有能力航行的区域作为认定依据。但是，该案裁判理由中并没有给出做出此种选择的理由，这就显得有些苍白甚至是武断，毕竟该问题涉及对涉案船舶的定性进而确定赔偿标准问题，这一核心问题的判断应当有着比较充分的理由，该裁判理由并没有做到这一点。

第四，法律解释共同体在指导性案例中的交流缺乏互动性和持续性。通过研习指导性案例的正式文本可以看到，无论是对于检察官还是律师，法官给出的裁判理由多是单向的，基本上经过“质疑—回应”这样一个回合即告结束。但是，这些带有疑难色彩的案件在审理过程中从未如此简单，特别是在极具争议的核心问题上，往往需要经过多个回合和轮次的交锋才能够获得最终的结论，这也是充分体现法律解释共同体进行对话和协商的良好机会。也许是出于编辑和压缩正式文本的需要，无论是最高人民法院还是最高人民检察院，都将这些多回合的交流高度概括和浓缩。这无疑使得地方司法机关失去了在诉讼过程中参照的对象和依据。

第五，从技术层面上来说，指导性案例中对法律解释具体方法的运用比较随意，难以从方法论视角给后案的参照者以普适性启示。法律解释方法在适用上的共识，不仅有利于形成一致的判决结论，也是法律解释共同体形成的重要保障。从德国等法律解释的理论与实践高度发达国家的司法实践经验中可以看到，灵活而准确地运用解释方法，能够有效地在法律解释共同体内部进行对话和沟通，也有利于其共识的形成。“要求法律解释具有客观性仅仅反映了人们的立场，它的核心含义是尽量排除个人的意志，寻求解释结果与职业共同体之间的共识，要求法律人要用一种客观的、中立的姿态去解释法律，尽量遵守文本规范的原本含义。”〔1〕而在目前的指导性案例中，除了文义解释方法得到了普遍使用之外，其他解释方法的出现不仅零散随意，而且缺少积极主动使用和论证的自觉性。例如前文中提及的指导性案例13号，裁判理由中对“环境和人的生命健康”的高度重视实质上体现了目的解释方法的运用，因为“所谓目的解释，指以法律规范目的为根据，阐释法律疑义的一种解释方法”。〔2〕而环境与生命健康正是

〔1〕 陈金钊：《法律解释规则及其运用研究》（中），载《政法论丛》2013年第4期，第81页。
〔2〕 梁慧星：《民法解释学》，中国政法大学出版社1999年版，第226页。

非法买卖、储存危险物质罪所追求的立法目的。但是，裁判理由的表述对此种目的并没有直接揭示，目的解释方法的运用仍然处于自发而非自觉状态。历史解释方法、体系解释方法、社会学解释方法等都在不同的指导性案例判决形成过程中发挥着作用，但是，法官的运用并没有达到自觉和系统的程度，更没有揭示出具体解释方法适用的条件和场景。

虽然指导性案例对法律解释共同体加强内部对话和交流有着一定推动意义，但是，从以上几个方面可以看到，这种推动作用还是非常有限的，而这些缺陷和不足恰恰是指导性案例需要提升和完善的地方，相应的改革措施也由此产生。例如，为了充分展现指导性案例（尤其是其中的裁判理由部分）的论证和说理，最高人民法院和最高人民检察院应当大幅度增加指导性案例的篇幅，特别是要增加法官对律师的回应，以及其他法律解释共同体质疑、交锋、妥协最终形成合意与共识的过程。除此之外，律师之间、律师和检察官之间相左的证据与观点，法官也需要准确回应做出选择的充分理由。更重要的是，应当在指导性案例中体现出法律解释共同体之间对话交流的常态化，并从中使得后案司法者获得具有普适性的方法、技巧和理念。要真正体现并推动法律解释共同体的构建与形成，上述所有体现技术性支持的改进措施都应当将来在指导性案例的正式文本中得到更加充分的体现。

结语：构建最低限度意义上的法律解释共同体

形成并巩固共同体的决定因素是利益，但是，在现代社会形势日趋复杂、利益分化逐渐多元的时代背景下，传统意义上的共同体面临着前所未有的挑战，法律解释共同体也是如此。职业上更加细致的分化使得法律解释共同体的具体成员之间在利益格局上也逐渐疏离，这种情况在中国表现得尤为突出。后现代思潮的代表人物之一鲍曼就认为，共同体体现了个体对安全感的渴望，而韦伯的“利益共同体”所必需的前提在当代社会中已经不再存在：一方面，身份认同或者特殊情境下的相似性已经不具有确保共同体存在的作用；另一方面，也是更重要的，同“其他境遇相似的人”的联系，往往是脆弱的、短暂的。把个体生活的期望置于相互作用的长期性之中，不再是一个明智的选择〔1〕。但是，对安全感的渴求永远存在于个体之中，因此，各种类型的共同体并不会彻底消失。鉴于法律解释共同体在法治实践中的重要地位和作用，我们目前仍然应当继续强调利用多种方式推动中国法律解释共同体的形成。

除了现有的措施之外，被寄予厚望的案例指导制度也能够在一定程度上加速法律解释共同体的形成，毕竟，生动具体的案例能够以直观的方式展示不同法律职业之间对话协商的交流场景和样态。这种方式所力图建构的，并非是传统意义上固守职业属性、有着深厚共同利益基础的法律解释共同体，而是一种最低限度意义上的共同体，即业务上进行充分沟通、共同服务于司法过程的共同体。重构传统意义上的法律解释共同体在当下环境中已经显得过于困难，而构建这种最低限度意义上的法律解释共同体是更为现实而且易于实现的目标。当然，案例指导制度并非完成这一艰巨任务的唯一途径，但是，如果能够充分挖掘和利用，对指导性案例的细致研习还是能够在总体上提升整个法律职业者的业务素质和能力的，这也能够为构建中国法治进程中的法律解释共同体做出重要贡献。

〔1〕［英］齐格蒙特·鲍曼：《共同体》，欧阳景根译，江苏人民出版社2007年版，第97~98页。

第三章

法律推理方法在指导性案例中的运用

法律推理方法是法律适用方法的基础类型之一，是逻辑方法在法律中的具体实践运用。本章的总体思路是从分到总。第一节分析了类比推理在指导性案例中的运用，在公法、私法指导性案例中，类比推理并不少见，即使在刑法案件中也存在着隐性适用。第二节分析了在大数据时代的背景下，常识推理对于解决指导性案例29号发挥了关键作用。第三节则是探讨了多种法律推理方法在某一特定案件中的综合运用，其形成的融贯关系能够使最终判决有着较强的说服力。

第一节　类比推理在指导性案例中的适用方式

类比推理（类推）广泛存在于司法过程之中，但是其核心问题——相似点的判断仍然是难题。作为实践中的优秀案件，指导性案例能够为解决这一难题提供启示。基于权力结构的考虑，公法案件中的类推适用主要发挥辅助作用，而私法案件中，类推则可以发挥主导作用。即使在名义上禁止类推的刑事案件中，也存在着类推的隐性适用。通过研习指导性案例，提升司法者的能力和素质，是类推中相似点的判断及其结论合法性的重要保证。

一、指导性案例6号：类推在公法领域中的辅助适用

《关于案例指导工作的规定》第7条规定："最高人民法院发布的指导性案例，各级人民法院审判类似案例时应当参照。"其中，"类似案例"和"参照"都体现了法律适用方法中的类推。"所谓类推适用，系指将法律明文规定，适用到非该法律规定所直接加以规定，但其法律之重要特征与该规定所明文规定者相同之案型。"[1]类推适用也有很多其他名称表述，例如类推解释、类比推理、推类等，从严格的学术意义上，以上的各种表述有着细微的区别，但是，从更贴近司法实践的角度来说，并不妨碍类推在具体案件中的理解和适用。

---

〔1〕 黄茂荣：《法学方法与现代民法》，中国政法大学出版社2001年版，第393页。

类推适用是普遍存在于案件审理活动中的，中国古代司法中具有类推的悠久传统，只是在表述上经常被称为“比附”。[1]尤其是在刑法典中，“类推比附的规定一直贯穿于整个封建刑法，只是随着法律的充实，而不断缩小其适用范围，或在司法实践中改变类推比附的形式”。[2]比附在中国古代司法实践中有着十分重要的意义，“中国的法典编纂者们并不强求制定一部包罗万象的法典。他们打算通过比附适用以及援引概括性禁律的方式，消除法律上的盲点”。[3]类推比附已经成为中国古代司法中的基本原则，不仅得到了统治者的认可，还被直接吸收到法典之中进行明确授权。类推技术在中国古代司法中的适用与普通法系国家所使用的技术相同。[4]除了中国古代司法传统之外，类推在当前也已经成为两大法系重要的共性特征。在欧洲，大陆法系和普通法系拥有众多相同的基础，包括否定回答问题与对类比论证的宪法约束、类比论证的两种形式和对于相关相似性的共同寻求，这些共同基础使得类比已经在两大法系中成为普遍共性和发展方向。[5]简而言之，在古今中外的司法活动中，类推始终存在，并且被委以重任，是审判工作的基本内容之一，自然也应当成为指导性案例进行法律适用时所应重点使用的方法。

但是，类推适用远非完美，而是有着自身内在的核心缺陷——相似点的确定。类推适用是一种从特殊到一般再到特殊的过程，只有两个案件具有特定的相似点，前一个案件的法律适用结果才能够对后一个案件产生影响。恰恰是在相似点（或者称为类似点、共性之处、共同特征、类似关系等）的选择问题上，学者们进行了多种理论尝试，但其回答基本无法令人满意。例如，萨维尼认为，相似点就是法的内在一致性：“类推的任何应用都依赖于所假定的法的内在一致性；但此种一致性并非仅仅是类似于因果

---

〔1〕吕芳：《中国法院文化研究》，人民法院出版社2008年版，第72页。
〔2〕张晋藩：《中国法律的传统与近代转型》，法律出版社1997年版，第257页。
〔3〕布迪等：《中华帝国的法律》，朱勇译，江苏人民出版社1998年版，第447页。
〔4〕［美］马丁·夏皮罗：《法院：比较法上和政治学上的分析》，张生、李彤译，中国政法大学出版社2005年版，第231～232页。
〔5〕［德］郎恩布赫：《欧洲法中的类比推理》，雷磊译，载于郑永流主编：《法哲学与法社会学论丛》（第15期），北京大学出版社2010年版，第41页。

关系的这种单纯的逻辑一致性，而同时是一种有机的一致性，它产生于法律关系及其原型之实践性质的总体直观。”〔1〕拉伦茨的观点则是“在法定规则中表现出来的评价值决定性观点何在。接着是积极地确定：在所有这些观点上，待判的案件事实与法律上已规定者均相一致；然后是消极地确定：两者的不同之处不足以排斥此等法定评价”。〔2〕杨仁寿强调“法律之容许性与目的论上之妥当性”：“依‘类似关系’所为经验科学上之类推，恒要求结论具有‘真实性’，而根据‘类似性质’所为法学上之类推适用，则重在其结论之‘妥当性’，其究为真，为伪，则所不问。因之，法律之容许性与目的论上之妥当性，乃为判断二个案例间是否类似之不可或缺的要素。”〔3〕王泽鉴诉诸规范目的：“类推适用首先应探求某项法律规定值规范目的（法律理由，Ratio legis），其次则在判断是否基于‘同一法律理由’，依平等原则类推及于其他法律所未规定的事项。”〔4〕还有很多学者为适用类推设计了大量的图示结构。〔5〕但是，从以上简略的讨论中就可以看到，学者们为寻求相似点所确定的标准，虽然在理论上大致能够自圆其说，但是，对于处理具体案件的法官来说，却过于模糊、含混、不确定、标签化和学术化，难以形成一套贴近于司法实践的操作规程。正如魏德士所说：“在法学中关于类推的合理结构的文献非常多，它们涉及科学理论和法政策的范畴。思想上的浪费、目不暇接的术语、将类推问题与一些不明确的论据（譬如“事物的本质”）相混合、在这些文献中使用的形式逻辑的符号语言，这一切都可能使读者产生这样的印象：类推能够确保法律适用得到科学的特别保障的、可以预见的、准确的结果。然而，这种印象具有欺骗性，类推不是按照形式（“数学”）思维过程所进行的逻辑过程。它是建立在规范目的基础上的价值评价。”〔6〕

也许正是由于相似点难以确定，因此，在一般法律适用方法的研究中，

---

〔1〕［德］萨维尼：《当代罗马法体系》（第一卷），朱虎译，中国法制出版社2010年版，第225页。
〔2〕［德］拉伦茨：《法学方法论》，陈爱娥译，商务印书馆2003年版，第258页。
〔3〕杨仁寿：《法学方法论》，中国政法大学出版社1999年版，第200页。
〔4〕王泽鉴：《法律思维与民法实例：请求权基础理论体系》，中国政法大学出版社2001年版，第254页。
〔5〕雷磊：《类比法律论证——以德国学术为出发点》，中国政法大学出版社2011年版，第12页。
〔6〕［德］魏德士：《法理学》，丁晓春、吴越译，法律出版社2005年版，第383页。

类推经常被仅仅视为一种补充法律漏洞的方法。“几乎所有的科学都会用到类推，……在法学上，类推也扮演着一个重要的角色，只是这个角色一直都被许多方法论者所低估。人们分配给他的只是一个可怜的角色，亦即在法律例外地有必须填补的漏洞时，作为方法论上的工具。”〔1〕但是，类推在实体意义上却广泛存在于司法实践之中，尽管有时司法者并没有直接以类推的名义进行操作。从法律适用的一般过程而言，法官需要将法律规范与案件事实相结合，这是一个从一般到特殊的过程。这一过程的起点仍然是从法官开始接触特殊（案件事实）开始，在法律规范出现适用上的困难时（例如模糊、矛盾、空白等），法官需要求助于其他法律上的资源，既有的判决就是其中重要的内容。“寻求先例的冲动存在于任何官员的行为之中，不考虑他是否需要，也不顾及先例是否存在。”〔2〕同样，运用类比的冲动也存在于法官的所有审判活动之中，无论类推以何种形式存在。“法的现实性本身是基于一种类推，因此法律认识一直是类推性的认识。法原本即带有类推的性质。”〔3〕

由以上略显冗长的分析中可以看到，类推在司法实践中处于比较尴尬的地位：一方面，价值评价的性质使得相似点难以确定；另一方面，案件审理中处理规范与事实的复杂关系时又广泛渗透着类推的需求。如何确保法官以合法合理的方式使用类推，就成为司法实践中的难题，带有示范效应和典型意义的指导性案例就能够带来重要的提示和启发。由于指导性案例涉及多个部门法，而且不同部门法之间在对待类推的态度上也不尽相同，这里将按照不同法律部门的指导性案例分别进行分析。

公法和私法的划分在大陆法系的传承中发挥着重要作用，狭义的公法仅指宪法和行政法。由于没有严格意义上的违宪审查制度，目前的指导性案例还没有宪法性质的案件。作为行政类案件，指导性案例 6 号中直接适

〔1〕［德］考夫曼：《法律哲学》，刘幸义等译，法律出版社 2003 年版，第 118 页。
〔2〕［美］卢埃林：《布满荆棘的丛林》，载［美］博西格诺等：《法律之门》，邓子滨译，华夏出版社 2002 年版，第 6 页。
〔3〕［德］考夫曼：《类推与“事物本质”——兼论类型理论》，吴从周译，学林文化事业有限公司 1999 年版，第 45 页。

用了类推来辅助法官形成最终判决结论，是在公法中适用类推的典型案例。

在指导性案例6号中，行政机关（工商局）没收相对人较大数额的财产（三十余台电脑主机）时，没有告知后者有举行听证的权利。根据《行政处罚法》第42条："行政机关作出责令停产停业、吊销许可证或者执照、较大数额罚款等行政处罚决定之前，应当告知当事人有要求举行听证的权利。"法院在裁判理由中认为，虽然该条规定没有明确列举"没收较大数额的财产"，但是该条中的"等"系不完全列举，应当包括与明文列举的"责令停产停业、吊销许可证或者执照、较大数额罚款"类似的其他对相对人权益产生较大影响的行政处罚。因此，司法者将"没收较大数额的罚款"纳入了该法条中的"等"字之中，进而认定行政机关未告知听证权利而程序违法。在该案件中，法官充分挖掘了"等"字的含义，利用文义解释和论理解释方法，对法律规范的意义边缘进行论证。〔1〕

以上是该案判决形成的总体架构，在微观论证的时候，司法者参照了《四川省行政处罚听证程序暂行规定》第3条："本规定所称较大数额的罚款，是指对非经营活动中的违法行为处以1000元以上，对经营活动中的违法行为处以20000元以上罚款。"要将"没收较大数额的罚款"纳入《行政处罚法》第42条之中，需要进行多方面的解释和论证。其中，"较大数额"的确定是必要前提之一，否则，对相对人影响较小的没收将没有必要举行听证。但是，《行政处罚法》及其相关司法解释中并没有对"较大数额"进行直接规定，司法者又不能凭空设定新规则，在这种情况下，寻找《行政处罚法》之外的法律资源便显得尤为关键。从最终结果看，《四川省行政处罚听证程序暂行规定》是比较理想的法律依据，能够用来类推获得对"较大数额"的证立，换言之，《行政处罚法》第42条的规定与《四川省行政处罚听证程序暂行规定》有着多种相似之处，能够在本案中进行类推：（1）法规性质相同，都是专门针对行政处罚进行的规定；（2）基本目标相同，都为了保证行政相对人的听证权利，规范行政机关的具体行政行为；（3）根据《立法法》的规定，这两部法典之间并没有严重矛盾冲突，

〔1〕孙光宁：《法律规范的意义边缘及其解释》，载《法制与社会发展》2013年第4期，第57页。

下位法符合上位法的原则规定，没有越权立法；（4）该案发生在四川省，符合两部规范性文件的属地管辖范围。

在类推的过程中，相似点越多，就越能够保证类推适用结果的正当性，特别在核心关键问题上的相似，更是如此。指导性案例6号的法官正是利用了以上两部法典之间广泛存在的相似性，实现了对“较大数额”的参照，也表明了类推适用的正当性。虽然有学者认为，制度层面上的类推仅仅应当存在于给付行政领域，〔1〕但是，从更有效地保护行政相对人、规范行政处罚行为的角度考虑，在特定行政案件中进行类推适用也是符合《行政处罚法》的立法精神的，这符合前述众多学者将“立法目的”（规范目的，或者法的一致性）作为类推相似点标准。“当立法者制定的法律规范明显存在法律漏洞时，倘若法院或行政机关听任该漏洞的存在而不谋求补救之道，应系违反宪法义务，对公民基本权利的实现而言更是一种侵害。因此，在基本权利保障原则下，法院或行政机关面对法律漏洞时，以类推适用填补漏洞从而保障公民基本权利的实现，不仅是一种权限，更是一种责任或义务。”〔2〕

在论证“较大数额”时，法官在裁判理由中援引了《四川省行政处罚听证程序暂行规定》，这是以直接的方式适用的类推，是形成最终判决结论的一种辅助性论证。而在论证本案的核心问题时，法官实质上也使用了类推，虽然并没有在判决理由中直接明确。本案法官认为，“没收较大数额的财产”在性质上与《行政处罚法》第42条所明确列举的三类行政处罚具有相同性质，都是对行政相对人权益影响较大的行政处罚。这一认定过程实质上也是类推适用：首先从明确列举的三类行政处罚中归纳出其共性（相似点），然后将“没收较大数额的财产”与该共性进行比较，结论是符合该共性。因此，“没收较大数额的财产”也应当纳入《行政处罚法》第42条之中，最终判定行政机关应当履行告知听证权利的义务。

以上从微观和宏观对本案的分析仅限于最高人民法院所公布的正式文

〔1〕刘志刚：《论行政法视野中的类推制度》，载《现代法学》2008年第6期，第42页。
〔2〕周公法：《论行政法领域的类推适用》，载《行政法学研究》2012年第3期，第19页。

本，如果将视野放到最高人民法院所认可的其他以往类似案件中，我们也同样可以发现类推的适用。在指导性案例之前，最高人民法院也编辑过多部《人民法院案例选》，虽然这些案例并没有像后来的指导性案例那样具有正式约束力，但是，也是司法业务学习和贯彻的重要对象。其中“台顺职业介绍所不服南平市劳动局以自行发布虚假广告等对其予以处罚决定案”就是典型代表：劳动局做出处罚决定，撤销台顺职业介绍所；该职业介绍所并未获得任何告知自己有听证权利的通知。同样是基于《行政处罚法》第42条，该案的法官认为，“撤销”是比其他几种告知听证权利的列举项更为严重的行政处罚决定，更应获知听证权利。[1]这种对正当程序原则的推崇、对行政相对人权益的保护和对行政处罚行为的规制，以及对相同法条的援引，都是与指导性案例6号高度一致的。可以说，指导性案例6号的裁判结果也是从最高人民法院所推崇的“前例”中类推出来的，具有正当性和合法性。

简而言之，在以指导性案例6号为代表的公法类案件中，司法者对类推的适用采取了多种形式。其中，能够直接援引和操作的类推适用主要存在于微观论证之中，属于发挥类推适用的辅助作用。更深层次的类推适用并没有在裁判理由中直接明确，需要我们深入挖掘之后才能发现和领悟，而这种层次的类推也许是更具决定意义的。

二、指导性案例15号：类推在私法领域中的主导适用

在指导性案例6号中，虽然类推适用实质上贯穿于案件始终，但是，司法者在裁判理由中仅仅明确了“较大数额”问题上使用了类推，在形式上类推只是发挥了辅助性作用。这种策略选择更多的是基于对宏观权力结构的尊重：司法者以明示的方式过量适用类推，将大大限制行政权力的运行，破坏权力结构之间的平衡关系。因此，即使公法类案件在实质上依赖于类推适用形成最终结论，司法者也不能直接将其作为裁判的主要理由。

---

〔1〕 最高人民法院应用法学研究所：《人民法院案例选》（行政卷），中国法制出版社2000年版，第630页。

以上情况在私法案件的裁判中并不存在，司法者也由此可以将类推适用作为主要裁判依据并予以公开，指导性案例15号就是如此。该案所涉及的核心问题是关联公司产生人格混同，逃避债务损害了债权人的权益，司法者对此应当给予否定评价。在该案的裁判理由中，法官认为，三个关联公司的“行为违背了法人制度设立的宗旨，违背了诚实信用原则，其行为本质和危害结果与《公司法》第20条第3款规定的情形相当，故参照《公司法》第20条第3款的规定，川交机械公司、瑞路公司对川交工贸公司的债务应当承担连带清偿责任”。在这个主要的裁判理由中，法官并没有直接援引《公司法》的规定，而是认为三个关联公司之间的行为与《公司法》相关规定相当，并以此作为参照。类推适用有很多相近的概念表述，例如比照、对照、参照、参考等，对于强调实际操作的实践工作者来说，这些概念都表达了类推适用的含义。以上“参照”的结果以直接表述裁判理由的方式，表明了类推适用在本案中的主导作用，这一点与指导性案例6号的“遮遮掩掩”和“欲说还休”是截然不同的。

由关联公司引起人格混同，是公司人格否定（刺破公司面纱）的主要理由之一，也是《公司法》修订完善的重要内容。根据《公司法》第20条第3款的规定，构成公司人格否定需要具备三个条件：（1）公司股东滥用公司法人独立地位和股东有限责任；（2）逃避债务；（3）严重损害公司债权人利益。后两个条件在形式上比较容易把握，而第一个条件，即如何界定“滥用”给司法者带来了难题。司法实践中，公司的样态、经营情况和经营行为都复杂多样，而且关于公司法的司法解释也没有给出精确的、操作性较强的答案，如何界定其中的“滥用”行为并不容易，这需要结合多种因素进行综合考量。有学者对这些考量因素提出了建议，例如公司人格形骸化，包括名为公司实为个人独资企业的；公司将利润全部交给公司股东，由公司承担全部债务的；公司的董事会或者董事长、公司的业务、财产全部或者大部分与关联公司混同，不分彼此的；连年不召开股东大会和董事会的。[1]本案中三个关联公司的行为就属于以上的考量范围。

---

〔1〕 孟艳、史伟东：《公司法人格否认的法律适用和条件》，载《政治与法律》2004年第4期，第67页。

但是，学理上的研究并不能直接成为裁判的理由，司法者需要进行多方面的论证才能够使其结论获得正当性和合法性，类推适用就是重要的理由。在本案中，司法者首先确定的是三个公司实质上是关联公司，属于公司个人混同的情况。在这里法官给出的论证理由是：三个公司在人员构成（经理、财务负责人、出纳会计、工商手续经办人均相同）、经营业务（均涉及工程机械相关业务）和财务往来（使用共同账户）等方面高度混同，已经在实质上使得三个公司丧失了独立地位，属于公司人格混同。从案件的主要事实来看，法官的以上概括是相当准确的，把握了三个公司经营中的核心问题，为最终形成判决提供了必要但不充分的条件。根据司法领域中的实证调查结果，在各种对公司法人人格进行否定的理由中，混同成为最主要的理由。其中，混同又可以细分为财产混同、营业混同和人员混同，前者又在混同案件中占据了多数，而且成功进行法人人格否定的比例也最高。[1]指导性案例15号的案件同时符合了以上三种混同的情况，这是决定整个案件性质的主要事实，也是"滥用"行为的主要表现。

可以说，本案中司法者所给出的论证理由和结论，都高度符合公司人格否定中的"滥用"行为，进而符合《公司法》第20条第3款的规定。但是，在法律、法规和司法解释都没有明确的情况下，司法者并不愿意直接明确将本案中的人格混同认定为"滥用"，而只是参照"滥用"。从法律适用方法来说，司法者并不愿意使用三段论的演绎推理，而直接使用了类比推理（类推）。个中原因也许在于司法者的克制与谦抑，避免造成司法造法的印象。这一点恰好也非常符合私法领域中对类推的定位：为"公开的法律漏洞"进行填补。所谓公开的法律漏洞，指的是依据法律规范的一致性或者立法目的，法律应当规制某种情况但是并没有直接规定。就本案来说，《公司法》第3条从宏观上界定了公司法人的独立地位（法人制度设立的宗旨），以此为依据，《公司法》第20条第3款应当将人格混同列为滥用公司独立性的行为之一，但是，却并没有直接规定。本案中的司法者实质上正是运用了类推方法进行了法律漏洞的补充，最终形成了符合法律主旨精神的判决结论。

---

〔1〕黄辉：《中国公司法人格否认制度实证研究》，载《法学研究》2012年第1期，第11页。

值得注意的是，在最高人民法院所公布的指导性案例15号中，“相关法条”部分还包括了《民法通则》第4条关于诚信原则的规定，裁判理由中也专门提及被告的行为“违背了诚实信用原则”。有学者认为：“对于某一案型，虽无法律规定若能依类推适用等漏洞补充方法予以补充，且所得结果与适用诚实信用原则相同时，则应依类推适用等方法补充法律漏洞，不得适用诚实信用原则。”〔1〕笔者认为，以上观点强调的是法律适用的一般要求，即在能够通过规则（或者类推得到的规则）适用处理案件时，尽量不适用原则，但是二者并非决然不能同时出现在判决理由中。而在指导性案例15号中，司法者将两者并列，实质上是为了强化通过类推适用获得的规则所具有的效力，能够产生巩固类推适用的效果。

诚信原则的基本原则属性在我国已得到较充分的体现，13部民事单行法中的6部规定了诚信原则或诚信问题，占近一半，就是值得肯定的证据。同时可看到，我国仍然没有建立统一的诚信原则，〔2〕其司法适用的研究更是比较缺乏。在指导性案例15号中，三家关联公司人格混同的结果就是逃避债务，严重损害了债权人的利益。虽然我们无法直接从主观意图上对其混同状态进行性质判定，但是，从行为性质及其损害后果来看，这一混同状态没有做到诚实信用，其性质更接近于“利用合法形式掩盖非法目的”，这一点已经被《民法通则》第58条第1款第7项和《合同法》第52条第3项给予了否定评价。诚信原则在本案中的援引更多的是为了论证三家关联公司滥用了公司的独立地位。

从指导性案例15号可以看到，类推适用可以直接成为决定判决基本性质的主导因素，而且法官可以在裁判理由中给予明确肯定。虽然其作用的发挥仍然需要其他要素（如法律原则）的辅助，但是，相比于公法类案件中的辅助地位，类推适用地位得到了较大的提升。在以上两类案件中，类推适用至少能够在裁判理由中直接表述，而在刑事案件中，在名义上严禁类推适用的要求使得我们无法直接看到其作用的发挥。但是，这并不意味

〔1〕梁慧星：《民法解释学》，中国政法大学出版社1995年版，第312页。

〔2〕徐国栋：《我国主要民事单行法中的诚信规定考察报告》，载《河北法学》2012年第4期，第27页。

着类推在刑事案件中无法适用，指导性案例11号就是在实体层面上适用类推的典型案例。

三、指导性案例11号：类推在刑事案件中的隐性适用

除了民事领域中将类推作为补充法律漏洞的手段之外，刑事领域中也对类推适用展开了不少研究。在罪刑法定原则逐渐在现代刑法中被尊崇为基本原则的背景下，禁止类推已经被视为其当然的派生原则。在我国1997年刑法废除了类推制度之后，类推已经被广泛地认为是违背了现代法治中的基本意识形态，因此，类推适用已经成为刑事审判领域中的禁忌，任何以类推为名的裁判结论都会被驳斥和推翻。

但是，在实体层面上，类推从未在刑事审判领域中真正地被完全禁止，相反，几乎每个刑事案件中或多或少地带有类推的因素。有学者担心，当类推制度在法律上被废除而司法人员的意识深处仍留有其残根时，刑罚权天然的扩张本性就会不失时机地暴露出来。在我国1979年的《刑法》中，类推适用尚有“报请最高人民法院核准”的程序理性防止其任意性，而这一制度被废除之后，司法活动中可能发生的实际的类推由于被认为是在执行法律的“明文规定”，反而成了法“当然的权力”，它比制度化的类推潜藏着更深的危险。〔1〕这种观点仍然是警惕类推适用在刑事审判中可能造成的消极影响。但是，作为法律规范的普遍性与案件事实的特殊性之间的连接点，类推已经成为司法者进行法律判断时不可回避的思维过程。“由于类比推理这种通过事物的相似性而得出事物一致性的方法，是人类认识客观事物的基本方法，是人类基本的思维规律之一，从实践的角度来看，在刑法领域中禁止类推这种理解刑法的思维方式是根本不可能的。”〔2〕

对类推在刑事审判中的消极评价除了严格禁止之外，还有学者提出了

〔1〕周少华：《“类推”与刑法之“禁止类推”原则》，载《法学研究》2004年第5期，第66～67页。
〔2〕陈忠林：《刑法的解释及其界限》，载于赵秉志、张军主编：《中国刑法学年会文集》（2003年第1卷刑法解释问题研究），中国人民公安大学出版社2003年版，第155页。

通过细致区分的方法适用类推。例如，将作为解释方法的类推与罪刑法定主义所禁止的类推区别开来。如果把概念适用于明显处于概念之外的事物或者对象，是罪刑法定主义所禁止的类推即类推适用，前者被罪刑法定原则所允许。罪刑法定主义禁止类推，乃禁止通过法官造法的方式填补法律漏洞。[1]还有更为普遍的观点将类推解释与扩张解释进行细致区分，认为前者超越法律规范的文义而不能适用。[2]对于以上两种细致区分的理论努力，前一种难以真正在司法实践中实现，后一种则是“近代法治中的一个美丽谎言”。[3]

从以上的分析能够看到，形式上的严格禁止与实质层面上的广泛存在，形成了类推的双重面相。更准确地说，“禁止类推”更多的是一种修辞功能的表达，满足了现代社会中民众对刑法保护人权的心理预期。[4]因此，类推在刑事案件中的适用只能是隐性的，法官不可能将所有参照的因素都在裁判理由中予以公开，我们只能通过对各种资料的综合分析来判断类推是否形成以及如何形成，指导性案例 11 号就属于这种情况。

在指导性案例 11 号中，被告人身为义乌国际商贸城建设领导小组副组长兼指挥部总指挥，主持指挥部全面工作。通过对其下属报批科中土地确权人员打招呼的方式，被告人伙同其他人员虚构拆迁安置房屋，最终获得了拆迁安置补偿款。在涉及被告人的贪污罪时，焦点问题就在于：被告人利用与其有隶属关系的其他国家工作人员，是否属于“利用职务上的便利”。

“利用职务上的便利”是贪污罪的核心犯罪行为表现，也是其与其他犯罪相区别的重要标志。传统观点认为，这种利用职务便利的行为主体仅仅是本人。从法律规范依据上来看，对贪污罪中“利用职务上的便利”进行直接规定的条文并不多，仅有 1999 年《最高人民检察院关于人民检察院

〔1〕黄继坤：《刑法类推解释如何得以进行——刑法演绎推理中的类推解释》，载《现代法学》2011 年第 5 期，第 68 页。

〔2〕冯军：《论刑法解释的边界和路径——以扩张解释与类推适用的区分为中心》，载《法学家》2012 年第 1 期，第 63 页。

〔3〕吴丙新：《扩张解释与类推解释之界分——近代法治的一个美丽谎言》，载《当代法学》2008 年第 6 期，第 48 页。

〔4〕孙光宁、武飞：《禁止类推的修辞功能研究》，载于林亚刚主编：《武大刑事法论坛》（第四卷），中国人民公安大学出版社 2007 年版，第 365 页。

直接受理立案侦查案件立案标准的规定（试行）》规定："贪污罪是指国家工作人员利用职务上的便利，侵吞、窃取、骗取或者以其他手段非法占有公共财物的行为。'利用职务上的便利'是指利用职务上主管、管理、经手公共财物的权力及方便条件。"由此，比较有代表性的观点认为，贪污罪中的"利用职务上的便利"，只能是指行为人利用其职责范围内的主管、管理、经手公共财物的便利条件；无论是行为人主管、管理、经手公共财物，都是由行为人所担负的职责所产生。如果行为人利用与自己职责、职权无直接关系或者说不是以职责为基础的便利条件侵占本单位公共财物，就不属于"利用职务上的便利"。[1]在指导性案例11号中，利用隶属关系的其他国家工作人员的职权是否属于以上"利用职务上的便利"，答案并不明确。对于这种间接方式，有学者认为，如果将多种间接方式，包括凭借自己职务的间接影响，通过人情、人事关系等，都纳入贪污范畴之内，不符合立法精神，混淆了贪污罪与其他犯罪的界限，是不可取的。[2]由此可见，对利用隶属关系国家工作人员的职权是否属于贪污罪中"利用职务上的便利"，传统观点总体上倾向于否定。

在现有法律规定并不明确、已经有学术观点进行否定的情况下，指导性案例11号却给出了相反的答案。在本案的裁判要点中已经明确："贪污罪中的'利用职务上的便利'，是指利用职务上主管、管理、经手公共财物的权力及方便条件，既包括利用本人职务上主管、管理公共财物的职务便利，也包括利用职务上有隶属关系的其他国家工作人员的职务便利。"在指导性案例的正式文本中，裁判要点是核心内容，"指导性案例所确定的裁判要点，对人民法院审理类似案件、做出裁判具有指导作用，即在根据法律、有关司法解释做出裁判的同时，各级人民法院在审判类似案件时应当参照，并可以作为裁判文书的说理依据加以引用"。[3]从这个意义上可以说，裁判要点体现了最高人民法院的意见和倾向，具有直接的正式法律效

〔1〕 肖中华：《也论贪污罪的"利用职务上的便利"》，载《法学》2006年第7期，第138～139页。
〔2〕 孙谦、陈凤超：《论贪污罪》，载《中国刑事法杂志》1998年第3期，第37页。
〔3〕 张先明：《用好用活指导性案例 努力实现司法公正——最高人民法院研究室负责人就案例指导制度答记者问》，《人民法院报》2011年12月21日第3版。

力。在本案中，该裁判要点将“利用职务上有隶属关系的其他国家工作人员的职务便利”也列入了贪污罪中的“利用职务上的便利”，现在需要探讨的是，从类推的角度来说，这一结论是如何形成的。

“利用职务上的便利”是职务性犯罪的核心特征，并不仅限于贪污罪，也存在于在刑法中很多同类罪名，例如第163条、第171条、第177条、第183条、第271条等多个条文。其中与贪污罪最相类似的罪名之一——受贿罪，在认定时也需要考虑利用职务便利的情况。对于受贿罪中“利用职务上的便利”，规范性文件中给予了更多的详细规定。《最高人民检察院关于人民检察院直接受理立案侦查案件立案标准的规定（试行）》中规定：“受贿罪是指国家工作人员利用职务上的便利，索取他人财物的，或者非法收受他人财物，为他人谋取利益的行为。‘利用职务上的便利’，是指利用本人职务范围内的权力，即自己职务上主管、负责或者承办某项公共事务的职权及其所形成的便利条件。”而《全国法院审理经济犯罪案件工作座谈会纪要》中的规定并不完全相同：“《刑法》第385条第1款规定的‘利用职务上的便利’，既包括利用本人职务上主管、负责、承办某项公共事务的职权，也包括利用职务上有隶属、制约关系的其他国家工作人员的职权。”以上涉及受贿罪中“利用职务上的便利”，前者的规定仅限于“本人”，后者则将隶属关系的其他国家工作人员也纳入其中。

更值得关注的是，以上《全国法院审理经济犯罪案件工作座谈会纪要》中的规定与指导性案例11号中裁判要点的表述高度一致。虽然我们无法直接得知本案法官的主观心理状态，但是，从规范援引内容上的高度一致可以看到，本案中对焦点问题的回答很大程度上是通过类比受贿罪的相关认定方式而获得的。质言之，指导性案例11号认为利用隶属关系的其他国家工作人员的职权也属于“利用职务上的便利”，该结论是从受贿罪类推获得的。由于本案法官没有（也不可能）将这一类推过程直接表述，因此，类推在本案中的适用是一种“只可意会不可言传”的隐性适用。

由于类推的核心问题是相似点的比较，要获得以上结论，受贿罪和贪污罪之间必须要有足够的相似点，才能够形成令人信服的判决结果。除去一些犯罪行为上的不同，贪污罪和受贿罪在犯罪构成的基础要件上有着相当类似的地方：犯罪主体都是以国家机关工作人员为主，犯罪客体都是以公务人员职务的廉洁性为主，犯罪主观方面都是故意。这些基础意义上的相似点使得贪污罪与受贿罪经常并列出现在理论与实务的各种文献之中。而更为关键的问题在于：为什么在当前以指导性案例的形式突破了针对贪污罪中“利用职务的便利”的传统观点，而且通过类比受贿罪的方式实现这一目的？也许对这个问题的回答非常复杂，但是，笔者认为一个不可回避的因素就是刑事政策。

虽然任何时代都会有自己的刑事政策，但是，在中国特殊的司法环境中，刑事政策却有着非凡的影响力。“在后阶级斗争时代，……司法机构并不享有所谓自治，而须事事追随政策和党的决定：不但其工作重点动辄依政策而定，案件受理和裁判标准也每每受政策影响甚至左右。”[1]就指导性案例11号来说，在法律的直接规定并不十分明确的背景下，在出罪和入罪之间的选择是对司法者的严重挑战，刑事政策无疑在这一决策过程中扮演重要角色。而《最高人民法院关于贯彻宽严相济刑事政策的若干意见》专门规定：“对于国家工作人员贪污贿赂、滥用职权、失职渎职的严重犯罪，……要依法从严惩处。对于国家工作人员职务犯罪和商业贿赂犯罪中性质恶劣、情节严重、涉案范围广、影响面大的，或者案发后隐瞒犯罪事实、毁灭证据、订立攻守同盟、负案潜逃等拒不认罪悔罪的，要坚决依法从严惩处。”指导性案例11号中的被告人身居要职，利用职权伙同他人进行大规模的贪污受贿行为，完全符合以上刑事政策中从严从重的部分。法官在本案中以隐性方式使用类推将其入罪，在不直接违背刑法明确规定的前提下，贯彻了宽严相济的刑事政策，也受到了最高人民法院的肯定，被遴选为在全国具有正式法律效力的指导性案例。

同样受到刑事政策影响的指导性案例还有指导性案例4号，针对新型受贿的样态，刑法和相关司法解释都没有明确，属于法律规定比较原

---

〔1〕梁治平：《法律何为：梁治平自选集》，广西师范大学出版社2013年版，第312页。

则的情况。最高人民法院案例指导工作办公室认为，该案例的发布对于依法惩治新形势下出现的新类型受贿犯罪，加大惩治腐败力度，推进反腐败斗争深入开展，具有重要意义。该案判决对利用更具有隐蔽性、复杂性的新手段受贿提出了具体明确的处理意见，解决了司法实践中经常遇到、存在认识分歧的问题，有利于统一认识，及时、有效地依法查处手段翻新、花样百出的新类型受贿犯罪案件，有利于依法从严惩处腐败犯罪。[1]可见，指导性案例4号也强调贯彻宽严相济的刑事政策，强调对受贿犯罪的从重处罚，在刑法规范并没有对受贿新类型进行明确规制时做出了有罪判决。虽然贪污罪和受贿罪在犯罪行为上并不完全相同，但是，对于公职类犯罪从重处罚的刑事政策却完全能够同时在这两类案件中得到贯彻。

宽严相济的刑事政策强调对公职类犯罪的从重处罚，这仅仅是政策的直接表述，其出台背景则是日益严峻的贪污贿赂犯罪现实。虽然宽严相济的刑事政策强调严惩贪污贿赂犯罪，但是，现实中的司法实践却仍然大量出现了入罪困难和轻刑化的不良倾向。我国现阶段仍然应当采取严厉措施打击贪污贿赂犯罪，原因在于：（1）为当下严峻的贪污贿赂犯罪形势所迫；（2）由贪污贿赂犯罪的严重危害性与刑罚供应的关系所决定；（3）要体现刑罚对贪污贿赂犯罪的威慑作用需要明确的显现机制；（4）是《联合国反腐败公约》的要求和域外惩治贪污贿赂犯罪实践经验的总结。[2]在这种背景下，最高人民法院通过指导性案例的方式向地方各级法院传递信息，在贯彻宽严相济的刑事政策过程中，针对刑法规范没有明确规定的情况进行及时分析总结，对贪污贿赂犯罪应当继续从严惩处，出现指导性案例4号和11号这样的有罪判决也是顺理成章。

从以上基本犯罪构成和司法政策背景的比较可以看到，面对刑法规范的文义并没有直接明确的情况，指导性案例11号的判决很大程度上是从受

---

〔1〕 最高人民法院案例指导工作办公室：《指导案例3号〈潘玉梅、陈宁受贿案〉的理解与参照》，载《人民司法》2012年第7期，第36页。

〔2〕 孙国祥：《我国惩治贪污贿赂犯罪刑事政策模式的应然选择》，载《法商研究》2010年第5期，第104～105页。

赌罪的犯罪行为规定中类推得出的。在刑事案件中，类推适用是以隐性的方式运行的，在没有直接与法律规范相冲突、符合司法审判形式合法性要件的基础上，这种运行方式能够同时实现法律规范与社会现实的实质融合，体现了司法者丰富的经验、高超的智慧和实践理性。

结语：类推结果的合法性保障

“类推无异于法学逻辑中的通常推论程序，该程序在所有法领域，包括刑法中，并不仅仅在对被害人有利时才使用。”[1]即使是在名义上禁止类推的刑事案件中，类推都能够以隐性的方式得以适用，在其他公法和私法领域中，类推的适用就更加广泛和普遍，这一点已经可以从指导性案例中看到。虽然如此，以上对指导性案例的分析仍然没有为类推的核心问题——相似点的确定提供终极答案。类推的广泛存在源于法律思维过程的普遍存在，而主观思维过程和状态并不能直接外显并加以规制，这决定了也许相似点的判定将恒久是一个无法从终极意义上解决的问题，在司法个案中大多表现为主审法官的决断。但是，这并不意味着相似点的确定是由法官任意操作的，毕竟类推的结果还需要进行公开心证，甚至还可能受到后续司法程序的再次审查。类推的合法性与合理性是由法律思维水平予以保证和规制的，只有法律职业群体提升自身的思维能力和水平，才能使得类推在司法实践中获得正当性。从这个角度来说，最高人民法院的指导性案例中所包含的类推适用，能够为地方各级法院的法官带来提示和启发，有利于强化其法律思维水平。无论是否在判决书中直接援引，只要认真研习指导性案例，领会其中类推适用的把握和操作，法官的职业水平和能力就能够得到提升，这也许正是指导性案例对司法实践中的类推适用所产生的间接却深远的影响。

---

〔1〕［德］耶赛克等：《德国刑法教科书》（总论），徐久生译，中国法制出版社2001年版，第166页。

第二节 常识推理在指导性案例中的适用方式

作为互联网发展的新阶段，大数据时代对司法领域也产生了重要影响。在指导性案例29号中，被告借助于搜索引擎提供的“竞价排名”服务，利用企业简称上的混淆，误导了网民的数据流向，这一点被法官判定为不正当竞争行为。在推理过程中需要认定社会认知度等问题，法官借助于常识推理完成了这一任务。常识推理包含着对特定社会常识的认知和认可，当前大数据时代的背景是其中内容之一。指导性案例29号对网络数据流向的重视体现了大数据时代的特点。

一、常识推理在确定指导性案例29号判决中的作用方式

在指导性案例29号中，原告天津中国青年旅行社（以下简称天津青旅）认为，被告天津国青国际旅行社有限公司（以下简称天津国青旅）在其版权所有的网站页面、网站源代码以及搜索引擎中，非法使用原告企业名称全称及简称“天津青旅”，属于不正当竞争行为。被告则认为“天津青旅”为未注册的企业简称，不应受到保护。两级法院的审理都最终判决原告胜诉。

该案的核心问题为企业简称在互联网上被保护的问题，相关的法条集中在《最高人民法院关于审理不正当竞争民事案件应用法律若干问题的解释》第6条第1款和《中华人民共和国反不正当竞争法》第5条第3项。前者的内容是“具有一定的市场知名度、为相关公众所知悉的企业名称中的字号，可以认定为《反不正当竞争法》第5条第3项规定的‘企业名称’”。后者则直接明确“擅自使用他人的企业名称或者姓名，引人误认为是他人的商品”属于不正当竞争行为。因此，本案需要明确两个核心问题：

（1）“天津青旅”这一简称是否指向原告天津青旅；（2）如果前一问题获得了肯定答案，那么，被告天津国青旅是否存在“擅自使用他人企业名称”的行为。法院在裁判理由中的证明过程也按照以上两个步骤展开，我们可以将这两个步骤通过以下图表进行说明。

步骤一	大前提1：《关于审理不正当竞争民事案件应用法律若干问题的解释》第6条第1款 小前提1：经查明，“天津青旅”是原告天津中国青年旅行社的简称 结论1：“天津青旅”应作为原告天津中国青年旅行社的简称受到保护
步骤二	大前提2：《反不正当竞争法》第5条第3项 小前提2：经查明，被告天津国青旅擅自使用“天津青旅”的简称 小前提3（结论1）：“天津青旅”应作为原告天津中国青年旅行社的简称受到保护 结论2：被告天津国青旅实施了不正当竞争

在以上两个推理过程中，作为案件事实的小前提都需要通过常识推理给予证明。在小前提1中，法官需要说明，“天津青旅”这一简称达到了“具有一定的市场知名度、为相关公众所知悉”的程度，并为天津青旅所独有。这种程度上的表述是非常模糊的、概括的，除非进行细致全面的社会调查，否则就不能得到精确的结论。本案的裁判理由是通过以下几个方面的证据进行认定的：（1）天津青旅的上级直属单位——共青团天津市委员会开具的证明，肯定原告自1986年成立，并一直使用“天津青旅”作为企业简称；（2）当地主流媒体《今晚报》等从2007年开始就以“天津青旅”指代原告天津青旅；（3）原告天津青旅在对外合同和广告宣传中也一直使用“天津青旅”作为简称；（4）被告天津国青旅在2010年7月成立。从以上几个方面可以证明，小前提1能够成立。

这里的推理方式并不是严格的形式推理，而且依据社会经验的常识做出的判断，实质上就是常识推理发挥的重要作用。所谓常识推理，是运用常识推出结论的一种推理类型，也被描述为信息不完备的推理、开放状态下的推理。在其前提和结论之间不存在“必然推出”的关系，从前提到结论之间经过了一个逻辑不连续的跳跃。[1]“通常情况下，我们运用常识和推理的方式来适用间接证据。……在日常生活中，我们相信某一件事情发生通常不是因为自己或者别人看到，而是一些客观的信息和表征告诉我们发生了某事，这些就是所谓的间接证据。”[2]由于需要证明的事实及其程度非常模糊，通过严格的形式推理是难以得到结果的，因此，法院认可了原告方提供的诸多间接证据，通过各种间接证据的积累形成了对小前提1的肯定。

当然，常识推理并非绝对有效的，它更类似于优势证明标准，是选择更可信的证据来判定案件事实。例如在指导性案例29号中，如果被告方提出了更有力的证据，能够证明“天津青旅”是自己的简称，而且已经被社会所广泛认可，那么，法官所将会采信被告的观点。质言之，常识推理是可辩驳的、可废止的，当出现更新信息时，其前提和结论之间的推理关系就有可能遭到破坏，进而得出新的结论。

同样，在证明小前提2的阶段中，法官同样运用了常识推理。在2010年底，原告在谷歌和百度以“天津青旅”作为关键词进行搜索时发现，搜索结果排在靠前几位的网址最终都指向了被告天津国青旅，由此也引发了本次诉讼。法院的裁判理由认为，被告天津国青旅在未经原告许可的情况下，利用网络搜索引擎的竞价排名方式，将原本属于原告的“天津青旅”关键词都设置为自己的网站链接。这种做法使得社会公众在搜索“天津青旅”时，进入了被告天津国青旅的网址，“达到利用网络用户的初始混淆争夺潜在客户的效果”，属于“擅自使用他人的企业名称或者姓名，引人误认为是他人的商品”的不正当竞争行为。

在认定被告行为性质的过程中，法官利用了网络搜索引擎的“竞价排名”，其实质是关注了网络数据的流向问题。竞价排名是网络搜索引擎提供的一种服务，是一种按照效果进行付费的网络推广方式。一般来说，企业

---

〔1〕 孔红：《逻辑中的表列方法》，中国政法大学出版社2013年版，第185页。
〔2〕［澳］帕尔玛：《证明：如何进行庭前证据分析》，林诗蕴等译，中国检察出版社2015年版，第108页。

先支付给搜索引擎一定的费用，设置特定的关键词。当网民搜索该关键词时，该企业的广告或者网站链接便会排在比较靠前的位置。网民点击该广告的次数，就成为企业继续支付给搜索引擎费用的标准。当企业停止支付费用，或者其他企业就该关键词支付了更高的费用时，该企业设定的关键词在搜索结果中的位置便会被取代。[1]在大数据时代，搜索引擎是网民产生海量数据、尤其是个性化数据的最主要途径之一。从谷歌开始提供竞价排名之后，该服务就成为各个搜索引擎主要的收入来源，并且这种趋势将继续存在若干年。更重要的是，竞价排名具有周期短、收效快的特点，尤其适合中小企业在网络上投放定向广告，进行精准营销。[2]在竞价排名出现之前，搜索结果的提供都是按照搜索引擎内部的技术算法得出的自然排名，其排序标准包括相关性、时间、关键词出现位置等。但是，在付费的竞价排名中，搜索结果的排序则按照支付费用的先后，实质上加入了人为因素的干预，网民搜索的数据也会因此受到影响，其间就可能会产生不正当竞争的问题。“面对海量的互联网信息，消费者通常会选择通过关键字搜索来指引自己迅速便捷地找到相关产品。所以，搜索引擎服务商顺势推出了‘竞价排名’策略，吸引商家购买排名靠前的位置。这就会使某些侵害他人商标权的商家通过竞价排名，反而在权利人之前被搜索到，从而指引消费者访问其网站，达到不正当竞争的目的。”[3]

在被告利用竞价排名误导网民数据流量的性质判定上，法官并没有给出特别精确的数据分析。但是，根据网民上网习惯，多数网民利用搜索引擎进行信息搜索时，经常浏览的就是搜索页面中比较靠前的链接，这也是竞价排名服务得以出现的基础。被告既然已经获得了“天津青旅”为关键词的竞价排名服务，就会使得网民更多地访问被告网站，从而增加被告的影响力和业务量。以上的推理过程同样不是严格的形式逻辑推理，而是基于社会经验而获知的常识推理。

---

〔1〕林中燕：《电子商务视角下的产业链优化》，吉林人民出版社2008年版，第277页。

〔2〕韩彩霞主编：《网络营销》，对外经济贸易大学出版社2010年版，第141页。

〔3〕中国社会科学院知识产权中心，中国知识产权培训中心编：《实施国家知识产权战略若干基本问题研究》，知识产权出版社2012年版，第435页。

指导性案例29号正是这一情况的具体表现，而且对相关的司法实践有所拓展。由竞价排名所引发的诉讼中，“上海大众搬场物流公司诉百度公司商标侵权和不正当竞争案”是比较具有典型性的，原被告双方一般是认为受侵害的权利者和主流搜索引擎。[1]竞价排名是按照广告商所付费的高低而决定其在搜索结果中出现的次序。从性质上看，搜索引擎的竞价排名就是一个广告发布的平台，构成了《广告法》中所规定的广告经营者。搜索引擎起码应该对付费的客户进行形式审查，对广告商的营业执照、银行账号等进行核对，否则搜索引擎就应该与广告发布者一起承担共同侵权责任。[2]以往的案件中，核心的问题都是搜索引擎如何承担相应的法律责任，但是，在指导性案例29号中，双方当事人则是认为受侵害的权利者与不正当竞争者，由前者直接向后者提出损害请求，这种类型相比于以往关注主流搜索引擎的案件，更推进了一步。

在本案中，法官通过对被告利用竞价排名方式进行审查，认定了其擅自使用其他企业简称的不正当竞争行为。这种不正当竞争行为的实质，是通过混淆的方式给运用搜索引擎的网民以误导，使其搜索的数据流向了不正当竞争者，这是大数据时代对商业模式进行冲击和变革的重要表现。“基于企业大数据的新型企业管理理念和决策模式正在商务管理实践中涌现。现代企业将逐渐摒弃‘以产品为中心（good－dominant logic）’、注重微观层面的产品、营销、成本和竞争等要素的传统管理模式；并转变为‘以服务为中心（service－dominant logic）’、注重宏观层面的资源、能力、协同发展、价值创造和产业链合作等要素的面向‘社会媒体—网民群体—企业群’三位一体、和谐共生的‘企业网络生态系统（enterprise ecosystem）’的新型管理模式。因此，结合社会媒体和网民群体产生的丰富的企业大数据，研究企业群体的共生、竞争协同演化，建立可持续发展的企业网络生态系统，对于企业管理与决策具有重要意义。”[3]质言之，在大数据时代

〔1〕 祝建军：《竞价排名间接侵犯商标权的认定——以“百度”和“谷歌”案为例》，载《法律适用》2010年第1期，第63页。

〔2〕 齐爱民：《电子商务原论》，武汉大学出版社2010年版，第47页。

〔3〕 冯芷艳等：《大数据背景下商务管理研究若干前沿课题》，载《管理科学学报》2013年第1期，第5页。

的背景下，只有产品而没有数据以及相关营销的企业，大多无法逃脱被淘汰的命运。企业的生存更多地依赖于对数据的收集、分析和使用，尤其是来自互联网的各种海量数据。基于此，企业不仅能够建立自己的核心竞争力，而且能够洞悉其他竞争对手的动向以及整个行业的发展态势，从而为有效制定竞争策略奠定基础。

但是，企业对数据的利用必须以现实为基础，由数据产生的竞争力也必须具有正当的合法基础。如果歪曲利用互联网数据，通过混淆视听的方式误导网络数据的流向，那么，这种不正当竞争的行为必然要受到相关法律的制裁。虽然整体法律条文的变动不能像大数据那样每时每刻进行即时更新，但是，秉承法律的精神对网络中的不正当竞争行为进行制裁，还是能够实现的。尤其是通过发布指导性案例的方式，最高人民法院能够给地方法院以“与时俱进”的提示和指导，厘清地方法院在司法活动中的分歧。这也凸显了指导性案例的重要性和必要性。

就指导性案例29号来说，被告天津国青旅作为新参与旅游行业的竞争者，本应通过诚信经营提升自身的品牌，而利用混淆的竞价排名方式只能是暂时误导了网络数据流向，增加了本企业的经济效益。但是，这种误导方式并非长久之计，也是不正当竞争手段，不仅无法维持持续盈利，而且还会因此而受到法律制裁。相反，原告天津青旅则对自身在网络上的流量走向给出了细致的关注，在发现本企业简称因为竞价排名而受到侵害之后，及时运用司法手段进行维权。可以说，被告败诉是因为滥用了搜索引擎中的数据，而原告对自身品牌的关注也来源于对网络数据的重视。由此可见，大数据时代已经引起了诸多企业的普遍重视，其引发的商业模式变革集中关注的就是数据的流向及其使用。

如果说竞价排名侧重于反不正当竞争中客观行为要件，那么，出于全面论述裁判理由的需要，法官还需要对被告的主观状态进行阐释。而这一要件的满足也是基于客观行为的“推定”。法官在指导性案例29号的裁判理由中认为被告天津国青旅“主观上具有使相关公众在网络搜索、查询中产生误认的故意。……天津国青旅作为与天津青旅同业的竞争者，在明知天津青旅企业名称及简称享有较高知名度的情况下，仍擅自使用，有借他人之名为自己谋取不当利益的意图，主观恶意明显”。[1]在对主观要件进行分析时，法官并没有直接证明被告天津国青旅主观意图的具体内容，而是通过“同业竞争者”这一身份进行了推定。这一点也是比较令人信服的，毕竟，任何判决都无法直接获得相关主体的主观内容，心理状态也只能通过外在行为获得司法上的认定。

基于同业竞争者的身份而对反不正当竞争行为及其主观状态进行认定，指导性案例30号也已经给我们做出了提示。该案的裁判要旨确认：“反不正当竞争法并未限制经营者之间必须具有直接的竞争关系，也没有要求其从事相同行业。经营者之间具有间接竞争关系，行为人违背反不正当竞争法的规定，损害其他经营者合法权益的，也应当认定为不正当竞争行为。”[2]从法律解释的角度来说，可以借助“当然解释”方法辅助认定。当然解释是指对于法律未明文规定的事项，按照立法目的具有比明文规定的事项更应适用的理由时，将该事项纳入其适用范围的解释方法。举重以明轻或者举轻以明重，就是最为典型的当然解释的例子。[3]按照指导性案例30号的裁判要旨，在非直接竞争关系中都存在着实施不正当竞争的主观恶意，那么，在类似指导性案例29号这样直接的同业竞争者中，主观恶意就更为明显。这就是举轻以明重的当然解释。

从以上的分析可以看到，在指导性案例29号案件事实的查明过程中，法官细致地分析了竞价排名在本案中的地位，进而认定其成为被告进行不正当竞争的方式。对案件核心事实的认定，都是通过常识推理实现的。在面对着比较模糊的认定标准时，常识推理经常能够发挥重要作用。在诉讼过程中，并非所有案件事实都是由证据完全支持的，常识推理也是不可或缺的。在指导性案例29号中，进行常识推理的“常识”都是以大数据时代为背景的。作为互联网发展的新阶段，大数据时代的重要性已经得到普遍

[1]《人民法院报》2014年7月5日第3版。
[2]《人民法院报》2014年7月5日第3版。
[3] 孔祥俊：《法律方法论·第二卷：法律解释的理念与方法》，人民法院出版社2006年版，第1013页。

认可，但是，其对司法的影响甚至是冲击，也需要司法实务工作者予以关注，特别是需要进行常识推理的场合中。

二、作为“常识”的大数据时代对司法的多层次冲击

大数据随着计算方法和信息技术的快速进步而诞生，目前已在众多领域成为分析、管理、决策等赖以进行的重要资源，是发现知识、创造知识和认识世界的一种新范式，对其进一步地研究已引起世界各国的高度重视。大数据引发的革命使人类世界正面临新的机遇和挑战。然而这场大革命需要解决一系列基础型问题，人们对这些基本问题进行的持续探索和研究，必将产生新一轮的数据革命，并促使新技术的诞生和人们生活方式的巨大变革。[1]在这种大数据时代背景下，指导性案例29号引入了数据流向的分析，并以此作为最终裁判的基础前提，这种与时俱进的做法是非常值得肯定的。但是，我们也同样应当看到，面对着大数据所引发的商业等领域内的变革，司法中的有效回应还是比较少的，指导性案例29号也仅仅是一种初步的探索和尝试，还远远没有涉及大数据所带来的更加复杂的问题。作为一种互联网的新兴趋势，大数据虽然方兴未艾却已经大行其道，对司法产生的冲击和挑战也是多层次的，我们可以从微观方法和宏观理念两个层次上展开分析。

（一）微观方法：定性分析 VS 量化分析

法官在司法裁判中适用的方法被称为法律方法或者法学方法，具体内容包括法律解释、法律推理、法律论证、利益衡量和漏洞补充等。其中很多具体的法律方法从古希腊时期就已经存在，比较典型的是法律解释方法。早在古罗马时期，罗马法的发展很大程度上依靠了法律解释，当时罗马人

〔1〕 刘红、胡新和：《数据革命：从数到大数据的历史考察》，载《自然辩证法通讯》2013年第6期，第38～39页。

拥有精湛的法律解释技术，侧重于文义解释而轻视论理解释。[1]在后世的发展中，法律解释在德国兴盛，萨维尼在其《当代罗马法体系》中概括出了法律解释的四种主要方法（要素）——文法要素、逻辑要素、历史要素和体系要素：解释的文法要素以文辞为对象，文辞在立法者的思考与我们的思考之间起到了中介作用。因此，文法要素存在于对立法者所适用的语言法则的描述之中。逻辑要素涉及意图的划分，也就是涉及意图的具体责成部分相互之间的逻辑关系。历史要素的对象是以通过法规则确定存在的法律关系为目的的既存制定法在制定之时的情势。制定法通过特定的方式影响到此情势，此种影响通过制定法而被新嵌入法之中，而历史要素应使得此种影响的性质清晰可见。体系要素涉及将所有法律制度和法规则连接成一个大统一体的内在关联。此种内在关联和历史要素一样都呈现于立法者眼前，因此，我们要非常清楚制定法与整个法体系之间是什么关系，此制定法又是如何有效影响到法体系，只有这样，我们才能完全认识到立法者的意图。[2]魏德士也认为："这些要素常常作为法律解释的'准则'被引用，并且直到现今仍然被视为有效。"[3]可以说，以上四种法律解释方法（要素）的概括成为法律方法论发展过程中的重要里程碑。进入20世纪之后，关注司法过程的法律方法论逐渐受到了整个国际法学研究的高度重视，国际法哲学大会中也多次以法律方法论为主要议题展开学术讨论。在中国，从20世纪90年代开始，以法律解释为开端，法学研究中也兴起了研究方法论的热潮，法律方法论逐渐成为法学研究，尤其是法理学研究中的"显学"。[4]

总体而言，法律方法能够帮助法官认定案件事实与法律规范之间的关系，具有较强的操作性。例如，法律解释中有多种具体的解释方法，包括文义解释、历史解释、目的解释、体系解释、社会学解释等。[5]法律论证

---

〔1〕陈金钊等：《法律解释学》，中国政法大学出版社2005年版，第57页。
〔2〕［德］萨维尼：《当代罗马法体系（第一卷）》，朱虎译，中国法制出版社2010年版，第166~167页。
〔3〕［德］魏德士：《法理学》，丁晓春、吴越译，法律出版社2005年版，第313页。
〔4〕本刊编辑部：《中国法理学科发展评价》（2010—2011），载《中外法学》2013年第2期，第228页。
〔5〕舒国滢等：《法学方法论问题研究》，中国政法大学出版社2007年版，第370页。

也有几种主要的具体方法：（1）逻辑方法：形式有效性的作用被当作法律论证的合理性标准，而逻辑语言被用于重构各种法律论述；（2）修辞方法：注重论述的内容以及可接受性之语境的依赖向度，对于所面对的听众而言，论证的可接受性取决于论证的有效性；（3）对话方法：法律主张根据理性商谈的特定规则获得支持，法律论述被看成一场关于某种法律观点可接受性对话的组成部分，论述的合理性取决于商谈程序是否符合可接受性的某些形式标准和实质标准。[1]法律推理则具有多种更加复杂的具体推理形式。[2]利益衡量和漏洞补充也有具体的操作步骤。[3]

虽然以上各种具体的法律方法能够提供较为微观的操作方法和步骤，辅助法官作出裁判，但是，所有这些法律方法都倾向于定性分析，大多是直接或者间接地指向裁判结果的性质，或者是先确定裁判结果的性质，再确定相应的数量，例如民事案件中的侵权损害赔偿，以及刑事案件中的先定罪后量刑。从历史发展来看，法律方法都是多种司法经验的总结、抽象和升华，法学研究和实践培养出来的法官具有善于进行定性分析的能力。造成这一情况的原因也在于法律方法具有典型的教义学属性：以现有的法律规范为分析案件事实的基础，而法律规范的多数内容都是将特定的法律意义赋予到事实之中，对其性质进行法律上的判断。以定性为主要内容的法律规范，决定着适用法律规范的法官也善于进行定性分析。

但是，大数据时代更加重视量化分析，这对于司法者来说在微观方法层次上产生了冲击。大数据时代的核心思想之一就是收集全部动态数据进行分析，而不是传统社会中的样本分析。“随着大数据技术成为日常生活的

〔1〕［荷］伊芙琳·T. 菲特丽丝：《法律论证原理——司法裁决之证立理论概览》，张其山等译，商务印书馆2005年版，第11～17页。

〔2〕［美］列维：《法律推理引论》，庄重译，中国政法大学出版社2002年版，第230页。

〔3〕利益衡量的理想操作模式，应当以实质合理性与形式合法性的统一为追求目标。这种利益衡量的操作模式可分为四个阶段来完成：（1）基于法律感的利益定位和利益衡量；（2）衡量结果的法律检验；（3）衡量结果的法律校正与再次衡量；（4）利益衡量结果的法律修饰。（参见赵玉增等：《法律方法：基础理论研究》，山东人民出版社2010年版，第249页。）漏洞补充又可以分为开放的漏洞与隐藏的漏洞、真正的漏洞与不真正的漏洞、自始的漏洞与嗣后的漏洞等，分别由不同的法律方法进行填补。（参见［德］拉伦茨：《法学方法论》，陈爱娥译，商务印书馆2003年版，第250页以下。）

一部分，我们应该开始从一个比以前更大更全面的角度来理解事物，……相比于依赖于小数据和精确性的时代，大数据因为更强调数据的完整性和混杂性，帮助我们进一步接近事实的真相。”[1]基于众多数据的量化分析成为具有决定因素的分析能力，这决定了相应主体能否发现大数据中蕴含的动向和趋势，进而为具体提供可靠依据。这种量化分析的大致步骤是“先定量，后定性”，与传统司法中的操作步骤恰恰相反。这种相反的操作步骤是由特定的历史和社会条件所决定的：计算机硬件的进步、存储能力的提升、云计算的发展、移动终端的普及等，都使得我们具备了以往任何时代都没有的数据收集和处理能力，使得对某一主题的大多数数据甚至全部数据进行分析成为可能。造就大数据时代的这些因素都对主体的量化分析能力提出了更高的要求。对于已经非常习惯于进行定性分析的司法者来说，大数据时代的量化分析自然成为一种巨大挑战，这一点在与互联网数据相关的法律问题上有着集中表现。

例如，2013年9月，两高《关于办理利用信息网络实施诽谤等刑事案件适用法律若干问题的解释》第2条直接规定：“同一诽谤信息实际被点击、浏览次数达到五千次以上，或者被转发次数达到五百次以上的”属于构成诽谤罪必备的“情节严重”条件。在该司法解释出台之前，虽然地方司法实践中也有过网络谣言等相关问题的裁判，但是，其间认识上的分歧还是比较明显的，犯罪是否成立，适用何种罪名，如何具体量刑等问题，都困扰着司法者做出裁判。《关于办理利用信息网络实施诽谤等刑事案件适用法律若干问题的解释》在数量上的明确固然解决了这一问题，我们仍然能够从该问题的产生中看到，量化分析仍然是目前司法者所缺乏的能力。

再如指导性案例29号所涉及的网络不正当竞争问题，早在2001年《最高人民法院关于审理涉及计算机网络域名民事纠纷案件适用法律若干问题的解释》中就已经有所涉及，在不正当竞争客观行为以及主观恶意的认

---

[1] [英] 舍恩伯格、[英] 库克耶：《大数据时代：生活、工作与思维的大变革》，盛杨燕、周涛译，浙江人民出版社2013年版，第65页。

定上，主审法官完全可以将该司法解释中针对网络域名的处理方式借鉴运用到本案关于竞价排名方式的处理之中。[1]最高人民法院之所以将该案件遴选为指导性案例在全国推广，原因也同样在于司法实践中的认定困难和认识分歧：如何在网络商业行为中确认不正当竞争的客观行为以及主观恶意的存在。本案中引入数据流向的分析，能够为借鉴实践中的困难提供重要参考。但是，无论是相关司法解释还是指导性案例29号自身，都缺乏对相关数据的量化分析：虽然审理本案的两级法院都判决被告赔偿原告经济损失3万元，但是，正式文本中都没有涉及如何计算出这一赔偿数额。对此的解释可能是对原始裁判文书的裁剪，更大的可能是因为司法者缺少量化分析的能力，只是经过双方协商妥协而获得赔偿数额。其实，通过大数据的量化分析，能够得出精细而准确的赔偿数额，这些数据内容包括原被告双方网站的历史点击量、访问者的身份与地理位置、网络广告提升的业务量、由被告的混淆导致的原告网站点击量下降、竞价排名的费用及其计算标准等。[2]以上例证从正反两个方面都说明，即使司法者能够以自发的方式运用法律方法形成判决，这种侧重于定性的进路与大数据时代所推崇的量化分析之间仍然存在着很大的龃龉。

（二）宏观理念：司法克制 VS 司法能动

传统司法的基本理念是克制主义，强调以保守的方式对待社会的发展变

---

〔1〕就不正当竞争的客观行为而言，《关于审理涉及计算机网络域名民事纠纷案件适用法律若干问题的解释》第4条规定，在注册和使用网络域名时，"被告域名或其主要部分构成对原告驰名商标的复制、模仿、翻译或音译；或者与原告的注册商标、域名等相同或近似，足以造成相关公众的误认"属于不正当竞争行为；在主观恶意的认定方面，该司法解释第5条规定："为商业目的注册、使用与原告的注册商标、域名等相同或近似的域名，故意造成与原告提供的产品、服务或者原告网站的混淆，误导网络用户访问其网站或其他在线站点的。"无论是客观行为还是主观恶意，在认定上都包含着混淆视听、误导公众的内容，无论是网络域名还是搜索竞价排名，都包含着重要的网络商业利益，也都有以上特点，完全可以相互借鉴。

〔2〕更加精细的计算需要借助于网站常用的度量指标，包括唯一IP、唯一访问者、页面浏览量、访问来源、页面驻留时间、网站驻留时间、跳出率、点击率、注册用户数、注册转化率、登录用户数、订购量、订购转化率、回访者比率、积极访问者比率、忠实访问者比率、用户流失率等。（参见张洪举：《网站数据分析：数据驱动的网站管理、优化和运营》，机械工业出版社2013年版，第65页。）而对网站数据进行计算的大数据挖掘技术包括关联规则分析、分类和预测、聚类分析、推荐技术、链接分析、孤点分析和数据演变分析等。（参见赵国栋等：《大数据时代的历史机遇：产业变革与数据科学》，清华大学出版社2013年版，第321页。）当然，要进行以上细致的技术分析，需要借助于网络专家的力量。

化，减少司法对社会的积极干预。在历史上大部分时期，克制主义都占据着主流地位，保守甚至滞后都被认为是司法的天然特征。但是，在特定的时间段内，司法能动主义又会得以彰显，以积极参与的方式推动社会的发展进步。这种特定的时间段往往是社会急剧变革、甚至动荡的时期，原有的社会秩序及其法律规范受到了新生社会倾向的强烈冲击，二者之间的矛盾经常以诉讼的方式提交到司法者面前。中国现在身处的转型社会就带有这种特征，而席卷全球的大数据时代则加剧了这一特征。换言之，大数据时代要求司法者倡导能动主义，这对于传统的克制主义在宏观理念上产生了冲击。

在指导性案例 29 号中，司法者将竞价排名认定为被告天津国青旅擅自使用他人企业简称的不正当竞争方式，这是一种在证明手段上的创新。实际上，竞价排名最早从美国 Overture 公司（当时名为 GoTo. com）确立开始，由谷歌推广到全球，在中国则是由百度独占鳌头。其间经历的发展不过十几年，甚至竞价排名真正成为国内中小企业的网络推广模式，不过几年的时间。相比于传统的证明手段，这一时间进程已经是大大缩短，也反映了大数据时代对社会迅猛发展的影响，相应地也会要求司法发生相应的急速变化，在宏观理念上体现为能动主义的张扬。

在历史上，司法能动主义的典型代表是美国的沃伦法院时期。沃伦法院也是美国历史上的社会动荡和剧变时期，出身于加州州长的沃伦在担任联邦最高法院首席大法官期间，积极推动美国宪法顺应时代要求进行变革，尤其是对民权运动给予充分肯定和支持，扩大对弱势群体的权利保护，并且同时扩大联邦公民权利的范围，深化了公民权利的内容。在 1964 年的《纽约时报》诉沙利文案以及 1968 年的廷克诉得梅独立社区学区案中，联邦最高法院大大扩展了言论自由保护的范围。1965 年，联邦最高法院第一次在格里斯沃尔德案中对隐私权作了界定，并将其列为第 14 条宪法修正案和第 9 条宪法修正案保护下的公民宪法权利，从宪政上解决了对隐私权保护的机制问题。在 1961 年至 1969 年间，沃沧法院几乎将所有的权利法案下的刑事犯罪程序权都纳入第 14 条宪法修正案的保护之下，这一时期后来被称为“权利法案的联邦化”。主要在马普诉俄亥俄州案（1961 年）、吉迪恩诉温赖特案（1963 年）、马洛伊诉霍根案（1964 年）及米兰达诉亚利桑那州案（1966 年）等案中得以实现。[1]其中最为高光的时刻，则是在布朗案中推翻普莱斯一案中确立的“隔离但平等原则”，以宪法案件的方式废止了种族隔离制度。该案的判决书中特别强调了与时俱进的基本立场：“在考察这个问题时，我们不能把时钟拨回到 1868 年颁布修正案的时候，也不能退回到 1896 年普莱斯案的年代。我们必须在考虑到当代公共教育的充分发展和当代美国人生活现状的基础上来审视这个问题，只有这样才能决定是否公立教育领域的种族分离剥夺了原告的平等保护权。”[2]更重要的是，布朗案的判决书在美国宪法案件的历史上第一次直接引用了社会心理学的数据研究成果，来说明种族隔离的教育制度极大地伤害了黑人学生的自尊心，造成了他们的自卑感。在种族隔离制度下，黑人儿童根本无法获得白人儿童从教育中获得的同样能力和健康心理，因而隔离从根本上造成了不平等。[3]

布朗案并非是数据分析第一次登上美国联邦最高法院的法庭，在此之前的穆勒诉俄勒冈州（Muller v. Oregon）一案中就已经出现了著名的“布兰代斯辩论法”（Brandeis briefs）。在该案中，俄勒冈州政府律师布兰代斯运用了大量的社会学统计数据分析表明，俄勒冈州限制女性劳动时间的法案能够带来更大的社会效益，并由此获胜。这种基于数据分析的论辩方式从此被称为布兰代斯辩论法。“自布兰代斯（Louis Brandeis）在穆勒诉俄勒冈州案中运用统计学证据成功挑战形式主义法律推理以来，关注目的、政策及社会后果的‘布兰代斯辩论法’已成为律师法庭辩论的重要方法。而西岸宾馆诉帕里什案则成为洛克纳时代终结和法律形式主义在联邦最高法院破产的标志性案件。至布朗诉教育局案，法院已日益倾向于将社会政策及判决的社会后果等作为其说理的基础性论据。”[4]

---

〔1〕仝蕾：《美国联邦最高法院：从小角色到大人物》，载于渠涛主编：《中外法律文献研究》（第二卷），北京大学出版社 2008 年版，第 469 页。

〔2〕邓冰、苏益群编译：《大法官的智慧——美国高等法院经典判决选集》，法律出版社 2003 年版，第 150~151 页。

〔3〕张翔：《基本权利的规范建构》，高等教育出版社 2008 年版，第 8 页。

〔4〕刘翀：《现实主义法学的批判与建构》，载《法律科学》2009 年第 5 期，第 19~20 页。

从以上沃伦法院的案件结果来看，社会急剧发展的时期，为司法能动主义的兴盛提供了必要的背景条件，而注重数据分析则成为重要表现。现在的大数据时代也有类似特点，相应地也要求引发司法理念的变化，因为新的时代条件下产生的新问题，往往对既有的法律规定产生直接冲击，使之出现矛盾、模糊甚至空白之处，给司法者适用法律带来极大困难。例如，在大数据时代中，特定商业机构往往主动收集网民的个人信息，尤其是通过使用搜索引擎留下的偏好及需求。企业可以据此在广告页面内进行推荐，从而实现网络广告从被动到主动的模式转变，这对于传统广告业的运作模式来说是完全创新的。但是，其中也包含着侵犯网民消费者个人信息或者隐私的可能，如何在具体案件中认定和判决就成为难题。就指导性案例29号所涉及的数据流向问题来说，除了竞价排名之外，互联网中引导甚至误导网民数据流向和流量的方式还是非常多的，例如浏览器劫持、游戏外挂、软件捆绑、广告弹窗等。这些方式融合了早期互联网不正当竞争的一些行为方式，并有所扩展和提升。加之日益普及的各种移动终端（如智能手机和平板电脑等）及其相关服务（如 Wi－Fi 热点等），都加剧了以上数据的流向和流量问题的复杂程度。指导性案例29号还仅仅是其中比较初级的竞价排名方式，一旦涉及更加复杂的数据分析问题，需要运用《民法通则》《合同法》《侵权责任法》《消费者权益保护法》《反不正当竞争法》甚至《反垄断法》等多种法律进行综合分析。在很多情况下缺少规制新型数量流向和流量方式的直接规定，特别是大数据时代拥有极速发达的技术优势，可以在短时期内、在法律给予有效回应之前就实现普及，更使得司法者措手不及。要在这些新类型案件中进行有效判决，尤其需要发挥司法者的创新能力，在宏观理念上需要借助于司法能动主义。

但是，在中国现有司法系统仍然缺少较高的权威性以及丰富社会资源的背景下，多数法官更愿意选择稳妥的司法保守主义理念，要么促成调解结案，要么利用现有法律规定进行简单分析并结案，这就与大数据时代的要求之间产生了冲突。最高人民法院通过发布指导性案例的方式能够对地方司法机关的实践提供一些启示，但是，这种零敲碎打的方式还难以完全招架大数据时代的猛烈冲击。理想的办法是，在提升法院地位和法官能力的背景下，在大数据时代产生的新型案件中，推广司法能动主义。但是，司法能动的程度及其与克制如何相容，又将是实践中的难题。

简而言之，作为互联网发展的新阶段，大数据时代给司法所带来的影响和冲击，仍然属于法律与社会之间永恒的互动关系范畴。新的社会形势总是催生新的社会规则，其与代表传统的法律规则之间经常会发生矛盾冲突。虽然在终极意义上，法律规则最终将顺应社会规则，但是，在这一顺应过程完成之前，法律的滞后性与社会形势发展之间的紧张关系，仍然将凸显在司法领域之中。问题的关键在于，司法如何应对以上冲击与挑战。

三、司法应对大数据时代的主要策略

虽然在微观方法和宏观理念上，大数据时代都对司法形成了冲击，但是，需要明确的是，大数据时代与互联网之间并非存在本质上的区别，前者只是后者的深化与扩展。要回应大数据时代的冲击与挑战，司法领域仍然需要借鉴应对互联网发展的经验。指导性案例 29 号引入了竞价排名的分析和认定，虽然只是一种比较初级的尝试，但是在指导性案例层面中，这一点已经相当值得肯定了。面对方兴未艾的大数据时代，司法的应对策略需要更加综合与全面，至少可以从以下几个方面入手。

首先，主审案件的法官应当提升自身的信息素质。信息素质主要指的是主动收集、正确分析、选择、甄别和使用信息的意识和能力，也被称为信息素养。信息素质是信息时代对每个公民所提出的要求，大数据时代自然更是如此。对于直接主持审判工作的法官来说，更应当顺应时代要求，不断提升自身的信息素质。法官的基本业务素质不仅要熟练掌握法律规定，更要对社会现实形势有着深入了解，才能使得最终裁判结果被当事人接受，取得良好的实际效果。美国联邦最高法院的大法官们，也顺应了大数据时代的趋势，在其判决书中多次引用“维基百科”所提供的词条数据，作为裁判的理由。[1]“做司法官的一定要有一种历久的内心修养，才能达到可以守则守，可以创则创，寓守于创，寓创于守的境界。”[2]大数据时代已经成为互联网发展的主要趋势，敏感的商业主体已经充分认识到这一点，并由此创新了多种新的竞争模式，指导性案例29号中的原告天津青旅正是通过网络数据搜索发现自己被侵权的情况。“企业在利用搜索引擎所提供的竞价排名服务时，应尽量使用自身的商标、商号、企业名称等特殊的标记作为搜索的关键词，并及时监测网络领域中的竞价排名服务是否侵犯了自身的商业利益，引发不正当竞争，以便采取妥善处理措施，避免危害的进一步扩大。”[3]对于大数据时代，司法者不可能做到和企业一样敏感而精确，但是，至少应当对互联网中各种新类型事物保持一定的基础认知，并能够通过法律规范的适用进行准确概括和认定。在指导性案例29号中，二审法院部分变更了一审法院的判决，将笼统的“停止侵害”变更为“停止使用‘天津青旅’作为被告的搜索链接关键词”。这一变更更加细致和具体，体现了对竞价排名更加深入的认识，也体现了更高的信息素质。但是，该二审判决还可以更加完善，例如，可以就搜索引擎在本案中的地位作出说明，甚至可以援引著名的“避风港规则”[4]（“通知移除”规则）明确其责任：在进行基本形式审查的基础上，一旦接到相关的正式通知（无论是来自真正权利者还是法院），搜索引擎就应当删除或者变更关键词搜索结果的排序，凸显关键词真正享有者的正当权利。如果再加上前文所提及的对赔偿金额的细致计算，那么，这一判决将更能够凸显大数据时代的特点和要求，形成更加优秀而全面的结论。所有这些都需要具备较高的信息素质才能够完成，作为大数据时代纠纷的处理者，法官责无旁贷。

其次，法官可以充分利用专家辅助做出裁判。从收集数据的角度来说，法官固然可以通过提升自身信息素质而获得相关数据，但是，这种收集方

---

〔1〕何帆：《大法官说了算：美国司法观察笔记》，法律出版社2010年版，第82页。

〔2〕吴经熊：《法律哲学研究》，清华大学出版社2005年版，第227页。

〔3〕陈晓峰：《企业知识产权法律风险防范》，中国检察出版社2007年版，第181页。

〔4〕胡开忠：《“避风港规则”在视频分享网站版权侵权认定中的适用》，载《法学》2009年第12期，第72页。

式还有不少固有缺陷，尤其是在目前“案多人少”的背景下，法官们没有那么多时间和精力来全面提升信息素质，转而寻求专家的帮助则是更为现实的数据来源。专家鉴定制度是目前解决案件中技术问题的行之有效的途径，具有专家中立性强、结论客观性强、费用低廉的优点。由于我国民事诉讼法上没有专家证人的规定，所以法官往往是非公开的咨询，专家意见不作为证据，也不与当事人见面，但却成为法官断案的重要参考依据。与其这样违背司法公开原则来断案，倒不如让专家从后台走到前台，成为专家证人，从而使其专家意见接受当事人的质证。专家证人制度的优点是明显的，它可以在诉讼中提供一种对抗性更强、透明度更高、更灵活和快捷的技术查明手段。[1]大数据时代伴随着网络技术的飞速发展，这无疑给法官在案件事实及其性质的认定上带来了更大的困难。专家的知识数据能够在很大程度上帮助法官解决这一困难。除了可以直接寻求专家的帮助之外，法官还可以利用双方当事人所提供的专家意见，对涉及技术难题的案件进行审理。例如著名的3Q大战中，虽然主审法官表示，该案的审理面临着一些技术挑战，但是，原告奇虎360与被告腾讯QQ在诉讼过程中都聘请了专家证人，使得对相关案件事实的认定更加全面和专业。[2]当事人聘请专家证人是其行使诉讼权利的体现，法官在这些专家提供的数据基础上，对涉及技术的案件事实能够有更加深刻的理解和判断，这是一种更高级的数据收集、分析和处理过程，也能够进一步保证判决质量。

再次，整个司法系统应当提升数据意识，为个案裁判提供相应的数据资源。相比法官自身和专家个体的“单打独斗”，整个司法系统才是真正能够迎接大数据时代挑战、推进法治进程的主体。如果能够在特定案件中，由司法系统提供足够丰富的背景数据，那么，主审法官将更加便捷地形成个案裁判。例如，在网络中侵害商标权、进行不正当竞争的行为，往往涉及“擅自使用”“混淆公众”等条件，这一点在指导性案例29号中也有所

---

〔1〕胡震远：《我国专家证人制度的建构》，载《法学》2007年第8期，第92~93页。

〔2〕邓新建、林劲标：《主审法官：审理“3Q大战”面临技术挑战》，载《法制日报》2012年4月19日，第5版。

涉及。在审判实务中，不管采用何种标准认定是否构成商标侵权，是否存在构成消费者混淆，都需要借助法官的自由裁量权，这往往要凭借法官的日常生活经验，而法官作为一个个独立的个体，终究受其生活经历、学识水平等方面的影响，极有可能导致判罚不一的情况出现。为此，有学者建议引入受众调查制度：在认定是否构成混淆，进而是否构成侵权，最客观的是公众认知。如果能在认定的过程中采取科学方法来认定相关公众的认知，那么在实务上完全可以改善仅由法官认定的弊端。[1]这种受众调查机制的实质仍然是数据统计。就指导性案例29号的裁判来说，裁判理由中也仅仅是提及竞价排名的方式会误导公众，使其访问被告的网站，造成原告的经济损失。但是，该理由也没有提出具体实证结果来说明这一点。我们固然可以通过常识判断前述结论的正确性，但是，对网民受众进行具体调查、至少提供网站流量走向数据，将使得裁判理由更加透彻、深刻、有说服力。主审法官很难有条件进行以上复杂的工作，如果司法系统内部有专门的相关数据，或者至少有能够进行数据处理的人员，那么，这种调查工作将十分有利于帮助法官形成判决结论。对大数据时代的认知和认可，在目前的司法系统中已经初露端倪。最高人民法院院长周强在最高人民法院信息化建设领导工作小组第一次全体会议上指出，今后全国各级法院将以“大数据、大格局、大服务”理念为指导，采用云计算和大数据技术，促进信息化与法院业务的深度融合，实现法院与社会信息共享和业务协同。大数据技术的落地使得法院对司法数据的整体收集成为可能，不仅司法统计、法院调研等传统工作将变得更加便捷、有效，而且基于整体数据、信息的二次利用能够衍生出内容丰富的司法产品。大数据在运作机制上和云计算密切相关，在大数据时代下，“云端”的司法产品，不仅包括向社会公众提供司法统计数据、法院分类信息等公共服务，而且已经向司法管理、司法决策、司法传播、司法改革、舆情应对等领域全面扩张，甚至整个司法

---

〔1〕 曹世华：《网络知识产权保护中的利益平衡与争议解决机制研究》，合肥工业大学出版社2011年版，第349页。

活动都可以在“云端”得以呈现。[1]借助于数据，我们不但可以了解司法活动的总体状况，总结审判实践经验，破解审判难点问题，预测审判发展趋势，还可以衡量法治建设的进度、立法与法律实施情况、经济社会发展形势，更好地把握世情、国情、社情。[2]利用大数据的前景非常可喜，而要实现以上构想，需要整个司法系统从充分重视大数据的重要性和必要性开始，将数据意识贯彻到具体行动之中。这些努力虽然艰苦，却是真正应对大数据时代挑战的必经之路。

最后，在个案裁判过程中，法官需要运用更具综合性的法律方法。传统的法律方法多是以既有的法律规范为基础前提，围绕与案件相关的法律规范进行解释、推理和论证。例如，文义解释在诸多法律解释方法中具有优先适用的地位，其他解释方法仅仅在文义解释无法裁判案件时才得以适用。“文义因素首先确定法律解释活动的范围，接着历史因素对此范围进一步加以确定，同时并对法律的内容，即其规定作一提示。紧接着体系因素与目的因素开始在这个范围内进行规范意旨的发现或确定工作。这时候，‘合宪性’因素也作了一些参与。最后，终于获得了解释结果。”[3]从这个意义上说，传统法律方法是秉持规范本位的，强调将案件事实进行裁剪后来适应法律规范。但是，在大数据时代的背景下，这种从规范出发的立场则需要发生一些变化，加入了更多从事实出发、进而确定规范适用的因素。正如前文所述，大数据时代推崇的量化分析对法律适用过程的影响，体现在“先定量，后定性”的过程之中，例如网络谣言被认定为诽谤罪的数量标准是“同一诽谤信息实际被点击、浏览次数达到五千次以上，或者被转发次数达到五百次”。简而言之，传统法律方法侧重于从规范出发，而大数据时代则强调从事实出发，二者在当前司法实践中的交融必然要求法官进一步在“事实与规范”之间进行更加细致全面的分析，这就需要运用更加

〔1〕禹爱民、李明耀：《挖掘大数据潜能 树立“云”管理理念》，载《人民法院报》2014年7月20日第2版。
〔2〕齐奇：《大数据时代司法统计在审判管理中的应用与发展》，载《人民法院报》2013年8月19日第4版。
〔3〕黄茂荣：《法学方法与现代民法》，中国政法大学出版社2001年版，第288页。

具有综合性的法律方法，其中典型的代表是“利益衡量”方法。“法官在阐释法律时，应摆脱逻辑的机械规则之束缚，而探求立法者与制定法律时衡量各种利益所为之取舍，设立法者本身对各种利益业已衡量，而加取舍，则法义甚明，只有一种解释之可能性，自须尊重法条之文字。若有许多解释可能性时，法官自须衡量现行环境及各种利益之变化，以探求立法者处于今日立法时，所可能表示之意思，而加取舍，斯即利益衡量。换言之，利益衡量乃在发现立法者对各种问题或利害冲突，表现在法律秩序内，由法律秩序可观察而得知立法者的价值判断。发现之本身，亦系一种价值判断。”〔1〕质言之，利益衡量是法官对具体案件基本性质的一种总体价值判断，或者是一种宏观价值指向。在司法过程中确立了这一指向之后，其他更加操作性的法律方法（如法律解释、法律推理和法律论证等）都能够服务于这一指向，为这一指向的结果提供正当性证明。因此，利益衡量更具有综合性，尤其适合于大数据时代所带来的新型案件。利益衡量方法特别适合在新型案件中适用，二者有着高度的内在契合，主要表现在以下几个方面：（1）新型案件往往出现在法律的灰色地带，适用法律比较困难，简单地适用法律将产生相当消极的效果；（2）新型案件所涉及的利益关系相对而言比较明确，这为利益衡量方法的适用提供了有利背景；（3）新型案件的推理过程多为实质推理或者实践推理，而非简单的形式推理，这一点与利益衡量方法也是一致的；（4）新型案件的裁判经常可以借助于调解等方式结案，这种方式有利于弥补利益衡量方法在裁判形式上的缺陷。〔2〕面对着大数据时代的冲击，司法者需要选择如利益衡量这样更加综合的方法，在确定总体裁判性质的基础上加以细致论证，才能在个案中弥补法律规范与社会现实之间的断裂。

结语：司法的变与不变

面对大数据时代的到来，有学者认为，中国缺乏的不是可供收集的数

〔1〕杨仁寿：《法学方法论》，中国政法大学出版社1999年版，第175~176页。

〔2〕孙光宁：《利益衡量方法在新型案件中的运作方式》，载《法律适用》2013年第8期，第112页。

据，也不是收集数据的手段，而是收集数据的意识。与美国相比，中国拥有数据量的绝对值非常小。我们已经非常习惯于形象思维，运用高度模糊的词语，而不是一种基于逻辑的推理性思维。甚至可以说，中国的落后，根源之一正是缺乏以数据为基础的精确管理；而未来中国的进步，也有赖于建立这种精确的管理体系。〔1〕在数据已经成为极其重要社会因素的背景下，司法者应当也必须对大数据时代有所回应。当然，大数据时代并非与以往的历史完全割裂，而是互联网发展的新阶段，其对司法的冲击仍然属于法律与社会关系的话语范畴。要充分回应大数据时代的冲击和挑战，需要整个法律职业共同体的努力，司法在其中更多地扮演了“试验田”的角色：在尽量发挥实践理性和实务经验处理好个案的基础上，为将来大规模的立法完善提供参考。从这个意义上说，指导性案例就是试验田中比较成熟的产品，能够在立法进行细化或者完善之前，给后来的司法者提供具有参照意义的重要启示。

在大数据背景下裁判相关案件，司法者需要处理好不断变化的时代条件和相对稳定的法律适用方法之间的关系。波斯纳法官在展望司法发展趋势时认为，司法应当更加强调现实主义，法官要真正关注后果，就得有一定能力比较不同的后果。而这就需要更多的经验知识，更多关注事实，即不能仅仅关注那些法官可以从审判记录中看到的、进入司法档案的事实，还可以且应当包括统计和其他系统数据，包括许多科学发现和日新月异的技术进展，甚至可以包括诸如谷歌地图或照片或其他相关的通常不为法律人重视的背景知识，而前提是，这些经验知识会有助于法官理解案件争议和做出合乎情理且有说服力的决策。〔2〕社会形势和条件始终是变动不居的，眼前的大数据时代将来也会有新的发展，被新的“××时代”所取代，司法不能简单地随波逐流，而是应当以比较稳定的法律适用方法来应对纷繁复杂、不断变化的社会形势。所有的法律适用方法都来源于各国长

---

〔1〕 涂子沛：《大数据：正在到来的数据革命，以及它如何改变政府、商业与我们的生活》，广西师范大学出版社2013年版，第331～332页。
〔2〕［美］波斯纳：《波斯纳法官司法反思录》，苏力译，北京大学出版社2014年版，第378页以下。

期的司法实践，包含了很多司法过程运行的共性规律，是形成裁判结果的重要保障和基本手段。最高人民法院所发布的诸多指导性案例，都是来源于本土司法实践的结晶，其中也都包含着法律适用方法的运作实践。对其进行研习，能够从总体上提升各级法官的业务素质和能力，这是司法应对大数据时代冲击与挑战的基本对策。

第三节 多种法律推理方法在指导性案例中的融贯运作

指导性案例的发布为法律推理方法的实践运用提供了样本。指导性案例6号中，法官综合运用了多种法律推理方法：演绎推理构建了整体框架，归纳推理提供了微观前提，两次类比推理的运用更是整个案件推理的核心关键，而设证推理则为法官提供了实体考量内容。由此可见，优质判决的形成需要在所运用的法律推理方法之间形成融贯关系，我们也可以此为标准来检验司法过程和结果的质量。

一、演绎与归纳：判决形成的宏观架构与微观基础

在最近几年中，案例指导制度获得了理论界和实务界的高度关注，经过多年呼唤，最高人民法院在2010年底出台了《关于案例指导工作的规定》，标志着该制度终于从理论走到了实践层面。可以说，在中国建立案例指导制度的必要性和重要性已经得到了公认，因为该制度具有多种实践意义和价值，包括建设公正高效权威的司法制度、推进法官司法能力建设、弘扬优秀法律文化传统和借鉴一切优秀司法文明成果等。[1]在统一司法适用、提高判决质量、维护司法公正方面，案例指导制度都能够贡献重要推动力量。最高人民法院所公布的每个指导性案例都经过了层层筛选，要经

〔1〕 胡云腾主编：《最高人民法院指导性案例参照与适用》，人民法院出版社2012年版，第56~58页。

过最高人民法院相关业务部门、专家学者和最高人民法院审判委员会等多个具体程序，才能最终获得公布。这些案件都具有较高的判决质量，反映了优秀司法者对特定案件的理解和分析。

作为以司法过程为主要研究对象的法律方法，法律推理无疑在每个案件中都有所体现，指导性案例当然也不例外。而且，经过精挑细选的指导性案例，其中的法律推理过程是严谨而细致的，应当成为各级法院和法学研究者深入研究的对象。而且，根据《关于案例指导工作的规定》中第7条："最高人民法院发布的指导性案例，各级人民法院审判类似案例时应当参照。"因此，指导性案例及其法律推理过程，不仅具有学习和借鉴的必要，而且对于各级法院来说是案例指导制度的要求。由于无法对每个公布的指导性案例都分析其中法律推理的适用过程，这里仅选取指导性案例6号作为分析对象。

在指导性案例6号中，行政诉讼被告工商局以非法从事网络经营为理由，没收了原告相对人三十余台电脑，但是并未告知其听证权利。法院判决认为，《中华人民共和国行政处罚法》第42条规定："行政机关作出责令停产停业、吊销许可证或者执照、较大数额罚款等行政处罚决定之前，应当告知当事人有要求举行听证的权利。"虽然该条规定没有明确列举"没收财产"，但是该条中的"等"系不完全列举，应当包括与明文列举的"责令停产停业、吊销许可证或者执照、较大数额罚款"类似的其他对相对人权益产生较大影响的行政处罚。为了保证行政相对人充分行使陈述权和申辩权，保障行政处罚决定的合法性和合理性，对没收较大数额财产的行政处罚，也应当根据《行政处罚法》第42条的规定适用听证程序。本案中被告没有告知听证权利，违反了法定程序，依法应予撤销。

在司法过程中，法律推理实质上就是运用逻辑来构建案件事实与法律规范之间的关系，其运作并不是单一的，而是多元的。换言之，多种法律推理方法都有可能在某个单一案件中得到运用，虽然重要性并不相同，但都是为形成最终判决结果服务的。如果这些法律推理方法之间出现了矛盾，将使得最终裁判结果建立在不稳定的基础上，有可能受到质疑甚至推翻。

这就涉及各个法律推理方法之间的融贯性问题。融贯性（或者融贯关系）的基本含义是各个命题之间没有冲突和矛盾，共同指向于同一结论。融贯性具有这样一些基本特征和属性：（1）它在逻辑上是一致的；（2）它阐明了一种高度的或然性的一致性；（3）它阐明了很多在信念体系各组成部分之间的相对较强的推论性联系；（4）它是相对统一的，比如说，它没有分裂为相对没有联系的子系统；（5）它几乎没有包含无法解释的异常现象；（6）它提出了一种相对稳定的，到最后仍然是融贯的世界观；（7）它满足了观察的需要，这意味着它必须包含把一种高度的可靠性归因于数量合理的认识上自发信念的法律。〔1〕法律推理各种方法的运用应当直接或者间接地支撑判决结论，也就是要满足融贯性的要求。通过分析指导性案例6号中各种法律推理方法的融贯性，我们可以为司法实践处理类似案件提供参考和借鉴。

演绎推理是目前在司法过程中最经常运用的推理方法，其基本含义是在大小前提之间形成确定性的逻辑关系，从而得到必然性的结论，经典代表就是司法三段论。在司法判断中，大前提是带有一般性和普遍性的命题，而小前提则是具体的、个别的命题，当二者相遇时，小前提的个别性服从于大前提的一般性。学者们经常用“涵摄”来描述以上二者之间的关系。换言之，大小前提之间是包容与被包容、一般和特殊的关系。演绎推理强调的是大小前提都必须为真，最终的结论才能为真。一旦前提出现了漏洞或者缺陷，最终的结论也变得不可靠。演绎推理是大陆法系比较推崇的推理方法，也是我国司法者最为熟悉和掌握的法律推理方法。“既然法官思维是以法律适用为基本内容，也就决定了法官的思维形式应该是逻辑推理，因为法律规范的结构就是一种逻辑结构，法律规范与具体个案之间的关系也是一种逻辑推理的关系，即以法律规范为大前提，以案件事实为小前提，两者结合，推出案件的处理结论。”〔2〕

---

〔1〕［瑞典］亚历山大·佩岑尼克：《法律科学：作为法律知识和法律渊源的法律学说》，桂晓伟译，武汉大学出版社2009年版，第208页。

〔2〕王纳新：《法官的思维——司法认知的基本规律》，法律出版社2005年版，第90页。

在指导性案例 6 号中，司法者同样是运用了演绎推理来构建整个判决形成的宏观架构。其中，大前提是《行政处罚法》第 42 条的规定（包括“等”字所涉及的内容），即针对特定种类的行政处罚，行政机关具有告知相对人听证权利的义务；小前提则是，在该案中，行政机关没有告知听证权利；结论是：行政机关的行政处罚行为程序违法，应予以撤销。这一整体架构清晰明了，建构了大小前提之间的涵摄关系，最终形成了判决结论。

但是，这一演绎推理的整体建构并非无懈可击，如果细致分析仍然能够发现些许问题。在小前提确定无误的背景下，大前提中的“等”字具有模糊和不确定的性质，这种性质并不符合演绎推理的要求，需要司法者进一步明确其含义才能够保证大前提为真。从案件事实中可以看到，行政机关没收了相对人三十余台电脑，这是一种没收财产的处罚方式。该方式并没有直接规定在《行政处罚法》第 42 条的列举项之中，法官需要论证该方式属于第 42 条的规定才能保证演绎推理大前提为真。此时，法官先总结概括了第 42 条中明确列举项的性质，为后续的推理奠定了微观基础，这就涉及归纳推理的运用。

与演绎推理“从一般到特殊”的过程不同，归纳推理强调的是“从特殊到一般”，即从各种对象之中总结出其中的共性。完美的归纳是在完全列举对象之中进行概括，但是，由于完全列举在多数情况下不可能实现，因此，从部分列举对象中进行总结得出的结论也具有可靠性。英美法系的普通法运作就是归纳推理的典型场合。“普通法的运作并不是从一些普适的和效力不变的前提真理中演绎推导出结论的。它的方法是归纳的，它从具体中得出它的一般。”〔1〕虽然我国司法过程中判决形成的宏观架构是演绎推理，但是，这并不意味着完全排斥归纳推理。相反，归纳推理能够在某些微观环节中为最终判决结果的形成奠定基础。

在指导性案例 6 号中，我们就能够看到归纳推理方法的微观运用。法官从《行政处罚法》第 42 条的明确列举项（责令停产停业、吊销许可证

〔1〕［美］卡多佐：《司法过程的性质》，苏力译，商务印书馆 2003 年版，第 10 页。

或者执照、较大数额罚款）中总结了其中的共性，即“对相对人权益产生较大影响的行政处罚”。虽然这一共性并没有直接表述在《行政处罚法》第42条之中，但是，从一般司法实践和行政法运行过程来看，这一归纳是比较准确的。听证程序是比较重要的行政程序制度，相应地，其所针对的事项也对相对人来说影响更大，本案法官的这种概括是符合立法目的的。

但是，运用归纳推理本身并不是目的，本案中的法官需要完善演绎推理的大前提，去除其中的模糊和不确定含义。运用归纳推理是这一完善过程中的一个步骤。法官更主要的目的是将本案中“没收财产”这一行政处罚方式纳入归纳推理形成的共性之中，从而明确《行政处罚法》中“等”字的含义。这实质上正是类比推理的运用过程。

二、类比推理：决定判决性质的核心步骤

无论是演绎推理还是归纳推理，都是在处理一般与个别之间的关系。而类比推理则强调“从特殊到特殊”的过程，其大致的运行步骤包括：①案件事实A与另一案件事实B都具有某些共性，例如a，b，c等；②案件事实A还有另外一种属性d；③结论：案件事实B也很可能应当具有属性d，与案件事实A应当发生类似的法律效果。质言之，类比推理（类推）是经由共同属性而使得两个规范命题获得类似处理。类比推理是广泛存在于司法过程之中的，考夫曼就认为，“法的现实性本身是根基于一种类推，因此法律认识一直是类推性的认识。法原本即带有类推的性质”。[1]类推是从“相同行为相同对待，不同行为不同对待”这一基础理论上延伸出来的。就司法活动而言，如何将无限丰富的社会生活通过法律及其规范的视角来进行评价，本身就是一个从绝对性到相对性的过程，在这个过程中，不会存在完全的“对应”“符合”或者“涵摄”，能够通过类推达致尽可能

〔1〕［德］考夫曼：《类推与“事物本质”——兼论类型理论》，吴从周译，学林文化事业有限公司1999年版，第45页。

的“相似”就可以说完成了司法活动的主要任务了。从这个意义上说，“惟一的可能是，因为‘制定法的意义’不是隐藏在法律中，而是在具体的生活事实中。而为这个事实，法律因此被确定的‘制定法的客观解释’在真实中，并不是要解释法律，而是，它是一种‘归纳与演绎’的整体：类推的前置过程，一种来回于法律与具体事实间移动的眼光”。[1]

但是，类比推理也有其固有的一些缺陷，核心的一点就是共同属性（共性本质、相似性、相似点）的确定。从司法的实际情况而言，法官所面临的每个个案都是特殊的，而且每个个案中都包含着大量的事实，如何从中选取其中的共性因素，是对司法者的巨大挑战。类推适用的妥当性根本上取决于类比点的选择及相似性的判断。在司法过程中，这种类似性的判断往往需要法官借助于自己丰富的办案经验和准确的价值判断才能实现。[2]考夫曼甚至认为，“比较点的确定主要不是依据一个理性的认识，而是很大程度地根据决断，因而取决于权力的运用”。[3]

但是，共同属性的探寻和确定并非完全不可能，在指导性案例6号中，司法者就已经通过归纳推理而获得了结论：“对相对人权益产生较大影响的行政处罚。”这一准确的概括为后续的类比推理奠定了基础。相比于责令停产停业、吊销许可证或者执照和较大数额罚款，没收财产的处罚力度是有过之而无不及的，根据“举轻以明重”的法律适用规则，相对较轻的行政处罚方式都应当告知相对人听证权利，那么，更为严厉的行政处罚就更应如此。从这个意义上说，“没收财产”就属于前面归纳推理所概括的共同属性，进而类比推理就能够正常进行，最终使得宏观架构的演绎推理在大前提这个环节上得到完善。

从相关案例的前后承继关系来看，最高人民法院在处理《行政处罚法》第42条所规定的听证权利告知义务时，一直保持着对行政机关的高标准要求。发生在1998年的“台顺职业介绍所不服南平市劳动局以自行发布

---

〔1〕［德］考夫曼：《法律哲学》，刘幸义等译，法律出版社2004年版，第189页。
〔2〕武飞：《法律解释：服从抑或创造》，北京大学出版社2010年版，第101页。
〔3〕［德］考夫曼：《法律哲学》，刘幸义等译，法律出版社2004年版，第116页。

虚假广告等对其予以处罚决定案”就已经被最高人民法院选入了其编辑的《人民法院案例选》（行政卷），其判决主要内容是，针对“撤销”该职业介绍所的决定，行政机关（劳动局）也应告知其听证权利。再有，《最高人民法院公报》2005 年第 3 期刊登的“张成银诉徐州市人民政府房屋登记行政复议决定案”中，司法机关的判决理由是：“行政复议法虽然没有明确规定行政复议机关必须通知第三人参加复议，但根据正当程序的要求，行政机关在可能作出对他人不利的行政决定时，应当专门听取利害关系人的意见。”即使是针对相对人以外的利害关系人，最高人民法院也赞同应当听取其意见。由此可见，最高人民法院一贯强调行政机关应当履行正当程序原则所规定的义务，其推广指导性案例 6 号也是其长期肯定相关案例后的当然结果。虽然以上两个案例并非指导性案例，其效力并不具有强制适用的属性，但是，从前后类似案件进行比较的角度而言，指导性案例 6 号中法官所运用的类比推理也是完全能够成立的。

另外值得注意的是，为了使得类比推理更加可靠，指导性案例 6 号中的判决理由还专门增加了对“较大数额”的论证。如果没收财产数额不大，那么，类比推理的结果就不那么可靠，因为数额较小的没收财产并不属于归纳推理所获得的共同属性。基于此，法官又比照了《四川省行政处罚听证程序暂行规定》第 3 条“本规定所称较大数额的罚款，是指对非经营活动中的违法行为处以 1000 元以上，对经营活动中的违法行为处以 20000 元以上罚款”。由此法官认为，在指导性案例 6 号中，行政机关没收相对人三十余台电脑的性质属于对相对人权益影响较大的行政处罚。应当说，这另外一个微观意义上的类比推理，用来辅助强化宏观类比推理的可靠性。当然，这一微观类比推理也应当满足确定共同属性这一要求。从立法性质（都针对听证程序）和行政行为性质（都属于财产类行政处罚）等方面都可以看到，法官在这里所运用的微观类比推理也是能够成立的。

由此可见，类比推理的适用在整个案件中起到了非常核心的作用，甚至决定了整个判决的基本走向和性质。在指导性案例 6 号中，演绎推理只是构建了宏观框架，并没有充实实体内容，而且其中的大前提仍然有待细化和明确；归纳推理则更主要是为类比推理做了前期准备。真正能够承上启下的中流砥柱正是类比推理，这也是法官发挥能动作用的集中体现。

由于《行政处罚法》第 42 条中出现了“等”字，而这一概括性规定并不明确，因此，要适用该条款就需要付出相当的说理成本，也由此要承担一定的风险，毕竟类比推理中相似点的确定并没有严格的规程。但是，该案的法官选择了使用多种比较的方式，形成了判决结论，而贯彻这些比较的正是类比推理的运作过程。该案的判决结果有利于规范行政机关的具体行政行为，能够增强对相对人程序权利的保障，符合行政程序法所追求的宏观目的，这也是类比推理运用所产生的积极效果。

三、设证推理：超越形式逻辑的实体考量

通过综合使用演绎推理、类比推理和归纳推理，司法者在指导性案例 6 号中已经形成了比较可靠的判决结论，这一流程主要是一种从因到果的、单向形式推理的过程。这一过程可以通过如下的图示得以说明。

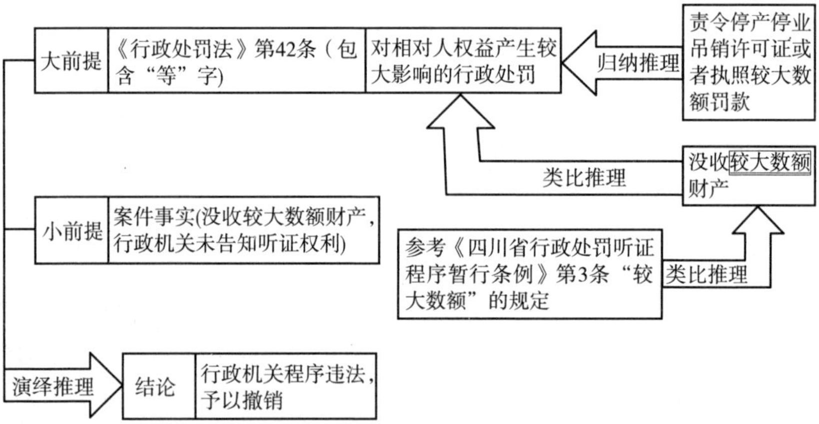

这一流程遵循着从因到果的顺序，也是法官在判决书中进行论证和说明的顺序。但是，这一过程未必是法官形成判决的真实过程。实际上，法官的实际推理过程可能正相反，先得出初步结论，然后为证成该结论寻找

正当理由作为前提。“法官需要在对立的可能裁判方式所造成的后果之间进行权衡，这就需要对不同的评价指标确定不同的权重，采纳或拒绝一项规则将会导致何种程度的不公正感，或者带来多大的效用，都可能成为考量因素。”〔1〕美国现实主义法学的研究也已经证明，法官在最初接触案件事实的时候就能够利用长期形成的“法感”来大致确定判决结论，其后则经过诉讼程序的运行而对该结论进行确证。“初审法官处于这样一种状况：他可能从其所期望的判决出发，然后倒过来，找出并宣布那些将会使他的判决在逻辑上显得天衣无缝的事实 F 和规则 R，只要有一些口头证词与他所宣布的事实 F 相一致，并且他能够将适当的规则 R 适用于这些事实 F 就可以了。”〔2〕由于审判案件的法官都是具有主观能动性的自然人，而且经过长期司法实践的锤炼形成了职业上的直觉，因此，能够基于这种直觉而获得较为正确的判决结论并不奇怪。霍姆斯认为：“普通法的美德之一就是先决定案件，然后再确定其中的原则。通过观察其中的逻辑形式就可以得知，一旦你获得了一种部分的（minor）前提和结论，那么，必然会有更主要的（major）前提和结论，而后者正是你要准备获取并公布的。”〔3〕波斯纳也认为，就像在大多数决定中一样，直觉在司法决定中扮演了一个主要角色。直觉感使法官、商人或一位军队指挥员能够迅速决定而无须清醒掂量和比较诸多可能行动进程的有利和不利因素，最好是把直觉理解为一种能力，会深入从教育特别是从阅历中获得的“潜意识知识储备”中。〔4〕简而言之，虽然判决表述可以是一个从因到果的演绎推理过程，因为“三段论的推理非常有力，又为人熟知，因此，渴求自己的活动看上去尽量客观的律师和法官都花费了很大力气使法律推理看上去尽可能像是三段论”。〔5〕但是，通过最初预设某一结论，进而通过诉讼过程的进行对该结论进行验证，这一先果后因的过程才很可能是法律推理运用的真实过程，也是设证推理

〔1〕［英］麦考密克：《法律推理与法律理论》，姜峰译，法律出版社 2005 年版，第 100 页。

〔2〕［美］弗兰克：《初审法院：美国司法中的神话与现实》，赵承寿译，中国政法大学出版社 2007 年版，第 181 页。

〔3〕O. W. Holmes, '*Codes, and the Arrangement of Law*,' American Law Review, vol 5 (1870), p4.

〔4〕［美］波斯纳：《法官如何思考》，苏力译，北京大学出版社 2009 年版，第 100 页。

〔5〕［美］波斯纳：《法理学问题》，苏力译，中国政法大学出版社 2002 年版，第 50 页。

（假言推理）的运作过程。

设证推理基本含义在于从一系列既定的事实和条件中获得了一种假设命题（hypothesis），一旦这种作为结论的假设能够成立，那么它就能够对那些事实进行解释。从本质上说，设证推理是一种溯因推理，在已经具备结论的前提下来寻找对其最佳的解释。设证推理的始创者皮尔斯就认为："设证是一个形成具有解释力的假设的过程，……演绎证明某事是必然的（*must be*）；归纳说明某事是实际存在的（*actually*）；设证仅仅展示某事是很有可能的（*may be*）。"[1]换言之，设证推理带有一定的盖然性色彩，并非如演绎推理那样具有绝对真理的性质。

具体到司法过程中来说，设证推理首先由法官根据已有证据事实并结合法感形成初步判决结论，再由当事人双方进行举证和质证对该判决结论进行修正和完善，在特定的条件下甚至是推翻。最后，法官综合考量整个司法过程中的各种因素确定判决。经过设证推理所形成的初步结论仅仅是一个批判和完善的对象，并非绝对正确的最后判决。因此，我们不必像现实主义法学家那样，过分担心所有的判决完全依赖于法官的主观性。在以上判决理由的寻找和检验过程中，充满了法官对案件的主观实体考量因素，甚至可以说，正是由于这些实体因素的存在，使得法官首先确定了有利于行政相对人的总体判决结果走向，并在诉讼过程中运用归纳推理、类比推理和演绎推理为该判决结果提供正当性证明，特别是运用类比推理将"没收财产"归于《行政处罚法》第 42 条，更是其中的关键。具体来说，指导性案例 6 号中，法官在设证推理中考虑的实体因素至少包括以下几个方面：

首先，法律规范的主旨或者目的。作为基本的行政程序法，《行政处罚法》中的第 1 条就规定了其立法目的："规范行政处罚的设定和实施，保障和监督行政机关有效实施行政管理，维护公共利益和社会秩序，保护公民、法人或者其他组织的合法权益。"因此，总体而言，《行政处罚法》在整体上应当倾向于保护行政相对人的合法权益，实现手段则是监督行政机关的

[1] Charles Sanders Peirce. 'Collected papers of C. S. Peirce', Massachusetts : Harvard University Press, 1932 - 1963 § 5, p171.

行政行为。换言之，在处理行政诉讼时，法官应尽可能满足行政相对人的权利诉求，以更加严格的标准来审查行政机关的各种行为，特别是在法律规定并不十分清晰明确的场合，更是如此。“忠于立法目的，这已经成为现代形式主义——不论被解释的成文法如何堕落，法官都应当充当立法机关的忠实代理人——的标志。”〔1〕指导性案例6号正是集中地表现了这一点：由于存在“等”字这一不确定的概念，《行政处罚法》第42条在规范内容上有模糊不清之处，虽然在法律规范的明确性要求上有所欠缺，但是，法官仍然应当坚持立法目的的指导作用，在这种规范内容不甚清晰的情况下将判决内容做有利于行政相对人的倾斜。因此，我们看到的最终判决结果，法官将规范模糊之处进行了填充，使其具有的明确内容成为判决的直接依据。

其次，类似案件中最高人民法院提供的参考。在行政化色彩仍然比较浓厚的现行司法体制内，最高人民法院经常用司法解释、司法文件等方式努力统一法律的适用。这也对地方各级法院的审判实践有着重要影响。作为业务学习的重要途径，最高人民法院公报中经常刊登具有典型性的案件，这种公报案例甚至被认为是指导性案例的前身之一，其中也有与本案相类似的案例。前文中《最高人民法院公报》2005年第3期刊登的“张成银诉徐州市人民政府房屋登记行政复议决定案”就是如此。再如，《最高人民法院公报》2004年第8期刊登的“宋莉莉诉宿迁市建设局拆迁补偿安置裁决案”中，行政机关仅仅凭借一方当事人提供的评估报告，在对对方当事人有严重不利影响的情况下，没有告知对方当事人陈述和申辩的权利就作出了行政决定。这种方式使得受到不利影响的当事人无法救济自己的权利。行政机关这种违背程序正义的做法应当受到司法机关的否定评价。指导性案例6号中也是如此，行政机关没有履行告知当事人听证权利的义务，也属于程序违法，本案中法官根据以往出现的类似案件也可以做出判决。虽然公报案例并不具有绝对的约束力，但是，这些案例毕竟表明了最高人民法院的意向，地方法院的法官应当尊重这种统一法律适用的努力，一方面可以节省分析和论证的成本，另一方面也可以减少审判结果所带来的风险。

---

〔1〕［美］波斯纳：《超越法律》，苏力译，中国政法大学出版社2001年版，第450页。

出于以上的这些考虑，法官对本案的判决应当否定行政机关的处罚行为。

再次，正当程序原则。在现代社会中，行政权力的膨胀与扩张已经成为不争的事实，为了防止行政权滥用，正当程序原则不可或缺。该原则在具体行政行为方面的总体要求包括：行政权力的行使应充分考虑行政相对人的权利权益、接受可能及程度，尽量减少给行政相对人造成的负担与损害；保证行政相对人尤其是利害关系人对一般行政活动的了解与参与；行政相对人的权利或义务，将因行政行为而受到影响时，能事先得到通知、陈述抗辩机会，以及取得公平合理的审判；行政相对人的人身、财产、名誉、资格、福利待遇、生活方式、才能发挥等方面的权利利益非经正当的行政法律程序不受行政机关的剥夺、限制或丧失；如果发生行政非法侵害或者合法损害权益的现象，行政相对人能有通畅的渠道去寻求法律救济；等等。〔1〕一旦行政机关违反法定程序作出具体行政行为，很有可能威胁相对人的合法权益，此时，缺乏有效程序运行的相对人要救济自己的权利，就要付出更多的成本。这种负担是司法者在诉讼程序中应当注意并尽力纠正的。结合指导性案例6号的案情，我们也可以看到，没收较大数额的财产是对相对人影响极大的行政处罚，无论在实体上是否正确，在程序上行政机关都应当履行自己告知听证权利的义务，特别是影响较大的处罚决定尤其如此。这也是“程序法先于实体法”这一基本法理的具体展现。程序正义的价值是多方面的，主要表现在：（1）是权利平等的前提；（2）是权力制衡的机制；（3）是解纷效率的保障；（4）是权利实现的手段；（5）是法律权威的保障。〔2〕指导性案例6号所关注的焦点问题正是听证权利，而听证制度的本质就是程序正义，虽然该制度无法从根本上消除行政机关的不法行为，但却是遏制这类行为的有效手段。因此，在出现行政机关违反正当程序原则的情况下，法院都要尽力给予纠正，这也是司法者在指导性案例6号中做出判决的实体考量。

---

〔1〕王学辉：《行政程序法精要》，群众出版社2001年版，第205页。

〔2〕程龙：《法哲学视野中的程序正义：以程序正义研究中的分析模式为主的考察》，社会科学文献出版社2011年版，第54~56页。

最后，对行政行为的规制。由于历史和现实的原因，行政机关长期以来缺乏对行政相对人的合理注意，带有严重专断色彩的行为处理方式已经不能适应现代法治及其公民的需要。“门难进、脸难看、事难办”就是对这一状况的写照。尤其是在行政处罚行为中，行政处罚程序不明确。行政处罚没有明确的程序规定，缺少必要的监督制约机制，随意性很大，带来了不少消极后果。例如，有利争着罚，无利不愿管；不向被罚当事人说明理由，也不允许当事人申辩，影响了处罚的公正性。有些行政处罚完全受经济利益所驱动，背离了行政处罚的宗旨。[1]行政机关在行政处罚中行为不当所引发的纠纷和诉讼已经屡见不鲜，针对这种现状，司法者在指导性案例6号中强调行政程序的重要性与合法性，对其他行政机关起到提醒和警示的作用，从而有利于规制行政行为。

以上所有实体考量，在法官接触到相关案件事实之前就已经存在，从哲学解释学的视角来说，就是构成了“前见”。带着这些前见来审视指导性案例6号的内容，法官就会更倾向于严格要求行政机关而保护相对人的权益，也就是先形成整体判决意见倾向，然后在诉讼过程中寻找相关的正当理由进行论证。这正是设证推理的基本运行方式。

总之，在指导性案例6号中，各种法律推理方法都能够和谐共存，以直接或者间接的方式对形成最终判决结果给予支持。这种融贯性的运作方式能够给其他法官以启示和参考：要确立正当的判决结论，各种法律推理方法之间应当形成融贯关系。如果某一法律推理方法没有与其他推理相融贯，那么，这就可能成为判决结论受到质疑的地方。因此，我们可以在司法过程中不断以融贯性为标准来检验法律推理的适用，进而形成高质量的司法判决结论。

---

〔1〕 崔英楠：《和谐社会的民主法制建设》，红旗出版社2008年版，第97页。

第四章

法律论证方法在指导性案例中的运用

法律论证方法是围绕证立展开的法律适用方法，包括逻辑、对话和修辞三种基本进路。本章第一节聚焦于文本之中的指导性案例，分析其文本形式中能够发挥论证作用的因素。第二节则是探讨了指导性案例中最常见的论证理由——“法律规定”，明确了这一论证理由的价值和局限。第三节借助于著名的图尔敏法律论证模型分析了指导性案例23号，并提出了运用该模型分析指导性案例时需要注意的缺陷。

第一节 指导性案例文本的论证策略

为了获得地方法院的认可和接受，指导性案例必须合理安排自身的文本论证策略。最高人民法院已经做出了相当的努力，形式上的策略包括通过相关正式司法文件进行造势，并对指导性案例的具体文本进行剪裁。此外，从实质策略的角度来说，指导性案例中还援引和借鉴了法律规范内外的多种权威资源来加强论证。但是，以上的论证策略中还存在不少缺陷，表现在效力定位不明、缺乏配套规定、内容过于简略和忽视过程分析等方面。这些缺陷和不足也为完善指导性案例的论证策略指明了方向。

一、形式策略：相关司法文件的铺垫与具体行文的裁剪

案例指导制度已经从理论呼唤变成了制度实践，从最高人民法院、最高人民检察院和公安部都宣布创设指导性案例就可以看到，这一制度被学术界和实务界寄予厚望。为了论述方便与集中研讨，这里仅以最高人民法院的指导性案例为分析对象。通过多年司法改革尤其是其中制度建设的经验与教训来看，案例指导制度的实际运行效果仍然有待观察。有调查显示，部分法官、律师及相关诉讼参与人对于指导性案例的内涵缺乏足够的了解；对指导性案例的效力理解也存在一定的分歧；指导性案例的适用预期效果的类型上未形成一致意见。[1]为了避免重蹈覆辙，案例指导制度需要从诸

〔1〕 唐守东：《指导性案例在法院审判适用中的现实考察——以对湖北省高级人民法院的调研分析为例》，载《中南财经政法大学研究生学报》2013年第2期，第150页。

多方面进行完善，以获得地方各级法院以及社会公众的广泛接受。

为了实现这一目标，最高人民法院应当对与案例指导制度有关的诸多规定，尤其是对正式司法文件中的规定进行细致考量。虽然每个指导性案例都经过了层层遴选，但是，如何在正式公布的文本中发挥其最优的效果，使其被地方法院所接受和认可，仍然是一个需要深入分析的问题。其中所包含的内容，不仅是现有指导性案例文本中的成功之处，更应当涉及其重要缺陷。就前者而言，按照从宏观到微观的顺序，我们可以探讨最高人民法院为提升指导性案例的可接受性已经采取的论证策略及其可取之处。

在2005年的《人民法院第二个五年改革纲要（2004—2008）》中已经明确："规范和完善案例指导制度。最高人民法院要制定关于案例指导的规定，规范指导性案例的编选标准、公布方式、指导规则等。"这是最早直接以"案例指导制度"为精确表述的重要司法文件，为指导性案例的发布及其作用的发挥做了铺垫。而2010年底的《关于案例指导工作的规定》更是案例指导制度成立的标志性文件。在这个篇幅不大的文件中，最核心的问题是关于指导性案例效力的第7条："最高人民法院发布的指导性案例，各级人民法院审判类似案例时应当参照。"这种"应当参照"表明了最高人民法院对指导性案例的重视态度，也强调了地方各级法院应当重视并积极适用指导性案例，这也为指导性案例被地方各级法院所认可和接受提供了直接的正式官方依据。不仅如此，根据《关于案例指导工作的规定》第1条，指导性案例仅仅由最高人民法院统一发布。这就为指导性案例被接受和认可提供了重要的符号资源，体现了"法出一门"的统一性。在中国司法系统中仍然包含着浓厚行政色彩的背景下，最高人民法院的这一规定无疑使得指导性案例及其适用体现了重要的意图和倾向，也使得指导性案例更容易被认可和接受。

相比直接表述指导性案例来说，以上两个司法文件仅仅是"外部资源"，为提升指导性案例的可接受性提供了背景和基础。在正式发布诸多指导性案例的正式文本之前，最高人民法院还发布了若干通知，经常以《关于发布第×批指导性案例的通知》为名。这些通知的内容是对本批次指导性案例的高度凝练和概括，指明了每个指导性案例的核心问题。这不仅为地方各级法院判断“类似案件”提供了重要参考，更表明了最高人民法院通过每个指导性案例所要实现的直接目的，能够发挥统一思想的作用，也进一步提升了指导性案例在司法实践中适用的可能性。

除了以上正式司法文件之外，最高人民法院案例指导工作办公室还在《人民司法》《法制日报》《人民法院报》等刊物上发布相关文章和谈话，也为指导性案例的推广造势。例如，《人民司法》上的系列文章大多以“指导性案例×号的理解与适用”为标题，不仅介绍了该指导性案例的遴选过程，而且还对其中的主要法律适用问题从学理和实践等方面进行了阐释和说明。在指导性案例的正文中没有直接介绍相关背景和依据的情况下，这一系列的文章能够为地方各级法院适用指导性案例提供间接材料，从而助推了指导性案例的普及适用。最高人民法院研究室的相关负责人也通过答记者问等方式对指导性案例适用中的一些疑问进行解答，发挥了同样的效果。

在充分利用正式和非正式司法文件的基础上，最高人民法院所发布的指导性案例正式文本也经过了精雕细琢。具体来说，每个指导性案例包括案件编号、案件名称、关键词、裁判要点、相关法条、基本案情、裁判结果和裁判理由等部分。在总体文风上，指导性案例的正式文本比较符合公务文书的基本修辞风格。“司法语言在表述法律内容的时候，必须十分重视逻辑推理，注意遵守逻辑规律：同一律、矛盾律、排中律和充足理由律；遵守各种推理规则，在词语运用和复句、句群表达上要严格按照思维的逻辑法则组织语言材料。”[1]当然，这也是正式法律文本的基本要求。除此之外，要借助正式文本提升指导性案例的可接受性，还需要讲究具体的遣词造句和行文。

从叙事学的角度来说，任何对过往的描述都含有一定的修辞色彩，都有叙述者所追求的目的，作为正式文本的指导性案例也不例外。由于每个指导性案例都是通过严格程序从各级法院既成案件中遴选出来的，最高人

〔1〕 马晓燕、史灿方：《法律语言学引论》，安徽人民出版社2007年版，第50页。

民法院在将其作为指导性案例公布时必然要进行重新整理和组织，从中就体现了最高人民法院推行该案例的意图。尤其是裁判要点和裁判理由部分，更是各级法院在研习指导性案例时所关注的焦点。“指导性案例所确定的裁判要点，对人民法院审理类似案件、做出裁判具有指导作用，即在根据法律、有关司法解释做出裁判的同时，各级人民法院在审判类似案件时应当参照，并可以作为裁判文书的说理依据加以引用。”〔1〕每个指导性案例中的裁判要点是其核心部分，直接体现了该案件法律适用的主要情况。相比而言，裁判理由则结合了案情对相关法律适用问题进行更加详细的阐述，是裁判要点的扩展和延伸，这两个部分的叙事和修辞方式很大程度上决定了该指导性案例在司法实践中的可接受性。

基于此种考虑，最高人民法院所发布的正式文本中，在裁判要点和裁判理由中的论证方式也是经过了精心准备，不但对原始的裁判文书有所取舍，而且在具体行文中进行了有针对性的剪裁。“对于发生在过去某个时间的案件进行真实情况的重组，广义上说当然可以算作一种追忆、记录、再现历史的行为，只是这种历史再现有其特殊性，即必须在法律的语境中完成，并积极地、公开地迎合特定的法律目标，比如适应罪名的定义和量刑标准。”〔2〕例如，指导性案例4号和12号都是故意杀人案件，其中也都涉及了多种从轻和从重的情节，如何对这些情节进行衡量，进而在死刑立即执行和死刑缓期执行之间做出选择，是对主审法官的巨大挑战。这两个案件的审理过程也都经历了从一审到二审，再到最高人民法院不核准死刑，最终改判死刑缓期执行并限制减刑的过程。这也说明了对众多犯罪情节进行评价并形成判决结论的困难。但是，在这两个案件的判决理由的叙事方式中，以上困难并没有得到直接呈现，判决理由总是先论述了从重情节，进而再论述从轻情节。虽然裁判理由也强调综合考虑，但是，从行文笔墨及其侧重可以看到，论证的重点更倾向于在罪大恶极之下的从轻考量，最

〔1〕张先明：《用好用活指导性案例 努力实现司法公正——最高人民法院研究室负责人就案例指导制度答记者问》，载《人民法院报》2011年12月21日第3版。

〔2〕刘燕：《法庭上的修辞：案件事实叙事研究》，光明日报出版社2013年版，第43页。

终形成了死缓的判决结论。

这一点集中体现在指导性案例12号中对于被告人的盗窃罪前科的考量之中。由于被告人是盗窃罪累犯，在一般量刑考虑中应是从重情节，但是，本案的裁判理由中却认为："李飞虽系累犯，但此前所犯盗窃罪的情节较轻。"其中的"但"字所强调的重点已经直接揭示了裁判者的倾向性意图，由此将从重情节的考量进行了大幅度削减。"一个叙事性陈述可能将一组事件再现为具有史诗或悲剧的形式和意义，而另一个陈述则可能将同一组事件——以相同的合理性，也不违反任何事实记载地——再现为闹剧。"〔1〕可以说，指导性案例的各个组成部分都是对案件事实及其法律适用的论述，其材料本身并无争议，但是，在叙事和修辞方式上的选择就成为形成案件判决结论的重要影响因素。如果意在强调累犯作为从重情节，那么，裁判理由就不会出现"但"进行转折，而是继续深入分析累犯的社会危害性和应受处罚性。强调重点的不同会导致修辞效果的不同，其背后则是表述者的意图倾向。通过貌似客观的论证分析，指导性案例可以"顺理成章"地得到"自然而然"的判决结论，其叙事和修辞方式实质上是在不断将读者引导向最终的判决结论，之前的所有工作都是在为确认该工作而进行的预设和铺垫。

但是，需要强调的是，这些正式文本中的叙事和修辞仍然是以一种外在客观的面貌出现的，因为司法过程毕竟以合法性、合理性和去个体化为典型特征。"律师和法官们并不喜欢被称赞为了不起的故事讲述者。他们竭力想使他们的法律故事尽可能不像故事，甚至与故事相反；事实的、逻辑上不证自明的、反对稀奇古怪的空想、尊重常规、似乎'未经剪裁'的。"〔2〕基于相同的证据，从不同立场出发可能会得出迥异的结论，问题的关键就是如何进行叙事和修辞。指导性案例文本的论证策略正是以严谨表述的方式暗含了特定的判决倾向，使得文本的读者或者受众接受判决结论。

---

〔1〕［美］海登·怀特：《后现代历史叙事学》，陈永国、张万娟译，中国社会科学出版社2003年版，第325页。

〔2〕［美］布鲁纳：《故事的形成：法律、文学、生活》，孙玫璐译，教育科学出版社2006年版，第37页。

二、实质策略：多种权威资源的直接援引与间接借鉴

从前一部分的论述中可以看到，最高人民法院已经通过发布多个司法文件的方式，为提升指导性案例的可接受性提供了直接或者间接的帮助；而且，在具体文本的叙事和修辞上也颇为用心。这些大多数都属于形式上的论证策略。而为了使得指导性案例在地方各级法院的司法实践中获得实效，实体内容上的细致而严密的论证也是必不可少的，甚至是更具决定意义的。要使得特定对象获得认可和接受，借助权威的力量是一种相当重要的论证策略，对于指导性案例来说也是如此。“拥有权威即是拥有规范性权力。但是此处所指的‘权力’与以往不同，即权力是指影响力，影响人们行为及命运的能力。如果某人具有影响力、能够影响人们的命运及抉择，那么他就拥有了有效（effective）权威。由此，合法性权威可被界定为正当的有效权威。”〔1〕将众多权威资源引入指导性案例的实体内容，将有助于提升其在司法实践中的可接受性，而现有的指导性案例也已经对此有所认识和借鉴，我们也可以结合已经公布的指导性案例对此展开分析。

从直接的权威资源来说，现行有效的法律规则是形成判决的主要依据，这一点也得到了指导性案例的充分肯定。法律规则作为法律规范的最主要内容，具有明确性、稳定性和可操作性强的优势，也是每个案件获得合法性的主要权威资源，指导性案例自然也是如此。在其正式文本中，“相关法条”部分就是专门论述了该案件在法律规则上的依据。在裁判理由中，法官的论述也都是围绕着法律规则，甚至直接以法条的细致规定为论述主线。例如，在指导性案例8号的裁判理由中，为了判定公司僵局的存在，法官分别从公司的股东会、董事会或执行董事及监事会或监事的运行现状进行了综合分析，而这几个方面正是《公司法解释（二）》第一条的主要内容。换言之，该案的裁判理由几乎是逐条根据《公司法解释（二）》第一条中的具体列举项结合案情进行了分析。这就充分展现了指导性案例对法律规

〔1〕［英］拉兹：《法律的权威》，朱峰译，法律出版社2005年版，第6～7页。

则的重视，这一点已经成为其文本的典型样态。

但是，如果仅有法律规则作为权威资源，那么，不仅无法体现指导性案例对审判活动在智识和思路上的提升，还使得其借助的权威资源过分单一。因此，在裁判理由中，还存在着很多其他方面的权威资源。由于这些资源在普通案件中并不经常出现，或者以隐含的方式出现，因此，它们更能够帮助普通审判人员扩展思路，是更值得分析和借鉴的对象。

在审判案件中，法律规范是最主要的直接权威资源，除了法律规则之外，法律原则也是能够满足形式合法性的重要资源。在绝大多数普通案件中，法律原则并没有得到适用。这种情况使得法律原则的司法适用缺少必要的可供研习的样本，而部分指导性案例却直接将法律原则作为裁判理由，借助于法律原则的权威加强了对判决结果的论证。例如，在指导性案例1号中，法官就认为被告的所谓跳单行为并没有违背诚信原则，因为该被告是从多方面获得房屋信息，并没有违背原告房屋中介公司所提供的合同。而在指导性案例15号中，裁判理由也援引了诚信原则，将三家关联公司相互串通损害债权人的行为视为有违诚信，在已经基于法律规则（《公司法》第20条第3款）的基础上，加强了论证的合法性，也使得最终判决结论更具可接受性。

如果说法律规则和法律原则都直接存在于现行有效的法典之中，其在指导性案例中的适用属于直接援引，那么，缺少形式合法性的其他权威资源在指导性案例中的适用，就属于间接借鉴。深入分析现有的指导性案例可以发现，这样的间接借鉴并不少见，而且大多在裁判理由部分被论及，是对判决书原文的浓缩与概括。调查也显示，这一部分内容同样受到法官们的关注，他们期望从中找到可用于当下待决案件的裁判思路、推理方法等。[1]因此，判决理由中间接借鉴的权威资源，也能够成为提升指导性案例论证效果的重要方式。在这些隐含于裁判理由中的间接权威资源中，其中比较有代表性的就是司法政策。

在指导性案例4号和12号中，裁判要点和裁判理由都多次提及“追求

〔1〕 于同志：《论指导性案例的参照适用》，载《人民司法》2013年第7期，第64页。

社会效果”“化解社会矛盾”和“促进社会和谐”等关键词。根据2010年《关于贯彻宽严相济刑事政策的若干意见》中的规定：“贯彻宽严相济刑事政策，……必须充分考虑案件的处理是否有利于赢得广大人民群众的支持和社会稳定，是否有利于瓦解犯罪，化解矛盾，是否有利于罪犯的教育改造和回归社会，是否有利于减少社会对抗，促进社会和谐，争取更好的社会效果。”这些关键词上的高度重合表明，指导性案例4号和12号都深刻贯彻着宽严相济的刑事政策。这两个案件的焦点问题在量刑环节，法官需要在死刑立即执行和死刑缓期执行之间做出选择，二者之间的区分并非绝对，而对于死刑适用标准从政策上予以把握是极为重要的。〔1〕基于宽严相济的刑事政策，最高人民法院并没有核准死刑，二审法院也由此改判为死刑缓期执行并限制减刑。如果说指导性案例4号和12号体现了宽严相济的刑事政策中从宽的方面，那么，指导性案例3号则体现了其中从严的方面。指导性案例3号所释放的政治、政策宣示功能表现得更明显一些，它针对近年来受贿案件出现的一些新情况、新问题，透过合办公司、低价购房等表面现象，抓住了受贿罪权钱交易的本质，对利用更具有隐蔽性、复杂性的新手段受贿提出了具体明确的处理意见，有利于依法从严惩处腐败犯罪。对于依法惩治新形势下出现的新类型受贿犯罪、加大惩治腐败力度具有重要意义。〔2〕刑事政策总是与特定的社会形势紧密相连，在贪腐犯罪形势非常严峻的背景下，指导性案例3号从严把握，结合新的社会情况对受贿罪进行了准确认定。从以上从严和从宽两个方面可以看到，宽严相济的刑事政策在刑事类指导性案例中有着重要的影响力，虽然在裁判理由中并没有直接援引该司法政策，但是，借助于其实质精神形成的判决结论还是能够提升指导性案例的论证力度，进而促进了指导性案例被地方法院认可、接受和借鉴的程度。

如果说刑事类指导性案例中体现了宽严相济的刑事政策，那么，一些

---

〔1〕陈兴良：《死刑适用的司法控制——以首批刑事指导案例为视角》，载《法学》2013年第2期，第45页。

〔2〕陈增宝：《新型受贿的裁判尺度与社会指引——指导案例3号〈潘玉梅、陈宁受贿案〉评析》，载《浙江社会科学》2013年第1期，第97页。

民商类指导性案例则借鉴了本领域内的一些法理学说作为裁判的参考。指导性案例1号的判决结果就与德国民法学说中的理论十分契合，〔1〕而且也符合经济分析方法的论证结论。〔2〕指导性案例7号的裁判理由则体现了民事诉讼活动中关于处分权的理念变化。虽然处分权原则是民事诉讼法的基本原则之一，但是，如何将这一理念贯彻到民事司法过程，仍然并不清晰。指导性案例7号的裁判理由强调“为了尊重和保障当事人在法定范围内对本人合法权利的自由处分权，实现诉讼法律效果与社会效果的统一，促进社会和谐”正是该原则适用的直接体现。改革开放以来，我国的法律理念发生了重大转变，民法是私法而非公法的观念逐步得以确立。民法在性质上既然是私法，通过民法规范赋予民事主体的权利，通常涉及的也只是私人的利益，因而在民法中应当实行私法自治原则。程序法服务于实体法的属性决定了私法自治的原则必然会影响民事诉讼程序的设置。该指导性案例宣示的法律规则是：只要是当事人在处分权范围内行使权利，法院就应当尊重当事人作出的决定，保障处分权得以实现。即使在审判监督程序的特殊救济程序中，法院的审判监督权与检察院的诉讼监督权也必须为合法的处分行为让路。〔3〕在司法权力监督与当事人自由处分之间，指导性案例7号基于法律理念的变化选择了后者，而理念的变化正是由法理学说总结并表达出来的。

即使在表面上严格遵守法律规则的案件中，也仍然存在着借鉴学理的因素，如指导性案例8号。如前所述，指导性案例8号的裁判理由几乎是以逐条比照法典的方式进行论证的，但是，是否最终做出解散公司的判决，仍然取决于法官的自由裁量权，因为《公司法》第183条及其相关司法解释只是将公司僵局作为可以解散公司的理由之一，并非必然结果。而且，本案中的公司仍然处于正常经营状态，是否应通过判决解散正常经营的

〔1〕汤文平：《多人居间行为共同原因性研究——从“指导案例1号”切入》，载《政治与法律》2012年第12期。

〔2〕于立、冯博：《最高人民法院首个指导性案例的法律经济学分析——“跳单案”案例研究》，载《财经问题研究》2012年第9期。

〔3〕李浩：《处分原则与审判监督——对第7号指导性案例的解读》，载《法学评论》2012年第6期，第152页。

公司在学理上是有争议的，毕竟解散公司对诸多方面都会带来严重的消极影响。但是，参照美德等国家的立法经验，学理研究的主流观点仍然更强调公司治理结构的整体规范性，而不是公司是否处于正常经营或者盈利状态。〔1〕这与指导性案例 8 号的最终裁判理由不谋而合："二审法院从充分保护股东合法权益，合理规范公司治理结构，促进市场经济健康有序发展的角度出发，依法作出了上述判决。"虽然指导性案例 8 号的正式文本中并没有提及学理研究成果，但是，获得主流学术研究结论以及国外类似立法经验的支持，也能够增加裁判理由的论证力量。

从以上的分析可以看到，无论是对法律规范的直接援引，还是对司法政策和法理学说的间接借鉴，指导性案例都在使用多种权威资料来强化对判决结果的论证和说理程度。质言之，其最终效果仍然指向于推动指导性案例被地方各级法院所接受和认可，发挥其在司法实践中的积极效果。

三、指导性案例论证策略中的主要缺陷与不足

就指导性案例的主要论证策略来说，相关司法文件提供了外部资源和正式文本形式，而对多种权威资源的援引则填充了实体内容，这两个方面都服务于指导性案例的可接受性。但是，指导性案例在具体实践中并没有得到广泛认可，进而难以在司法过程中发挥普遍的积极作用。这种情况说明指导性案例在论证策略上仍然存在着一些重要缺陷，影响了其被地方各级法院所认可和接受的程度。也正是这些论证策略上的缺陷指明了发展和完善指导性案例的基本方向，是值得我们进行详细分析的。具体来说，指导性案例现有的论证策略主要包括以下缺陷和不足。

第一，指导性案例效力上定位不明确，严重影响了其论证策略的实际效果。《关于案例指导工作的规定》第 7 条将指导性案例的效力界定为"应当参照"，虽然这貌似是一种强制性规定，但是，对其实际效果的解读却并没有形成一致意见。"从语义学角度分析，参照执行给裁判者留下了自

〔1〕 范黎红：《有限责任公司司法裁判解散的困惑及法理思考》，载《法学》2007 年第 4 期，第 67 页。

由裁量的较大空间，似无必须照办的含义，因此，在‘参照’之前加上‘应当’，感觉上是矛盾组合。”[1]最高人民法院研究室负责人认为：“指导性案例应不具有正式的法律效力，不属于正式的法律渊源，不能被裁判文书直接援引。……指导性案例具有事实上的拘束力，法官在处理同类或类似案件时，应当充分注意、参照指导性案例。”[2]虽然强调“事实上的拘束力”的观点得到了一些学者的赞同[3]，但是，这种定位无疑降低了指导性案例的强制效力，容易给地方法院忽视指导性案例提供借口，进而影响到指导性案例的可接受性。由于“应当参照”的模糊界定，理论研究中也没有形成统一意见：如果指导性案例仅具有说理功能，显然无法将其与其他案例，如公报案例区别开来，如果认为其具有指导功能，又在一定程度上将其作为法律渊源，拔高了其效力。对于“应当参照”，一种观点认为，既然只是“参照”，那么法官可以自由决定是否参照；而另一种观点则认为，只要有类似的指导性案例，法官就必须要参照。各种观点都有其支持者。[4]有部分观点甚至认为，“应当参照”是一种“强制性依据”，其实质是“法院造法”。[5]总体而言，现阶段“参照”本身含义不明，制度设计中又缺乏配套机制，加之相关解释模糊乃至矛盾，理论和实务中引发的争议势必影响指导性案例指导作用的发挥。[6]根据《关于案例指导工作的规定》，最高人民法院为案例指导制度所设计的定位是“总结审判经验，统一法律适用，提高审判质量，维护司法公正”，而力图通过遴选程序和主体设定等方面实现指导性案例的统一性。但是，在最为关键的效力问题上，却缺少准确而严密的界定，无法实现纲举目张的效果，使得后续的所有相关分析都没有坚实的基础，自然也对其在地方法院中的可接受性产生相当消极的影响。

---

〔1〕张志铭：《对中国建立案例指导制度的基本认识》，载《法制资讯》2011年第1期。

〔2〕胡云腾等：《〈关于案例指导工作的规定〉的理解与适用》，载《人民司法》2011年第3期，第36页。

〔3〕陈兴良：《案例指导制度的规范考察》，载《法学评论》2012年第3期，第123页。

〔4〕王利明：《我国案例指导制度若干问题研究》，载《法学》2012年第1期，第76页。

〔5〕赵娟：《案例指导制度的合法性评析——以〈最高人民法院关于案例指导工作的规定〉为对象》，载《江苏社会科学》2011年第6期，第144页。

〔6〕孙国祥：《从柔性参考到刚性参照的嬗变——以“两高”指导性案例拘束力的规定为视角》，载《南京大学学报》（哲学·人文科学·社会科学）2012年第3期，第140页。

第二，作为案例指导制度的基本文件，《关于案例指导工作的规定》在内容上过于简略，没有对细节操作和配套制度进行规定。该《规定》仅有十条八百余字，虽然从宏观上确定了案例指导制度的基本内容，但是，对于这样一个牵扯到从实体到程序等多方面内容的重要制度来说，这些规定显得过于简略，具体规定和配套制度上的付诸阙如无法真正落实案例指导制度，也难以真正使得各个指导性案例被地方法院所认可和接受。比较典型的问题就是如何在判决中援引指导性案例，这直接关系到地方法院法官适用指导性案例的动力和热情。“最高人民法院固然可以高效率地、积极地遴选指导性案例，扩大指导性案例的规模，但只要缺乏直接援引的形式要求，就没有乐观理由相信地方各级法院会一改以往的态度，去认真研究和‘参照’最高人民法院所发布的指导性案例。最高人民法院遴选发布的指导性案例，如不辅之以直接援引的形式要求，就难望成为任何先例意义上的‘指导性案例’，而终将沦落为相关法律问题的一种学说观点。法官即使‘参照’这些指导性案例，也就是参考内中阐明的学说，即使有对学说的尊敬之意，也难有对先例的敬畏之心。”〔1〕

第三，指导性案例的正式文本经过了多重剪裁，最终呈现的抽象要点难以发挥实际的指导作用。目前绝大多数指导性案例都是由地方法院（尤其是高级法院）推荐进入遴选程序的，从最初的原始案件及其文本到高级法院的推荐，再到最高人民法院根据需要进行了概括和总结，整个过程中必然伴随着相关信息的缺失甚至是歪曲。“对案例的提炼、加工是层层进行的，这种垂直的信息传递过程会出现累积性信息歪曲，最终呈现在决策者面前的案例与原始案件可能相去甚远。原始案例可能是不完美的，但其丰满的细节使后案司法人员能更准确地比对、参照；改造后的案例看似完美，但更接近抽象的规则，指导意义反而削弱了。”〔2〕进而言之，最终在裁判要点中确立的抽象规则，与立法形成的法律规则并无实质区别，而为了避免对现有法典中规则的僭越，指导性案例中确定的抽象规则又不能直接表

〔1〕 宋晓：《判例生成与中国案例指导制度》，载《法学研究》2011年第4期，第70页。
〔2〕 秦宗文：《案例指导制度的特色、难题与前景》，载《法制与社会发展》2012年第1期，第104页。

述过多的创造性，这就造成了比较尴尬的两难局面：指导性案例对法官提出的要求，恰恰与指导性案例的指向背道而驰。“长期以来，中国法官已经形成了对司法解释、上级法院文件和领导人指示绝对服从和严重的依赖性，不重视法律方法的训练，缺乏类似案件识别技术，恐怕难以胜任在指导性案例指导下的裁判方法。而偏好提炼抽象规则的案例指导制度只能助长这样的思维方式与依赖性。”〔1〕例如，指导性案例3号的裁判要点基本上是相关司法解释的重复。因此，在规则的创制上有所不足，这是不可否认的。如果指导性案例不去创制规则，而仅仅是重复现有的司法解释，那么，案例指导制度的设立初衷就可能无法实现。〔2〕与立法文本或者司法解释混同的状况，是指导性案例没有获得准确定位的集中体现，由此也影响了其在地方法院中的可接受性。

第四，指导性案例在实体层面上援引各种权威资源，对于参照者来说显得无章可循，难以借鉴。从正式法律规范到非正式法律渊源，现有的指导性案例已经吸收了不少权威资源来提升自身的论证效果。但是，这些权威资源的援引方式并没有明显的提示，也没有对援引自身的正当性与合法性进行论证。这种无章可循的状况使得地方法院即使想在类似案件中进行参照，也无法确定参照的方式和路径，因为参照者无法确定裁判要点、裁判理由或者是基本案情中哪个部分能够被认定为“类似”。这一问题实质上是对指导性案例的结构设置提出了挑战，核心的问题是：裁判要点是否应当存在？一方面，裁判要点所表述的抽象规则面临着尴尬局面，另一方面，借鉴普通法的判例制作，先例中并不会直接表述裁判要点之类的抽象规则，而是由参照者自行确定相似判例。这些理由都对裁判要点的合法性与必要性提出了质疑。“我们的案例指导制度倚重高度概括的‘要旨’的指导功能，实际上是由遴选者将本该法官做的功课提前做掉，为法官提供快餐式裁判指南。但这种脱离具体案件审理过程的提炼是没有价值的，反

〔1〕吴英姿：《案例指导制度能走多远?》，载《苏州大学学报》（哲学社会科学版）2011年第4期，第71页。

〔2〕陈兴良：《新型受贿罪的司法认定：以刑事指导案例〈潘玉梅、陈宁受贿案〉为视角》，载《南京师大学报》（社会科学版）2013年第1期，第56页。

而可能使‘要旨’变成僵化的教条。如果后诉法官忽略指导性案例的事实与理由等关键要素，直接将这些要旨当作法律来引用，会导致这些规则因脱离具体事实语境而失去必要的限定。当它被置于新的案件而赋予新的事实意义时，无异于脱缰野马，大有被滥用或误用的风险。”〔1〕裁判要点难以直接容纳法律文本之外的权威资源，而指导性案例又在实质上援引了多种权威资源，这种情况增加了后案法官进行参照的难度。

第五，从司法程序的整体运作来看，经过剪辑的指导性案例过于重视实体抽象规则的表达，在一定程度上忽略了诉讼过程的诸多细节。现有指导性案例，尤其是其裁判要点的内容，大多聚焦于实体法律规则的适用，而所有的案件都是经由诉讼过程最终确定结果的。对规则的实体适用过分重视，导致了对司法过程的忽视，这实质上仍然是“重实体、轻程序”的观念再次体现。例如，在指导性案例 4 号的裁判理由中，寥寥数语对于事实的描述过于单薄，并且也没有进行概念辨析、法律关系甄别和利益衡量判断。这使得从案件事实到最终适用“《中华人民共和国刑法》第 50 条第 2 款”之间缺少英美法中的“合理性论证”。英美法官首先会识别“概括事实”中的“关键事实”，并且将这种“关键事实”的最小组成部分进行概念辨析，然后归入待定的法律关系中，并且在这一过程中还要进行冲突价值间的取舍判断，最终得出结论。但是我国的指导性案例中“裁判理由”的部分对于事实的描述过于简单，不具备进行归纳的基础。〔2〕再如，多数指导性案例都经过了二审改判或者发回重审，此时，在一审和二审之间必然在结论上有所不同，那么，如何通过二审纠正一审中法律适用的不足或者缺陷，对于强调量化考核的地方法院来说，是一个具有相当吸引力的问题。但是，指导性案例却对此“讳莫如深”，仅仅将终审结果及其论证在其正式文本中呈现，失去了解读审级间异议的良好契机。更重要的是，司法过程的参与者不仅有适用法律的法官，还有当事人及其律师。在当事人

〔1〕 吴英姿：《谨防案例指导制度可能“瓶颈”》，载《法学》2011 年第 9 期，第 49 页。
〔2〕 李亚凝：《以基层经验为基础的集中决断模式——论我国指导性案例制度的本土化趋向》，载《中国刑事法杂志》2012 年第 6 期，第 69 页。

主义的程序理念日益深入人心的背景下，司法过程不应忽视当事人的作用与影响。可惜的是，指导性案例对基本案情和裁判理由的叙述，仅有极少的内容涉及对当事人诉求的有效回应。例如指导性案例11号中，法官在裁判理由中就驳斥了律师的主要辩护意见。作为在全国具有普遍效力的模范案件，指导性案例应当从程序到实体都起到表率作用，尤其是在程序中应当充分发挥当事人的积极性。但是，从现有的指导性案例中，我们看到的多数情况，只是法官对案件进行独断性判断，缺少当事人积极参与诉讼程序的因素。简而言之，从过程论的角度来说，指导性案例忽视了诉讼程序运行的整体过程，过分简化了案件的全貌，使得地方法院的法官失去了观察、分析、借鉴和参照的丰富资料。

"原告和被告各讲一个故事——实际上是把他们'真实的'或原始的故事翻译成法律认可的叙事或修辞形式——然后陪审团从中选择自己更喜欢的故事。"[1]虽然中国的司法语境并非由陪审团来裁决案件，但是，可以肯定，叙事与修辞在任何案件中都发挥着重要作用，指导性案例也是如此。从最初酝酿到正式规定，最高人民法院对案例指导制度的设计已经是用心良苦，但是，既有的努力并不应当成为停止完善该制度的理由。涉及多方面制度和理念的案例指导制度在初创时期必然遇到很多意料之中和意料之外的困难，这恰恰能够为发展该制度指明方向。最高人民法院为了使得指导性案例在地方法院中获得认可和接受，已经采取了不少值得肯定的论证策略。这些策略也存在着不少缺陷和不足，集中体现在指导性案例正式文本的叙事和修辞之中。作为借鉴两大法系优势的中国特色司法制度，被寄予厚望的案例指导制度在应然价值方面已经得到了充分肯定，最高人民法院还需要继续完善指导性案例的论证策略，这里的分析也仅仅是择其要者。一旦最高人民法院采取了有针对性的举措，我们就完全有理由期待指导性案例能够对地方法院的司法实践发挥积极的实际效果。

---

〔1〕［美］波斯纳：《法律与文学》，李国庆译，中国政法大学出版社2002年版，第462页。

第二节　“法律规定”：指导性案例裁判理由的论证方式及其效果限度

“法律规定”是司法判决中首要的裁判理由，其原因在于该论证方式能够借助立法者的权威，回归司法的本质，也体现了文义解释方法的优先性。通过对最高人民法院指导性案例的裁判理由进行分析之后可以看到，作为裁判理由的“法律规定”，有着明显的说服效果，其实质是论证裁判结果的正当性修辞。但是，该论证方式也面临着有限的法律规定与无限丰富的个案案情之间的紧张关系，这也决定了其效果的限度。对于地方法院的法官来说，积极研习指导性案例中的裁判理由，可以提升“法律规定”的说服效果，具体策略包括扩展法律渊源的范围、利用多种解释方法充实论证过程、把握解释方法运用的总体趋势并以裁判理由的融贯性进行检验等方面。强调“法律规定”作为裁判理由，同时提升该论证方式的说服效果，对于推动中国司法实践乃至法治进程都有着重要意义。

一、“法律规定”在指导性案例裁判理由中存在的原因及相关质疑

在中国法治日益深化的背景下，司法领域内的问题受到了理论界与实务界更多的关注，尤其是审判领域中存在的一些缺陷和不足。作为司法过程的终端和集中体现，判决书中说理与论证的不足也是其中之一。人民法院的改革纲要中也多次提及要“继续推进审判和执行公开制度改革，增强裁判文书的说理性，提高司法的透明度，大力推动司法民主化进程”。判决书的说理与论证集中体现在裁判理由之中，“法律解释是带有个人主观性的理解活动，虽然受制于一定的程序和规则，但这也正是法官在判决中阐明判决理由的最直接的原因。只要有理解，理解就会不同。那么法官对自己

的理解过程进行说明，以证实得出的最终结论的正当性（合法性和合理性），并说服当事人接受裁判结果，以及对公众进行法制宣传和法律意识的熏陶就显得非常必要了。”〔1〕虽然在中国当前的司法语境中，判决的实体结果更受重视，但是，裁判理由论证是否充分也十分重要，直接影响着当事人、上级法院甚至社会公众是否接受该实体结果。而对该问题的改进措施，学者们的建议多以相关制度建构为主。“哪怕是象诸如判决书写作这样的不起眼的技术问题，也不只是一个个人能力的问题，而必须将之同相应的制度联系起来考察。通过这个例证的分析，我们看到的是必须通过更有效地制度的方式来提高法官的判决论证能力。”〔2〕应该说，制度进路是解决判决书说理不足的宏观方式，但是，特定制度的建构和运行总是具有“牵一发而动全身”的效果，其涉及的方面比较多，且难以在短时间内直接表现出积极影响。与其相对的技术进路则能够从长远上推动问题的解决，也是这里所倾向的基本立场。

对具体案件的主审法官来说，制度进路所提供的主要是抽象的规定，从技术进路的角度来说，如果有生动活泼的实践案例及其裁判理由作为学习样本，则能够补充抽象规定的不足。原有的公报案例就是其中典型代表，而在案例指导制度出台之后，最高人民法院所发布的指导性案例就成为地方各级法院在裁判理由说理和论证方面学习和借鉴的对象。而且，根据《关于案例指导工作的规定》第7条：“最高人民法院发布的指导性案例，各级人民法院审判类似案例时应当参照。”虽然对该条规定的具体含义和运作方式有所争议，但是，这一规定确立了指导性案例的正式效力，由此，地方各级法院也应当重视研习指导性案例，重中之重就是裁判理由的说理和论证。

在指导性案例正式文本的几个组成部分中，裁判理由是主审法官在判决书中进行说理和论证的部分，而裁判要点则是最高人民法院对裁判

〔1〕王晓、董必秀：《判决理由：哲学解释学在法律解释中的最终落脚点》，载《浙江学刊》2005年第5期，第146页。

〔2〕苏力：《判决书的背后》，载《法学研究》2001年第3期，第18页。

理由的概括和升华，二者关系十分密切。虽然每个指导性案例的正式文本并没有直接将判决书全部公开，但是，也基本能够还原判决书的基本内容。而且，每一个指导性案例都经过了多个环节的遴选程序，是优中选优的典型案件，判决书的论证和说理都比较全面和到位，体现了当案法官的实践经验和智慧。如果将其中的共性内容进行推广传播，那么，将十分有利于提升地方法院法官的业务素质和能力，其对判决书的说理和论证也将更加充分。

对所有指导性案例的裁判理由进行全面分析显然过于分散，在研习的过程中，我们应当将更多的精力放在那些经常出现的、具有共性的论证理由之中。通过对裁判要点和裁判理由部分的梳理可以看到，“法律规定”是其中最经常出现的关键词之一，除了直接援引相关法条作为依据之外（如指导性案例 19 号、20 号），指导性案例的判决理由中还经常提及“法定程序”（指导性案例 6 号）、“法定条件”（指导性案例 18 号）、“法定权利”（指导性案例 23 号、25 号）、“法定范围”（指导性案例 7 号）、“法定义务”（指导性案例 21 号、23 号）和“法定情形”（指导性案例 24 号）等，这些“法定”都是“法律规定”的另一种表达方式，二者大致具有相同的指向。既然众多指导性案例都选择将“法律规定”作为基础的裁判理由，其中应当有比较充分的依据，能够取得有效的说服效果，值得我们展开细致分析。具体来说，个中原因至少包括以下几个方面。

首先，将“法定”作为裁判理由，有效地借助了立法者的权威。现代法治国家中，立法者已经普遍被认为是主权的代表，其意志在民主社会中占据明显的强势地位。尤其是在大陆法系传统的国家中，立法者至上的观念已经深入人心，立法者的权威也被多数社会成员所接受。在这种背景下，法律作为立法者意志的具体体现，也相应地具有了相当的权威性，其在司法过程中的适用因为映照上了立法者的权威而具备了“合法性”。从这个意义上说，任何司法判决结论都要以特定法律为裁判的主要依据，其实质就是借助了立法者的权威而使得裁判结论获得接受。当然，从司法者自身的角度来说，直接援引法律能够减少法官个体判断所带来的风险，使其主观判断披上了法律的外衣，满足了形式合法性的底限要求。这一点对于当下中国法官保障有所欠缺的司法环境来说尤为明显：法官总是尽力减少甚至避免个人的判断，尽量寻求明确的法律规定作为裁判依据，对于任何可能产生歧义的法律规定都抱着怀疑和谨慎的态度，甚至“不敢越雷池一步”。由此，我们看到了对法律进行细化的司法解释大行其道：在法官、检察官和律师看来，新的司法解释优于旧的法律条文，详尽的司法解释优于抽象的法律条文。凡是有了司法解释，在司法实践中就几乎不可能再适用该法律条文，法律条文实际上被虚化。[1]虽然对此现象有着不少质疑和批评，但是，从积极的方面来说，对司法解释的追求也反映了法官对广义法律规定的重视。“实践需要法官解释，但实行这种解释有待于法官素质的提高和法制环境的改善，我们的法官（尤其是办案最多的基层法官）恰恰还缺乏严格的专业培训，缺乏应有的独立司法权力，缺乏应有的法律信仰和深刻理念，缺乏应得的较高个人待遇和社会保障，在这种情况下实行完全的法官解释，的确很难保证其对法律的忠诚，很难避免适用法律时的随意性。”[2]在这种背景下，将“法律规定”作为裁判理由，自然成为法官的首选，甚至是唯一选择。可以说，司法解释具有准立法的性质，而最高人民法院则是其“立法者”，法官在裁判理由中高度重视“法律规定”，也是借助于广义的立法者权威提升判决结果的说服效果。

其次，在裁判理由中强调“法律规定”，也体现了司法本质的回归。每一个指导性案例都是经过了多重遴选程序，其中也包含了最高人民法院向地方法院灌输的意图。中国当下司法环境中存在着不少法外因素的影响，例如备受推崇的政治理性，表现在对司法的政治功能的特别注重，专注于政治正确：（1）以政治目标为司法总体目标，司法的中心工作被确定为服务国家政治大局；（2）注重发挥司法的政治功能，把“有效解决纠纷”作为具体案件处理的目标；（3）要求司法主动服务于政治需求，将司法内涵向社会管理延伸；（4）鼓励法官的政治和政策思维，裁判理由常用政策考

〔1〕 邓修明：《论我国司法解释模式的重塑》，载《社会科学研究》2007 年第 1 期，第 88 页。
〔2〕 夏勇：《改善我国刑法司法解释的新路径》，载《法学》2006 年第 9 期，第 60 页。

量；（5）司法对政治依赖度高，特别倚重调解。[1]在这种背景下，指导性案例的裁判理由中强调“法律规定”，体现了对严格依法办事的重视和提倡。相比于其他多种多样的所谓司法创新制度，案例指导制度体现了司法活动的核心环节——审判，并意图对该核心环节有重要的推动作用。能够抵制（至少是忽视）各种法外因素，聚焦于司法的本职工作，这本身就具有一种“出淤泥而不染”的品质，在当前的审判工作中是特别值得推崇的。“最近 20 多年，我们看到的却是审判权持续弱化，审判权运行空间被不适当地压缩，人民法院缺乏应有的尊严，司法公正得不到应有的认可和维护：行政诉讼案件立案难、审理难、执行难；法院的民事判决经常得不到当事人自觉履行和有效执行；大量涉府执行案件执行不能、执行不力；针对法院的涉诉信访居高不下，法院疲于应对缠访、闹访、反复访、群体访；法院难以依法理直气壮地排除非法证据等。”[2]而案例指导制度的出台能够在一定程度上推动司法公正的实现，而其具体表现就是在指导性案例中特别强调“法律规定”，进而使得判决结果获得充分而坚实的论证，具备较强的说服力。

最后，从方法论的角度来说，“法律规定”的高频出现体现了文义解释方法的优先性。法律解释是基本法律适用方法之一，其具体方法包括文义解释、目的解释、历史解释和体系解释等。这些具体的解释方法各有侧重，在适用顺序上很难分出固定不变的位阶，唯一的例外就是文义解释方法的优先性：只有在文义解释无法获得对法律规范的确切理解，或者产生过于荒谬的结果时，其他解释方法才能够得以适用。“只有在具有排除文义解释的理由时，才可能放弃文义解释。文义解释具有优先性，即只要法律措辞的语义清晰明白，且这种语义不会产生荒谬结果，就应当优先按照其语义进行解释。”[3]文义解释的含义正是对法律规范所通常具有的一般含

〔1〕吴英姿：《司法的公共理性：超越政治理性与技艺理性》，载《中国法学》2013 年第 3 期，第68～69 页。
〔2〕张文显：《全面推进法制改革，加快法治中国建设——十八届三中全会精神的法学解读》，载《法制与社会发展》2014 年第 1 期，第 14 页。
〔3〕孔祥俊：《法律解释方法与判解研究》，人民法院出版社 2004 年版，第 325 页。

义进行阐释，这与“法律规定”作为裁判理由是内在一致的。“立法者运用语词所表述的法律，不仅是一种规定，而且还在语词中表述或赋予了价值与目的。因此人们探讨所谓立法的目的或价值只能在构成法律的语词中去探寻而发现。议会作为集合体，自身是没有目的的。所以，文义解释优先正是尊重议会或人民代表大会权威的体现。这一点是现代法治的基本要求。正是因为我们在探寻法治的实现途径，文义解释优先的原则才彰显出其存在的必要。”〔1〕简而言之，文义解释的优先性体现了现代法治的要求，依据“法律规定”进行论证也是满足这一要求的表现，作为典型案件的指导性案例自然也应当因循这一进路。

以上几个方面都可以说明，将“法律规定”作为裁判理由具有比较好的说服效果，其实质是法官为裁判结果所提供的正当性修辞。“修辞方法是法律发挥作用的重要辅助力量。修辞的目的在于通过话语论辩的方式来获得某种可接受的结论，以便使问题和争议得到解决。它被广泛地运用于法律之中……法律的说理性决定了法律工作者，无论是在制定法律还是实施法律的过程中，都必须把说服他人作为自己的基本任务。说服就需要修辞，修辞是一种论辩的艺术，也是一种沟通的艺术。”〔2〕从亚里士多德的《修辞学》肇始，说服一直就是修辞运用的主要目标追求。在司法过程中，两造都在尽力说服法官，而法官也需要通过对判决结论进行正当性论证而使得判决被接受，这个过程始终充满着修辞的运用。指导性案例中也在不断重申“法律规定”，也是基于同样的目的。

但是，“法律规定”并非无懈可击，即使在经过了细致遴选的指导性案例中，裁判理由部分援引了法律的直接规定，也会存在着疏漏和缺陷。例如，指导性案例24号认为：“交通事故的受害人没有过错，其体质状况

〔1〕陈金钊：《文义解释：法律方法的优位选择》，载《文史哲》2005年第6期，第147页。
〔2〕葛洪义：《法律方法讲义》，中国人民大学出版社2009年版，第230页。

对损害后果的影响不属于可以减轻侵权人责任的法定情形。"〔1〕受害者个人的特殊体质对侵权赔偿范围的影响一直是一个有争议的问题，虽然该指导性案例在一定程度上回答了上述问题，但是，却过于简化和概括，忽视了侵权活动的复杂性。在受害者特殊体质的侵权责任问题上，比较公认的是"蛋壳头盖骨理论"："被害人的特殊体质对因果关系的成立不生影响，加害人不得主张被害人患有严重心脏病、血友病、药物过敏、如蛋壳般的头盖骨，而不负侵权责任。此项'蛋壳头盖骨'（Eggskull）理论，是比较法上的共通见解，我实务上迄未见其例，但亦应采之，盖此旨在保护被害人，属合理之法的判断。"〔2〕指导性案例 24 号的裁判理由实质上符合了该理论。需要说明的是，即使在那些坚守"蛋壳脑袋"规则的国家和地区，法院也曾以不同理由和方式对该规则予以限制。法国法院将受害人之异常体质作为"不可抗力"，以减轻加害人之赔偿责任，苏格兰法院则以可能性理论限制因受害人异常体质导致的损害赔偿请求权。在排斥"蛋壳脑袋"规则方面，日本判例呈现出相当的一贯性。我国对"蛋壳脑袋"规则也比较抗拒。在审判实践中，除极个别判决坚持"蛋壳脑袋"规则外，法院大多奉行"中庸之道"，在被告和有特殊体质的原告之间按一定比例分摊损失，几乎未见加害人对扩大损害完全不承担责任之判决。〔3〕因果关系的判断在侵权责任的构成要件中是比较复杂的，很多倾向相反的理论也都各有其道理，司法实践也很难用统一的模式完全概括。指导性案例 24 号的裁判理由所援引的《侵权责任法》等法律中的确没有直接规定受害者特殊体质问题〔4〕，但是，这并不意味着特殊体质问题对侵权责任没有任何影

〔1〕该案基本案情是：在指导性案例 24 号中，被告王某驾车导致原告荣某受伤，经过交警部门认定被告王某负全部责任，司法鉴定对伤残等级的结论为"损伤参与度评定为 75%，其个人体质因素占 25%"。本案另一被告是王某购买交强险的永诚保险公司，认为残疾赔偿金应依照实际损失乘以 75% 进行计算，原被告对其他赔偿金额没有异议。一审法院支持了永诚保险公司的结论。原告上诉后，二审法院否定了一审法院的判决，支持原告按照全额获得残疾赔偿金。

〔2〕王泽鉴：《侵权行为法：基本理论·一般侵权行为》，中国政法大学出版社 2001 年版，第 209 页。

〔3〕孙鹏：《受害人特殊体质对侵权责任之影响》，载《法学》2012 年第 12 期，第 98 页。

〔4〕在指导性案例 24 号的裁判理由中，法官认为："虽然原告荣宝英的个人体质状况对损害后果的发生具有一定的影响，但这不是侵权责任法等法律规定的过错，荣宝英不应因个人体质状况对交通事故导致的伤残存在一定影响而自负相应责任"；"虽然荣宝英年事已高，但其年老骨质疏松仅是事故造成后果的客观因素，并无法律上的因果关系。因此，受害人荣宝英对于损害的发生或者扩大没有过错，不存在减轻或者免除加害人赔偿责任的法定情形。"

响。从实体意义上来说，指导性案例24号以没有直接的“法律规定”为裁判理由，存在着令人质疑之处。

如果说对指导性案例24号的裁判理由中“法律规定”存在着实体层面的质疑，那么，指导性案例6号援引的“法律规定”则可能面临着形式上的问题。在该案的裁判理由中，法官将“没收较大数额的罚款”纳入《行政处罚法》第42条的“等”字含义之中，进而认定行政机关的不作为违反了法定义务。[1]“等”字作为明确列举项之后的“法律规定”，虽然可以起到“兜底”的作用，但是，这毕竟处于法律规范意义的边缘，其使用必须非常谨慎。就指导性案例6号来说，“等”字属于广义上的兜底条款，多种解释方法的运用都指向了相同的结论，其融贯关系能够证成最终的判决结果。[2]但是，该结论也仅仅限于该案件，在推广和扩大的过程中也面临着多种风险。如果凡是存在“等”字的场合都允许法官增加实体内容，那么，这种立法技术就会为司法专断提供形式上的正当性，所谓的“法律规定”也会失去明确性和可预测性。虽然这种极端情况出现的可能性比较小，但是，我们还是应当有所警惕。简而言之，指导性案例6号虽然也援引了“法律规定”作为裁判理由，但是，其“法律规定”并不明确和细致，反而增加了法官发挥能动作用的因素，在形式上会为司法实践带来一定的风险。

二、“法律规定”作为裁判理由的论证效果限度

自从亚里士多德时代开始，对修辞就一直有着盛名和骂名并存的评价：

---

〔1〕在指导性案例6号中，法院生效裁判认为：《中华人民共和国行政处罚法》第42条规定：“行政机关作出责令停产停业、吊销许可证或者执照、较大数额罚款等行政处罚决定之前，应当告知当事人有要求举行听证的权利。”虽然该条规定没有明确列举“没收财产”，但是该条中的“等”系不完全列举，应当包括与明文列举的“责令停产停业、吊销许可证或者执照、较大数额罚款”类似的其他对相对人权益产生较大影响的行政处罚。为了保证行政相对人充分行使陈述权和申辩权，保障行政处罚决定的合法性和合理性，对没收较大数额财产的行政处罚，也应当根据《行政处罚法》第42条的规定适用听证程序。

〔2〕孙光宁：《法律规范的意义边缘及其解释方法——以指导性案例6号为例》，载《法制与社会发展》2013年第4期，第63页。

赞扬者认为修辞能够推动真相或者真理的探知，而贬损者则批评修辞所带来的混淆是非。作为一种语言工具，修辞服从于运用主体所追求的目的，其本身并无绝对的价值倾向。修辞能够使得谬误看起来像真理，也能够使得真理看起来更像真理。任何一种修辞技巧和方法都能够为相反的观点服务，也都会有适合与不适合的范围。具体到指导性案例的裁判理由来说，“法律规定”作为一种追求说服的修辞手段，其正面效果无须赘言。但是，如同其他修辞手段都具有两面性一样，“法律规定”也有其内在的缺陷和不足，上文中对指导性案例 24 号和 6 号的分析已经从实体和形式两个方面做出了提示。作为裁判理由，“法律规定”也有其发挥说服效果的范围，分析其限度产生的原因，是对其恰当定位和运用的首要前提。

现代司法的基本要求是依据确定的法律规范进行裁判，只有在少数特殊情况下才能够由法官进行补充。作为实践中的典型案件，指导性案例本应在这个方面做出表率，但是，实际情况并非如此。通过对已经发布的指导性案例中裁判理由部分进行分析可以看到，“法律规定”（包括“法定”）虽然经常出现，但是其范围却非常宽泛。其中的“法律”并非仅仅由立法机关所发布，而是广义的规范性文件。例如，在指导性案例中，一般法律、行政法规、地方性规章、司法解释等，都被援引作为法律依据。这种宽泛的“法律”范围本身就带来了一些不确定的因素，影响了“法律规定”的明确性。而且，如果在这些规范性文件之间发生冲突，那么，这种冲突对司法实践会带来更加消极的影响。虽然有《立法法》能够处理部分规范性文件的冲突，但是，司法案件的复杂也远非单独依靠《立法法》就能处理。指导性案例中也有这样的例子：在指导性案例 5 号中，地方性法规和地方政府规章超越了法律规定的权限设定了行政许可，行政机关以此为依据处罚了相对人。目前法院并没有享有真正意义上的司法审查权，而且案发时的原《行政诉讼法》又没有将抽象行政行为列入诉讼范围。在这种背景下，很多违法行政行为都以越权的抽象行政文件为依据，在行政诉讼中法官在处理这些具体行政行为的时候，必然面临着如何对其依据进行评价的难题。指导性案例 5 号裁判理由的回答是：不予适用。这标志着参照规章中的“个案拒绝适用说”转向“普遍拒绝适用说”，即法院有权间接宣布行政规章无效，或者说，指导性案例5号扩大了法院在参照规章中的审查权。[1]从这个意义上说，虽然《立法法》中没有相关的直接规定，但是，该案例为法官处理行政诉讼中的相关难题提供了一条新思路。这也从侧面说明，裁判理由所依据的“法律规定”，在现实中还是非常复杂的，甚至需要多方论证才能够确定。《关于案例指导工作的规定》第2条所规定的四种主要指导性案例的类型中，“法律规定比较原则的”和“疑难复杂或者新类型的”案件都要对现有的法律规范进行深入分析，这些类型本身就处于“法律规定”的边缘意义范围，即使援引相关的法条也难以准确对其概括和适用，这也说明了“法律规定”带有明显的不确定性。

同时，所有的“法律规定”都是对相关法律现象的抽象概括，在司法过程中与具体案件相结合时，必然存在着抽象和具体之间的紧张关系。“法律规定”能够产生说服效果的原因之一就在于其确定性，而以上紧张关系决定了不确定性的广泛存在，即使是在强调罪刑法定的刑事审判中也不例外。在指导性案例3号中，裁判理由认为，“潘玉梅、陈宁利用职务便利为陈某谋取利益，以与陈某合办公司开发该土地的名义而分别获取的480万元，并非所谓的公司利润，而是利用职务便利使陈某低价获取土地并转卖后获利的一部分，体现了受贿罪权钱交易的本质，属于以合办公司为名的变相受贿，应以受贿论处”。通过合办公司获得相关利润，并没有被刑法直接规定为受贿罪的形式，能否据此定罪在司法实践中是存在不同做法的。最高人民法院的意见是该案例“针对近年来受贿案件出现的一些新情况、新问题，透过合办公司、低价购房等表面现象，抓住了受贿罪权财交易的本质，对利用更具有隐蔽性、复杂性的新手段受贿提出了具体明确的处理意见，解决了司法实践中经常遇到的、存在认识分歧的问题，有利于统一认识，及时、有效地依法查处手段翻新、花样百出的新类型受贿犯罪案件，

---

〔1〕 章剑生：《行政诉讼中规章的“不予适用”——基于最高人民法院第5号指导案例所作的分析》，载《浙江社会科学》2013年第2期，第73页。

有利于依法从严惩处腐败犯罪”。[1]从最严格的罪刑法定角度来说，以上新类型能否属于受贿罪的犯罪形式，是有争议的，以往司法实践的不同处理方式也说明了这一点。再如指导性案例13号，在相关司法解释都没有明示规定的情况下，氰化钠能否被认定为毒害性物质，直接关系到被告人能否被判处“非法买卖、储存危险物质罪”，裁判理由认为：“经查，氰化钠虽不属于禁用剧毒化学品，但系列入危险化学品名录中严格监督管理的限用的剧毒化学品，易致人中毒或者死亡，对人体、环境具有极大的毒害性和极度危险性，极易对环境和人的生命健康造成重大威胁和危害，属于《刑法》第125条第2款规定的‘毒害性’物质。”由此可见，法官定罪的依据并非是刑法条文的直接规定，而是基于保护环境和生命健康的目的，而这种主要依赖于法官自由判断的目的解释方法一直就带有很强的不确定性，对刑法的安定性和谦抑性来说都是一种潜在的危险。由此可见，刑事案件的裁判理由特别强调“法律规定”，但是，其背后仍然具有明显的不确定性，这也会影响“法律规定”作为裁判理由的实际效果。

既然“法律规定”在一些案件中并不明确，那么，实际的审判工作必然留给法官自由裁量的空间。特别是那些带有争议的和疑难的案件，法官自由裁量的空间尤其明显，多数指导性案例都有这种特征。但是，由于法官并没有权力直接创造新规则，只能以现有的法律规范为判决依据，将“法律规定”作为形式合法性的理由也就成为当然的选择。“律师和法官们并不喜欢被称赞为了不起的故事讲述者。他们竭力想使他们的法律故事尽可能不像故事，甚至与故事相反；事实的、逻辑上不证自明的、反对稀奇古怪的空想、尊重常规、似乎‘未经剪裁’的。”[2]这一点对于法律依据的论证也是一样：法官竭力论证，裁判结果都是从现有的“法律规定”中推演出来的，已经预先被设计在“法律规定”之中，他们只是探寻和发现“法律规定”的既有含义，而不是将自己个人的意志灌输其中。

---

〔1〕最高人民法院案例指导工作办公室：《指导案例3号〈潘玉梅、陈宁受贿案〉的理解与参照》，载《人民司法》2012年第7期，第36页。

〔2〕［美］布鲁纳：《故事的形成：法律、文学、生活》，孙玫璐译，教育科学出版社2006年版，第37页。

但是，以上的论证思路仅仅是“基本法律神话”的一个版本，实际的司法过程从来就不是裁判理由那样严格遵循着演绎推理的模式，从明确而严密的前提获知无懈可击的结论。相反，司法过程更像是一个反推的过程：无论是当事人还是法官，都是通过一定的方式来确定自己的“起点”（假设），并以此为依据来确定自己在司法过程中的行动方向，无论是进行法律发现、法律解释或者法律论证都是以这一起点为中心展开的。而最终的结果就是通过检验和修正来形成一个最具解释力的结论。正是从这个意义上来说，设证推理才是整个司法过程的真相，它为整个司法过程提供了起点，并以此为中心推动了以后的程序运行，从而在宏观上搭建了整个司法过程的框架。〔1〕在结束了这一过程之后，法官需要为最终的裁判结果寻找正当性理由，形成该结果的多数因素都无法直接表现在判决理由之中，只有那些堂而皇之的正式理由才能够充当最主要的正当性理由，“法律规定”便成为一种首选。而“法律规定”仅仅表达了立法者或者法律文本自身的意志，而且这种意志在遭遇司法实践时经常表现出不明确或者不恰当，司法者不得不用这种有缺陷的“法律规定”作为裁判理由，其限度自然无法避免。

从法律解释方法的角度来说，如果单一的文义解释能够形成判决结果，那么，法官也无须耗费多余精力、冒着一定风险去适用其他解释方法。但是，其他法律解释方法也都是从司法实践中总结出来的，相互之间并没有绝对意义上的适用顺序，其实质就是法官所作出的实质考量。从这个意义上说，司法者比立法者更有资格解释法律。“法官、法院通过法律解释续造法律是一个被广泛承认的事实，……法律解释续造的方法应适合或嵌入法律规则体系，法官必须比立法者更加顾忌既有法律体系的实质内容和逻辑关系，必须证成其选择的政策立场足以为既有的法律规则体系提供最融贯的解说。”〔2〕除了上文中已经提及的指导性案例13号等适用了目的解释方法之外，指导性案例中还有一些运用其他解释方法的案件。如指导性案例

〔1〕孙光宁：《设证推理的正当性及其运作——基于司法过程的考察》，载《海南大学学报》（人文社会科学版）2013年第3期，第58页。

〔2〕孙学致、郑倩：《生成于法条与政策之间的裁判理性》，载《吉林大学社会科学学报》2013年第2期，第146页。

15 号的裁判理由认为：三个关联公司的“行为违背了法人制度设立的宗旨，违背了诚实信用原则，其行为本质和危害结果与《公司法》第 20 条第 3 款规定的情形相当，故参照《公司法》第 20 条第 3 款的规定，……”。这里并没有直接援引“法律规定”，而是将其作为参照对象，其实质是在待决案件与现有法律规定之间基于“情形相当”而进行了类推解释。前述指导性案例 6 号中也有相同情况：从“法律规定”（《行政处罚法》第 42 条）中的明确列举项中概括出其共性本质（对行政相对人权益影响较大的行政处罚），由于该案中所涉及的“没收较大数额财产”的行为也具有上述共性本质特征，基于这一相似性，类推解释得以在该案中适用。“几乎所有的科学都会用到类推，……在法学上，类推也扮演着一个重要的角色，只是这个角色一直都被许多方法论者所低估。人们分配给他的只是一个可怜的角色，亦即在法律例外地有必须填补的漏洞时，作为方法论上的工具。”[1]在运用诸如目的解释和类推解释等方法的过程中，法官并非按图索骥，遵循现成的法律解释方法适用顺序（当然，学术界也从未在这一问题上形成一致答案），而是有所侧重地选择某种解释方法，这种选择是由法官的业务素质和能力、具体的案情、涉案各方主体及其代理人，甚至整体法律架构和司法环境等多种因素共同作用的结果。虽然都是在名义上遵循着“法律规定”，但是，这种“法律规定”已经从纸面上走向现实中，其内涵和外延也都在司法程序中经历打磨和雕琢，才能最终成为判决书中的裁判理由。

总之，有限的“法律规定”面对无限的具体案件时，总是会表现出缺陷和不足，但是，法官却必须以“法律规定”为名进行案件审判并论证裁判理由。这种有限与无限之间的永恒矛盾决定了“法律规定”必然存在的限度。当然，这种矛盾并非绝对不可调和，“法律规定”的准确定位和适用也完全有可能在个案中得以实现，凝结了实践经验与智慧、充分运用了法律解释方法的指导性案例就属于这类个案。

---

〔1〕［德］考夫曼：《法律哲学》，刘幸义等译，法律出版社 2003 年版，第 118 页。

三、提升“法律规定”论证效果的现实策略

自从案例指导制度正式运作以来，对其批评和质疑的声音一直存在，例如该制度内含着多种难以化解的难题：统一司法与司法创新、司法多样性及适用案例要旨的冲突；立法权威与指导性案例实践效力的冲突；司法行政化的弱化与强化之困；实施控制措施内部化的硬性与脆性共存；指导性案例与司法解释混同之虞；指导性案例质量与效益不确定；等等，这些难题加大了推进案例指导的难度，妨碍案例指导制度的落实。[1]这些批评和质疑的声音对于完善案例指导制度来说是非常有必要的，但却在建设性上有所欠缺。在现有的制度框架内，我们还是应当尽量发挥该制度的最优效果。细致分析和研习指导性案例的裁判理由，对于地方法院的法官来说就是重要方式之一。实际上，最高人民法院在其公报中发布的案例已经具有这种效果，成为地方法院提升业务素质的重要资料。而指导性案例的遴选程序更加严格，同时具有正式法律效力，更能够担当这一角色。就裁判理由的论证和说理问题来说，虽然“法律规定”有其发挥论证效果的限度，但是，它仍然是首选的裁判理由并体现在大多数案件之中。因此，我们还是需要吸收和借鉴指导性案例中的积极因素，增强“法律规定”作为裁判理由的论证效果，至少可以从以下几个方面努力。

首先，准确理解“法律”的范围，为判决结果寻找广泛的法律渊源。从法律方法的角度来说，为具体案件寻找法律依据的过程，就是一个法律发现的过程，其对象则是司法意义上的法律渊源。传统意义上，法律渊源仅仅等同于法律形式，但是，从司法中心主义的视角来看，法律渊源却是能够为法官裁判提供法律依据的范围和场域。“法律规定”的论证效果存在限度，就在于以有限的法律（主要是成文法）来应对无限丰富的案情，而更加多元和丰富的法律渊源则能够更好地缓解这种紧张关系。在法律渊

〔1〕秦宗文：《案例指导制度的特色、难题与前景》，载《法制与社会发展》2012年第1期，第98页。

源概念中，将某个具体规范视为纠纷解决的权威依据，实际上就是给出了一个权威理由来判定为什么用此具体规范裁决案件是正确的。从整体上看，法律渊源是由法官可能在司法中适用的所有裁判规范组成的集合。法律渊源的形式种类有哪些，各个国家可以根据本国的实际情况来定，并可以对制定法之外的法律渊源形式在司法过程中的适用提供一些条件。在当代社会，法律渊源的形式可以多元化，特别是可以通过制定法来规范法律渊源的形式，避免法官权力过分集中。[1]从指导性案例的裁判理由中可以看到，“法律规定”中“法律”的范围还是非常广泛的，包括了《立法法》规定的所有规范性文件。同时，《关于案例指导工作的规定》也确立了指导性案例的正式效力，这样，指导性案例也可以直接作为裁判理由发挥对司法实践的积极影响，尤其是其中的“裁判要点”部分。“指导性案例所确定的裁判要点，对人民法院审理类似案件、作出裁判具有指导作用，即在根据法律、有关司法解释作出裁判的同时，各级人民法院在审判类似案件时应当参照，并可以此作为裁判文书的说理依据加以引用。”[2]这为待决案件的法官提供了新的正式法律依据，也在实质上扩展了“法律”的范围。以指导性案例为借鉴，将法律渊源的问题放在司法过程中，将其作为发现裁判依据的场合，这样能够更好地发挥各种法律渊源的积极效果，甚至可以引入制定法之外的因素来辅助论证。例如指导性案例24号中，裁判理由部分在援引制定法作为理由之后还认为“机动车应当遵守文明行车、礼让行人的一般交通规则和社会公德。……因此，依法应当由机动车一方承担事故引发的全部赔偿责任”。该理由实质上是道德论证，虽然没有被制定法所完全承认，但是在该案中能够增加“法律规定”作为裁判理由的说服力。简而言之，广泛的法律渊源能够为“法律规定”的论证提供更加丰富的原材料，使得法官能够以更加宏观的视角来分析个案，为准确适用法律提供了前提。

---

〔1〕 彭中礼：《法律渊源词义考》，载《法学研究》2012年第6期，第66页。
〔2〕 张先明：《用好用活指导性案例 努力实现司法公正——最高人民法院研究室负责人就案例指导制度答记者问》，载《人民法院报》2011年12月21日第3版。

其次，掌握“法律规定”的解释方法与技巧，对“法律规定”进行更加细致的、有针对性的分析。如果说广义的法律渊源仅仅是提供的资料，那么，更加复杂也更为关键的步骤是，法官如何对这些材料进行分析和处理，这就涉及解释的方法和技巧，前文中也部分论述了其在指导性案例中的具体展开。但是，即使是经过细致遴选的指导性案例，其裁判理由中对“法律规定”的论证也很不充分，大多是援引条文之后就直接得出结论，没有对法律规范与案件事实的对接做出细致分析，而且，裁判理由中的“法定权利”“法定范围”等概念在很多情况下也没有具体交代何种权利和范围。这种付诸阙如的模糊表述大大削弱了论证的说服力。如果能够就适用某项“法律规定”的理由进行更加细致的解释，那么，论证效果则将大大改善。指导性案例6号是比较成功的代表，在其裁判理由中，除了适用类推解释将“没收较大数额的财产”纳入《行政处罚法》第42条之外，主审法官还专门就意义有些模糊的“较大数额”专门进行了论证，援引了《四川省行政处罚听证程序暂行规定》第3条，确定了该案中的行政处罚符合“较大数额”的标准。由于《四川省行政处罚听证程序暂行规定》同属于行政处罚中听证程序的“法律规定”，以上援引不仅对象适当，而且消除了可能产生的异议。从法律解释的角度来说，以上裁判理由的论证非常符合体系（系统）解释方法。“系统解释要求在法规的背景下对一个法律原理来加以理解，而不是单独对其进行考察。”〔1〕拉伦茨也认为：“解释规范时亦须考量该规范之意义脉络、上下关系体系地位及其对该当规整的整体脉络之功能为何。”〔2〕围绕着裁判结果，主审法官对相关的“法律规定”内容及其相关关系都进行全面而细致的分析，厘清诸多法律规范之间的联系与区别，将整个法律体系中相关内容都用来论证裁判结果，这样的论证非常具有说服力。像这样成功的裁判结果论证还是比较少见的，如果能够将体系解释等法律解释方法更多地引入裁判理由之中，那么，判决书写作的水平和质量将会大大提升。除了细致的要求之外，法官在解释“法律规

〔1〕［德］N. 霍恩：《法律科学与法哲学导论》，罗莉译，法律出版社2005年版，第134页。
〔2〕［德］拉伦茨：《法学方法论》，陈爱娥译，商务印书馆2003年版，第316页。

定”时还要有针对性，也即专门针对诉讼请求作出裁判。这种要求主要是在民事审判活动中，例如指导性案例23号中，法官在裁判理由中就尊重了消费者在“法定权利”范围之内的选择权。〔1〕民事审判活动的一种主要理论就是“请求权基础分析方法”，该方法的含义“在于探寻得支持一方当事人，向他方当事人有所主张的法律规范。此种可供支持一方当事人得向他方当事人有所主张的法律规范，即为请求权基础规范，简称请求权基础”。〔2〕可以说，请求权基础分析方法正是针对当事人（主要是原告）提出诉讼请求的法律基础进行分析，进而得出裁判结果。同样的情况发生在指导性案例7号之中，该案件强调的是对当事人处分权的尊重，体现的是《民事诉讼法》规定的处分原则在审判监督程序中的适用。该指导性案例宣示的法律规则是：只要是当事人在处分权范围内行使权利，法院就应当尊重当事人作出的决定，保障处分权得以实现。〔3〕如果说细致的要求强调的是法官在面对法律时的态度，那么，针对性的要求则是法官在面对当事人请求时应有的态度。二者的结合能够使得法官对“法律规定”的解释更加丰富和全面，具有更强的说服力和论证效果，获得更广范围的可接受性。

再次，明确“法律规定”中的整体趋势，掌握运用法律解释方法的宏观倾向。各种解释方法的运用是从微观层面上对“法律规定”进行解读，但是，司法过程经常是一个结论现行的、倒果为因的过程，法官对案件需要从总体上进行把握、大致确定裁判方向之后，才会运用具体解释方法进行检验和确认，发挥“纲举目张”的效果。不同类型的案件总是带有不同的解释倾向，这也是来源于“法律规定”。例如保护弱势一方就是比较有代表性的解释倾向，在很多部门法的司法实践中都有所体现。前文已经分析的指导性案例6号就是其中的典型代表，支配各种具体解释方法运用正

〔1〕 指导性案例23号的裁判理由认为：“当销售者销售明知是不符合安全标准的食品时，消费者可以同时主张赔偿损失和支付价款十倍的赔偿金，也可以只主张支付价款十倍的赔偿金。本案中，原告孙银山仅要求欧尚超市江宁店支付售价十倍的赔偿金，属于当事人自行处分权利的行为，应予支持。”

〔2〕 王泽鉴：《法律思维与民法实例：请求权基础理论体系》，中国政法大学出版社2001年版，第50页。

〔3〕 李浩：《处分原则与审判监督——对第7号指导性案例的解读》，载《法学评论》2012年第6期，第152页。

是保护行政相对人的整体倾向，这是从实体结论上直接论述保护弱者倾向的案例。而指导性案例23号则从证明责任分配视角体现了对处于弱势一方的消费者进行保护的倾向：只要被告经营者未能证明原告将所购商品用于生产销售，就能够确定后者的消费者身份。[1]将否认消费者身份的证明责任交由经营者一方来承担，这一分配方式充分考虑到了消费者取证的困难，其实质仍然是对弱势一方进行保护的解释倾向。为了保护弱势一方，指导性案例6号甚至冒着一定风险，都可以为法律条文（《行政处罚法》第42条）直接增加实体内容。可以说，强调保护弱者已经成为很多指导性案例的共同解释倾向，这对于适用"法律规定"的法官来说，是确认案件基本判决走向以及具体解释方法运用的基础，需要其在司法实践中具体把握。

最后，尽量避免以机械、单一和模糊的方式解释"法律规定"，通过多种解释方法的融贯性来检验判决结论。裁判理由论证过于简略是目前判决书写作中的通病，即使是指导性案例也存在着这样的问题。裁判理由的论证是否得当，产生何种说服效果，都对判决结果及其是否被当事人和社会公众所接受产生重要影响。社会公众对于惩罚公正性的认可，在很大程度上是通过法院作出的判决书来判断的。"只有理由详尽、论证充分、推理得当的判决书，才能达到应有的社会效果，达到宣扬行为准则、教育公众遵守法律的目的。"[2]裁判理由的疏漏往往意味着其可靠性、准确性，甚至合法性上有所欠缺，主审法官可能会用简略的裁判理由来修饰以上缺陷，而这一点恰恰不会被当事人所忽略。即使是公正的判决也需要细致的裁判理由来佐证。在司法实践中，作为裁判理由的"法律规定"，还存在着不

---

〔1〕指导性案例23号的裁判理由认为："只要在市场交易中购买、使用商品或者接受服务是为了个人、家庭生活需要，而不是为了生产经营活动或者职业活动需要的，就应当认定为'为生活消费需要'的消费者，属于消费者权益保护法调整的范围。本案中，原、被告双方对孙银山从欧尚超市江宁店购买香肠这一事实不持异议，据此可以认定孙银山实施了购买商品的行为，且孙银山并未将所购香肠用于再次销售经营，欧尚超市江宁店也未提供证据证明其购买商品是为了生产经营。孙银山因购买到超过保质期的食品而索赔，属于行使法定权利。因此欧尚超市江宁店认为孙银山'买假索赔'不是消费者的抗辩理由不能成立。"

〔2〕宋英辉：《从刘涌案件改判引起的社会反响看公开裁判理由的必要性》，载《政法论坛》2003年第5期，第175页。

少机械、单一和模糊之处。例如“火车不是机动车”案：多个审级的法官都适用了《道路交通安全法》中对于“机动车”的定义，来界定位于轨道交通中的火车，得出了“火车不是机动车”的错误结论，其理由是在现行“法律规定”中只有《道路安全交通法》中对机动车有概念界定，其他法律中均无直接界定。〔1〕该错误裁判结论就是典型的机械适用“法律规定”，从法律解释方法的角度来说，属于体系解释方法适用错误。裁判理由的论证还存在过分单一、程式化和界定模糊等问题，例如指导性案例中多次出现的“法定”，经常没有去细致分析其具体内涵和准确指向，其他的关键词如“有关部门”和“相关法律”，也都有类似的缺陷。为了减少以上不当的论证，同时充分论证裁判理由，法官可以在运用多种法律解释方法之后，利用其各自结论之间的融贯关系来检验裁判结论的准确性。融贯性（融贯关系）具有这样一些基本特征和属性：（1）它在逻辑上是一致的；（2）它阐明了一种高度的或然性的一致性；（3）它阐明了很多在信念体系各组成部分之间的相对较强的推论性联系；（4）它是相对统一的，比如说，它没有分裂为相对没有联系的子系统；（5）它几乎没有包含无法解释的异常现象；（6）它提出了一种相对稳定的，到最后仍然是融贯的世界观；（7）它满足了观察的需要，这意味着它必须包含把一种高度的可靠性归因于数量合理的认识上自发信念的法律。〔2〕可以说，只要分别适用不同解释方法之后，能够获得共同指向的裁判结果就具备了融贯性，那么，这种裁判结果就是合法的、可靠的，能够经得起质疑和审查的。相反，多种法律解释方法的适用获得了不同的裁判结论，那么，法官还需要进行进一步的反省和审查。经过这一过程之后，可以获得法律解释结论的融贯性。经过解释的“法律规定”，能够与具体案件事实相结合，其融贯关系也保证了裁判理由的细致和全面，进而保证了裁判结果。

司法裁判结果应当具有可接受性，而接受的前提正是法官能够细致而

---

〔1〕孟亚生：《古稀老太为女申请工伤扳倒“火车不是机动车”》，载《劳动保障世界》2010年第11期，第36页。

〔2〕［瑞典］亚历山大·佩岑尼克：《法律科学：作为法律知识和法律渊源的法律学说》，桂晓伟译，武汉大学出版社2009年版，第208页。

充分地论证裁判理由。虽然“法律规定”已经十分全面，但是，无限丰富的现实个案仍然会经常凸显其缺陷和不足。在这种背景下，法官在一般案件中可以直接依据法律的明确规定进行裁判，但是在带有疑难色彩的案件中，法官还需要运用多种解释方法来弥合法律规定与个案特殊性之间的断裂。可以说，“法律规定”既是司法裁判的基础，又经常会在特殊案件中束缚裁判结果的妥当性，这种紧张关系不断考验着法官的素质和能力。通过对诸多指导性案例的分析可以看到，在运用“法律规定”作为裁判理由的案件中，凡是能够细致分析“法律规定”内涵及其与具体案情相结合的案例，往往判决质量都比较高；而对“法律规定”的分析偏少甚至付诸阙如的案件，却往往伴随着某些质疑的声音。“决定必须是可接受的，但对那些询问如何可接受以及被谁接受问题的人，答案是：它必须在公平公正原则的新伪装，或至少是在一系列以实用为目的的法律规范的新伪装下被法律受众所接受。”[1]即使是“法律规定”与个案特殊性之间存在冲突的判决中，法官纳入了广泛的实体考量（尤其是法律之外的实体考量）之后，仍然要以“法律规定”为名论证裁判理由，这是判决获得接受的形式合法性要件。当然，这并不意味着“法律规定”是任由法官用于解释、修饰裁判结果的理由，因为“法律规定”自身的文义范围和建构的制定空间也约束着法官。如何实现“张弛有度”是由非常复杂的因素共同决定的，如司法制度、法治环境甚至社会条件等。在目前判决书的论证和说理非常有限的背景下，我们还是应当提倡法官研习优秀指导性案例中的论证方式，尤其是围绕“法律规定”所展开的细致论证，这不仅有助于提升判决的可接受性，还能够从长远上提升法官的业务素质和能力，真正做到“依法审判”“依法办事”。这种循序渐进的方式对于步履维艰的中国法治进程来说，可能是最迫切需要的。

---

〔1〕［美］古德里奇：《法律话语》，赵洪芳、毛凤凡译，法律出版社2007年版，第116页。

第三节　图尔敏法律论证模型在指导性案例中的运用及其限度

作为一种应用广泛的法律论证形式，图尔敏模型由六个基本要素构成，能够比较细致和全面地应用于司法案件的分析。指导性案例 23 号的裁判理由对该案两个核心争议的解决方式，就非常符合图尔敏模型。在将该模型引入指导性案例的分析时，需要注意其实质和形式上的限度。前者的主要表现是不能完全消除实体争议，以及容易忽视相关主体的能动性及其互动关系；后者则主要表现在模型的基本要素之间难以形成完整的融贯关系，以及在法律漏洞出现时难以运行等方面。只有充分确定图尔敏论证模型的价值及其限度，才能够准确地将其引入指导性案例的分析之中。

一、图尔敏论证模型的要素及其在指导性案例 23 号中的运用

20 世纪六七十年代以来，关于法律论证的研究成为国际法理学研究中的热点问题之一，图尔敏专门针对法律论证设计的理论模型在当时学界中产生了较大影响。在《论证的使用》一书中，图尔敏细致分析了非形式逻辑的诸多论理问题之后，提出了意在超越传统司法三段论的综合论证模型，该论证模型被称为“图尔敏模型”。在一般化的司法过程中，不同命题依其具体内容和运用方式，而各具不同的功用，如表达主张、展示证据、提供证言、援引法条等。其中所涉及的各个陈述，也并非仅具有简单的真值含义，而是因其不同的使用，展现出功能性差异。图尔敏解析了组成论证的不同要素，并提出了论证结构的“图尔敏模型”。[1]该模型主要包括六个基本构成要素，具体名称及其含义如下。

---

〔1〕谢耘、熊明辉：《图尔敏的逻辑观述略》，载《哲学研究》2013 年第 8 期，第 67 页。

数据（data，D）：也被翻译为根据，是直接引导出最终结论的基础性事实，图尔敏模型的基本论证走向是D→C（结论），遵循着“如果D，那么C”的结构，适用于多数比较简单的论证。需要注意的是，在《论证的使用》一书的后续更新版本中，图尔敏将data改为ground，基本表示同一含义。

理据（warrant，W）：也被翻译为保证、理由，指的是从数据中推得结论的基本理由，在D成立或者确定的基础上，C的真实性是需要保证的。当然，对于该术语的含义及其翻译，都存在着不少争论。[1]

支撑（backing，B），也被翻译为佐证、支援或者必要条件，是对理据的进一步说明或者解释，用于提供更多资料来确保理据的正确性。

限定词（qualifiers，Q），也被翻译为模态限定，是对从数据到主张的一般情况进行限定，在论证模型中被表述为“大概”。

反驳条件（rebuttal，R），也被翻译为例外条件、辩驳、例外，是对限定词中的特殊问题进行详细说明，意在提示在某些特殊的条件下，不能从数据中推断出最终主张或者结论，在论证模型中经常表述在“除非”（unless）之后。

主张（claim，C）：也被翻译为结论、观点，是整个论证模型需要得到的结果，也是其他各种基本构成要素最终的目标指向。

图尔敏将以上六个基本要素进行了整合，用如下图表进行了直接描述。[2]（为避免翻译上不必要的差异或者争议，如下图表中使用英文原文单词作为标记）

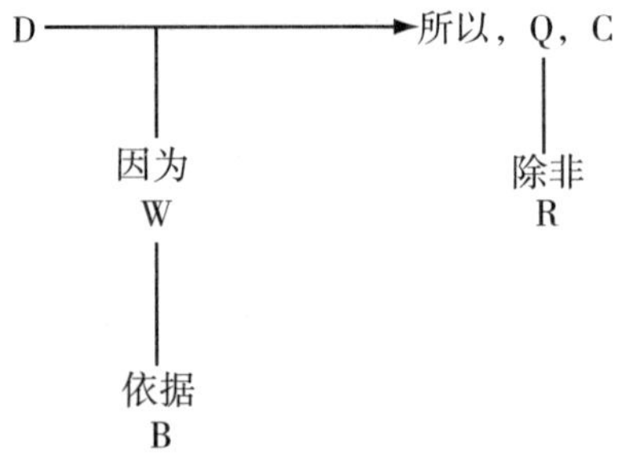

〔1〕王建芳：《“保证”是什么——国外近年有关图尔敏模型中的“保证”之争评析》，载《自然辩证法研究》2015年第4期，第16页。

〔2〕［英］图尔敏：《论证的使用》，谢小庆、王丽译，北京语言大学出版社2016年版，第86～89页。

相对于传统的司法三段论来说，图尔敏模型更加丰富和细致，从前提到结论直接并非简单的涵摄关系，而是将对前提的支持（backing）和例外情况（unless）都考虑在内。因此，该论证模型应用范围十分广泛，不仅在法律论证理论之中受到了重视，而且还可以在教育、新闻、医疗甚至是哲学讨论中发挥一定的启发或者辩论的效果。

图尔敏模型具有以上的特点，很适合于对指导性案例及其裁判理由展开细致分析。指导性案例都是从司法实践中经过层层筛选确定的案件；要发挥“指导”的作用，指导性案例就不能定位为常见的、简单的普通案件，而是应当具有一定的疑难色彩，能够解决审判实践活动中的特定难题，或者为解决审判中的难题提供某些依据或者思路。“对于指导性案例而言，由于指导性案例的案件事实多多少少带有一些非典型色彩，其与法律之间的对应关系并不是一目了然的，一定程度上，指导性案例可谓是一种疑难案件。”〔1〕指导性案例的这种定位就决定了其论证过程更加细致和全面，其中很可能包含着比较复杂的结论形成过程，而这一点正是图尔敏论证模型的优势所在。二者有很大程度上的内在契合。再如，相比于其他一些论证模型，图尔敏模型较为清晰明了，有利于结合指导性案例的裁判理由部分进行分析，能够实现理论设计与实务操作的融合，也比较便于意图研习指导性案例的法官进行细致分析。这里主要选取指导性案例 23 号作为分析对象，将其裁判理由分为图尔敏模型中的六个基本要素，可以充分展示将图尔敏模型引入指导性案例分析的操作性及其局限性。

在指导性案例 23 号中，原告孙银山在欧尚超市中购买了 15 包香肠，发现都是超过保质期的食品，原告索赔未果，提起诉讼。该案核心争议问题有三个：（1）原告知假买假是否具有消费者的身份；（2）欧尚超市是否明知食品过期；（3）索赔数额。其中第三个方面的争议总体上属于原告自由处理其诉权的范围，前两个问题更为关键。该指导性案例的裁判理由部

〔1〕唐丰鹤：《司法判决的证立——兼论指导性案例裁判结果的证立》，载《宁波大学学报》（人文科学版）2016 年第 2 期，第 113 页。

分对第一个核心问题争议的论述，可以大致对应于图尔敏模型中的基本构成要素如下。

D：原告孙银山在被告超市购买了香肠。

W：消费者是为生活消费需要购买商品或者服务的人。

B：原告孙银山并未将所购香肠用于再次销售经营。

Q：大概可以获知。

R：被告超市可以证明原告孙银山购买香肠是为了生产经营。

C：原告孙银山具有消费者的身份。

针对指导性案例23号的第二个核心争议问题，即被告欧尚超市是否明知香肠过期，根据裁判理由的论述，也可以将其带入图尔敏模型的基本构成要素之中。

D：被告欧尚超市摆放并销售了过期的香肠。

W：食品销售者负有验查进货和自行及时清理过期食品的义务。

B：被告欧尚超市并未及时检查待售食品。

Q：由此可以大致获知。

R：被告欧尚超市能够充分证明其已经履行了作为食品销售者的各项义务。

C：被告欧尚超市是明知其出售的香肠已经超过保质期的。

将以上基本要素带入图示可以看到，指导性案例23号的裁判理由对该案的两个核心争议进行了比较充分的论证，其实体内容非常符合图尔敏的论证模式。因此，该案的裁判理由比较具有说服力。最高人民法院将该案遴选为指导性案例，重要原因之一就是裁判文书进行了非常丰富的说理。该案最初就被最高人民法院刊登在2014年第8期的《最高人民法院公报》上作为公报案例，也是最高人民法院公布的五起审理食品药品纠纷典型案例之一。现在将该案遴选为指导性案例，就是为了重申其中所形成的基本规则，即消费者身份的认定并不受其主观状态的影响，而食品销售者的“明知”则受其先定义务的制约。换言之，一旦食品销售者摆放并销售的过期食品，就是违反其法定义务，就可以被推定为“明知”出售了过期产品，而无需查明在客观上食品销售者是否的确明知其出售的食品已经过期。这种推定的基础是《消费者权益保护法》和《食品安全法》等法律预先为食品销售者设定的义务。

二、图尔敏论证模型在指导性案例23号中运用的实体局限

从指导性案例23号的裁判理由中可以看到，图尔敏模型能够比较有效地应用于案件分析，对案件核心争议的论证也比较充分，即使案件的主审法官和最高人民法院案例指导工作办公室未必清楚图尔敏模型。但是，这并不意味着图尔敏模型能够广泛地直接用于指导性案例的分析。总体而言，指导性案例总是带有一定的疑难色彩，虽然程度并不完全相同，但是，用单一的模型还是很难完全概括和分析的。质言之，借助于图尔敏模型分析指导性案例，尤其是其中的裁判理由部分，有其自身的特定限度，这种限度可以分为形式和实体两个方面。就实体上的限度而言，主要表现在以下两个具体方面。

其一，图尔敏模式只是论证形式的一种，并不能完全消除指导性案例中所蕴含的实体争议。无论是传统的司法三段论，还是以图尔敏模型为代表的现代诸多论证形式，都是展开论证的外在形式，都不应预先设定实体性的内容，更不能提前确定实体结论。诸如疑罪从无这样的实体性倾向，并非严格意义上的推理或者论证形式。质言之，论证模型的基本属性是中立的工具性，任何参与司法过程的主体都能够使用，并非为某一特定主体专享，更不能被垄断而预设结论。但是，在实际的司法过程中，每一方主体都有自身预设的定位和结论倾向，例如律师需要最大限度地维护当事人权益，公诉方则需要首先全面收集犯罪证据，法官则居中裁判。其间，各

种具有不同实体指向的论断不断出现，而每一方也都可以使用诸如图尔敏模型之类的论证形式，对本方立场和结论展开细致说明。在带有疑难色彩的指导性案例中，以上实体争议就更加突出和尖锐。更重要的是，由于疑难案件总是处于法律规范含义的灰色地带，经常出现的情况是，每一方的观点都有其道理，但是又难以完全说服对方；居中的法官则需要在具有不同结论指向的判断之间有所偏向甚至是取舍。仅仅通过工具性的论证模型，并不能完全消除各种实体争议。例如在指导性案例 23 号中，原告孙银山是否具有消费者的身份，是由 W，即“消费者是为生活消费需要购买商品或者服务的人”获得支持的，同时排除了 R，即“被告超市可以证明原告孙银山购买香肠是为了生产经营”；由以上两个方面确认了原告的消费者身份。在该案的裁判理由中的直接表述是：“只要在市场交易中购买、使用商品或者接受服务是为了个人、家庭生活需要，而不是为了生产经营活动或者职业活动需要的，就应当认定为‘为生活消费需要’的消费者。”这种表述在全面性和严谨性上仍然是有所欠缺的，因为从案件提供的证据中无法完全确定原告的确是为了个人和家庭生活的需要，也无法完全确定原告并非为了生产经营活动或者职业活动；截止到诉讼时，原告仍然保有所购买的食品，在诉讼结束之后仍然完全可以用于再次销售等经营活动。换言之，原告在购买食品时的主观心理状态仍未可知。这里的裁判理由采取了一种“非此即彼”的论证策略，即只要不是经营者就都是消费者。但是，基于现有的证据仍然不能对原告的身份获得完全肯定的答案。更重要的是，如何理解“为生活消费需要”也是该案中难以解决的争议问题，因为生活需要是一种追求的目标，并不是具体的途径。如果原告确有知假买假的职业打假人身份，那么，不断从打假诉讼中获得惩罚性赔偿，也能够满足其生活消费需要；如果原告在诉讼后仍然将购买食品用于再次销售，那么，其经营行为从间接意义上仍然是为了满足生活消费需要。以上各种存在的可能性以及对“为了生活消费需要”的理解差异，都属于实体意义上的争议问题，在已有的制度框架和证据范围内，很难获得完全肯定的答案。通过图尔敏模型的运用，指导性案例的裁判理由可以得到更好的分析和建构，能够在很大程度上排除某些不合理的论断，但是在都能够成立的论断或者命题之间进行取舍，则并不是图尔敏模型能够解决的问题。因为这有赖于多种复杂因素的共同作用，例如法官的个人素质和能力，法律制度的总体架构，法官拥有的权力范围和职业保障，甚至包括特定时期的司法政策，等等。这些因素基本上都不能直接体现或者作用于图尔敏模型之中。虽然图尔敏模型对简单的司法三段论来说是更为复杂的模型，但是，相比于丰富的指导性案例实践来说，仍然显得过于简化，其工具属性并不能完全消除指导性案例中的诸多争议。我们也不能奢望依靠使用图尔敏模型就能够透彻解决所有指导性案例中所蕴含的实体问题。

其二，图尔敏模型总体上仍然遵循着单调逻辑，在分析指导性案例时会忽视相关主体的能动因素及其互动关系。单调逻辑是传统逻辑的基本理性之一，其基本特征是单向和线性。现代逻辑更加复杂和多样，能够在前提、命题、判断和结论直接形成多向的非线性关系。传统司法三段论是典型的单调逻辑，形式简单且容易产生争议。虽然图尔敏模型比传统三段论更加复杂，但是，其基本结构仍然没有完全跳出单调逻辑的范畴。更重要的是，单调逻辑中强调从前提到结论之间的必然性，尽量减少相关主体的能动性，其目的是追求一种客观的真。但是，司法过程从来就不是一个简单的从证据到结论的过程，其间充斥着交换、交流甚至交锋的商谈因素。有学者认为，图尔敏模型忽视了诉讼过程的动态性和交互性等基本特征。[1]现代司法对程序的强调特别强化了诉讼过程的对话协商性质；在这一过程中，各方参与者的主观能动性都得到了充分发挥，尤其是在疑难的指导性案例中。例如，在面对法律规定比较模糊或者过于概括的情况时，法官需要在可能的文义范围之内做出选择，需要综合运用多种解释方法进行选择，这已经是指导性案例中的常态；在指导性案例 5 号中，法官就充分挖掘了法律规范含义的边缘地带，做出了带有前瞻性的裁判结果，并进行了比较充分的论证。[2]另外，律师也是司法过程的重要参与者，其能动

〔1〕 熊明辉：《诉讼论证——诉讼博弈的逻辑分析》，中国政法大学出版社 2010 年版，第 123 页。
〔2〕 孙光宁：《法律规范的意义边缘及其解释》，载《法制与社会发展》2013 年第 4 期，第 65 页。

性也应得到充分发挥。律师的论证带有维护其当事人利益的明显倾向，这是其职业伦理的要求。在指导性案例的裁判理由中，我们可以经常看到法官对律师辩护意见的回应，有个别案例甚至以回应律师意见为裁判理由的主体内容。这就充分说明了指导性案例的裁判结论形成过程需要多方主体都积极参与对话协商，而这一点是很难通过图尔敏模型来得到充分展示的。"图尔敏提出要澄清论证的目的和论点，比较评估的要素，确保根据的不变以及证明责任的作用等，使得论证评估的结论清晰化，然而他的论证评估不够清晰。例如，他的模型没有探讨反驳的本质，在被攻击时缺乏对质疑的回答，没有描述可能明确的攻击。"〔1〕而且，最高人民法院《〈关于案例指导工作的规定〉实施细则》第11条规定，当诉讼参与者提出要适用某一指导性案例时，案件的承办人员应当对是否参照指导性案例做出回应。这一案例指导制度的规定直接表明了指导性案例中所蕴含的对话因素。质言之，指导性案例的裁判理由是对诉讼过程的全面总结概括，其遵循的不仅包括单向的单调逻辑，还包括多维指向的非单调的对话逻辑。通过这种交往过程的进展，不仅使得案件的真实情况获得更大程度的披露，还使得各方的意见得到充分展示，有利于法官在兼听则明的基础上形成最优裁判结果。从这个意义上说，图尔敏模型中对R部分的重视只是反映了以上对话过程的一个方面，要全面地分析指导性案例的裁判理由，需要多次运用该模型才能够实现。

三、图尔敏论证模型在指导性案例23号中运用的形式局限

作为一种论证模型，图尔敏模型有着非常广泛的适用性，其形式已经比较完备。但是，任何单一的论证模型形式都无法完全涵盖现实司法中的复杂因素，即使是在形式层面上，将图尔敏模型引入指导性案例的分析中，也存在着一定的局限性，至少可以从以下两个方面得到印证。

其一，图尔敏模型中包含的各种基本构成要素，必须形成融贯关系才

---

〔1〕杨宁芳、何向东：《图尔敏论证理论探析》，载《哲学研究》2014年第10期，第121页。

能够有效分析指导性案例的裁判理由。传统司法三段论仅仅包括大小前提和结论，这三个基本要素非常简明；图尔敏模型则包括六个要素，更加全面和丰富地反映了裁判结论形成的复杂过程，突出地表现在 B 对 W 的支持，以及特殊情况 R 的出现对整个论证结果的影响上；这两个方面都是传统司法三段论中所没有的。但是，从反面来说，传统司法三段论只需要论证大小前提的正确性，最终就能够形成有效的推理结果。而图尔敏模型则需要将六个基本构成要素都进行论证，这种论证做法不仅需要耗费更多论证成本，更重要的是，每一个基本构成要素的论证效果都有可能影响最终结论 C 的有效性。当然，最为理想的结果是六个基本构成要素都得到了充分论证，但是这一点在现实的司法过程中仍然是很难完全做到的。而每一个基本构成要素在论证上的不充分，都会降低最终结论的论证效果。“就案件事实的证明而言，其间可能涉及物证、书证、证人证言、专家论证等多种不同类型的证据，图尔敏模型能分别刻画其中某一证据构成的论证，但不能从整体上刻画不同证据之间的链条关系及其对案件事实的证明。这也就是说，图尔敏模型只能实现论证宏观结构的微观刻画。”〔1〕对于充满着实体争议的指导性案例来说，对每一个基本要素都进行充分论证就显得比较困难。前文中对指导性案例 23 号中的实体争议问题的分析，就是一个例证。最高人民法院在该案的裁判要旨中确认，购买时的主观状态并不影响消费者身份的认定，是在众多可能的争议答案中进行了比较稳妥的，或者说带有保护消费者倾向的选择，并非是该问题的终极答案。这一选择的主要意图是统一法律适用，在遇到类似案件时提示法官遵循统一的判决思路。但是，这种统一思路未必就是没有任何争议的正确思路。如果在图尔敏模型中，有若干基本构成要素都存在着争议，那么，最终裁判结论的有效性和可接受性都会受到影响。从这个意义上说，图尔敏模型在形式上更加复杂和全面，但是，在实体意义上可能更加脆弱和容易受到攻击，即所谓的“言多必失”。这是将该模型引入指导性案例分析时特别需要注意的

〔1〕王建芳：《基于论辩的论证结构研究——弗里曼模型与图尔敏模型的比较》，载《逻辑学研究》2016 年第 3 期，第 48 页。

问题。

其二，面对着法律漏洞或者空白的指导性案例，图尔敏模型会因缺少权威的法律依据而难以顺畅运行。虽然最高人民法院一再强调案例指导制度并非司法造法，指导性案例中并不会创制新规则，但是，从已有的指导性案例来看，缺失直接法律规定的案件并不少见。例如在指导性案例20号中，最高人民法院认为："我国专利法对此没有明确具体的规定，最高人民法院在综合考虑专利法相关规定的基础上使用体系解释的方法在该案判决中解释出如下裁判规则……"[1]这里的表述已经可以看到，对指导性案例20号专利法案件中所涉及的核心问题，并没有直接明确的法律规定，这就是实质意义上的法律漏洞或者空白。最高人民法院用一种比较隐晦的方式进行了重述，并强调是"解释"出特定规则，并非是"创造"出特定规则。在图尔敏模型中，除了涉及案件事实是由相关证据进行证明的之外，所有的基本构成要素都要求有相应的法律规定作为依据，这是法律论证而非科学论证的特殊之处。严格依法裁判是法治对司法者的基本要求，缺失了法律规定作为依据，即使法官的判断非常符合法律精神或者原则，或者符合社会发展的趋势，这样的结论也在说服力上有所欠缺。具体到图尔敏模型的基本构成要素中，D经常指涉的是案件事实，而W则是直接的法律规则作为依据；同时，R是需要排除的相反情况或者特例，刑法中的"但书"就是R的直接表现。此外，B是对W的进一步解读、深化或者拓展，为的是保证W的正确性；二者分别对应着法律论证理论中的"外部证成"和"内部证成"。[2]由此可见，W和R这两个部分都需要法律规范作为直接依据。指导性案例的基本类型之一就是补充法律漏洞的类型，有学者分析，第2、7、15、23、29、33、59和67号指导性案例都属于这一类型。[3]虽然

---

〔1〕最高人民法院案例指导工作办公室：《指导案例20号〈深圳市斯瑞曼精细化工有限公司诉深圳市坑梓自来水有限公司、深圳市康泰蓝水处理设备有限公司侵害发明专利权纠纷案〉的理解与参照——专利临时保护期内实施发明所得产品的后续使用不侵害专利权》，载于吕山主编《中国法律评论》2014年第1期，法律出版社2014年版，第180页。

〔2〕焦宝乾：《三段论推理在法律论证中的作用探讨》，载《法制与社会发展》2007年第1期，第70页。

〔3〕曹志勋：《论指导性案例的"参照"效力及其裁判技术——基于对已公布的42个民事指导性案例的实质分析》，载《比较法研究》2016年第6期，第122～123页。

指导性案例还有很多其他类型，但是，对现有法律漏洞进行补充是非常重要的基本类型，而且这也是基层法官审判相应案件时特别需要的类型。而图尔敏模型中的 W 和 R 两个基本构成要素却在漏洞补充型指导性案例中无法得到充分使用，这也给将图尔敏模型引入指导性案例的分析提出了必要的警示。

结语：法律论证的理论模型与具体实践

法律论证理论在战后逐渐兴起并受到了相当的重视，很多学者都设计了具有各自特点的理论模型，图尔敏模型是其中影响较大的代表之一。但是，从将该模型引入指导性案例分析的情况来看，抽象的理论模型与具体的司法实践还是存在着不小的距离。在现代司法活动日趋复杂的背景下，学者们努力从众多司法实践活动中进行概括和总结，精心设计出力图反映实际情况的理论模型。应当说，以图尔敏模型为代表的理论设计，能够被用来对很多案件进行细致的分析，能够排除很多不合适或者无效的论证结果，对于提升司法过程及其结果有着十分重要的意义。

但是，司法实践并不会按照理论设计发生和运转，尤其是在疑难色彩较为浓厚的指导性案例中，法律规范的适用经常会遇到难题。此时，法律论证的模型能否以及在多大程度上可以用于指导性案例的分析，是需要结合具体案情才能够展开的，简单套用理论模型无异于削足适履。同时，以上难题恰恰是对法律论证的模型进行批判和提升的良好契机。对于大规模引入国外相关理论的当下中国法律论证理论研究而言，通过结合指导性案例的研判能够扬弃域外的法律论证理论，也是法律论证理论实现本土化的良好契机。

第五章

利益衡量与漏洞补充方法在指导性案例中的运用

相比于法律解释、法律推理和法律论证，利益衡量和漏洞补充在系统性和理论深度上有所欠缺，这一点在其适用于指导性案例时也能够得到印证。本章第一节突破了将利益衡量作为一种单独法律适用方法的传统观点，以指导性案例21号为例，说明了利益衡量更适合定位为一种思维导向。第二节则具体说明利益衡量的结论如何借助于其他法律适用方法得以证成。第三节以指导性案例20号为例，说明了漏洞补充方法在指导性案例中运用的价值及其限度。

第一节　利益衡量在指导性案例中的体现及其定位

作为一种重要的法律方法，利益衡量因其主观性较强等特点而难以确定精确的操作方式与步骤。更加现实的选择是将利益衡量定位为一种司法过程中的思维导向。通过对指导性案例 21 号的分析可以看到，此种定位的利益衡量在司法过程中发挥作用大致有两个阶段：首先基于利益位阶关系确定基本判决走向，然后通过其他操作性更强的法律方法（如文义解释、体系解释、目的性限缩等）进行验证、修正和完善。在现有的其他指导性案例中，利益衡量也以多种样态广泛存在，由此我们可以大致总结作为思维导向的利益衡量所应当具备的一些适用方式。利益衡量归根结底仍然依赖于法官的个人素质，尤其是方法论素质。通过对指导性案例的研习，能够帮助法官提升以利益衡量为思维导向、形成高质量判决的能力。

一、指导性案例 21 号中基于利益衡量的裁判结果指向

随着法律体系基本建成，中国法治深入发展的重心更多地侧重于司法领域。面对着纷繁复杂的社会纠纷，司法过程很大程度上是一个对多种利益进行确认和重新分配的过程。因此，这一过程不可避免地包含着司法者对相关利益的解读、界定和认可，从方法论的角度来说，以上情况都使得

“利益衡量”成为一种重要的法律方法。[1]但是，这种定位上的利益衡量面临着很多操作和适用上的困境。一方面，在理论梳理和引介上，虽然有着大量以利益衡量为名展开的研究，但是，在这虚假繁荣的背后，却是学界对这一理论因第一手资料的欠缺所导致的对何为利益衡量论、如何进行利益衡量等基本问题的大量误解。[2]另一方面，在利益衡量的实践运用中，该理论也存在着不少难以解决的困难，例如主观性太强，缺乏有效的制度和规则规制；由于深受法律经济学的影响，利益衡量往往直接甚至全部体现为经济利益上的衡量。然而，单纯适用法律经济分析的方法是有缺陷的，至少是不全面的。[3]而且，利益衡量的核心问题——衡量标准问题也无法形成统一结论。[4]虽然也有学者总结了适用利益衡量的理想操作模式[5]，但是，这种过于“理想”的模式仍然无法解决利益衡量在具体适用中的操作难题。在司法实践中，运用利益衡量能否达到符合理性的实质正义，取决于理论研究状况、社会价值观、法官素质、司法环境等诸多因素。毋庸讳言，利益衡量方法的运作在我国的司法实践中尚存在许多不尽如人意之处，呈现出无序和混乱状态。主要表现为不具备适用前提、衡量方法不恰当和论证说理不充分等。[6]质言之，虽然法官在司法过程中每时每刻都在进行着利益衡量的思考，但是，也正是这种无处不在的状态使得利益衡量难以总结出比较明确而细致的操作步骤与规程。我们不能完全排除在理论上为利益衡量设计出完美操作步骤的尝试及其成功的可能，但是，就目前的司法理论来说，在无法排除法官主观性的背景下，利益衡量始终

---

〔1〕目前，国内法律方法的很多教材和专著都将利益衡量作为一种独立的法律方法，参见陈金钊主编《法律方法论》（北京大学出版社 2013 年版）第六章，杨仁寿著《法学方法论》（第 2 版）（中国政法大学出版社 2012 年版）第七章，王利明著《法学方法论》（中国人民大学出版社 2011 年版）第十二章，梁慧星著《裁判的方法》（第 2 版）（法律出版社 2012 年版）第五讲，陈林林著《裁判的进路与方法——司法论证理论导论》（中国政法大学出版社 2007 年版）第三章，孔祥俊著《司法理念与裁判方法》（法律出版社 2006 年版）第八章等。

〔2〕夏晨旭、张利春：《利益衡量论研究的回顾与反思》，载《山东社会科学》2010 年第 1 期，第 71 页。

〔3〕邹雄：《环境侵权救济研究》，中国环境科学出版社 2004 年版，第 46～47 页。

〔4〕焦宝乾：《衡量的难题——对几种利益衡量标准的探讨》，载《杭州师范大学学报》（社会科学版）2010 年第 5 期，第 16 页。

〔5〕赵玉增等：《法律方法：基础理论研究》，山东人民出版社 2010 年版，第 249 页。

〔6〕肖启明：《阻却、突围与规制——司法裁判视角下我国利益衡量的进路》，载于吕伯涛主编：《司法能力建设的新视角：司法能力建设与司法体制改革研究》，人民法院出版社 2006 年版，第 506～507 页。

要面临着具体适用上的困境。我国司法实践中相关的不足，也仅仅是该困境的具体表现。

既然利益衡量理论在具体操作和适用上面临着难以解决的困境，而审判实践又需要对涉案利益进行裁判，那么，更为现实的选择就是将利益衡量视为一种思维上的导向，这是解决以上困境的“退而求其次”的对策。这种整体思路上的转换不再将利益衡量视为一种单一的操作过程，而将其定位为适用其他更具有操作性的法律方法（如法律解释方法）之后形成的结果指向，也即其他法律方法的适用场合与条件。基于此种对利益衡量理论的定位，我们不必殚精竭虑地为利益衡量去总结、规定或者创制某些具体步骤或者规则，而是在涉及需要对涉案的多种利益关系进行处理时，适用其他更具操作性的法律方法来获得利益衡量的结果指向。利益衡量的精神和理念贯穿于具体法律方法的适用之中，发挥着宏观导向的作用。

将利益衡量定位为一种思维导向而非具体操作步骤，有其独特的价值和优势，至少可以表现在以下几个方面。首先，这种定位回避了繁琐甚至有些冗余的理论分析。法律方法是为司法者做出裁判提供理论上的参考和帮助，并非直接代替司法者的思考，为利益衡量设计过于“精密”的操作步骤，只会让司法者望而却步、敬而远之，无法真正发挥自身的理论作用。其次，利益衡量的思维导向定位能够发挥出法律方法的“团队优势”。除了利益衡量之外，法律方法的体系中还包括法律解释、法律论证、法律推理等，这些方法具有操作性更强、精细化更为明显的优势，将利益衡量定位为整体思维导向，恰恰能够与以上几种法律方法形成合力，在取长补短中发挥法律方法的整体优势。如果仍然努力为利益衡量设计精细的操作步骤，那么，不仅无法形成以上合力，而且这种重复建设也很容易与其他法律方法发生冲突。最后，将利益衡量视为思维导向，能够在一定程度上鼓励法官的创造性和能动性。规则越精细，对于适用者的约束就越大。对于大多数普通案件来说，基本的法律解释方法或者法律推理方法就能够解决，无须使用利益衡量。换言之，需要运用利益衡量的场合多是带有一些疑难色彩的案件，例如法律没有直接规定、或者规定比较模糊、空白甚至冲突。

法官需要运用自由裁量权等因素进行综合判断其中的利益关系及其取舍，其实质是对于最终裁判结果的整体认定和选择，过于精细的利益衡量操作步骤反而会约束法官在疑难案件中的创造性。

为了更加细致地证成以上利益衡量的定位，这里将通过指导性案例21号展开具体论证，从该案例切入主要是基于以下考虑。（1）指导性案例具有较高的质量。根据最高人民法院2010年底发布的《关于案例指导工作的规定》，每一个指导性案例的遴选都要经过层层推荐和把关，最终由最高人民法院统一发布。这一程序基本上能够保证指导性案例是司法实践中具有典型性的优秀案例，体现了司法者的经验、智慧和实践理性，能够为利益衡量的实践应用提供优质素材。（2）指导性案例具有正式效力。《关于案例指导工作的规定》第7条明确："最高人民法院发布的指导性案例，各级人民法院审判类似案例时应当参照。""应当参照"就是指导性案例效力的官方界定，虽然对此种界定仍然存在着一定争议，但是，毕竟能够使得指导性案例被法官在裁判案件时以正式的方式参照。如果能够在类似案件中将"应当参照"落到实处，那么，指导性案例对审判工作的影响将十分深远。对于地方法院的法官来说，研习相关指导性案例，能够获得如何贯彻利益衡量的生动认知，提升其准确运用利益衡量的能力和水平。这对于推动审判过程和结果的质量提高具有十分重要的意义。（3）指导性案例21号的典型性。法官在该案裁判理由部分专门对涉案的相关利益及其关系进行了界定和比较，并最终在权衡的基础上做出了裁判结果。可以说，指导性案例21号是集中体现利益衡量的典型案件，值得我们细致分析利益衡量的实践运用，并从中总结出带有共性的规律性内容，为司法者运用该理论提供理论参考和帮助。在社会中的复杂利益冲突越发频繁地涌向法院的背景下，对该案例的细致分析有着特殊的重要性和示范意义。

在指导性案例21号中，呼和浩特市人民防空办公室认为，该市秋实房地产公司开发的经济适用房工程应当按照相关法律规定修建战时可用于防空的地下室，但是该公司经人防办通知后仍然没有修建，也没有缴纳相关建设费。该防空办决定向秋实公司征收"防空地下室易地建设费"（以下简称防空建设费），秋实公司不服此决定而提起诉讼。两级法院都维持了该行政决定。[1]从直接的涉案利益主体来说，一方是秋实公司，另一方为人防办，前者主要是私人的经济利益，而后者主要是国防安全利益，是公共利益的一个具体表现和组成部分。但是，更加细致地分析涉案的房地产工程可以看到，居住经济适用房的社会公众实质上也属于该案的利益主体，而该案的核心问题——秋实公司是否应当缴纳防空建设费，也与该利益主体有着直接关联。

虽然指导性案例21号是行政诉讼案件，但是，该案实质上属于不同社会利益主体之间的权利认定和分配问题，更加接近于民事案件的裁判思路。“实际上，行政法的许多概念、规则、原则，都是从‘公共利益’这一总的要求出发从私法中借鉴出来的。”[2]因此，在涉及公共利益与私人利益之间的衡量时，我们完全可以借鉴私法领域中裁判民商事案件的方法论资源。一般认为，多样的利益之间存在着比较固定的位阶关系，而社会公共利益优先于个体财产利益的规则就是其中的基本内容。在指导性案例21号中，秋实公司的经济利益属于个体财产利益，而人防办强调的国防利益则大致属于社会公共利益的方面。该案的争议问题在于，秋实公司所开发的经济适用房项目，是为了满足低收入家庭的住房需求，虽然其中带有私人经济利益的色彩，但是，惠及众多低收入群体的经济适用房项目也明显具有社会公共利益的属性。在抽象意义上，社会公众利益和个人经济利益完全实现良性互动，在保护上并不存在根本性的冲突和矛盾：一方面，个体财产利益的有效维护依赖于良好的社会公共环境，只有在社会公共利益得以良好实现的社会，个体财产利益才能得到最有效的保护和最大化的实现；另一方面，个体财产利益的有效保护，也比较促进社会公共利益目标的实现。[3]但是，具体的司法实践并非抽象的理论设计那般完美，个体经济利益和社会公共利益之间仍然会出现错综复杂的关系，如何在具体案件中厘

〔1〕《人民法院报》2013年11月26日第4版。
〔2〕沈宗灵：《比较法总论》，北京大学出版社1987年版，第109页。
〔3〕王利明：《民法上的利益位阶及其考量》，载《法学家》2014年第1期，第86页。

清和界定这些关系，都是对司法者提出的挑战。

就指导性案例21号来说，在秋实公司所开发的经济适用房项目上，同时体现了个体经济利益和社会公共利益的双重属性，司法者需要判定其与人防办所代表的另一种社会公共利益（国防安全利益）之间的关系。当然，对于司法者来说，在法律有明文规定的时候直接适用该规定，是判定利益位阶关系的直接方式。但是，对于指导性案例21号来说，此种解决思路难以直接发挥效果。

从秋实公司的利益出发，开发经济适用房一直受到了多种法律法规的政策优惠。国务院《关于解决城市低收入家庭住房困难的若干意见》第16条规定“廉租住房和经济适用住房建设、棚户区改造、旧住宅区整治一律免收城市基础设施配套费等各种行政事业性收费和政府性基金”。建设部等七部委《经济适用住房管理办法》第8条规定“经济适用住房建设项目免收城市基础设施配套费等各种行政事业性收费和政府性基金”。基于以上两条规定，秋实公司认为防空建设费也属于上述行政事业性收费的类型，人防办的决定缺乏法律依据。

单独从以上两条法律依据来看，开发经济适用房的秋实公司的确能够自圆其说。但是，法官需要更加全面的分析整体案情，才能够真正实现“兼听则明”的效果。本案案情的特殊之处在于，秋实公司在开发经济适用房时，其建设行为存在一定违法之处。《中华人民共和国人民防空法》第22条规定：“城市新建民用建筑，按照国家有关规定修建战时可用于防空的地下室。”由国家国防委员会等部门发布的《人民防空工程建设管理规定》第45条至48条专门针对防空地下室建设问题进行了规定，主要内容是城市新建民用建筑应当按照一定比例修建专用的防空地下室，如果有法律规定的特殊原因不宜修建的，经批准后可以不修建，但是应当缴纳防空建设费。结合本案案情来说，秋实公司开发的经济适用房项目，属于城市新建民用建筑，应当建设防空地下室。秋实公司未修建防空地下室的行为属于违法行为。而有利于秋实公司的两条规定都没有明确，建设经济适用房中的违法行为是否也属于能够免除行政事业性收费的范围。简而言之，在关于经济适用房建设的相关规定中，没有直接条文规定违法建设行为能否免除各项行政事业性收费。

法律规定不明确是造成疑难案件的主要原因之一，也正是利益衡量发挥作用的场合，需要运用法官的创造性和能动性。本案的主审法官对其中涉及的利益关系进行了区分，并对涉案利益进行衡量之后做出了裁判。在裁判理由部分，主审法官首先总结了基于前述法律规定能够得出的结论："只有在法律法规规定不宜修建防空地下室的情况下，经济适用住房等保障性住房建设项目才可以不修建防空地下室，并适用免除缴纳防空地下室易地建设费的有关规定。"其后，列出了对裁判本案最为关键的理由："免缴防空地下室易地建设费有关规定适用的对象不应包括违法建设行为，否则就会造成违法成本小于守法成本的情形，违反立法目的，不利于维护国防安全和人民群众的根本利益。"该理由对涉案的利益确定了衡量之后的结果：从属性位阶上来说，国防安全和人民群众的公共利益优先；从数量比较的角度来说，违法成本应当高于守法成本。

以上核心裁判理由也得到了最高人民法院的肯定和认可："如果建设单位违反法律规定，逃避人防地下室建设义务，还能享受免收易地建设费的优惠规定，必然会助长不法企业钻法律空子，逃避法定义务，损害国家利益、公共利益。……必然导致大量不法企业在有条件建设防空地下室时不依法修建，在战时将严重威胁到国家利益和低收入家庭的生命和财产安全。"[1]从运用利益衡量的角度来说，本案裁判理由中对涉案利益的分析和决断是其被最高人民法院遴选为指导性案例的关键，在法律规定不明的背景下，基于利益衡量对疑难案件作出裁判，显示了司法者的高超智慧。

虽然裁判理由的论述是一种从前提到结论的顺序，但是，从利益衡量结果的形成过程来看，往往是法官根据法律感先形成结论，然后再进行细致的分析和论述以佐证该结论，这很可能才是司法过程的真相。"利益衡量

〔1〕 最高人民法院案例指导工作办公室：《指导案例21号〈内蒙古秋实房地产开发有限责任公司诉呼和浩特市人民防空办公室人防行政征收案〉——违法不建防空地下室应缴纳防空地下室异地建设费》，载于吕山主编：《中国法律评论》（第1卷），法律出版社2014年版，第187页。

的操作规则，可以概括为：实质判断加上法律依据。在作出实质哪一方应当受保护之后，寻找法律根据，如果找到了法律根据，仍将该法律根据（法律规则）作为大前提，本案事实作为小前提，依逻辑三段论推理，得出本案判决。如果作出实质判断后，无论如何也找不到法律依据，亦即此实质判断难以做到合法化，这种情形，应当检讨实质判断是否正确，重新进行实质判断。”〔1〕结论先行是利益衡量在司法实践中运用的典型特征，这一点也受到了对利益衡量特别关注的日本学者的肯定：无论是加藤一郎还是星野英一都认为，纠纷是利益之争，裁判是对冲突利益的妥当安置，并且，裁判最终要依靠实质的利益衡量，而非形式的法律构成来决定（实质决定论）；这种思维的基本构造是先通过实质的利益衡量得出结论，然后再基于检验结论的对错、增强结论的说服力等考虑，通过找法、法律解释等操作，为其披上法律的外衣（结论先行论、法律思维二阶段论）。〔2〕利益衡量的这种特点非常符合其思维导向的定位：法官进行实质衡量之后大致确定裁判结果指向，而其他更加细致的分析过程将借助其他法律方法（如法律解释等）进行。

具体到指导性案例21号来说，利益衡量的实际过程很可能是法官基于其长期的司法经验和认知，形成判决结论之后在裁判理由部分进行细致说明。在这个过程中，法律感或者司法经验和认知发挥着十分重要的作用。虽然我们无法在理论上为每个案件概括出法律感的具体内容，但是，结合具体案情还是能够为法律感的来源寻找某些线索。例如，指导性案例21号的核心争议问题就是在法律没有明确规定的背景下，经济适用房工程中的违法建设行为是否也属于免收行政事业性收费的范围。针对违法行为及其产生的利益，有基本的法律原则进行规制：任何人不应从自己的错误行为中获利。德沃金在其《法律帝国》一书中，已经通过 Riggs v. Palmer 一案对该原则进行了细致分析。〔3〕该原则具有十分基础的地位，被法律职业群

〔1〕 梁慧星：《裁判的方法》，法律出版社2003年版，第187页。
〔2〕 张利春：《日本民法解释学中的利益衡量理论研究》，法律出版社2013年版，第532页。
〔3〕［美］德沃金：《法律帝国》，李长青译，中国大百科全书出版社1996年版，第19页。

体普遍认知和认可，面对指导性案例21号的核心争议问题，具有该原则知识背景的法官能够由此大致形成利益衡量的处理结果，进而确定裁判结果的基本走向。

二、指导性案例21号中利益衡量导向下的裁判理由论证

现代心理学的研究成果已经表明，判断的结果往往在最初接触基本信息的时候就已经形成了。在司法实践中，不仅利益衡量有着结论先行的特点，甚至整个司法过程也都遵循着这一规律。在法律推理方法的体系中，这一过程被称为“设证推理”（abduction，即回溯推理、溯因推理）。“设证是在每次包摄（即涵摄）之前就进行了。然而精明的法律人几乎都系敏捷而不假反思地在实施这种推论，以致这种推论并未被意识到。”[1]但是，利益衡量的结论先行特点并不能必然保证结论的正确性，这也是学者们对利益衡量存在一定警惕并提出规制措施的原因。“利益衡量作为法院判决疑难案件的常用方法，没有可确定和可预测的操作程序，主要靠法官或裁判者的自由裁量。从目前实践的情况来看，由于概念过宽等原因，利益衡量极易被滥用。”[2]为了保证最终裁判结论的合法性、合理性与正当性，对于作为思维导向的利益衡量，我们还需要运用其他更加微观和细致的法律方法进行检测和验证，特别是对其中不合适的地方进行修正和完善。具体到指导性案例21号来说，虽然最初能够确定对公共利益应当进行优先保护，但是，这一结论仍然需要经受整个司法过程的检验，尤其是秋实公司一方可能提出更为有力的理由来推翻原初结论。在遵循利益衡量导向的基础上，我们还需要运用多种法律方法进行证成。

（一）文义解释及其缺陷

虽然法律解释有众多具体方法，但是，文义解释方法的优先性已经成

〔1〕［德］考夫曼：《法律哲学》，刘幸义等译，法律出版社2004年版，第113页。
〔2〕焦宝乾、彭金玉：《利益衡量艺术及其规制》，载《法治研究》2010年第11期，第88页。

为基本共识。文义解释的基本含义是按照法律规范所使用语言文字的一般含义来阐释的。无论是为了维护基本法治秩序的目的，还是从提高审判效率的角度来说，法官都应当首先使用文义解释方法。[1]法律规范的一般含义也是诉讼各方参与者能够提出的首要法律理由。在指导性案例21号中，无论是秋实公司还是法官，都以明确的法律规范为基础展开论证或者说理，这都能够体现文义解释的优先性。

但是，文义解释方法也有自己固有的缺陷，法律规范意义及其相互关系不明，就是其中的典型代表。在绝大多数普通案件中，法律规范和案件事实大致能够对应，法官适用文义解释方法就能够为判决结论提供正当理由。而对于带有一定疑难色彩的案件来说，法律规范和案件事实往往难以准确对应，或者法律规范内部相互关系不明，这就使得单独依靠字面含义无法解决案件。需要进行利益衡量的案件大多属于这一情形。正如上文中已经分析的，无论是《经济适用住房管理办法》，还是《关于解决城市低收入家庭住房困难的若干意见》，都没有明确经济适用房开发中的违法行为能否免除行政事业性收费，起码在字面上无法得到直接的答案。

也正是因为文义解释存在缺陷，才需要运用其他解释方法，共同作用形成裁判结果。“文义因素首先确定法律解释活动的范围，接着历史因素对此范围进一步加以确定，同时并对法律的内容，即其规定作一提示。紧接着体系因素与目的因素开始在这个范围内进行规范意旨的发现或确定工作。这时候，‘合宪性’因素也作了一些参与。最后，终于获得了解释结果。”[2]虽然法官需要首选文义解释方法，但是，在文义解释无法完成裁判任务的时候，案件出现了疑难色彩，法官以利益衡量为整体思维导向时，借助于其他解释方法便成为现实的选择。

（二）体系解释方法

体系解释方法强调的是将法律规范置于整个法律体系之中进行考察，

[1] 陈金钊：《文义解释：法律方法的优位选择》，载《文史哲》2005年第6期，第144～146页。
[2] 黄茂荣：《法学方法与现代民法》，中国政法大学出版社2001年版，第288页。

通过其与其他法律规范之间的关系阐释其含义，又被称为系统解释。“系统解释要求在法规的背景下对一个法律原理来加以理解，而不是单独对其进行考察。”[1]在单独理解法律规范的含义发生困难时，结合其所处的法律规范系统作为背景，能够帮助法官更加准确地理解其含义。“法律条文只有当它处于与它有关的所有条文的整体之中才显出其真正的含义，或它所出现的项目会明确该条文的真正含义。有时，把它与其他的条文——同一法令或同一法典的其他条款——加以比较，其含义也就明确了。”[2]随着数量上的不断增加，法律规范内部的相互关系中，除了冲突之外，还会有印证与合作，体系解释方法正是后者的体现。

在指导性案例21号中，涉案的利益主体及争议的核心问题都需要运用多种法律规范，如何处理其相互关系、从而准确地找到最为合适的法律规范作为裁判依据，是法官需要面对的难题之一。以发布者为标准确定的位阶关系来看，《中华人民共和国人民防空法》《关于解决城市低收入家庭住房困难的若干意见》《人民防空工程建设管理规定》和《经济适用住房管理办法》大致是按照效力高低进行的排序。在实体内容上，下位法律规范不能违背上位法律规范的直接明确规定，这是《立法法》等法律以及法律适用基本原理的要求。在前述部分的分析中可以看到，以上四种法律依据中，低位阶的规范性文件并没有直接明确，是否将经济适用房项目中的违法建设行为排除在免收行政事业性收费范围之外。而位阶较高的规范性文件（尤其是效力最高的《人民防空法》）则明确，任何种类的城市新建民用建筑都应当按照规定建设防空地下室，并没有例外的存在。特殊的情况是，在不适宜建设防空地下室的建筑中，应当缴纳防空地下室异地建设费，在异地建设防空地下室。

通过对以上主要法律依据相互关系的梳理可以看到，低位阶法律依据不明，高位阶法律依据没有排除例外。由此，只要存在城市新建民用建筑（包括经济适用房），建设单位就应当建设防空地下室或者缴纳异地

---

〔1〕［德］霍恩：《法律科学与法哲学导论》，罗莉译，法律出版社2005年版，第134页。
〔2〕［法］布律尔：《法律社会学》，许钧译，上海人民出版社1987年版，第70页。

建设费。基于法律体系内相关法律规范的位阶关系，我们也能够看到本案裁判结论的合法性与合理性。这一点也得到了其他规范性文件的支持和肯定。[1]从利益衡量的角度来说，高位阶的法律规范所适用的范围更广，相应地也会关注更大范围内群体的公共利益，低位阶的法律规范则相反。需要经济适用房的群众，包含在国防利益所针对的群众之中，后者的利益位阶也更高。因此，在运用体系解释方法阐释意义不明的法律规范时，优先适用高位阶法律依据，与照顾更广泛、更关键的利益群体，在本质上是一致的。

（三）目的性限缩（漏洞补充）

在指导性案例21号的裁判理由中，法官对于主要法律依据中并没有直接明确的违法建设行为（应建设防空地下室而没有建设）排除在免除缴纳行政事业性收费范围之外，实质上缩小了“建设行为”的范围，而将其仅仅限定于合法建设行为。最高人民法院与之持有一致立场：《关于解决城市低收入家庭住房困难的若干意见》和《经济适用住房管理办法》的相关规定，“从字面看，没有明确适用对象，似乎保障性住房建设一律免收各种行政事业性收费，包括防空地下室易地建设费。但上述两项规定的立法本意是政府通过提供政策优惠，降低保障性住房建设成本，鼓励房地产开发商建设保障性住房项目，从而满足低收入住房困难家庭的购房需求。因此，其免除的行政事业性收费，应当指向的是建设单位的合法建设行为，建设单位违法建设产生的法定义务不应列为免除的对象”。[2]在这段分析中，最为关键的理由在于“立法本意”。这种基于立法的本意

---

〔1〕 例如《国务院中央军委关于进一步推进人民防空事业发展的若干意见》第9条规定：“城市新建民用建筑要依法修建防空地下室，确因地质等原因难以修建的要按规定缴纳易地建设费。对未按规定修建防空地下室、未按规定缴纳易地建设费的，人民防空部门要严格依法处理。规划部门要严格按照城市控制性详细规划和规划条件核发民用建筑项目建设工程规划许可证，不符合人民防空防护要求的不得发放。任何地方和部门不得将少建、不建防空地下室或减免易地建设费作为招商引资的优惠条件。”

〔2〕 最高人民法院案例指导工作办公室：《指导案例21号〈内蒙古秋实房地产开发有限责任公司诉呼和浩特市人民防空办公室人防行政征收案〉——违法不建防空地下室应缴纳防空地下室异地建设费》，载于吕山主编：《中国法律评论》（第1卷），法律出版社2014年版，第186页。

或者目的而对特定法律规范的适用范围进行缩减的法律方法，被称为“目的性限缩”。

在法律方法的体系内，目的性限缩是补充法律漏洞的基本方法之一。法律漏洞的基本分类之一就是开放的漏洞和隐藏的漏洞，前者的含义是：“就特定类型事件，法律欠缺——依其目的本应包含之——适用规则时，即有‘开放的’漏洞存在。”[1]填补开放法律漏洞的主要方法是类推适用。目的性限缩则主要针对隐藏的漏洞。“法律文义所涵盖之案型，有时衡诸该规定之立法意旨，显然过广，以致将不同之案型，同置于一个法律规定下，……将原为法律文义所涵盖之案型，排除于该法律之适用范围外，故其法律适用之性质，属于法律补充。就这种法律补充，学说上称为‘目的性的限缩’。”[2]由于立法的有限性，一些法律规范的用词或者用语涵盖范围较广，但是，在面对具体案件时，如果完全依据这种过于宽泛的界定，又会造成违背立法原旨的消极结果。此时，司法者需要对前述过于宽泛的界定进行限缩，这种“笼统”也是成文法需要进行解释的原因之一。“笼统（Generality），或者说包容过广（Overinclusiveness）和包容过窄（Underinclusiveness），指基于法律的目的、一般的‘背景’原则等因素的考虑，法律用语相对于具体的案件事实显得过于笼统——包容过广或过窄。因此，为了在个案中获得最佳解释，就需要限制或背离法律用语的字面含义。”[3]

在最高人民法院对指导性案例21号的解读中，《关于解决城市低收入家庭住房困难的若干意见》和《经济适用住房管理办法》所规定的优惠政策，主要目的是用来鼓励像秋实公司这样的开发商积极主动地建设经济适用房项目。但是，这种鼓励并非没有任何条件限制的，当开放商采取违法的建设行为来开发经济适用房项目时，即使暂时在短期内能够完成工程，也会在将来危及社会公众尤其是经济适用房住户的长远利益，这是

[1] [德] 拉伦茨：《法学方法论》，陈爱娥译，商务印书馆2003年版，第254页。
[2] 黄茂荣：《法学方法与现代民法》，中国政法大学出版社2001年版，第397页。
[3] 张志铭：《法律解释操作分析》，中国政法大学出版社1999年版，第131页。

违背以上规范性文件的初衷的。“如果某个法院对立法者追求的东西比较肯定，那么，就只有在法院对总体立法有某些原则性反对意见时，它才能因立法未能一丝不苟地清楚表达其目的而拒绝实施立法者的目的。”〔1〕在通常情况下，法官对大多数案件的审判都要尊重，甚至严格遵守立法目的。对本案来说，在利益的平衡和博弈中，相关规范性文件所追求的目的，是实现社会公众的长远利益。作为思维导向，利益衡量已经内化在立法目的之中。这也成为法官在指导性案例21号中对建设行为进行目的性限缩的根本原因。

在法律规定不明时，依据目的进行选择和应对，是司法者常用的法律方法，在其他指导性案例中也有类似的情况。例如指导性案例13号中，裁判理由认为，非法买卖毒害性物质，无须同时具备买进和卖出两种行为，只需要其中一种即可构成“非法”买卖。这实质上也是基于立法的目的对法律规范文义进行了限缩（将两种行为同时具备缩减为单一行为），因为该罪名的目的正是惩罚那些逃避相关部门监管，破坏危险化学品管理秩序的行为，最终目的仍然是保护人民群众的生命、财产和健康安全。〔2〕基于目的的不同层次，目的性限缩也由此可以分为若干种类，包括：（1）依据某一法律规定的目的和意图；（2）依据若干法律规定组成的法律制度的目的；（3）依据法律的立法宗旨。〔3〕指导性案例21号的裁判理由大致属于第（2）种类型。需要特别说明的是，法官进行目的性限缩的时候，需要把握限缩的“度”，不能过度缩小法律规范所涵盖的范围。“法院为目的性限缩的补充时，必须将原文义所涵盖的类型，加以审视，分为合乎规范意旨之类型与其外之类型，而后依限缩的剔除作用，将不合乎规范意旨部分的类型，排除在该法律的适用范围之外，其补充的过程始告完成。”〔4〕对于这种类型化的过程，指导性案例21号的裁判理由以及最高人民法院的解读，仅仅将建设行为划分为合法与违法两种。如果地方法院的法官要参照

〔1〕［美］波斯纳：《法理学问题》，苏力译，中国政法大学出版社2001年版，第365页。
〔2〕《人民法院报》2013年2月7日第3版。
〔3〕王利明：《法学方法论》，中国人民大学出版社2012年版，第513页。
〔4〕杨仁寿：《法学方法论》，中国政法大学出版社1999年版，第153页。

适用目的性限缩的方法，那么，可能还需要根据具体案情进行其他类型的划分，而不应仅仅局限于合法与违法两种。

（四）法律原则的隐性适用

在司法实践中，大多数案件都是依据法律规则进行裁判的，法律规则也是法律方法重点适用的对象。但是，这并不意味着法律原则无法对司法过程和结果产生影响。在特定的案件（尤其是疑难案件）中，法律原则还是会起到重要作用的，虽然未必以直接显性的方式。在指导性案例 21 号中，“任何人不应从自己的错误行为中获利”原则就是如此。

在面对多种法律依据及其复杂关系时，司法者需要对其进行总体把握，进而选择最为合适和恰当的法律依据，此时，法律原则就能够发挥这种指引作用。“如果在一个案件中涉及多个条文，或者法官在多个条文之间选择时发生冲突，那么法官等法律人就可以用原则确定一种法律关系或协调法律条文之间的冲突。这正是原则统领具体法律条文的含义之所在。法律原则所体现的价值倾向及涵盖面宽的特点，使其正好在此处发挥提纲挈领的作用。法律原则作为对思维者的一种约束，规范着解释者的思维走向，发挥协调作用。”[1]在指导性案例 21 号中，双方当事人都提出了有力的法律依据进行论证，在单独分析这些法律依据时也大体能够自圆其说。但是，作为居中者的法官需要进行整体把握。如前所述，利益衡量的结果往往是在最初接触到案件基本信息时就已经酝酿着判决的宏观走向，而作为法律感的重要内容，此时，法律原则实质上以间接的方式帮助司法者进行了利益衡量的构建，是利益衡量导向的组成部分之一。

当然，本案中，“任何人不应从自己的错误行为中获利”原则并没有直接出现在裁判理由之中，因为法律原则的直接适用需要具备多种条件。这些条件大致包括：（1）只有在穷尽法律规则的时候，才能适用法律原则；（2）法律原则不得径行适用，除非旨在实现个案正义；（3）若无更强理

---

〔1〕 陈金钊：《作为方法的原则》，载《苏州大学学报》（哲学社会科学版）2004 年第 6 期，第 24 页。

由，不适用法律原则。[1]虽然这三个条件并不处于同一层面上，也无须同时满足，[2]但是，可以肯定，法律原则在司法过程中的直接适用往往面临着很多困难和负担，适用者需要进行大量的论证和说理，这对于当下占有社会资源并不充分、权威性有所欠缺的中国法官来说，是高风险的审判方式。因此，即使在最初通过法律原则等方式确定了利益衡量的结果，法官们也仍然不会去选择将法律原则直接作为裁判的理由，而是选择在法律原则的指导下分析并确认法律规则之间的关系，并以此作为裁判依据。

需要特别说明的是，除了广泛认可的“任何人不应从自己的错误行为中获利”原则之外，还有一些其他行政法原则也在指导性案例21号中以隐性方式发挥着类似作用，例如公共利益原则。“二战”后，世界各国开始普遍制定行政程序法，以公正为原则、权利保障为目的，《葡萄牙行政程序法典》直接规定谋求公共利益及保护公民权益原则。[3]虽然理论界对于如何界定公共利益从未形成一致意见，但是，这并不能否认公共利益原则在行政法中的重要性。“公共利益的意义表现在它是行政法的核心概念，是行政法的运用、解释和权衡的普遍原则。”[4]更重要的是，在抽象意义上无法界定的公共利益，却可以在具体个案中通过利益衡量而获得确定的内容，指导性案例21号就是例证。公共利益优先于个人经济利益已经成为较为固定的利益位阶关系，行政诉讼案件自然也应当遵守公共利益原则。本案所有裁判理由，都指向将公共利益置于优先的地位，无论是国防安全利益还是居住经济适用房的社会公众利益，都是法官推崇公共利益原则的具体体现。同“任何人不应从自己的错误行为中获利”原则的适用方式一样，公共利益原则也是以隐性的形态在利益衡量的过程中发挥潜在作用，而没有直接表述在判决理由之中。当然，这并不妨碍最终的判决结果在实体意义上巩固、推动和增强公共利益。

---

〔1〕 舒国滢：《法律原则适用中的难题何在》，载《苏州大学学报》（哲学社会科学版）2004年第6期，第19页。

〔2〕 雷磊：《法律原则如何适用？》，载于舒国滢主编：《法学方法论论丛》（第1卷），中国法制出版社2012年版，第231页。

〔3〕 王学辉：《行政程序法精要》，群众出版社2001年版，第169页。

〔4〕［德］沃尔夫、巴霍夫、施托贝尔：《行政法》，高家伟译，商务印书馆2002年版，第324页。

再如比例原则，广义上比例原则包括妥当性原则、必要性原则和均衡性原则。其中，均衡性原则又被称为狭义比例原则或者法益衡量原则，强调的是在造成的损失和获得的利益之间存在着相应的比例关系。比例原则中利益衡量的主体是以司法权为中心而展开的。比例原则的适用过程中，必将面对诸多冲突的利益，进而在不能同时满足各利益的情形下，需要对各种利益进行衡量。[1]对于指导性案例21号来说，法官需要在综合比较私人利益和公共利益的基础上，确定以较小的惩罚和损失来获得较大的收益。"行政审判中适用比例原则是人民法院在均衡保护的层面上对公共利益和个人利益进行权衡，以选择一种既为实现公共利益所绝对必要，也对行政相对人限制和利益损害最小的手段。因此，它实质上是一种利益衡量的过程和方式。"[2]从这个意义上说，指导性案例21号中比例原则的适用，再次展现了利益衡量作为思维导向的地位和作用。

以上几个方面的分析，都是运用操作性比较强的具体法律方法来检验和巩固最初利益衡量所形成的基本判决性质。当然，能够发挥这一作用的具体法律方法还有很多，例如当然解释方法：根据"举轻以明重"，在合法的建设行为都需要建设防空地下室或者缴纳易地建设费的情况下，违法的建设行为就更应当尽此义务。再如与目的性限缩密切联系的目的解释方法，将涉案的多种法律和规范性文件的目的进行整合之后，以此为依据也可以得到本案的最终结论。可以说，在法官根据作为导向的利益衡量确定判决的基本结论之后，适用更具操作性的其他法律方法也能够形成支持该判决结论的理由（虽然未必都表述在判决理由之中），这样就能够进一步确认利用利益衡量确定的判决结果。

当然，虽然对指导性案例21号的前述分析能够形成一致结论，进而巩固利益衡量的结论，但这并不意味着每个案件都是如此。如果法官利用不同法律方法分析同一案件的利益衡量结论，却得出了不同甚至相左的结论，那

---

〔1〕 王书成：《论比例原则中的利益衡量》，载《甘肃政法学院学报》2008年第2期，第25页。

〔2〕 冯建平：《公益与私益的衡量：论比例原则及其在行政审判中的适用》，载《法律适用》2006年第5期，第65页。

么，就需要根据这些差异结论对最初的利益衡量结论进行修正和完善，最终尽可能地形成一致结论。对该问题的分析可能需要借助于更加复杂和有代表性的案件，已经超越了对指导性案例 21 号的探讨，有待另文细致阐述。

三、利益衡量的多样存在及其具体适用方式

作为一种思维导向，利益衡量普遍存在于司法过程之中，法官总是在对各种利益的确认和取舍中形成裁判结论。指导性案例 21 号是行政诉讼案件，但是，其对利益关系的处理方式与民事案件并没有实质意义上的区别，二者的区别很大程度上只是在于处理的内容和对象不同。“行政法作为公法，其规则的产生并非创造之作，而是从私法中发展、演变出来的；但行政法之所以与私法大相径庭，其间的差异决定性原因在于‘公共利益’。”〔1〕表面上看，将民事案件中的利益衡量扩展到行政案件，是指导性案例 21 号的创新，实质上二者在源流关系就相当一致。这也再次体现了利益衡量作为整体思维导向的地位。除了指导性案例 21 号之外，最高人民法院公布的很多其他指导性案例也通过不同方式，体现着利益衡量的思维导向作用。我们可以将其大致分为实体法和程序法两个基本类别。

一方面，由于利益衡量主要是针对实体裁判结果，因此，指导性案例中利益衡量的导向作用直接体现在实体法的运用之中。传统民商事领域是利益衡量的发源地和主要运用场所，利益衡量在该领域中表现得比较突出。例如指导性案例 8 号，争议的核心问题是，公司在正常盈利的情况下，能否因为出现管理上的“僵局”（公司治理结构失灵）而解散，裁判结果肯定了解散公司的结论。〔2〕这一结论也包含着利益衡量的导向：虽然短期来看，解散正在经营的公司会产生一些消极后果，但是，公司治理结构的规范化能够在长远的角度保证市场经济更加健康。在短期利益和长远利益的

〔1〕刘莘、陶攀：《公共利益概念辨》，载于郭道晖主编：《岳麓法学评论》（第六卷），湖南大学出版社 2005 年版，第 39 页。

〔2〕最高人民法院案例指导办公室：《〈林方清诉常熟市凯莱实业有限公司、戴小明公司解散纠纷案〉的理解与参照》，载《人民司法》2012 年第 15 期，第 45 页。

博弈中，司法判决选择了后者。在行政案件中，一般来说，行政机关往往代表着公共利益，但是，公共利益的优先性并非绝对，特别是在行政机关滥用行政权力、损害公民个体利益时，就不应再继续坚持原有的利益位阶关系，这正是指导性案例6号所针对的问题。在该案中，法官充分挖掘了《行政处罚法》第42条中“等”字的含义，将“没收较高大数额的财产”也纳入“等”字的范围之中，进而强调行政机关针对该类处罚也应当告知听证权利。[1]这种裁判结果虽然在挖掘法律规范的边缘意义上显得有些剑走偏锋，但是在实质上维护了行政相对人的听证权利，有利于规制行政机关的处罚行为，在最根本的目的上仍然是最广泛的公共利益。特别需要指出的是，传统司法观念并不重视甚至力图削减利益衡量在刑事司法中的运用，但是，基于社会的情势变更、对个案正义的满足以及在出现复数解释时选择的需要，刑事司法领域中也需要进行细致的利益衡量。[2]指导性案例4号和12号都是故意杀人案件，在对多种从重和从轻情节进行综合衡量之后，这两个案件都判处死刑缓期执行，同时限制减刑。两案的判决也都经历了再审的过程，从死刑立即执行到死刑缓期执行的变化也是为了在很大程度上实现社会整体利益的提升，既能够有效打击犯罪，又能够有效改造罪犯，实现法律效果和社会效果的最大化。

另一方面，指导性案例还提供了程序法运用的灵活思路，从而间接地在实体结果上进行利益衡量。法官基于利益衡量导向，能够形成对案件基本性质和结果的判断，但是，仍然需要多种方式实现或者验证该判断。除了实体法上的分析之外，利用程序法也能够间接地实现该目的，从已有的指导性案例来看，这种方式大致可以分为两类。（1）利用实体制度中直接规定的程序。例如指导性案例20号，裁判理由认为，从专利申请公开到专利权被正式授予，中间状态被称为临时保护期，在临时保护期内使用专利的行为，延续到专利正式被授予后，也不是侵权行为，只是应支付必要的

〔1〕 孙光宁：《法律规范的意义边缘及其解释方法——以指导性案例6号为例》，载《法制与社会发展》2013年第4期，第57页。

〔2〕 任彦君：《论利益衡量方法在我国刑事裁判中的运用》，载《法学评论》2013年第5期，第42页。

费用。基于《专利法》规定的申请程序，临时保护期属于一种过渡的中间状态，是为了调和申请人和使用人之间的利益关系。[1]这实质上是法官准确解读了实体法规定程序中所包含的利益衡量结果，并在此基础上做出了裁判。（2）灵活运用程序法提供的具体方法，比较典型的方式是证明责任的分配。虽然民事诉讼中"谁主张谁举证"是基本原则，但是，具体个案的情况远远要更加复杂。例如指导性案例17号消费者法案件中，法院的生效裁判认为："被告合力华通公司没有证据证明张莉购买该车用于经营或其他非生活消费，故张莉购买汽车的行为属于生活消费需要，应当适用《中华人民共和国消费者权益保护法》。"[2]对于汽车能否属于《消费者权益保护法》中的"生活消费"一直存有争议，该案例的裁判结论给出了肯定的答案，而且其方式是将举证责任交由经营者一方，这就减轻了弱势方消费者的举证困难，实现了二者的利益平衡。类似的情况发生在指导性案例23号中，同样是消费者案件，法院生效裁判认为："原、被告双方对孙银山从欧尚超市江宁店购买香肠这一事实不持异议，据此可以认定孙银山实施了购买商品的行为，且孙银山并未将所购香肠用于再次销售经营，欧尚超市江宁店也未提供证据证明其购买商品是为了生产经营。"[3]在利益衡量的思维导向下，法官更多地通过举证责任的分配来照顾弱势一方，这种程序法上的灵活适用，最终仍然是为了实现整体上的实体利益平衡。

从以上对已有指导性案例的分析可以看到，利益衡量导向有着多种存在样态，是法官在司法实践中需要特别关注的。但是，由于利益衡量是一种主观心理状态的结果，很难通过统一的步骤和程式进行规制。虽然指导性案例能够为此提供一些可资借鉴的资源，但是，总体上，为利益衡量设定严格适用方式的尝试，大多过于理想、繁复而难以落实，经常被司法者忽视或者放弃。换言之，利益衡量的具体适用方式应当更多的是描述意义上的，而非规范意义上的，是对司法者的建议和参照，而不是指示和命令。

---

〔1〕《人民法院报》2013年11月26日第4版。
〔2〕《人民法院报》2013年11月26日第3版。
〔3〕《人民法院报》2014年1月29日第3版。

具体来说，法官在以利益衡量为思维导向时，至少需要着重注意以下几个方面。

第一，明确涉案利益的主体、类型与性质。司法过程多是由一方提出针对另一方的诉讼，表面看起来利益的主体比较明显而直接，在简单案件中也的确如此。但是，对于需要全盘分析和了解案情的法官来说，司法过程是相当复杂的，涉及的利益关系经常并不局限于当事人，主要诉讼法类型中的“有利害关系的第三人”就是这一情况的制度表达。“一旦冲突发生，为重建法律和平状态，或者一种权利必须向另一种权利（或有关的利益）让步，或者两者在某一程度上必须各自让步。于此，司法裁判根据它在具体情况下赋予各该法益的‘重要性’，来从事权利或法益的‘衡量’。然而，‘衡量’也好，‘称量’也罢，这些都是形象化的说法；于此涉及的并非数学上可得测量的大小，毋宁是评价行为的结果。”〔1〕更重要的是，同一利益主体的同一行为可能带有多种性质，例如指导性案例21号中，秋实公司建设经济适用房的行为，既包含了公共利益，也包含着个体经济利益。这种复杂的情况给法官的决策带来了一定困难，也使得法官不能依据利益衡量导向“一步到位”地获得裁判结果。明确利益主体及类型和性质，仅仅是必要的前提，法官还需要进行后续思考和探知。

第二，在确定多种利益及其关系的基础上，形成基本的裁判结果倾向。在大多数普通案件中，利益衡量的位阶关系已经由立法者事先确定，司法者只要尊重立法者的意图即可。在这种一般情况中，法官尊重的是客观的“制度利益”。当制度能较好地体现社会公共利益时，该制度利益就不能破坏，只能作价值补充和漏洞补充。但是当制度利益已不能反映社会公共利益时，制度利益就不值得被保护，而应该大胆地打破它。根据制度利益与社会公共利益的关系，利益衡量在具体案件中的展开可分为三种情形：（1）制度利益无缺陷时的衡量；（2）制度利益存在缺陷时的衡量；（3）制

---

〔1〕［德］拉伦茨：《法学方法论》，陈爱娥译，商务印书馆2003年版，第279页。

度利益违背社会公共利益时的衡量。[1]在这些带有疑难色彩的案件中，法官需要发挥能动性，在利益衡量导向下确定裁判结果。法官此时进行利益衡量的标准或者动力就是自己的“法感”（法律感）。耶林认为，在处理个案时，法官要先“听听你们法律感觉的声音，然后才开始作法律上的理由构成。如果论证的结果跟法律感觉不一致，那么这项说理就没有价值”。而考夫曼也认为，在个案的判断上，反思地预先采取结论，作为暂时的假设，作为诠释学的先前理解，对法官来说是不可避免的。基于以上的观点，法感的功能在于：作为一种正确的先前理解的能力，具有设证的特性，它可以帮助得到一个初步的、暂时性或假设性的解决问题的方向。[2]在制度利益的预先设计缺位或者严重不当的情况下，法官需要运用法感来确定判决方向。而法感的来源与法官个人有着直接联系，教育经历、业务素质、经验、教训等，这些混杂的因素都可能对法感产生影响，但又很难说是决定性影响。外在因素能够形成一定的规制，例如实体法和程序法的相关规定，法官的待遇保障与业务培训，法律职业共同体的整体自律，等等，但是，这些外在因素的作用也是非常有限、非决定性的。法官在这个阶段基于利益衡量导向形成的判决方向，是一种主观的初步认定，有待于后续的司法程序进行修正和完善。

第三，通过在具体的裁判论证理由之间形成融贯关系，来检验、补充和完善初步形成的裁判结论。通过对指导性案例21号的分析可以看到，无论使用何种具体的法律方法，都能够形成比较一致的结论，这些适用结论都能够成为支持最终判决结论的正当理由，它们之间形成了融贯关系。融贯关系具有这样一些特征：（1）它在逻辑上是一致的；（2）它阐明了一种高度的或然性的一致性；（3）它阐明了很多在信念体系各组成部分之间的相对较强的推论性联系；（4）它是相对统一的，比如说，它没有分裂为相对没有联系的子系统；（5）它几乎没有包含无法解释的异常现象；（6）它

[1] 梁上上：《利益的层次结构与利益衡量的展开——兼评加藤一郎的利益衡量论》，载《法学研究》2002年第1期，第59页。

[2] 吴从周：《初探法感——以民事案例出发思考其在法官判决中之地位》，载于舒国滢主编：《法学方法论论丛》（第2卷），中国法制出版社2014年版，第117页。

提出了一种相对稳定的，到最后仍然是融贯的世界观；（7）它满足了观察的需要，这意味着它必须包含把一种高度的可靠性归因于数量合理的认识上自发信念的法律。[1]可以说，融贯关系意味着一系列理由之间不仅没有内部矛盾，而且能够相互印证和支持，共同证成同一结论。我们完全可以适用不同法律方法形成结论之间的融贯关系，来检验利益衡量导向最初形成的判决结论。"一项法律教义学的规范主张（与/或一项解释主张）的有效性因而并不是符合论意义上的真理，毋宁是在融贯论意义上才为真。即使是一项模糊的规范，也总是如此。"[2]强调严格依法裁判的法律教义学是法律方法的理论归属，在既有的法律规范无法提供合适答案的前提下，利益衡量的初步结论也很难以其为依据进行检验。因此，通过诸多裁判理由之间的融贯关系进行检验，则是比较现实的稳妥途径。

第四，充分发挥司法程序的多种功能，尤其是发挥当事人的积极参与作用，也能够印证或者修正利益衡量的最初结论。前两个阶段都是以法官为主体，而司法程序的运行则使得当事人具有了充分表达自身意见的机会，能够完善法官对案件的解读，包括印证或者修正利益衡量的初步结论。"程序的正当过程的最低标准是：公民的权利义务将因为决定而受到影响，在决定之前他必须有行使陈述权和知情权的公正的机会。"[3]在有充分机会表达其利益诉求和支持理由之后，法官会进行"去伪存真"的辨识工作，选择那些更加全面、有说服力或者与前述论证理由形成融贯关系的内容，作为修正利益衡量结论的参考，发挥司法过程"兼听则明"的功能。此时利益衡量的结论是由多方主体进行理性商谈后获得的综合性结论。较之于前述法官所形成的独断式结论，这种综合结论更加全面和细致，能够集合利益相关者的智慧，在形式上和实体上为最终的判决结论提供正当性基础。针对利益衡量的现有研究成果中，为利益衡量设计精致步骤的探索屡见不

---

〔1〕［瑞典］亚历山大·佩岑尼克：《法律科学：作为法律知识和法律渊源的法律学说》，桂晓伟译，武汉大学出版社 2009 年版，第 208 页。
〔2〕［芬兰］阿尔尼奥、［德］阿列克西、［瑞典］佩彻尼克：《法律论证的基础》，冯威译，载于舒国滢主编：《法学方法论论丛》（第 2 卷），中国法制出版社 2014 年版，第 64 页。
〔3〕季卫东：《法治秩序的建构》，中国政法大学出版社 1999 年版，第 24 页。

鲜，但却少有统一答案。第三和第四方面则排斥了这种“出力不讨好”的方式，充分发挥利益衡量的宏观导向作用，而将细致论证交由其他法律方法，从实体和程序两个方面验证和修正利益衡量导向确定的原初结论。可以说，第三和第四方面为司法者适用利益衡量提供了一种比较简洁有效的途径，也成为整个适用过程中的关键环节。

第五，对利益衡量的导向作用保持必要的警惕。虽然我们可以大致描述利益衡量导向的一般适用方式和步骤，但是，利益衡量归根结底仍然是法官的主观心理状态，相对的自由意志也难以简单地、直接地通过外部因素进行制约。更重要的是，利益衡量导向所形成的，仅仅是初步结论，仍然需要修正和完善。即使经验再丰富、具有高超实践理性的法官，也不能保证利用法感初次进行利益衡量时就能够获得最终答案。因此，我们需要对利益衡量所能够发挥的作用，保持适度的警惕，尤其是针对可能产生的某些消极倾向。例如唯实体结果论：法官过于相信先入为主的初步结论，在司法过程中带着有色眼镜进行选择，仅仅确定那些支持自己初步结论的理由和观点，忽视甚至压制那些相反观点。这种倾向在司法实践中并不少见，过分裁剪案件事实和相关证据是“唯实体结果论”的典型做法，也是大量错案产生的原因。再者，法官在进行利益衡量时，也要注意不能超越法律规范的文义，这是保守判决合法性的底限要求。一旦超越文义解释所确定的最大规范含义范围，最终的判决将缺少直接的合法依据，连形式合法性的外在条件都无法满足。另外，利益衡量的实践运用也不能机械适用利益位阶关系，因为所有的利益位阶关系都是原则性的、一般意义上的，未必能够在每个案件中得到完美的适用。例如，由强制拆迁所引发的行政诉讼中，虽然往往行政机关代表着公共利益，相对人一方主要代表着个人经济利益，但是，法官不能简单地适用“公共利益高于个人经济利益”的位阶关系一判了之，而是应当具体考察行政行为的合法性与合理性，尤其是要突出保护弱势一方的合法权益。如果不顾具体案情而直接适用利益位阶关系，最终的判决结果可能导致两败俱伤的悲剧。基于片面强调公共利益所导致的弊端，也有学者提出行政诉讼应当遵循“个人利益和公共利益相统一”的原则[1]。简而言之，正是因为利益衡量导向可能会使得法官陷入以上误区，我们才特别需要对利益衡量的实践运用保持必要的警惕。

由以上几个方面可以看到，立法者确定的制度利益关系、司法者在个案中初步认定的利益关系，以及当事人提出的利益诉求，这三个部分实质上都包含着特定纠纷中利益衡量的处理结果，并在司法过程中通过相互沟通和商谈确定最终的衡量结果。这是利益衡量应然的具体适用方式。其中，法官发挥着主导作用，辅之以当事人的积极参与，是利益衡量最终获得妥当结果的重要保障。

结语：利益衡量与司法者的方法论素质

“我国的法官队伍素质虽然有了很大的提高，但是还存在人员素质不均衡的情况，许多基层法院的法官素质还不高，让他们进行利益衡量实在是勉为其难。从目前的审判实践看，法官判案遵循最高人民法院的司法解释，遇到问题也习惯于向上寻求批复和解释。最高人民法院指定统一的司法解释，有利于法治的统一，但在一定程度上束缚了法官的思维，法官们多不敢越雷池。”[2]这种观点实质上仍然是将利益衡量定位于具体的操作步骤和规程。但是，作为司法者的主观状态，利益衡量存在于司法过程的各个环节之中，法官进行利益衡量不是“勉为其难”而是“顺其自然”。问题的关键在于对利益衡量进行准确定位：在普通案件中，法官依据立法者事先确定的制度利益关系进行审判，而在疑难案件中，法官以利益衡量为导向，基于法感形成初步结果，并在司法过程的商谈和博弈中对初步结论进行修正和完善。这种定位能够使得法官在利益衡量的适用中扬长避短，充分发挥其导向作用，减少其不确定性带来的操作缺陷。

无论是最初形成利益衡量的初步结论，还是在后续司法过程中对该结

---

〔1〕［美］路易斯·亨金：《宪政·民主·对外事务》，邓正来译，三联书店1996年版，第151～154页。
〔2〕方菲、何震：《论司法审判中的利益衡量》，载《学术探索》2005年第6期，第37页。

论进行修正和完善，都需要法官具备相应的方法论素质。前一个方面体现的是长期积累的业务能力，后一个方面则体现的是在个案中的运用能力。对于个案的审判工作来说，后一个方面更重要，但是，对于推动整个司法过程和结果的质量来说，具备更高的方法论素质则更具长远意义。目前，司法实践中的法官大多以自发的、经验积累的方式在适用法律方法，还远远没有达到自觉的程度。国内法律方法论的研究已经初具规模，能够为法官提升方法论素质发挥推动作用。作为审判能力中最重要的组成部分之一，方法论素质是每个司法者都应掌握并在实践中不断提升的。具备了方法论素质的司法者能够更好地将案件事实与法律规范相结合，也能够基于利益衡量导向形成更加准确的结论，指导性案例21号就已经展示了这一点。而每个指导性案例都包含着运用法律方法的经验和智慧，研习指导性案例能够帮助法官提升方法论素质。归根结底，无论是作为思维导向，还是对初步结论进行检验、修正和完善，利益衡量的主观性都决定了其对法官个人能力的依赖。因此，高素质的法官对于保证利益衡量导向的结论来说，也许才是最重要的。

第二节　指导性案例中的利益衡量结果及其证成

作为一种价值判断，利益衡量普遍存在于司法过程之中。指导性案例6号对如何在实践中使用利益衡量提供了范例。具体来说，法律所赋予的自由裁量权为利益衡量提供了存在的制度空间，而法律利益衡量的结果也需要多种理由来证成。其中，实体证成理由需要在相同本质的利益之间进行比较，而双方当事人充分参与的司法过程则提供了程序上的证成理由。以上这些理由不仅能够证成在个案中进行利益衡量的结果，还能够推动整个司法过程质量的提升，具有十分重要的实践意义。

一、自由裁量：利益衡量存在的制度空间

司法过程是一个对各种利益进行充分分配的决策过程，在这个充满实体考量的过程中，各方基于自身的利益利用司法程序展开博弈，以争取自身利益最大化。作为居间的法官，应当以法律为标准划分各方利益，而划分的前提就是对各种利益进行比较和权衡。从这个意义上说，利益衡量是一种广泛存在于各个司法过程的实体价值判断因素。也正是由于其普遍性，利益衡量也被视为帮助法官判决的法律方法的重要组成部分。

但是，利益衡量的操作过程中包含着大量法官的主观因素，因此，如何有效限制这种主观因素、形成以法律为标准的客观裁判结果，就成为学者们研究的重点。“法官在阐释法律时，应摆脱逻辑的机械规则之束缚，而探求立法者与制定法律时衡量各种利益所为之取舍，设立法者本身对各种利益业已衡量，而加取舍，则法义甚明，只有一种解释之可能性，自须尊重法条之文字。若有许多解释可能性时，法官自须衡量现行环境及各种利益之变化，以探求立法者处于今日立法时，所可能表示之意思，而加取舍，斯即利益衡量。换言之，利益衡量乃在发现立法者对各种问题或利害冲突，表现在法律秩序内，由法律秩序可观察而得知立法者的价值判断。发现之本身，亦系一种价值判断。”〔1〕由此可见，虽然司法过程中普遍都存在着对各方利益的衡量，但是，作为一种方法和价值判断，利益衡量并非在任何场合下都能够使用的。更重要的是，在法官基于利益衡量形成了实体结果之后，仍然要对该结果进行说理和论证，也就是一个证成（justify）的过程。在大陆法系的学术传统中，这一过程通常被称为公开自由心证的过程。主观心理状态必须通过外在表现才能够揭示，这一点对于主观性很强的利益衡量方法也是如此。简而言之，利益衡量的运用需要证明其结果的正当性。

但是这一点恰恰也是最为困难的部分，突出表现在利益衡量的标准或

〔1〕 杨仁寿：《法学方法论》，中国政法大学出版社1999年版，第175～176页。

者依据上。国内理论界和实务界已经进行了诸多努力，但是仍然面临不少难题。无论是相对主义还是绝对主义，都试图从内容上规定利益衡量的标准，但都存在一定缺陷。内在标准与外在标准、法律标准与社会标准，所要谋求的是形式合法与实质合理之间的兼顾与平衡。另外，专家立场抑或普通人立场，也是利益衡量标准的一种。严格来讲，我国目前裁判实务当中还无法找到可行的利益衡量的具体标准。更加具体、规范的利益衡量标准需要在实践中不断总结和归纳。[1]在这种背景下，案例指导制度为我们在具体个案中总结利益衡量结果的证成方式提供了实例参考。

各个指导性案例都是经过了多方专家学者和实务部门的精挑细选，最终由最高人民法院审判委员会决定公布的。因此，这些案件的处理过程和结果都具有较高的质量，凝结了司法者智慧的结晶，应当成为学术界和实务界重点研究的对象。由于利益衡量普遍存在于司法案件之中，指导性案例也不例外，我们可以通过对这些指导性案例的分析获得如何证成利益衡量结果的参考，这里以指导性案例 6 号为例展开相关的分析。

在指导性案例 6 号中，行政机关以非法从事网络经营为名没收了行政相对人三十余台电脑，并且没有告知相对人有听证的权利。法院在其生效判决中认为：《中华人民共和国行政处罚法》第 42 条规定："行政机关作出责令停产停业、吊销许可证或者执照、较大数额罚款等行政处罚决定之前，应当告知当事人有要求举行听证的权利。"虽然该条规定没有明确列举"没收财产"，但是该条中的"等"系不完全列举，应当包括与明文列举的"责令停产停业、吊销许可证或者执照、较大数额罚款"类似的其他对相对人权益产生较大影响的行政处罚。为了保证行政相对人充分行使陈述权和申辩权，保障行政处罚决定的合法性和合理性，对没收较大数额财产的行政处罚，也应当根据《行政处罚法》第 42 条的规定适用听证程序。在这个案件中，法官在行政相对人的利益和行政机关的利益之间做出了衡量，认为应当"保证行政相对人充分行使陈述权和申辩权，保障行政处罚决定

〔1〕 焦宝乾：《衡量的难题——对几种利益衡量标准的探讨》，载《杭州师范大学学报》（社会科学版）2010 年第 5 期，第 16 页。

的合法性和合理性”，因此将相对人的权益置于优先地位，最终判决行政机关的处罚决定程序违法，应予以撤销。这种判决的过程和结果能够为我们提供证成利益衡量结果的直接参考。

从判决的法律依据来说，法官主要是挖掘了《行政处罚法》第42条中的“等”字，将“没收财产”也作为对行政相对人影响较大的行政处罚，进而认为针对该类处罚，行政机关应当告知听证权利。这一理由直接决定了整个判决的基本性质和走向。这里的“等”字所指向的含义处于该法条的边缘意义，在明确列举项中并不包含“没收财产”的情况下，法官借助于这种边缘意义对涉及的利益进行了衡量，最终形成的判决结论。可以说，这个“等”字正是利益衡量发挥作用的必要前提。

在中国现行的法典中，“等”的常见样式是：两个以上典型事例+等+上位概念，“等”所指代的事项，与上位概念之间是种概念与属概念的关系，同时，处于上位概念意义域的边缘地带，与列举的典型事项之间系类似关系。[1]就指导性案例6号来说，《行政处罚法》第42条的规定中“责令停产停业、吊销许可证或者执照、较大数额罚款”之后也有“等”字，正是这种常见立法技术的具体体现。“等”字的存在为法官在该案中的判决提供了机会和可能，可以根据案情以及自身对法律的理解去充实“等”字的具体内容，这种情形实质上属于自由裁量的范围。

在行政诉讼过程中，法官的自由裁量不仅非常重要，而且经常需要运用。因为引发纠纷的各种具体行政行为丰富多样，难以被法律法规细致而全面地予以规定。这样，法官就必须结合案情运用自有裁量权进行具体判断。在行政审判中，大多数疑难复杂案件不是疑难复杂在案件本身，而是在对冲突利益进行权衡、比较、确定基础上的法律适用方面。在很多场合，从法律的明确规定中找不到具体行政个案的判决结论，如果一味地消极等待，对纠纷置若罔闻，既容易激化社会矛盾，也有违司法公平效率的初衷。利益衡量有助于行政法官树立现代的办案思维方式，一旦行政法官能够实现更重要的利益时，司法能动就获得了一种正当性的基础，这恰恰是利益

〔1〕 刘风景：《例示规定的法理与创制》，载《中国社会科学》2009年第4期，第97页。

衡量对司法能动性的重要意义之所在。[1]而要在行政审判活动中使用利益衡量，前提条件就是法律为法官留下的自由裁量空间，直接表现在不确定的法律概念和规定上（如“等”字）。

如果没有法定的自由裁量空间，那么，法官只能选择法律规范所提供的明确意义，而不能超越现有的法律规定。例如，在指导性案例6号中，如果《行政处罚法》第42条没有“等”字而只是规定了“责令停产停业、吊销许可证或者执照、较大数额罚款”这三种告知听证权利的情况，那么，本案中的法官就不能将“没收财产”这类行政处罚增加到《行政处罚法》第42条之中，整个案件的判决结果就会发生逆转。当然，“等”字的出现也很有可能是立法者预先的设计，目的就是留给司法者在特定案件中进行补充。根据最高人民法院案例指导工作办公室的权威解读，八届全国人大法律委员会关于《中华人民共和国行政处罚法（草案）》审议结果的报告指出：草案规定，对行政机关作出的责令停产停业、吊销营业执照、较大数额罚款三种行政处罚，当事人可以要求举行听证。有代表提出异议。因此，对该条进行修改，不仅增加了“吊销许可证”内容，还多了“等”字。由此可见，立法机关和人大代表当时已认识到听证范围较窄的问题，用完全列举法对以后听证范围扩大将形成障碍，因此“等”是一种立法技巧，为扩大听证范围埋下伏笔。[2]在指导性案例6号中，司法者充分利用了这种立法技巧，在法律允许的自由裁量空间内进行了利益衡量而形成最终判决。

二、同质比较：利益衡量结果的实体证成

自由裁量权仅仅是为利益衡量提供了存在的必要前提条件，并不能保证利益衡量的结果具有合法性和合理性，法官仍然需要对衡量结果进行证

---

〔1〕羊震：《走向能动：利益衡量在行政审判中的导入与展开》，载《法律适用》2012年第1期，第43页。

〔2〕最高人民法院案例指导工作办公室：《指导案例6号〈黄泽富、何伯琼、何熠诉成都市金堂工商行政管理局行政处罚案〉的理解与参照》，载《人民司法》2012年第15期，第53页。

成。利益衡量属于一种回溯性价值判断，一般来说，先形成实体结论，再通过司法程序的运行考量各种具体理由，最终形成判断。“心理学家告诉我们，判断的过程很少是从前提出发继而得出结论的。判断的起点正与之相反——先形成一个不很确定的结论；一个人通常是从这一结论开始，然后努力去发现能够导出该结论的前提。如果他不能如愿以偿地发现适当的论点用以衔接结论与他认为可接受的前提，那么，除非他是一个武断或愚蠢的人，他将会摒弃这一结论而去寻求另一结论。”〔1〕可以说，结论先行是利益衡量的典型特征，而要形成实体结论，首先要进行实体证成，这也是决定整个案件基本性质的因素。

从实体上证成利益衡量的结果，同样也是对该结果检验的过程，只有获得证成的利益衡量结果，才能够获得当事人以及其他法律职业共同体的认可。没有恰当的证成方式，利益衡量就可能会沦为司法者专断的工具，无法实现解决纠纷的目的。由于利益衡量具有结论先行的特征，因此，法官实际上通过各种实体因素的考量与证成，获得大致的判决结论，进而通过司法程序进行修正和验证。“法官审理案件，在案情事实查清后，不急于去翻法规大全和审判工作手册寻找本案应适用的法律规则，而是综合把握本案的实质，结合社会环境、经济状况、价值观念等，对双方当事人的利害关系作比较衡量，作出本案当事人哪一方应当受保护的判断。此项判断称为实质判断。在实质判断基础上，再寻找法律上的根据”。〔2〕这里的实质判断与实质证成基本具有相同的含义。由此可见，利益衡量的结果首先满足实体证成的条件。

在进行实体证成之前，需要明确的问题是，不同质的利益之间是难以进行比较的，这也是利益衡量得以操作和运行的基础之一。社会现实中的利益有着极其丰富多样的形态，而不同本质的利益分属于不同的价值范畴，在抽象意义上并没有先后之分，我们很难明确在绝对意义上价值的区分层次，只能在个案中具体分析。如果能够形成底限共识，那么，这种共识就

---

〔1〕［美］博西格诺：《法律之门》，邓子滨译，华夏出版社2002年版，第27页。
〔2〕梁慧星：《裁判的方法》，法律出版社2003年版，第186页。

应当是在相同本质的利益之间进行衡量，其中比较典型的是民商法案件中的衡量。例如，在法律模糊或者出现多种解释结果的时候，哪一方当事人的权益更符合社会的整体利益，那么，拥有自有裁量权的法官就应当在利益衡量的过程中对此有所偏向，前提就是两方当事人之间都是同质的经济利益比较。在对同质利益进行衡量时，那些能够符合更高目标的利益应当受到司法者的重视。在指导性案例6号中，出现争议的双方是行政相对人和行政机关，二者分别有着各自的利益，而且两种利益是相互矛盾冲突的同质利益，都属于行政诉讼法所调整的对象，加之裁量权的存在，这就使得法官在这两种利益之间进行衡量有了前提。由此，法官在充分考虑多种法律和社会因素的基础上形成了判决的实体内容。具体来说，这些实体内容至少可以包括以下几个方面。

首先，对立法目的的遵循。在比较同质利益时，法官需要以更高的标准来进行衡量。在指导性案例6号中所涉及的主要是《行政处罚法》，而该法律的立法目的已经明确在第1条中："为了规范行政处罚的设定和实施，保障和监督行政机关有效实施行政管理，维护公共利益和社会秩序，保护公民、法人或者其他组织的合法权益。"由此可见，该法典中所有的法律规范都应当以以上立法目的为追求目标，即使是那些留出自由裁量空间的模糊规范也应如此。因此，在相互冲突的相对人利益与行政机关利益之间，前者具有明显的优先地位。具体到指导性案例6号，行政机关的不作为使得相对人在受到严重影响的行政处罚中不清楚自己的听证权利，这对于相对人的利益是损害。而行政机关由此所获得的利益是降低了相对人举行听证的可能性，进而使得自己的行政处罚决定能获得执行。虽然《行政处罚法》第42条中并没有十分明确地表述"没收财产"也属于应当告知的处罚事项，但是，从以上两种利益的选择位次可以看到，相对人的利益更应当得到法律的维护和支持，法官由此也可以大致判断行政机关行为的违法性。在具体判决理由中，法官将判决的目的界定为"为了保证行政相对人充分行使陈述权和申辩权，保障行政处罚决定的合法性和合理性"，这实际上是将《行政处罚法》的立法目的具体化，保证了判决结论符合整体的立法目的和意图。

其次，正当程序原则的要求。指导性案例6号中围绕的焦点问题就是相对人的听证权利受损，而听证制度正是正当程序原则的具体体现。在行政处罚的过程中，行政机关具有相当的优势，而相对人则处于弱势一方，如果不能通过听证等正当程序进行纠正，那么，行政机关就更容易随意侵犯相对人的权益。行政机关有义务保障每一个行政相对人在其利益受行政行为影响时有参与及辩解的机会，并认真听取和考虑行政相对人申明意见和理由。可以说，没有一个程序保障的行政权力，必将会因其缺乏实际的可操作性而成为一纸具文乃至演变为专制权力，因为法律只有进入程序，才会变成对社会生活具有影响力的活法。[1]因此，正当程序原则在行政法领域中受到了特别的关注。在可能影响行政相对人行使程序权利的场合中，法官都应当尽力对这种权利予以充分救济，即使在法律并不明确的状态。在以指导性案例6号为代表的很多案件中，如果法官仅仅保守地执行法律的明确列举项，忽视正当程序的缺失给行政相对人带来的权利损害，那么，行政权力的恣意行使就难以纠正，当事人所求的正义也将无处可寻。但是，在司法实践中，进行综合利益衡量的法官们并没有机械地依赖立法、等待立法。面对法律、法规具体规定缺乏的情况，他们用正当程序原则来弥合法律漏洞，为具体行政管理领域树立起法律的界碑。在具体做法上，法官们严格地解释制定法，解释违背“法定程序”的后果，从而撤销被诉的行政行为；法官们同样可以在“法定程序”的名义下，加入正当程序的要求；甚至当他们认为合适时，公开而直白地写入正当程序原则。在法条主义的冰河下，涌动着司法能动主义的暗流。在相对局促的空间里，中国法院展示了它维护程序正义的积极立场。[2]在确认行政机关程序违法的基础上，法官就基本可以确认案件的基本性质，进而通过司法程序的运行肯定这一结论。

再次，对具体行政行为的规范。行政机关需要处理大量的具体事务，

---

〔1〕马生安：《行政行为研究：宪政下的行政行为基本理论》，山东人民出版社2008年版，第433页。
〔2〕何海波：《司法判决中的正当程序原则》，载《法学研究》2009年第1期，第144页。

现代社会问题也比以往更加复杂多样，这种情况一方面造成了行政权力的急剧扩张，另一方面也使得规范具体行政行为成为必要。前述的正当程序原则就是其中的重要方式。除此之外，司法机关的审查和监督也是重要的方面。随着人们保护权利意识的高涨，依法行政的观念越来越成为各国的主流思想。行政的法制化、行政权运行过程的程序化、对行政行为的司法监督已经成了人们的普遍共识。[1]面对现实生活中多样的行政行为失范，法律提供了很多救济方式，但是，其中真正能够进入行政诉讼程序，由法官进行判断的比例仍然较低。因此，行政诉讼的法官应当对具体行政行为严格把关，从证据、实体依据和程序依据上审查具体行政行为的合法性与合理性。质言之，每个行政诉讼案件（特别是行政相对人胜诉的案件），都是对行政机关的警示，有利于从各方面规制具体行政行为，反之则有可能继续纵容行政机关的不规范作为。例如，在指导性案例 6 号中，通过对行政行为的详细审查，如果法官没有将没收财产纳入《行政处罚法》第 42 条之中，那就意味着行政机关在做出对相对人权益影响巨大的处罚决定时不必告知听证权利，这无形中使得相对人丧失了通过听证程序获得权利救济的可能，相应地也放松了对行政机关的要求。从这种后果主义的立场考察，经过利益衡量的法官更应当选择那种能够规范具体行政行为的判决结果，因为该结果有利于推动社会整体利益的提升和增长。

最后，列举项与未列举项之间的比较。在指导性案例 6 号中，判决的主要法律依据是《行政处罚法》第 42 条，其中有三项明确列举项，法官将其本质界定为“对相对人权益影响较大的行政处罚”，并将该案中出现的“没收财产”也归于其中，而没收财产正是“等”字所包含的未列举项。因此，法官在结论的形成过程中对法条中的列举项和非列举项之间进行了实质比较。从本质上看，指导性案例 6 号所涉及的列举项和未列举项都属于具体的行政处罚方式，因此能够基于此共性进行比较。进而言之，没收财产比其他三种列举项规定的处罚方式更为严格，对行政相对人的影响更大。这里进行的实体比较是“当然解释”方法的运用，其基本含义是指法

〔1〕 王学辉：《行政诉讼制度比较研究》，中国检察出版社 2004 年版，第 9 页。

律规范虽然没有直接将有关事实规定进来，但按照规范的立法目的衡量，该有关事实比法律规范所直接规定的更有适用的理由，从而直接适用法律规范于该有关事实的解释方法。当然解释适用的理由在于，立法者在立法时或基于保证立法法律条文的简洁，或由于人类语言的局限性，或由于对具体事实认识的局限性，而不必要或不可能在条文中将符合立法旨意的所有可能具体事实一一列举出来。因此，法律适用者就可以通过法律解释，将这种符合相应条款立法旨意的、潜藏在其中的当然含义释放出来，以正确、圆满地贯彻立法意图。[1]“举轻以明重，举重以明轻”是该解释规则的通俗表达。具体到指导性案例6号中，既然较轻的行政处罚都需要告知相对人其听证权利的存在，那么，更为严重的处罚就更需如此。在《行政处罚法》第42条的列举项和未列举项之间进行的比较，也同样增强了法官做出最终判决的信心。

从以上几种实体性考量因素来看，它们都指向了同一结论——行政机关的行为涉嫌程序违法，法官据此可以形成大致的判决内容。而这些考量因素实质上也为判决结论提供了实质证成。换言之，在对双方的同质利益进行了比较之后，法官应当认为行政相对人的利益更应当得到维护和保障。利益衡量的结果由多种实体上的理由所证成，判决内容也应当将这些内容容纳其中。

三、两造对抗：利益衡量结果的程序证成

虽然有很多实体理由可以支持判决的结论，但是，这些实体理由仍然应当在司法程序中得到检验，程序正义在现代法治中具有优先地位。在没有经过完整的程序检验之前，对利益衡量结果的实体证成只代表着较大的可能，而没有转化为最终的判决。如果在司法程序中出现了某些错误，例如在证据制度或者回避制度中的错误，那么，最终的实体结论将不能成立。根据既判力理论和一事不再理的规则，相对人的权益就有可能无法得到司

〔1〕 陈骏业：《行政行为适法解释判解》，武汉大学出版社2004年版，第76~79页。

法救济。因此，对于利益衡量的结果，不仅需要实体理由的证成，也需要获得程序上的证成，即合法司法程序的正常运行，进而获得最终判决结论。

由于利益衡量是一种带有较强主观性的价值判断方式，很难完全从实体上进行限制，因此，学者们也将正当司法程序的运行作为另外限制利益衡量主观性的重要方式。针对利益衡量此种主观行为，有必要从外部程序上，建立客观的科学规则，通过严格的程序控制（如应当在合议制审判组织下行使等），对其进行限制。由此，使利益衡量遵循法定的程序，在审判程序的要求下进行实质判断。程序是利益衡量获得合法性的依据，也是法官进行合理衡量的基础。[1]质言之，充分的法律依据和现实依据为利益衡量的结果提供了实体证成，而司法程序的正当运行则为该结果提供了形式上的合法性。

具体到指导性案例 6 号中，我们可以看到，整个诉讼过程经过了多个阶段，每个阶段在程序上都是符合行政诉讼法规定的。这些阶段可以概括如下：（1）原告针对成工商金堂扣字（2005）第 02747 号《扣留财物通知书》提起诉讼，金堂县法院判决维持该处罚，但是修改了没收财产的数额；（2）金堂县工商局作出了成工商金堂处字（2005）第 02026 号《行政处罚决定书》，没收原告 32 台电脑；（3）原告针对后一处罚决定起诉，金堂县法院撤销该行政处罚决定；（4）金堂县工商局提起上诉；（5）成都中院判决基本维持一审结论。在所有的这些行政程序结束之后，针对本次纠纷的司法判断就已经结束。所有的司法程序都得到了正常的运行，无论是行政相对人还是行政机关，都充分利用了司法程序所赋予的权利表达了自己的意见。法官也遵照行政诉诉法的要求审查了各种意见，并最终得出结论。这样，在司法程序上最终的判决获得了形式上的合法性，也就是获得了程序证成。

司法程序的运行是对利益衡量结果进行程序证成的外在表现，而我们需要继续深入的问题是其背后的原因何在。换言之，在证成利益衡量结果时，司法程序具有何种特点和优势去支持最终的判决结论。我们可以从当

---

〔1〕 罗润成：《司法审判中的利益衡量》，载《人民法院报》2007 年 9 月 26 日第 6 版。

事人和法官两个方面展开分析。

一方面，在司法程序的运行中，当事人可以享受诉讼权利来充分表达意见，争取自身的利益，对法官的利益衡量结果进行影响。现代法治中特别鼓励司法程序中当事人之间的对抗，这与我们传统的纠问式审判方式有着明显差异。居于中立地位的法官不应、也不能完全代替当事人去行使诉讼权利，典型的就是证据的收集。由于当事人是整个纠纷的亲历者，对案件的真相比较清晰明确，由当事人去收集证据并在法庭上提出是最为经济妥当的选择，这也是对抗式审判程序优势所在。基于此，当事人为对法官的利益衡量结果进行有利于自身的影响，就会积极主动地行使诉讼权利、参与司法过程。更重要的是，司法程序有一种"过滤功能"：在司法程序之外，当事人具有不同的社会地位，占有不同的社会资源，有时候会相差巨大。但是，处于中立地位的司法程序大致赋予双方当事人对等的诉讼权利，这就过滤了很多程序之外的因素，使得当事人之间能够保持平等的地位而进行对抗。"冲突主体在从不平等的社会实存状态进入诉讼领域后，抹去了一切不平等，以同一身份，即诉讼当事人，步入一个法律拟制的空间。诉讼当事人实质上是诉讼空间拟制的概念，过滤了包括不平等因素在内的实质内容。"〔1〕进而言之，对于实际上处于较为弱势的一方当事人，司法程序还给予了特殊照顾。刑法中的"疑罪从无"就是典型表现，而行政程序中的听证权利也仅限于行政相对人所拥有。从指导性案例6号中可以看到，处于强势地位的行政机关可以直接作出并执行行政处罚决定，而弱势一方的行政相对人则只能通过事后的程序来救济自己的权利，因此，法律提供了多种途径，包括行政复议、行政诉讼以及听证程序。这样，司法程序能够尽量保证法庭之上的平等对抗，使得双方当事人能够公平地行使诉讼权利，进而保证最终判决获得实体上的公正。

另一方面，在初步形成了利益衡量结果的实体结论之后，法官也需要通过司法程序的运行对该结论进行确认、肯定、完善和修正。"利益衡量实质上是根据立法者的理想，将案件事实中的利益关系问题作为需要通过立

〔1〕 张世全：《当事人诉讼地位平等的程序原理》，载《山东社会科学》2004年第2期，第64页。

法加以规定的内容，借助法官的创新思维活动，辅佐立法者穿越时空现身案件事实场域进行的立法活动。此外，利益衡量必须按照法律的精神和原则、已有的规范、正当的程序和严格的法律逻辑来进行，也保证了其在形式上的合法性。”〔1〕尽管有多种实体证成理由支持利益衡量的结果，但是，这毕竟主要是法官个人主观能动性的体现，也仅以其获得了案件事实与法律依据为限。如果当事人在案件中提出新的证据推翻了原有对案件事实的判断，那么，法官最初进行利益衡量后形成的结论很可能要进行修改。随着司法程序的运行，实体性的结论也在不断经历着修正和完善，这样最终的判决结论才能够具有更高的合法性与合理性，能够经得起当事人以及上级法院的质疑。“一个正当的、也是正确的法律决定必须通过民主的理性的协商、交流与对话制度才能形成，把法律意义上的真理与通过沟通理性形成的共识联系起来。”〔2〕从这个意义上说，司法程序的运行能够为利益衡量的结果提供程序上的证成理由。

当然，我国目前的司法程序中还有很多细节上的问题需要进一步完善，才能更好地满足在程序上证成利益衡量结果的要求。同时，我们也不能忽视程序本身所内含的一些弊端，如耗费当事人大量的时间和精力、当事人之间的现实差别无法完全消除等。我们需要将实体证成理由和程序证成理由相互结合，才能够使得利益衡量的结果获得最强有力的支持，才能够经得住各种现实考验。

作为司法过程中的一种价值判断方式，利益衡量的运用需要对其结果进行充分证成，否则可能会给人留下司法专断的印象。但是，其主观性较强的特点也使得学者们尚未构建出统一的有效规制措施。指导性案例 6 号向我们展示了利益衡量在现实中具体运行的方式，能够给处理类似案件的法官以参照。根据《关于案例指导工作的规定》第 7 条，地方法院应当参照最高人民法院所发布的指导性案例。这就意味着诸多指导性案例都应当成为法官学习和研究的重要内容，并可以直接付诸实践应用。对于法官在

---

〔1〕 杨素云：《利益衡量：理论、标准和方法》，载《学海》2011 年第 5 期，第 202 ~ 203 页。
〔2〕 葛洪义：《试论法律论证的源流与旨趣》，载《法律科学》2004 年第 5 期，第 35 页。

类似案件中使用利益衡量来说，无论是实体证成还是程序证成，都服务于提升利益衡量结果的质量和被接受的程度。法官在适用利益衡量时对指导性案例的参照，不仅有助于在个案中形成高质量的判决结论，在更长远的意义上还有利于推动司法者职业素质的提高，这对于中国法治建设来说是大有裨益的。

第三节　漏洞补充在指导性案例中的运作及其限度

宏观法律体系的完善并不意味着个案中法律漏洞的消失。面对个案案情与法律规范之间的复杂关系，法官经常能够发现法律漏洞的存在。作为来自本土司法实践中的优秀案件，指导性案例能够为法官进行有效的漏洞补充提供重要启示。在指导性案例 20 号中，专利法的相关法律规定都没有对核心争议问题做出直接规定，最高人民法院的裁判意见利用了类推和目的性扩张的方法，在本案中实现了对法律漏洞的补充，其结果满足了合法性的底限要求。但是，漏洞补充也面临着诸多风险和困难。指导性案例 20 号进行漏洞补充后确立的新规则，难以给在临时保护期内的发明专利申请人带来有效救济，难以达到综合利益平衡的实际效果。最高人民法院通过指导性案例的方式展示漏洞补充的实践运作，这一努力仍然是值得肯定的。地方法院应当通过研习指导性案例，充分认识漏洞补充方法的运作及其限度，提升在审判实践中运用该方法的能力与水平。

在法治成为时代强音的背景下，依法裁判已经成为司法领域中最受重视的主题。虽然目前中国特色法律体系已经建成，但是，面对转型时期复杂剧变的社会形势，在处理个案的微观层面上，司法者仍然不可避免地需要面对法律规范中的漏洞和缺陷。如何补充法律漏洞，按照法律规范的整体指向形成裁判结果，最终实现法律效果和社会效果的统一，成为司法者经常需要面对的问题。指导性案例的出现为解决这一问题提供了富有借鉴价值的思路和方法。

根据《关于案例指导工作的规定》第 4 条，基层法院和中级法院可以层报高级法院之后向最高人民法院推荐指导性案例；高级人民法院、最高人民法院各个审判业务单位可以直接推荐指导性案例。除此之外，《关于案例指导工作的规定》还在第 5 条确定了社会推荐模式。无论通过何种推荐程序，最终能够被最高人民法院所认可并正式公布的指导性案例，都是经过了层层审查。遴选出来的这些案例，凝结着司法者处理个案时的经验和智慧，能够给后来者以深刻的启示。从法律方法论的角度来说，每一个指导性案例中都包含着大量方法论运用的成功实践，自然也包括基础的法律方法之一——漏洞补充。〔1〕

这里选取指导性案例 20 号作为分析对象，原因包括以下两个层次。其一，作为普通案件，该案的核心问题在《专利法》及相关司法解释中都没有规定，在必须形成判决的压力下，法官必然要进行实质意义上的漏洞补充。其二，更重要的是，该案由最高人民法院提审，推翻了一审和二审法院的判决结论，现在通过指导性案例的方式再次强调该案中确立的规则，更加彰显了最高人民法院的理念和目标追求，也比较全面地展现了最高人民法院对法律漏洞进行补充的整体过程，值得我们进行细致和深入的分析。

一、法律漏洞在指导性案例 20 号中的发现与确认

指导性案例 20 号为“深圳市斯瑞曼精细化工有限公司诉深圳市坑梓自

〔1〕漏洞补充方法已经被方法论的研究者公认为主要的法律方法之一。参见拉伦茨《法学方法论》第六章（商务印书馆 2003 年版）、魏德士《法理学》第二十三章（法律出版社 2003 年版）、齐佩利乌斯《法学方法论》第三章（法律出版社 2009 年版）、恩吉施《法律思维导论》（法律出版社 2004 年版）、杨仁寿《法学方法论》第五章（中国政法大学出版社 1999 年版）、梁慧星《民法解释学》第十二、十四章（中国政法大学出版社 1995 年版）、吴从周《民事法学与法学方法：概念法学、利益法学与价值法学：探索一部民法方法论的演变史》第三章第五节第三目（中国法制出版社 2011 年版）、陈金钊主编《法律方法论》第七章（中国政法大学出版社 2007 年版）、舒国滢等《法学方法论问题研究》第八章（中国政法大学出版社 2007 年版）、郑永流《法律方法阶梯》第八章（北京大学出版社 2008 年版）等。

来水有限公司、深圳市康泰蓝水处理设备有限公司侵害发明专利权纠纷案”，该案中涉及的核心问题是：在发明专利临时保护期内制造、销售、进口的被诉专利侵权产品，在临时保护期结束并获得正式授权之后，实施了制造、销售、进口被诉专利侵权产品的行为人，其后续的使用、许诺销售和销售，是否侵害专利权。[1]发明专利的最终授予，需要经过严格的法律程序，重要的时间节点包括提出申请日、申请公开日和授权日。在国务院专利部门收到申请的发明专利申请之后，进行初步审查。如果符合专利法的规定，从申请日开始之后满 18 个月，由专利行政部门向全社会公开申请内容。从该公开日起三年内，专利部门随时根据相关申请对该发明专利进行实质审查。在完成该实质审查之后，授予申请人以发明专利权。其中，从申请公开日到授权日之间，被称为临时保护期。

根据专利法及相关司法解释的规定，发明专利的申请人在临时保护期内能够获得的法律保护是非常有限的。“在临时保护期内，我国现行法律赋予专利申请人的权利不是一个权利，而是一个弱化的权益，临时保护请求权人不享有独立的诉权。法律对临时保护请求权的保护既低于民法对民事权利的救济与保护，也远低于民法和知识产权法对于知识产权的救济与保护，临时保护请求权的内容也远比前二者的内容单薄许多。”[2]与临时保护期相关的专利法规定主要包括《专利法》第 11 条、13 条和 69 条。在本案中，被告在临时保护期内制造了被诉专利相关产品，在临时保护期结束后继续进行了销售等行为。这一情况是否属于对发明专利的侵害行为，上述法条都没有规定。具体来说，《专利法》第 11 条主要规定了侵害专利的几种主要行为方式，包括制造、使用、许诺销售、销售、进口。第 13 条确认，只有在发明专利被授予后，也即申请人转变成为正式发明专利权人之后，才能够要求实施者支付适当费用。该条款被认为是针对临时保护期的专门规定。第 69 条则排除了几种不视为侵犯专利权的行为，其中的类型之

[1] 《人民法院报》2013 年 11 月 26 日第 4 版。
[2] 安雪梅、朱雪忠：《论临时保护请求权》，载《时代法学》2007 年第 3 期，第 7~10 页。

一就是先用权。[1]以上法律规范都没有对指导性案例20号的核心问题给出明确的答案，这为主审法官确定判决结论带来了不少困难。这一点也得到了最高人民法院的肯定："该案例明确解决了一个在专利侵权审判实践中争议较大的问题，即专利临时保护期内制造的被诉专利侵权产品的销售、使用等后续行为是否构成侵害专利权。我国专利法对此没有明确具体的规定，最高人民法院在综合考虑专利法相关规定的基础上使用体系解释的方法在该案判决中解释出如下裁判规则……"[2]

由于获得发明专利的授权过程都要经过临时保护期，本案中涉及的核心问题在发明专利授权实践活动中经常出现，法官又不能以法律没有明文规定为理由拒绝审判。因此，指导性案例20号的主审法官必须要在法律没有直接规定的情况下探寻法律依据。质言之，专利法等相关法律应当对本案中的核心问题进行规定，但是，却没有对其进行明确规制。从法律方法论的角度来说，指导性案例20号中出现了"公开的（开放的或者明显的）法律漏洞"。

法律漏洞有着多种类型，学者们的研究也各有侧重。拉伦茨认为，法律漏洞可以分为"开放的"和"隐藏的"法律漏洞：针对某一特定案件事实，依据法律的目的应当运用法律规则对其进行调整，而此时法律规范未作规定的情形就是开放的漏洞；与之相对应，针对某一特定事件，虽然已经有相关的法律规范进行调整和规制，但是，此种规制对评价和裁判该事件并不合适，此时就是隐藏的漏洞。根据立法者针对社会事实制定规范的时间因素分为自始的漏洞和嗣后的漏洞，前者是在法律规范制定之时就存

---

〔1〕《专利法》第11条规定：发明和实用新型专利权被授予后，除本法另有规定的以外，任何单位或者个人未经专利权人许可，都不得实施其专利，即不得为生产经营目的制造、使用、许诺销售、销售、进口其专利产品，或者使用其专利方法以及使用、许诺销售、销售、进口依照该专利方法直接获得的产品。第13条规定："发明专利申请公布后，申请人可以要求实施其发明的单位或者个人支付适当的费用。"第69条中关于先用权的规定是："在专利申请日前已经制造相同产品、使用相同方法或者已经作好制造、使用的必要准备，并且仅在原有范围内继续制造、使用的"不视为侵犯专利权。

〔2〕最高人民法院案例指导工作办公室：《指导案例20号〈深圳市斯瑞曼精细化工有限公司诉深圳市坑梓自来水有限公司、深圳市康泰蓝水处理设备有限公司侵害发明专利权纠纷案〉的理解与参照——专利临时保护期内实施发明所得产品的后续使用不侵害专利权》，载于吕山主编《中国法律评论》2014年第1期，法律出版社2014年版，第180页。

在的漏洞，而后者指的是社会形势的新发展导致的法律漏洞。〔1〕魏德士的分类类型则包括规范漏洞、冲突漏洞、法漏洞或领域漏洞、初始的（原本的）漏洞和嗣后的（派生的）漏洞等。〔2〕齐佩利乌斯的分类较为简单，主要是表述漏洞和评价欠缺型漏洞。〔3〕由于刑事审判尊崇严格的罪刑法定原则，对法律漏洞的研究较少，而民事审判活动中存在着更多的自由裁量空间，因此，对法律漏洞的分类大多来自民法学者。例如王泽鉴认为，法律漏洞包括自始漏洞、嗣后漏洞、有认识的法律漏洞、开放漏洞和隐藏漏洞等类型。〔4〕黄茂荣的观点是将法律漏洞分为法内漏洞、无据式体系违反和有据式体系违反三种。〔5〕梁慧星的总结更加细致全面：基本分类包括明显漏洞或者隐藏漏洞，前者包括授权型漏洞、消极型漏洞和预想外型明显漏洞；后者则包括白地规定型漏洞、预想外型隐含漏洞、冲突型漏洞和立法趣旨不适合型漏洞。〔6〕其他民法学者有着类似的观点。〔7〕

对以上分类进行简略总结可以看到，公开的漏洞是法律漏洞中最基本、最常见的类型之一。也许是立法者的疏漏，也许立法者没有对该问题形成一致意见，也许立法者意图将该问题留给司法者解决，无论由于何种原因，应当将特定问题纳入法律范围之内，但是，最终却没有法律规范对其进行规制，这一情况正是公开漏洞的核心含义。

在更加抽象的层次上，面对法律漏洞存在两种相反的态度，以德沃金为代表的观点认为，整体上的法律并没有漏洞，即使规则上出现某些空缺，也完全可以通过政策和原则的适用来帮助案件的裁判，进而形成“唯一正确答案”。这一过程则是由完美的全能法官赫克里斯来具体操作的。“就德沃金这方而言，其所描述的‘唯一正解’实际上也可理解为法律上的一种

〔1〕［德］拉伦茨：《法学方法论》，陈爱娥译，商务印书馆2003年版，第254~255页。
〔2〕［德］魏德士：《法理学》，丁小春、吴越译，法律出版社2003年版，第365~369页。
〔3〕［德］齐佩利乌斯：《法学方法论》，金振豹译，法律出版社2009年版，第92页。
〔4〕王泽鉴：《法律思维与民法实例》，中国政法大学出版社2001年版，第252~253页。
〔5〕黄茂荣：《法学方法与现代民法》，中国政法大学出版社2001年版，第336页。
〔6〕梁慧星：《民法解释学》，中国政法大学出版社1995年版，第260页。
〔7〕例如，王利明将法律漏洞分为明显漏洞与隐藏漏洞、自始漏洞与嗣后漏洞、全部漏洞与部分漏洞、碰撞漏洞与非碰撞漏洞等类型（参见王利明：《法律解释学导论：以民法为视角》法律出版社2009年版，第469页以下），刘士国的观点与之也比较接近（参见刘士国：《法律漏洞及其补充方法》，载《人大法律评论》2010年卷，第210页以下）。

应然状态，即法官在法律判断中应该尽力追求的，并且在完满的法规范内容实际上也可获得的结果。德沃金正是为了‘唯一正解’这个命题得以成立，而坚信法律是个完整体系。”〔1〕与之相对的观点则来自规范法学，尤其是法律方法论的研究成果。前述多种对法律漏洞的分类就已经表明了自己的立场：在很多案件中都存在着法律漏洞，法官的任务则是尽可能地进行漏洞补充。以上在法律是否存在漏洞问题上的分歧，可以说是司法中形式主义与实质主义分野的具体表现。形式主义的法官强调自己仅仅是对事实适用法律，大量参引权威文本来阐释教义材料，而“现实主义者努力穿过可适用规则的语义表层，在这下面寻求促成该规则制定的那些务实考量，借此消除该规则的模棱两可，然后用现代说法来重新表述该规则，还要明确标记出从该规则的目的中推衍出来的该规则的限度”。〔2〕很明显，形式主义倾向于否定法律漏洞的存在，而现实主义则积极填补法律漏洞。

就司法审判的实际情况来说，以上两种表面上相反的态度并没有本质意义上的区别，因为二者都承认在规则层面上法律漏洞的存在。制定法的有限性面对无限丰富的社会生活和问题，总是会显现出捉襟见肘的情况。具体到目前的中国法治进程而言，转型时期剧变的社会形势给“宜粗不宜细”的制定法带来了诸多挑战，法律漏洞就是其中之一。尤其是市场经济的高速发展，使得司法者需要应对前所未有的复杂问题。最高人民法院所发布的多个指导性案例也已经提供了这样的例证。例如指导性案例 29 号，裁判理由确认，利用网络搜索引擎提供的竞价排名服务，混淆网民搜索结果及其搜索数据流向，这是一种新型的不正当竞争行为，应当给予法律上的否定评价。〔3〕其他类似的情况包括指导性案例 19 号所涉及的套牌车行为、指导性案例 30 号所涉及的跨行业间接不正当竞争行为等。这些复杂的社会问题很少有直接的法律规范进行规制，或多或少地都暴露出现有法律规则体系中的疏漏之处。

---

〔1〕林来梵、王晖：《法律上的“唯一正解”——从德沃金的学说谈起》，载《学术月刊》2004 年第 10 期，49 页。

〔2〕［美］波斯纳：《波斯纳法官司法反思录》，苏力译，北京大学出版社 2014 年版，第 139 页。

〔3〕《人民法院报》2014 年 7 月 5 日第 03 版。

二、漏洞补充方法在指导性案例20号中的具体运作

确定法律漏洞的存在是进行漏洞补充的前提，同时，法官不得以法律没有明文规定为由拒绝审判，这也凸显了漏洞补充方法的必要性。问题的关键在于：如何具体操作漏洞补充方法。在指导性案例20号中，法官已经发现了发明专利临时保护期内的法律漏洞，但是，就如何补充漏洞进而形成裁判结果这一关键问题上，一审二审与提审的最高人民法院之间也发生了分歧，后者推翻了前两者的意见，并通过本案例确定了针对临时保护期的新规则，其在裁判理由中体现的漏洞补充方法值得我们细致分析。

如前所述，最高人民法院认为，对于本案的核心问题，即发明专利临时保护期结束之后的销售等后续行为是否侵害专利权，这一点专利法并没有具体的规定，最高人民法院是对专利法的相关条文进行分析和考虑之后，运用体系解释的方法在该案判决中确定了新规则。但是，运用体系解释的方法能否以及在多大程度上能够完成补充法律漏洞的任务，是相当值得怀疑的。结合最高人民法院对指导性案例20号的解读，我们可以展开如下分析。

一方面，在前提条件上，体系解释只有在既存的法律规范难以明确解释的时候才能够适用，这与相关法律规范缺位的漏洞补充方法并不一致。在法律解释方法的运作顺序上，文义解释具有优先性，这一点已经成为基本共识。只有在通过文义解释仍然无法获得对法律规范的准确理解时，才需要运用其他解释方法，如体系解释。体系解释的精义在于，将法律规范置于整个法律体系之中来确定其含义，因此，体系解释又被称为系统解释，“系统解释要求在法规的背景下对一个法律原理来加以理解，而不是单独对其进行考察”。[1]因此，体系解释方法的运作前提是相关法律规范的存在，只是该法律规范的含义并不清晰。而在指导性案例20号中，主审法官通过对专利法及其相关司法解释进行检索之后发现，没有针对本案核心问题的直接规定。这一检索过程是对法律规范体系的综合分析和考量，带有一定

〔1〕［德］霍恩：《法律科学与法哲学导论》，罗莉译，法律出版社2005年版，第134页。

体系解释的色彩。但是，检索的结果确认了法律漏洞的存在。换言之，没有相关的法律规范给予直接规定，自然也不会出现含义不清的情况，这使得体系解释失去了运用的前提。从这个意义上说，最高人民法院在对该案的说明中强调运用了体系解释方法，这一观点并不准确。

另一方面，就具体过程来说，最高人民法院在对指导性案例20号的全面解读中，实质上运用了类推和目的性扩张的方法，并非其所声称的体系解释。对于指导性案例20号中争议较大的问题，除了在官方案例文本中通过裁判理由进行说明之外，最高人民法院还在《〈深圳市斯瑞曼精细化工有限公司诉深圳市坑梓自来水有限公司、深圳市康泰蓝水处理设备有限公司侵害发明专利权纠纷案〉的理解与参照》一文中给出了更加详细和丰富的四点原因分析，主要包括：（1）符合专利法立法目的和精神；（2）设置发明专利临时保护期更有利于专利权人；（3）他人不会因此而具有抢占专利权人市场的优势；（4）有利于专利权人与社会公众利益的平衡。其中第一个理由说明最为详实，其所采用的漏洞补充方法正是类推和目的性扩张。

就目前研究成果而言，漏洞补充有多种具体方法。制定法内补充方法包括类推、目的性扩张、目的性限缩和反对解释；制定法外补充方法，是根据法律生活的需要、事理、优位之法律伦理性原则而进行的造法活动，包括依据习惯补充、依据诚信原则补充、依据比较法补充和依据学理补充等。[1]其中前两种是专门针对公开法律漏洞的补充方法。“类推适用所补充之漏洞，必为公开的漏洞。……公开的漏洞，则类推适用补充之，隐藏的漏洞则由目的性限缩补充之。”[2]与目的性限缩相对，目的性扩张方法强调的是依据法律规范的目的，将特定法律规范适用于未直接规定的事项之中。类推适用强调的是基于相似点而将未被法律规范规制的事项给予同样的对待。“类推适用，乃比附援引，即将法律于某案例类型（A）所命定的法律效果，转移适用于法律未设规定的案例类型（B）之上。此项转移适用，乃是基于一种认识，即基于其类似性，……至于A案例类型与B案

---

〔1〕黄建辉：《法律漏洞·类推适用》，台湾蔚理法律1988年版，第77页。
〔2〕杨仁寿：《法学方法论》，中国政法大学出版社1999年版，第195页。

例类型是否相类似，应以法律规范意旨加以判断。”〔1〕由此可见，类推适用的判断标准主要是依据法律规范的意旨，这一点与目的性扩张是内在一致的。而且在结果上，二者也都是扩大了特定法律规范的适用范围。目的性扩张在于将规范扩张适用以更好地实现规范的目的，而类推则在于某规范调整之事实特征和法律未调整之事实特征之间的实质相似性，二者在效果上非常接近，都是将法律规范适用到其原本未及之处，如果将类推的实质定位于从被类推规范中反思地获取的法律目的、根据或理由（规范意旨），被演绎地适用到法律未调整的事实中。而目的性扩张亦是如此。从这个意义上说，目的性扩张就是一种类推。〔2〕因此，“目的性的扩张，常在类推适用的名义下，为实务采为补充法律的方法”。〔3〕

结合最高人民法院对指导案例20号的解读来说，类推和目的性扩张是其中的主要方法。具体来说，专利法的基本宗旨和目的是“以公开换保护”，对于发明专利的临时保护期来说，实施相关发明及其后续行为，都不为专利法所禁止，只是应当承担适当使用费。而且只有在发明专利申请人被明确授权之后，才能提出以上要求。否则就违背了专利法的目的，因为如果在授权日之前就允许禁止实施涉案专利，实质上是给未授权专利提供了保护。〔4〕应当说，最高人民法院基于专利法目的和宗旨对本案核心问题涉及的法律漏洞进行的解读，实质上正是目的性扩张的具体运用，是将专利权人在授权日之后拥有的权利，部分地回溯到临时保护期内，遵循了设立临时保护期的立法目的。而且，专利权人在授权日之后拥有完整的专利权，其原来的身份——专利申请人在临时保护期内仅仅享有较少的权利，这也是类推适用的表现：对完整权利给予充分保护，对潜在权利给予部分保护；其中的相似点是给予不同的权利类型以不同程度的保护。进而言之，

〔1〕王泽鉴：《法律思维与民法实例》，中国政法大学出版社2001年版，第253页。
〔2〕纪海龙：《法律漏洞类型化及其补充——以物权相邻关系为例》，载《法律科学》2014年第4期，第85页。
〔3〕黄茂荣：《法学方法与现代民法》，中国政法大学出版社2001年版，第401页。
〔4〕最高人民法院民三庭、最高人民法院案例指导工作办公室：《〈深圳市斯瑞曼精细化工有限公司诉深圳市坑梓自来水有限公司、深圳市康泰蓝水处理设备有限公司侵害发明专利权纠纷案〉的理解与参照》，载《人民司法》2014年第6期，第100页。

由于对专利法及其相关司法解释进行检索后并无直接规定，针对这种公开的法律漏洞，类推的适用并非是一种简单地将A案例类型直接适用到B案例类型（个别类推），而是一种“整体类推”：“借‘整体类推’获取一般性的法律原则，其基础在于下述认识：所有被援引的个别规定，其共通的‘法律理由’不仅适用于被规整的个别事件，……对‘整体类推’的程序而言，具决定性的是归回到所有个别规定共同的‘法律理由’及其一般化。”[1]通过诉诸专利法的一般原则——“以公开换保护”，最高人民法院更多的是使用了整体类推来对指导性案例20号中的法律漏洞进行补充，其目光并非仅仅局限于发明专利授权之后，而是基于专利法原则给予临时保护期内的实施行为及其后续行为以法律上的定性。

此外，与以上类推和目的性扩张密切联系的还有“举重以明轻的推论”或者“当然解释”：通过对比授权之后专利权人所享有的充分法律保护，在临时保护期内的申请人只应当享有更“轻”的部分保护，即并不具有请求停止侵害的权利。可以说，无论是类推还是目的性扩张，抑或是当然解释，其相互间密切的联系都具有共同的指向：将法律并未明确规定的多种考量因素纳入补充法律漏洞的过程之中，而法律原则（大致相当于立法意旨或者所谓一般化法律理由）在其中扮演着十分重要的角色。

如果将视野继续扩展和深入，那么，我们可以看到，在面对法律漏洞形成的空白地带，司法者的决策过程很大程度上也同时是一个“利益衡量”的过程。就指导性案例20号来说，发明专利的整个授权过程也涉及多方利益，与临时保护期相关的利益主体就包括发明专利申请人、社会公众、提出异议的申请人等。在专利法没有对各种利益关系进行细致规定的背景下，法官需要在多种利益之间达成一种平衡状态。前述专利法的基本原则“以公开换保护”，实质上也是一种利益平衡的表现。针对指导性案例20号，最高人民法院认为，本案的裁判结果及其确立的新规则：“既避免了重复诉讼，也平衡了专利权人与社会公众的利益。反之，如果将临时保护期

---

〔1〕［德］拉伦茨：《法学方法论》，陈爱娥译，商务印书馆2003年版，第261～262页。

内制造的专利产品的后续销售、使用等行为认定为侵权行为，则专利权人在请求后续销售者、使用者承担了停止侵权责任后，还有权要求专利临时保护期内的实施者给付适当的费用，显然有失公平。”〔1〕司法过程并非一个简单的从因到果的过程，多数时候恰恰相反，是先形成结论再对其进行完善和修正的过程，利益衡量就是形成最初结论的主要方式之一。“就像在大多数决定中一样，直觉在司法决定中扮演了一个主要角色。直觉感官使法官、商人或一位军队指挥员能够迅速决定而无需清醒掂量和比较诸多可能行动进程的有利和不利因素，最好是把直觉理解为一种能力，会深入到从教育特别是从阅历中获得的潜意识知识储备中。”〔2〕就指导性案例20号的情况来说，与其说是通过适用类推等方法来获得这种利益衡量的结果，不如说是追求利益衡量的结果决定着这些具体方法的运用。多种具体方法只是为最终的结论提供了正当性证明理由，决定裁判性质的最终力量仍然是多种主体之间的利益衡量关系。

从以上的分析可以看到，最高人民法院宣称运用了体系解释方法解决了指导性案例20号中的核心问题，但是，实质上却是类推和目的性扩张等方法的具体运作才完成了补充法律漏洞、确立新规则的任务。虽然最高人民法院的直接表述并不准确，但是，最终形成的裁判结论并未超越现有专利法律规范所留下的空缺地带，并未与其他现行有效的法律规范发生直接冲突。质言之，指导性案例20号中补充法律漏洞的结果符合合法性的底限要求，基本能够成立；其对专利法具体条文之间的复杂关系以及宏观立法宗旨的把握也比较到位，能够给类似案件的裁判提供重要参考。

三、法律漏洞补充在指导性案例20号中的作用限度

虽然利用类推和目的性扩张等方法，指导性案例20号确立了符合合法

---

〔1〕最高人民法院民三庭、最高人民法院案例指导工作办公室：《〈深圳市斯瑞曼精细化工有限公司诉深圳市坑梓自来水有限公司、深圳市康泰蓝水处理设备有限公司侵害发明专利权纠纷案〉的理解与参照》，载《人民司法》2014年第6期，第101页。

〔2〕［美］波斯纳：《法官如何思考》，苏力译，北京大学出版社2009年版，第100页。

性底限要求的规则，但是，这并不意味着该规则就能够比较妥当地解决临时保护期内法律漏洞所产生的问题。法律漏洞本身就没有统一的分类，对其进行补充的多种具体方法，不仅在数量上众多，而且关系复杂，相互重叠和冲突的情况并不少见，从类推和目的性扩张的关系中就可见一斑。更重要的是，这些具体方法本身也都有自身的内在缺陷，无法独立完成漏洞补充的工作。例如，类推适用的关键问题是相似点（比较点）的确定，这在很大程度上是一个司法权独断的结果。“比较点的确定主要不是依据一个理性的认识，而是很大程度地根据决断，因而取决于权力的运用。”〔1〕再如，目的性扩张中的“目的”，经常并未直接在法典中明确，司法者在个案中所确定的目的是否以及在多大程度上符合立法意旨，也都带有很大的疑问。即使运用多种具体方法，我们也不能断定漏洞补充的结果必然是正确的。以上分析都表明，漏洞补充是一项相当艰巨的任务，对每一位面对法律漏洞的司法者来说都是挑战。漏洞补充伴随着一定的风险，有其发挥作用的特定限度。结合对指导性案例20号以及最高人民法院对其的深入解读，我们可以继续上文的分析，虽然结论的指向可能恰恰相反。

一方面，从运作的前提来说，进行漏洞补充，尤其是通过指导性案例的方法进行漏洞补充，在合法性基础上容易受到质疑。法律漏洞是“违反计划体系”的表现，会导致裁判结论缺少明确法律依据的后果。“在漏洞认定和漏洞补充时，法官要受到现行有效的立法评价和调整目的的约束，法官是服务于立法或法律秩序的助手，而不是主人。这种漏洞补充仍然属于司法权的行使，而不是针对某一种案型补充地制定一个一般性规范，它的作用仅是完成对个案的一种裁判，不具有普遍的效力。”〔2〕换言之，漏洞补充的作用范围应当仅仅局限于个案之中，不应得到扩展。但是，法官进行漏洞补充的行为仍然吸纳了大量自由裁量的因素，如何保证其合法性，仍然存有疑问。更重要的是，本应局限于个案层面的漏洞补充，现在通过指导性案例的方式在地方各级法院中都具有普遍效力，使得漏洞补充的作

〔1〕［德］考夫曼：《法律哲学》，刘幸义等译，法律出版社2004年版，第116页。
〔2〕于玉：《法律漏洞的认定与补充》，载《东岳论丛》2006年第3期，第169页。

用范围大大扩展。漏洞补充毕竟是带有一定风险的裁判方法，应当尽量限制其出现的领域和场所。最高人民法院的上述做法实质上是一种司法造法的行为：通过指导性案例 20 号在专利法中确立了一条针对临时保护期的新规则。虽然在规则上力图创新是指导性案例的任务之一，“对于案例指导制度来说，创制规则是其根本职责之所在。没有规则的创制，也就没有指导性案例存在的必要性。案例指导制度通过创制司法规则，发挥其对司法活动的指导作用，以弥补立法与司法解释的不足”。[1]但是，相对于法律解释、法律论证和法律推理等方法依赖于既存的法律规范，“无中生有”的漏洞补充无疑具有更大的灵活性和变通性，在目前司法权威不高的背景下，其所带来的风险也越大。直接明确的漏洞补充很大程度上就是司法造法的表现，在当下的司法语境中仍然难以获得坚实的合法性基础。

另一方面，从运作的效果来看，司法者进行的漏洞补充，即使能够满足合法性的要求，也未必能够满足现实的需要，难以全面实现利益平衡。在司法过程依据程序规则进行的背景下，在个案中进行漏洞补充所确立的绝大多数都是实体规则，是对涉案多方权利或者利益的界定和处理。就指导性案例 20 号所确立的新规则来说，虽然专利权人不能在临时保护期内就要求停止实施相关行为，而且相应的后续行为也不能认定为侵害专利权，但是，该规则最终的实体处理结果是专利权人能够“依法要求临时保护期内实施其发明的单位或者个人支付适当的费用”。这是进行漏洞补充获得实体结果的最终落脚点，也是维护专利权人权益的最终解决办法。但是，“适当使用费”这种过于含混和模糊的处理方式如何能够真正落实专利权人的权益，是非常值得怀疑的。在司法实践操作中，所谓的“适当使用费”更多的是按照侵权人获利的情况决定赔偿额的，即侵权人获得多少侵权利润，就应当向专利权人赔偿多少损失。从理论上来说，侵权利润与专利权人的损失是大致相当的，但也不能排除侵权利润高于专利权人的损失的情况。法院在决定适当的费用时，应当充分考虑到二者利益的平衡，既要让专利权人的知识产权得到应有的尊重和回报，也应给实施人保留一

---

〔1〕 陈兴良：《案例指导制度的规范考察》，载《法学评论》2012 年第 3 期，第 126 页。

定的利益。[1]让专利权人和实施人都满意是一种最为理想的状态，但是，争夺经济利益的同业竞争者之间，既然通过诉讼的方式解决其专利纠纷，就很难达到以上的理想状态。在并不构成专利侵权的后续行为中，很多具体行为更是难以准确确定所谓“适当”的数额。例如，许诺销售多发生在实际销售之前，实践中难以根据许诺销售行为确定实施人所获得的利益，因此实施人所应支付的费用数额较难计算。但是，许诺销售因发布广告、签订合同的行为却可能造成发明专利申请人市场份额减少等潜在损失。因此，法院可以根据案件的具体情况，酌情确定专利实施人所应支付的费用数额。[2]这种根据“案件的具体情况”仍然没有为确定“适当”的数额提供可供参考的标准。质言之，既然最高人民法院意图通过指导性案例20号对专利法中的公开漏洞进行补充，确立的新规则就应当符合一般法律规则的标准，至少应当比较明确、具体、具有可操作性。而在“裁判要旨”中所表述的实体规则仍然付诸阙如，只是将落实专利权人权益的任务留给了带有很大不确定性的法官自由裁量，这种情况对于严格遵守专利法、经历了临时保护期的专利权人来说，仍然是相当不利的。如果力图补充法律漏洞的新创规则本身比较含混和模糊，那么，对于解决法律漏洞遗留的问题来说，最终的实际效果不仅可能于事无补，甚至很可能适得其反。

退一步说，即使能够大致确定实施人所应当支付的使用费数额，指导性案例20号中的漏洞补充结果也难以切实保护临时保护期内申请人的利益，这也是本案中颇具争议的核心问题。最高人民法院的解读对此并不赞同：排除先用权的情况，“在专利临时保护期内实施发明专利申请的，可能要面临专利权人在专利授权后提起的发明专利临时保护期使用费纠纷之诉，而且在专利授权后未经许可不能继续制造专利产品，为实施发明专利申请而投入的设备、厂房等也将变为沉没成本。在上述约束条件下，实施人并不具有抢占市场的优势，甚至不具备占有市场的能力，即专利授权后，除了销

〔1〕王劲松：《发明专利权的临时保护》，载《人民法院报》2002年3月3日第03版。

〔2〕金泽俭等：《临时保护期内许诺销售他人的专利产品应支付适当费用》，载《人民法院报》2011年4月21日第07版。

售和使用在授权日前制造的专利产品外，实施人不得继续制造专利产品，必须退出市场”。[1]我们可以将以上观点概括为以下两个理由：（1）实施人需要支付临时保护期内的使用费；（2）专利授权后，临时保护期内的实施人在前期进行的投入归于无效。以上两个方面都是临时保护期内的实施人所要额外负担的成本，这些成本的存在降低了其与专利权人之间竞争的能力。因此，最高人民法院认为，在发明专利临时保护期内实施制造涉诉专利产品等行为并未被专利法禁止，其在专利授权日起的后续行为也没有侵害专利权。

最高人民法院所提出的以上两个理由，虽然表面上看起来能够成立，但是，仍然存在着很大的缺陷，其中核心的问题在于，忽视了从申请到授权过程中最重要的变量因素——时间。就理由（1）来说，如前所述，“适当的使用费”在数额上难以确定，而且经常出现实施人在临时保护期内所获得的利益大于专利权人收益的情况，因此，很难断定支付适当的使用费对于实施人来说就必然是额外的负担。加之当前司法环境中普遍存在的“执行难”问题，即使法院判决实施人支付的适当使用费超过其收益，也很难使得专利权人获得完整的救济。

更大的问题发生在理由（2）之中。依据指导性案例20号的漏洞补充结果，授权后的专利权人在临时保护期内不能向实施人提出禁止实施的请求，只能在正式授权之后才能要求支付适当的使用费。而临时保护期的时间大概要持续1~3年，可以说，在这个阶段中，发明专利的申请人（授权后的专利权人）所能享受的专利法救济是非常少的。“专利法以公开换保护，临时保护期内也已经发生了公开，但由于尚未授权，故专利法对此阶段的发明创造的保护已经很弱。如果在此阶段的实施行为延续到专利授权之后便不用承担责任，在技术更新换代以日、月计算的当代，平均来看至少一年的临时保护期，足够抄袭者毫无后顾之忧地抢占市场。这显然违背

[1] 最高人民法院民三庭、最高人民法院案例指导工作办公室：《〈深圳市斯瑞曼精细化工有限公司诉深圳市坑梓自来水有限公司、深圳市康泰蓝水处理设备有限公司侵害发明专利权纠纷案〉的理解与参照》，载《人民司法》2014年第6期，第101页。

了专利法的立法本意，不利于促进公众对于专利制度的运用。”〔1〕可以说，临时保护期的时间跨度造成了申请人和实施人在实际资源占有和把握市场动向上的差异，而指导性案例20号的漏洞补充结果却继续加剧了这一差距。

另外，最高人民法院在前述理由（2）中，认为在临时保护期内实施制造行为，在该保护期结束后就不能实施制造行为，从而使得为实施而准备的前期投入成为额外的负担，从而无法对专利权人形成竞争威胁。但是，这一理由忽视了专利权人（最初为专利申请人）为研发该发明专利所投入的人力、资金和时间等成本。在申请公开之后，任何社会公众（包括临时保护期内的实施人）都能够得知该专利的详细参数等资料。实施人（有时是恶意抄袭者）开始依据公开信息制造相关专利产品，此时就省却了专利权人前期投入的研发成本，这对于将来授权后的专利权人来说构成相当的竞争威胁。而且，利用临时保护期实施制造等行为，会使得实施人占据大量的市场份额，获得相关厂商和消费者的认同，这对于授权之后的专利权人重新加入竞争、获得市场的认同，造成了巨大障碍。从这个意义上说，临时保护期问题在于，在专利申请授权之前，尽管专利申请人知道自己申请的发明被盗用了，还是无法要求侵权人停止使用、支付费用。这尤其对于产品更新换代速度极快的电子行业是个沉重损失，朗科U盘就是如此。从1999年申请到2002年获得专利授权这三年时间里，U盘技术被其他公司利用从而培育出相当大规模的U盘行业，国内的这类厂商已经达到了一百多家，而最终获得专利授权的朗科公司失去了先发优势和巨大的市场份额。〔2〕简而言之，虽然临时保护期过后，实施人的前期投入可能成为沉没成本，但是，最高人民法院的理由（2）忽视了专利权人的前期研发成本，以及在临时保护期内失去的市场份额和由此带来的利润，这同样是对专利权人的负担。两相比较，专利权人受损的可能性要更大。

指导性案例20号进行漏洞补充所获得的新规则，实质上把原本应当承

〔1〕燕菁菁：《专利临时保护法律效力初探》，载《中国发明与专利》2014年第4期，第60页。
〔2〕费云舒：《〈专利法〉临时保护期的问题与建议——基于朗科U盘专利案例分析》，载《计算机光盘软件与应用》2013年第2期，第23页。

担的侵权责任给免除了，进一步弱化了临时保护期内专利申请人所能获得的救济。例如，在申请人的发明专利申请公开之后，甲按照该发明专利申请的记载开始大量制造、销售、进口相应产品，乙从甲处购买该产品并开始使用，申请人的市场被强占。在专利授权后，专利权人只能向甲和乙主张临时保护期的适当使用费。而由于乙的继续使用不是侵权行为，专利权人无权禁止，也无法与其签订专利事实许可合同，失去的市场份额也不能重新找回。这种情况可以被大量、反复、没有任何限制地复制，专利权人的合法权益无疑会遭受极大损害。[1]换言之，根据指导性案例20号，发明专利的临时保护并不包含排他性的救济手段，因为“法无明文禁止”。所以，出于申请发明专利的需要，申请人不得不公开其技术方案，这就给了他人实施其发明的可能性，但申请人对此却无力阻止，甚至是在使用人明确拒绝支付使用费的情况下，申请人也不能禁止他人的使用；等到获得专利授权之后，相关市场可能已经被使用人抢占了，而且该发明专利的技术进步性越小，这种抢占的效果就越显著。[2]

由此可见，虽然指导性案例20号通过漏洞补充所获得的新规则，能够满足合法性的要求，但是，就其可能产生的实际效果而言，恰恰难以在专利申请人（专利权人）、临时保护期内的实施人和社会公众之间形成利益平衡。具体来说，虽然最高人民法院确定本案结果时给出的重要理由之一是“专利法及相关司法解释没有明确禁止”临时保护期内的实施，但是，基于私法中“法不禁止即为自由”的基本原理，专利法也同样没有禁止专利申请人向实施人提出其他相关要求。当然，这一权利并没有直接规定在专利法律之中，但是，专利申请人完全有可能依据其他基础性民商事法律获得相应救济，而指导性案例20号中通过漏洞补充获得的新规则，却明确扼杀了专利申请人在临时保护期内获得其他类型救济的可能。专利法的立

---

〔1〕潘中义：《论发明专利临时保护的法律效力——兼评最高人民法院（2011）民提字第259-262号判决》，载于中华全国专利代理人协会编：《发展知识产权服务业，支撑创新型国家建设——2012年中华全国专利代理人协会年会第三届知识产权论坛论文选编》，知识产权出版社2012年版，第522页。

〔2〕杨明：《从最高人民法院第20号指导案例看发明专利的临时保护制度》，载《北京仲裁》2014年第1期，第45页。

法意旨是以“公开换保护”，而依据指导性案例20号所确立的规则，通过公开在临时保护期内所获得的保护，对专利权人来说过于薄弱，专利权人的守法成本过高，实施人（甚至是抄袭者）违法成本极低，最终导致各方主体之间的利益严重失衡。

更重要的是，根据《关于案例指导工作的规定》第7条，对于指导性案例，地方各级法院在审判类似案件时“应当参照”。这一规定实质上赋予了指导性案例20号及其确立的新规则以正式的、普遍的效力。如果该指导性案例在专利法司法实践中得到切实的贯彻执行，那么，对于专利权人的不利效果就会得到扩散，这一消极影响很可能是最高人民法院在提审该案以及将其确立为指导性案例的时候所始料未及的。可以说，在个案层面上，指导性案例20号进行漏洞补充并创制新规则，由于没有超越或者抵触现行专利法律规范，并没有过多可以指摘之处。但是，在指导性案例这个层面上，其扩展效果却并不明朗甚至并不乐观。这一点与指导性案例18号有类似之处：针对现实中普遍存在的末位淘汰，在个案层面上倾向于劳动者的解释结果能够得到充分证立，但是，一旦扩展到全国范围内普遍参照适用，很可能导致用人单位更加谨慎用工甚至减少用工，这对于劳动力市场中的劳动者整体反而带来了消极影响。[1]在个案层面上能够成立的理由，在指导性案例这个更为宏观的层面上却未必能够经得起推敲和考验。这一点也许是最高人民法院将来继续遴选指导性案例时所要加倍关注的问题。

结语：夹缝中突围的漏洞补充

在任何大陆法系色彩比较浓厚的司法体系内，漏洞补充的地位都很微妙：一方面，社会现实的冲击使得法律漏洞经常显现，在个案的司法裁判过程中进行漏洞补充非常必要；另一方面，法官经常没有被明确授予创制

〔1〕孙光宁：《“末位淘汰”的司法应对——以指导性案例18号为分析对象》，载《法学家》2014年第4期，第100页。

新规则的权力，不得不以隐晦或者间接的方式进行实质意义上的漏洞补充。最高人民法院在指导性案例20号中所使用的措辞是“使用体系解释方法解释出如下规则”，仍然不能直接表述为“创制”规则。以上对漏洞补充的担心是有其道理的，毕竟法律漏洞有着相当多样的类型，即使使用多种补充方法也未必能够比较妥善地解决裁判过程中所遇到的问题；而且，将最终裁判结果完全诉诸司法者的自由裁量，也缺乏确定性和可预测性。通过对指导性案例20号的扩展效果进行分析可以印证以上结论：通过漏洞补充所获得的新规则，在个案层面上能够满足合法性的底限要求，但是，并没有妥善地在发明专利的临时保护期内实现各方利益平衡，更重要的是，其在全国范围内普遍被参照适用的扩展效果十分堪忧。

造成以上结果的原因之一在于最高人民法院自身在宏观视野、知识结构和分析视角等方面的局限性。“由于缺乏政治学、经济学知识的底蕴，同时又没有丰富的政治工作和经济工作的实践经验；因而对最高人民法院大多数法官而言，对创制的公共政策究竟会产生什么样的后果难免心中无数，由此导致最高人民法院在创制公共政策过程中面临知识的障碍。”[1]指导性案例在地方法院中得到普遍适用，并对同一类型的案件以及相关社会问题发挥普遍影响，这种指导性案例的扩展效果，实质上正是最高人民法院公共政策功能的具体表现。

虽然最高人民法院在指导性案例20号中进行的漏洞补充并未达成令人十分满意的程度，但是，其进行漏洞补充的尝试仍然是十分值得肯定的。在大规模的立法活动逐渐减少，在司法中落实法律规范已经成为法治重点的背景下，司法者总是需要面对变动不居的社会形势与相对稳定的法律规范之间的永恒矛盾，必然需要在特定案件中以“守法”之名进行某种补充法律漏洞的实体操作。现行有效的法律制度并不会给漏洞补充提供充分的运作空间，在夹缝中的漏洞补充也必须慎之又慎。就指导性案例20号所涉及的临时保护期来说，要处理好其中的利益平衡关系，比较理想的方式是引入临时保护令制度。但是，司法者在个案中的创新肯定无法达到明确设

〔1〕 张友连：《最高人民法院公共政策创制功能研究》，法律出版社2010年版，第180页。

立新制度的程度。从这个意义上说，最高人民法院通过漏洞补充所确立的新规则，已经是带有不少创新色彩的举措了，是漏洞补充在夹缝中突围的尝试。当然，我们也完全可以寄希望于出现更多质量更高的、体现漏洞补充的指导性案例。现有的指导性案例中已经体现了司法者以灵活和变通的方式对待法律规则，体现了司法者高超的实践理性、智慧和经验。[1]对于地方法院来说，重要的也许不是发现指导性案例20号在进行漏洞补充时存在何种缺陷，而是研习相关指导性案例中的对相关主体利益平衡关系的确定和追求，研习其中蕴含的经验和规律。从长远来看，这种深入而细致的研习有助于真正提升司法者进行漏洞补充的能力，是推进法治发展的重要方式和动力。

〔1〕 孙光宁：《指导性案例对法律规则的扩展与变通》，载《学海》2014年第4期，第153页。

第六章

部门法指导性案例的特点与重点

随着指导性案例在数量上的不断增加，各个部门法的指导性案例也日益丰富，逐渐展现出各自在法律适用上的特点。本章第一节分析了刑事指导性案例中对司法政策（主要是宽严相济的刑事政策）的贯彻方式。第二节主要探讨了民事指导性案例中对诚信原则的重视，并从中延伸出研究法律原则如何在指导性案例中发挥作用。第三节展现了行政法指导性案例对司法审查范围的扩展和限缩，其背后体现了司法克制与司法能动的交织。

第一节　司法政策在刑事指导性案例中的体现与影响

指导性案例4号和12号在诸多方面具有高度相似性，共同体现了司法政策在指导性案例中的适用。但是，这种适用还存在着一些缺陷，主要表现在论证说理不充分、雷同结果可能产生误导、对适用司法政策缺少规制和加剧法院的行政化色彩等方面。要改进司法政策在指导性案例中的适用，能够采取的措施包括加强论证说理、扩展指导性案例类型，尤其是要限制司法政策的适用，例如强调基本法律制度作为底线，法律适用方法和各种判决理由之间的融贯性也能够发挥重要作用。司法政策适用对审判业务的深刻影响，实质上是法律工具主义的表现。

一、司法政策在指导性案例4号和12号中的适用

对于指导性案例的定位，《关于案例指导工作的规定》中的官方界定是："总结审判经验，统一法律适用，提高审判质量，维护司法公正。"最高人民法院研究室负责人也认为："人民法院的指导性案例，是正确适用法律和司法政策，切实体现司法公正和司法高效，得到当事人和社会公众一致认可，实现法律效果和社会效果有机统一的案例。"[1]任何司法实践都不是在真空中运行的，法律适用的过程中必然包含着对当前特定社会环境

〔1〕张先明：《用好用活指导性案例 努力实现司法公正——最高人民法院研究室负责人就案例指导制度答记者问》，《人民法院报》2011年12月21日第3版。

因素的考量，其中自然也包括司法政策的因素。特别是在中国处于转型社会时期，各种社会矛盾急速增长并涌向司法机关，如何在法律效果和社会效果之间实现平衡，是对司法者的严峻考验，而司法政策则是实现这种平衡的积极资源。

在法学理论研究中，司法政策的实践适用并非核心主题，其原因主要在于司法政策自身的变动性、不确定性与法律的追求目标并不完全吻合，甚至有观点质疑司法政策应否在实践中适用。但是，从现实的角度考量，中国法治中一直就存在重视政策的传统，这一点突出地表现在刑事司法领域中。变革社会情形下，刑事政策的作用不仅有助于社会效果（实质正义）的改善，作用机制也比刑事立法要直接得多。从现实情况来看，不仅权威部门偏好政策的适用，即使普通民众也容易对一些考虑到民生情形的司法政策表示支持。由于政策和法律共同具有公平和正义的含义，因此刑事政策的制度供求完全是可能的。通过政策适当扩大制度途径是可以通过显著的社会效果改善取得正当性的。再者，当代中国的刑事司法政策，主要也是围绕着社会效果的改善展开的。因此，变革社会情形下，刑事司法政策在罪刑法定原则的框架内改善社会效果的努力应该被鼓励。[1]可以说，司法政策的实践运用有着两难的境地：一方面，司法实践有着对政策适用的强烈需求；另一方面，司法政策的不稳定性又影响了其实践效果。面对这种矛盾处境，指导性案例能够带给司法者以提示和启发。

每个指导性案例都经过了层层筛选，从最初推荐到最终被最高人民法院所确定，都经过了严格的遴选程序。可以说，每个指导性案例都体现了法官高度的司法智慧和实践理性，是各级法院需要学习和效仿的精品案件，具有典型的示范效应。对其进行认真研究和分析，司法者可以直观地看到司法政策的实际运用和操作的情况，能够提升司法政策的适用能力。这里选取指导性案例 4 号和 12 号进行对比分析，原因一方面在于二者都是故意杀人案件，体现了典型的刑事政策，另一方面从二者的差异中也可以窥见司法政策适用的某些端倪。

---

〔1〕 周建军：《刑事司法政策原理》，清华大学出版社 2011 年版，第 130 页。

指导性案例4号和12号在案件事实、审理过程和裁判结果方面都具有高度的一致性，根据最高人民法院公布的正式文本中的“基本案情”部分，我们可以将这两个案件进行如下比较：

	指导性案例4号	指导性案例12号
从轻情节	1. 因恋爱婚姻引发的矛盾 2. 犯罪人平时表现良好 3. 归案后坦白悔罪 4. 积极赔偿被害方经济损失	1. 民间矛盾（与恋爱有关） 2. 盗窃罪累犯，情节较轻 3. 犯罪人归案后如实供述犯罪事实 4. 加害人母亲代为赔偿 5. 加害人母亲配合抓捕，加害人顺从归案
从重情节	1. 手段特别残忍 2. 被害人亲属不谅解	1. 手段特别残忍 2. 被害人亲属不谅解 3. 累犯
审理过程	一审（死刑立即执行）→二审（维持一审）→最高人民法院不核准、发回重审→改判	
裁判结果	故意杀人罪，死刑缓期执行同时限制减刑	

从以上几个方面的对比可以看到指导性案例4号和12号的高度相似之处，这些相似之处也直接体现了宽严相济的刑事政策在刑事司法领域中的指导作用，这种指导作用主要体现在以下几个方面。

首先，犯罪情节的把握。无论是从重情节还是从轻情节，指导性案例4号和12号的相似之处都体现了刑事政策上的稳定性。例如，在案件发生的原因上，指导性案例4号和12号都在裁判要点中强调是“与婚恋有关的民间矛盾”，进而发生故意杀人案件。从政策依据上看，《全国法院维护农村稳定刑事审判工作座谈会纪要》（1999年）已经明确：“对于因婚姻家庭、邻里纠纷等民间矛盾激化引发的故意杀人犯罪，适用死刑一定十分慎重，应当与发生在社会上的严重危害社会治安其他故意杀人犯罪案件有所区别。”更加直接的政策依据体现在2010年的《关于贯彻宽严相济刑事政策的若干意见》之中。其中第22条强调：“对于因恋爱、婚姻、家庭、邻里纠纷等民间矛盾激化引发的犯罪，……应酌情从宽处罚。”虽然指导性案例4号和12号都没有在裁判理由中援引以上司法文件，但是，从字里行间在表述上的高度一致就可以看到，宽严相济的刑事政策是影响（甚至决定）案件最终裁判结果的主要依据。在这两个案件中，既有从轻情节，又有从重情节，如何分别对这些情节进行衡量，进而在死刑立即执行和死刑缓期执行之间做出选择，是对司法者的巨大挑战。司法者必须寻找到比较确切的依据，无论法律依据还是政策依据，同时对这些依据进行深刻理解。在指导性案例4号和12号中，最高人民法院从把握宽严相济刑事政策的角度对案件进行了解读，进而决定发回重审，高级人民法院也由此领会了贯彻政策的意图，做出了最终裁判结果。

其次，限制减刑制度的使用。在死刑缓期执行中同时限制减刑，是2011年《刑法修正案》（八）中新增的制度，该《刑法修正案》在整体上就体现了宽严相济的刑事政策，[1]限制减刑制度也是贯彻该政策的具体体现。最高人民法院案例指导办公室在对指导性案例4号中适用的限制减刑做出了官方解读："从立法目的来看，对判处死刑缓期执行的被告人限制减刑，并不是为了单纯加重死缓的严厉性，而是为了严格执行死刑政策、限制死刑立即执行创造条件。……对死缓犯适用限制减刑，应当有利于严格执行死刑政策，有利于贯彻落实宽严相济刑事政策，有利于案结事了，取得人民群众的理解和支持，实现案件法律效果和社会效果的良好统一，保障和促进社会和谐。"[2]新制度的运行、推广都需要过程，而最高人民法院通过指导性案例的方式实质上推动了限制减刑制度的适用，特别是通过两个高度类似的案件来实现这一目标，更深层次的意图就是贯彻宽严相济的刑事政策。

再次，同案同判的实现。司法政策的不稳定性使其饱受诟病，也很容易导致同案不同判的消极后果。同案不同判是法律适用不统一的外在表现，而案例指导制度的基本目标恰恰是消除以上消极后果。长期以来，法律适用不统一的情况经常发生，司法的权威受到了严重影响。《关于案例指导工

---

〔1〕谢望原、张开骏：《宽严相济刑事政策指导下的刑法修正立法——〈刑法修正案（八）〉总评》，载《河北大学学报》（哲学社会科学版）2011年第4期，第1页。

〔2〕最高人民法院案例指导工作办公室：《指导案例4号〈王志才故意杀人案〉的理解与参照》，载《人民司法》2012年第7期，第42页。

作的规定》中明确指出，案例指导工作的目标就是“总结审判经验，统一法律适用，提高审判质量，维护司法公正”。“同案同判”立足于个案裁判，着眼于个案裁判之间的关联性、连续性，其基本内涵就是规范法官在运用证据认定事实、解释适用法律和作出法律推理决定等裁判环节的裁量权。相对于“同案同判”这一初始价值目标和“公平正义”这一终极价值追求而言，学界在论及案例指导制度的意义或价值时所列举的其他作用事项，诸如司法公信、司法权威、司法资源、司法效力、司法经验、司法品质、司法能力、司法管理、司法政策、法的确定性、成文法和司法解释的局限、法学教学及法学研究等，皆属于与该制度的终极价值目标实现过程相关联或可能相关联的阶段性目标。[1]指导性案例4号和12号基本上属于“同案”，因为二者在绝大多数案件事实问题上都有高度相似的地方，而最终的审判结果也属于“同判”。这样，最高人民法院所公布的这两个指导性案例真正实现了法律适用上的统一。同时，由于这两个案件也都贯彻宽严相济的刑事政策，进而也体现了对司法政策不确定性的克服，实质上更加有利于贯彻该刑事政策。

最后，深层目标的追求。在指导性案例的正式文本中，裁判要点是对整个案件进行的高度概括，同时也是最具指导意义的部分。而在指导性案例4号和12号的裁判要点中，除了直接的目标为贯彻宽严相济的刑事政策之外，还有更深层次的社会目标。指导性案例4号表述为“依法判处被告人死刑，缓期二年执行，同时决定限制减刑，以有效化解社会矛盾，促进社会和谐”。而指导性案例12号表述为“从尽量化解社会矛盾角度考虑，可以依法判处被告人死刑，缓期二年执行，同时决定限制减刑”。这种表述上的高度相似揭示了刑事政策的更深层目标——社会矛盾化解。在最高人民法院印发的《关于充分发挥刑事审判职能作用深入推进社会矛盾化解的若干意见》已经多次提及：“把握宽严相济刑事政策，切实做到公正廉洁文明司法，充分发挥刑事审判能动作用，最大限度地化解矛盾，减少对抗，促进和谐，维护稳定。”“贯彻宽严相济刑事政策，既着眼于解决现实矛

---

〔1〕 张志铭：《中国法院案例指导制度价值功能之认知》，载《学习与探索》2012年第3期，第66页。

盾，又着眼于实现长治久安，确保裁判结果得到群众的认同，经得起历史的检验。”可以说，宽严相济的刑事政策是为了实现社会矛盾化解，而指导性案例4号和12号的判决结果又推崇了这一目标，同样显示了司法政策的连贯性和统一性。

二、指导性案例4号和12号在适用司法政策上的主要缺陷

从以上分析可以看到，指导性案例4号和12号都实现了同案同判，统一地贯彻了宽严相济的刑事政策，这是值得肯定的地方。但是，将司法政策适用于法律实践时，这两个案例还有一些不足之处，也正是这些不足之处才特别需要引起我们的高度重视。具体来说，指导性案例4号和12号在适用司法政策上的主要缺陷大致包括以下几个方面：

首先，在将司法政策作为裁判参考依据时，以上两个案例的论证都很不充分。在上文的论述中可以看到，指导性案例4号和12号都引用了大量关于司法政策的规范文件，虽然并没有直接援引这些文件的具体名称，但是，在文字表述上的高度一致也能够使我们看到其对适用司法政策的推崇。但是，这些相似的文字表述并没有在判决书中得到更加详尽的、结合具体案情的展开分析。换言之，司法政策仅仅在判决表述中一带而过，在形式上并没有真正成为决定判决结论的充分理由，虽然在实质上它可能发挥了这样的作用。这种论证说理的匮乏使得后来的司法者难以判断适用司法政策的条件和场景，更难以参照指导性案例进行裁判，指导性案例的“指导意义”自然也就难以发挥。“哪怕是象诸如判决书写作这样的不起眼的技术问题，也不只是一个个人能力的问题，而必须将之同相应的制度联系起来考察。通过这个例证的分析，我们看到的是必须更有效地通过制度的方式来提高法官的判决论证能力。”[1]究其本质，司法者并没有透彻地把握司法政策的主旨和意图，而更多的是将司法政策作为形成判决结论的形式理由，是借助于权威力量的法律修辞。

---

〔1〕 苏力：《判决书的背后》，载《法学研究》2001年第3期，第18页。

其次，指导性案例4号和12号的高度相似是一种符号资源的浪费，其造成的雷同印象可能误导后来的参照者。指导性案例4号和12号高度相似，固然可以起到统一司法政策适用的效果，但是，如果将几乎完全相同的案件都收录到有限的指导性案例之中，那么，这将是最高人民法院符号资源的浪费。案例指导制度能够付诸实践，很大程度上依赖于最高人民法院的权威。在司法资源有限的情况下，最高人民法院应当尽量避免重复和浪费。每个指导性案例从审结到推荐再到遴选，都经历了严格的筛选过程，最高人民法院应当注意案例的多样化，将雷同案件同时选编就是一种重复浪费。更重要的是，由于指导性案例4号和12号都严格贯彻司法政策，并在结果上高度一致，有可能使得后来的司法者更多地倾向于这一结果（即死刑缓期执行，同时限制减刑）。指导性案例应当着眼于统一司法适用，而这种适用并非追求同样的结果，而是在相同案件中考虑相同因素，在不同案件中考虑不同情况。而雷同结果的指导性案例有可能误导后来的司法者在参照时“唯马首是瞻”，这种情况在行政化色彩非常浓厚的当前中国法院体制中很有可能出现。

再次，指导性案例4号和12号在适用司法政策时都没有明显的提示，更缺少对其必要的规制。指导性案例的主旨都概括在裁判要点和裁判理由部分，这对于后来的司法者最具指导、借鉴和参照意义。但是，在指导性案例4号和12号的以上两个部分中，都没有直接出现司法政策的直接援引，仅仅是文字表述上的相似。这就为后来的司法者进行参照埋下了隐患：如果脱离了近几年的实践语境，特别是宽严相济的刑事政策的语境，那么，参照者将很难理解诸如“追求社会效果”“化解社会矛盾”和“促进社会和谐”等表述的真正含义，进而会影响指导性案例能否经得起时间的检验。更重要的是，司法政策具有不稳定性，如果司法者过分重视短时期内的司法政策，有时候会忽视法律制度的正式规定，这一点在指导性案例12号中表现得尤其明显：被告人李飞为盗窃罪累犯，在衡量各种犯罪情节时，裁判理由认为：“李飞虽系累犯，但此前所犯盗窃罪的情节较轻。”这种表述并没有将累犯制度的重要价值充分考虑。“对于重复犯罪，人们的目标不是法律规定的某种行为的责任者，而是犯罪者主体，是显示其怙恶不悛本性的某种意向。渐渐地，不是罪行，而是犯罪倾向成为刑法干预的对象，初犯与累犯之间的区分也变得愈益重要了。”〔1〕“在现行刑法上把累犯刑加重的理由，首先一条，对于已判处过一次刑的，但不知悔改竟敢再次犯罪以致增大非难性，因此，在责任上应该加重。但与此同时，也不可否认它具有保安刑的意义，使行为人所表现出的反社会的强烈危险性得到处理。”〔2〕无论是从报应刑、功利主义还是刑事一体化的角度来说，累犯制度都具有重要的法律价值和社会价值，对于累犯进行加重处罚也是各国刑法的普遍做法。而指导性案例 12 号的以上表述，似乎有为了强制推行刑事政策而降低法律制度要求之嫌。虽然任何社会时期都有特定的政策，但是，正式法律制度是基本底线，即使是适用司法政策也不能超越这一底线。

最后，司法行政化色彩的加剧。案例指导制度的重要特征就是其行政化色彩，这一点与西方的判例法有着相当的不同。案例指导制度是司法机关以司法统一为目标，借助案例对规则的细化功能和对司法实践的及时回应性，以一种行政化方式对司法业务进行精密规制的新形式。它是当前意图通过强化自上而下的行政性管理从而解决司法不足的司法管理改革的步骤之一。我国司法机关采用的是行政化（官僚制）管理体制，案例指导制度在实施措施上沿袭了行政化的控制方式。行政化方式的优势是具有较强的硬性，能将最高司法机关的意图迅速贯彻至最基层，但这依赖于上级推行某种政策的力度，只有在上级高度关注某项工作时才能达到最佳效果。作为常态的管理方式，案例指导的内部行政化实施方式则显出明显的脆性，上级的要求在实践中经常被打折执行，甚至得不到执行。这已为我们过去的实践所充分证明。〔3〕具体到指导性案例 4 号和 12 号而言，最高人民法院《关于死刑缓期执行限制减刑案件审理程序若干问题的规定》第 6 条规定：“最高人民法院复核死刑案件，认为对被告人可以判处死刑缓期执行并限制

〔1〕［法］米歇尔·福柯：《规训与惩罚》，刘北成、杨远婴译，三联书店 1999 年版，第 110 ~ 111 页。
〔2〕［日］木村龟二主编：《刑法学词典》，顾肖荣等译，上海翻译出版公司 1991 年版，第 435 页。
〔3〕秦宗文：《案例指导制度的特色、难题与前景》，载《法制与社会发展》2012 年第 1 期，第 101 ~ 104 页。

减刑的，应当裁定不予核准，并撤销原判，发回重新审判。”可以说，这两个案件都是按照以上规定严格执行的，但是，该规定在性质上仍然是法院内部的规范性文件，不能也不应超越法律的规定。利用指导性案例和内部规范性文件来决定下级法院的判决结论，在本质上也是对目前司法行政化的强化。另外，从指导性案例4号和12号的实际审理过程来看，一旦最高人民法院不核准死刑案件，高级法院便对其上级的意图“心领神会”，即使经过重新审理，最终结果也顺理成章地变成了死刑缓期执行并限制减刑。这两个案件充分尊重和领会了以上内部文件规定和上级法院意图，也被最高人民法院遴选为指导性案例在全国推广。高效的行政化运作方式在以上两个案件中都得到了充分展示，但可能最终受损的是司法的独立和权威。

三、指导性案例适用司法政策的完善措施

以上正反两个方面的分析说明，指导性案例（尤其是刑事案件）非常推崇适用司法政策，但是，其适用方式还有所欠缺。我们需要针对这些缺陷进行完善和改进，其中比较直接的微观措施是加强裁判理由的论证说理。在法律适用方法中，法律解释的研究和实践是比较成熟的，还有很多具体的解释方法可资借鉴。就适用司法政策来说，指导性案例完全可以使用目的解释方法，将实现特定司法政策作为法律规范所欲实现的现实目的，进而以此为根据详细阐释形成判决的原因。就指导性案例4号和12号的情况来说，“指导案例所提供的裁判规则具有较司法解释和政策更为具体的表现形式，对于司法活动来说，具有更为直观的可参照性。关于死刑立即执行与死刑缓期执行的界限，尽管以往的政策原则是明确的，司法解释的规定也是可行的，但是在具体操作上仍然不易掌握。……裁判要旨是从具体案件中引申出来的，结合案情能够更为准确地把握死刑立即执行与死刑缓期执行的界限，而这也正是案例指导制度中的裁判规则所具有的优越性”。[1]而区

〔1〕陈兴良：《死刑适用的司法控制——以首批刑事指导案例为视角》，载《法学》2013年第2期，第57页。

分死刑立即执行和死刑缓期执行的参考标准就是宽严相济的刑事政策，司法者完全可以将该司法政策引入判决理由的论证之中，详细阐释在死刑缓期执行的同时限制减刑的终审判决结论是如何体现这一政策的，包括案发的基本原因、犯罪的预备情况、被告人的平时表现、加害人和被害人长期生活的环境及其相应社会效果等。这些因素都可以成为论证的具体资料，最终证成判决结论实现社会矛盾化解，取得了法律效果与社会效果的统一。

除了以上微观层面上加强论证说理之外，要在指导性案例中完善司法政策的适用，还有很多更加宏观的内容，大致可以分为正反两个方面。一方面，从积极推动的角度来说，最高人民法院应当发布更多类型的指导性案例，而不仅仅是像指导性案例 4 号和 12 号这种高度相似的案例。多种类型的案件能够为后来的司法者进行参照时提供更加丰富的资料依据，真正实现相同情况相同对待，不同情况不同处理。单一类型的指导性案例无法实现这一效果。具体来说，指导性案例需要增加的类型包括：（1）从重判决类案件。如前所述，指导性案例 4 号和 12 号都是进行衡量之后总体改判从轻的案例，研习指导性案例的司法者需要看到相反结果的案件，即在对各种从轻和从重的情节进行评价之后选择后者。这种多类型的案例能够使得司法者看到司法政策的多种适用方式和结果，更加全面地理解司法政策在实践中的适用。（2）程序类案件。在目前最高人民法院所发布的十六个指导性案例中，仅有 2 号和 7 号是以民事诉讼法为主要法律依据的案件，其他的案件大多是以实体法为依据。这种情况也许是“重实体、轻程序”观念的再次体现和印证。司法政策更加侧重于实体目标的实现，在特定情况下会影响程序法的正当运行。因此，我们需要更多程序法案例，尤其是刑事诉讼法案例，强调程序正义的重要性高于司法政策的实体目的，以维护当事人的程序权利，扭转“重实体、轻程序”的观念。

另一方面，从限制约束的角度来说，指导性案例要规范适用司法政策，使得后者受到多方面的规制。具体来说，至少应当包括以下几个方面的内容。

（1）基本法律制度。在指导性案例12号中，累犯制度并没有受到高度重视，这对于衡量各种犯罪情节来说并不妥当，甚至有曲意迎合司法政策之嫌。法律制度是规范司法政策适用的底线，司法者不能为了强调司法政策而超越这一底线，这也是克服司法政策的变动性（甚至随意性）的基本手段。

（2）法律适用方法。学者们通过对司法实践的总结，已经确定了一些比较公认的法律适用方法，包括法律解释、法律论证、法律推理和利益衡量等。这些法律适用方法体现司法过程中的规律性内容，是司法者应当遵守的。例如，从法律解释方法的角度来说，强调以明文方式规定的法律制度，体现了文义解释方法，而适用司法政策则更多的是目的解释方法的实践表达。而文义解释优先于目的解释也已经成为基本共识。“文义因素首先确定法律解释活动的范围，接着历史因素对此范围进一步加以确定，同时并对法律的内容，即其规定作一提示。紧接着体系因素与目的因素开始在这个范围内进行规范意旨的发现或确定工作。这时候，‘合宪性’因素也作了一些参与。最后，终于获得了解释结果。”〔1〕可以说，文义解释在整个法律解释过程中具有优先适用的地位，其实质是对法律规则的推崇和尊重。指导性案例也应遵循以上适用步骤与方法，以有效规制司法政策的适用。

（3）判决理由之间的融贯性。融贯性是当代哲学和法律论证理论中的核心问题之一，著名学者佩岑尼克曾经对融贯性有着这样的总结性描述，融贯体系是这样一个信念体系：它在逻辑上是一致的；它阐明了一种高度的或然性的一致性；它阐明了很多在信念体系各组成部分之间的相对较强的推论性联系；它是相对统一的，没有分裂为相对没有联系的子系统；它几乎没有包含无法解释的异常现象；它提出了一种相对稳定的，到最后仍然是融贯的世界观；它满足了观察的需要，这意味着它必须包含把一种高度的可靠性归因于数量合理的认识上自发信念的法律。〔2〕简而言之，融贯

〔1〕黄茂荣：《法学方法与现代民法》，中国政法大学出版社2001年版，第288页。
〔2〕［瑞典］亚历山大·佩岑尼克：《法律科学：作为法律知识和法律渊源的法律学说》，桂晓伟译，武汉大学出版社2009年版，第208页。

性强调的相互联系的各个命题之间相互支持、相互一致，并最终指向同一结论。具体到司法过程中，我们能够以融贯性为标准来衡量判决理由之间的关系：越多的判决理由指向同一判决结论，那么，这种结论就越可靠，能够经得起检验。在已经发布的指导性案例中，多数案件都没有仅仅以某个单一的法律条文为依据，而是结合了多种相关资料作为参考，最终使得所有的判决理由都能够支持最终的判决结论，也即通过融贯的判决理由实现对判决结论的证成（justification）。司法政策作为判决的实质理由之一，也要经过融贯性标准的检验。如果司法政策的适用结果与其他判决理由之间出现了严重冲突，那么，该司法政策就不应在本案中适用。这种在司法过程中的融贯性检验可以有效防止司法政策的过分不当干预，维护司法者的独立判断。

在行政化色彩明显的地方各级法院判决中，政策的影响力是相当巨大的。“在后阶级斗争时代，……司法机构并不享有所谓自治，而须事事追随政策和党的决定：不但其工作重点辄依政策而定，案件受理和裁判标准也每每受政策影响甚至左右。”〔1〕从以上对指导性案例4号和12号的分析来看，即使是在全国具有普遍效力的指导性案例，同样不能“免俗”，甚至反过来会强化司法政策的适用及其在司法实践中的影响。从这个意义上说，适用司法政策所透露出来的，仍然是法律工具主义的影响：将司法判决作为实现特定目的的手段，同时对这种手段提出灵活性要求，只要能够实现实体目的，具体手段并不受到严格限制。前文所分析的，在指导性案例中适用司法政策的所有弊端和缺陷，都在深层的思想观念上源于此。中国司法所面临的整体环境使得司法政策对审判实践有着直接的深刻影响，完全杜绝适用司法政策既不可能，也无必要。问题的关键是如何对其适用进行有效规制，使之不能成为决定裁判结果的最主要依据，要完成这一任务，对最高人民法院和地方各级法院来说，依旧任重而道远。

---

〔1〕梁治平：《法律何为：梁治平自选集》，广西师范大学出版社2013年版，第312页。

第二节　诚信原则在民事指导性案例中的适用方式

法律原则能够补充法律规则存在的漏洞，而过于抽象和概括的缺陷又影响其司法适用。从具有典型意义的指导性案例中，能够获得关于如何适用法律原则的启示。例如，诚信原则在民事类指导性案例中出现的比例就非常高，而且经常被直接引述在裁判理由之中。民事指导性案例适用诚信原则可以分为基础方式和辅助方式，前者侧重于分析相关行为及其结果的性质，而后者则主要考察纠纷主体的身份以及纠纷的整体过程。从指导性案例适用诚信原则的实践可以看到，法律原则的适用问题应当引起实务界的关注，指导性案例有助于推动法律原则适用的具体化和类型化，其中所遵循的思路、倾向与法律方法都值得司法者细致研习。在司法改革的背景下，法律原则的适用效果取决于包括案例指导制度在内的、多种制度创新的共同协作。

法律与社会处于永恒的互动之中，规则的局限性经常导致其与社会现实之间出现龃龉，尤其是在当下急剧转型的中国社会。要更好地处理矛盾纠纷，法官必须在这种场合下寻求其他资源进行裁判，法律原则无疑是其中非常重要的选项。但是，法律原则存在着模糊性、概括性和抽象性的特点，这在一定程度上使得意图使用法律原则的司法者望而却步。如何准确适用法律原则，是司法过程中需要细致分析的问题。这里选取指导性案例中诚信原则的适用实践作为探讨法律原则适用的样本，主要基于如下考虑：（1）诚信原则的适用能够在指导性案例中直接显现。刑事案件中贯彻的罪刑法定原则，并不直接表述在判决理由或者判决依据之中；而诚信原则能够直接表述在在民事案件（包括民事类指导性案例）的判决书中，以外显的方式突出法律原则的适用。（2）指导性案例具有正式效力，其中包含的法律原则的适用方式，可以被普通法院的法官所吸收和借鉴。根据《关于案例指导工作的规定》第7条和《〈关于案例指导工作的规定〉实施细则》第9至11条，法官在审判基本事实和法律适用都相类似的案件时，应当参照指导性案例；指导性案例的裁判要点可以作为论证理由被法官直接引述。因此，指导性案例的正式效力得到了肯定，而且包括其中所蕴含的法律原则的适用方式，也能够对审判类似案件产生直接影响。（3）诚信原则已经被指导性案例重点关注。在前十六批共87个指导性案例中，在裁判要点、裁判理由和裁判依据方面直接涉及诚信原则的案例就有十三个，比例将近15%；在占据绝对数量优势的民事案件中，该比例则更加可观；而第一个涉及行政协议的指导性案例也直接论及了诚信原则，为全面分析诚信原则的适用提供了丰富素材。

总体而言，具有正式效力的指导性案例，不仅能够直接展示法律原则的适用方式，更能够帮助法官提升运用法律原则的能力，后者正是指导性案例所具备的长远效果。较之于抽象的理论表述，生动具体的指导性案例能够以直观的方式展现法律原则的运用，应当成为法官特别关注的对象。

一、诚信原则在民事指导性案例中的基础适用方式：判定行为及其后果的性质

一般而言，较之于法律规则，法律原则更加模糊和抽象，这也是其直接作为裁判依据的障碍。但是，在特定案件中又存在着适用法律原则的必要。“在成文法漏洞不可避免的情况下，直接适用法律原则甚或法官造法都是一种必然，否则，法官在大量纠纷面前就会束手无策。”〔1〕为此，学者们总结了直接适用法律原则的若干“规则”或者条件，如必须依据客观标准、充分说理、“禁止向一般条款逃逸”、严格限制突破成文法等。〔2〕尤其

〔1〕 刘治斌：《论法律原则的可诉性》，载《法商研究》2003年第4期，第112页。
〔2〕 庞凌：《法律原则的识别和适用》，载《法学》2004年第10期，第40~43页。

是当原则与规则发生冲突时，裁判者需要进行细致的衡量。[1]

应当说，以上观点都有其道理，学理分析也相当透彻。但是，从法官从事审判实践活动的角度来说，长期以来积累形成的思维定式，已经使得突出强调将法律规则作为裁判依据（甚至是唯一依据）成为一种路径依赖，具有保守倾向的法官在绝大多数情况下不敢越雷池一步，处处唯“规则”马首是瞻。从四川泸州婚外情继承案件（张学英诉蒋伦芳案）适用公序良俗原则的实践来看，法律原则直接作为裁判依据也的确存在相当风险，很容易引起诸多争议。

在直接涉及诚信原则的指导性案例中，以上担忧和顾虑也有一定表现，比较突出的是，在形式上，其中没有任何一个案件是单独依据诚信原则作出裁判，而总是将相应的法律规则与诚信原则同时引述。这一做法从指导性案例的前身——公报案例中也有比较明显的体现。有学者统计了1985—2007年诚信原则在最高人民法院公报案例中的适用情况，在共计53起案件中，有42起是将诚信原则与其他法律规范共同使用作为裁判理由或者依据的，这一比例将近80%。[2]前述学者们针对直接适用法律原则所设定的条件，主要是在单独将法律原则作为裁判依据时，需要满足的。但是，这些略显苛刻的限制并没有妨碍诚信原则的高比例适用，原因就在于：诚信原则与相关法律规则经常并存作为裁判依据。从规避前述风险的角度来说，这种并存的做法确有其可取之处：既能够遵循对法律规则的路径依赖，又融合了法律原则对规则漏洞进行填充，也为各级法官参照指导性案例、以及将来适用法律原则，提供了良好的借鉴。

但是，真正决定适用诚信原则的关键，仍然在于特定实体因素的考量，即“在个案中之法益衡量”[3]。经过对涉及诚信原则现有指导性案例的梳理，可以将该原则的适用方式大致分为基础和辅助两类，前者分析的是比

---

〔1〕 梁迎修：《法律原则的适用——基于方法论视角的分析》，载《华中师范大学学报》（人文社会科学版）2007年第6期，第25页。

〔2〕 骆意：《论诚实信用原则在我国民事司法裁判中的适用——基于对〈最高人民法院公报〉中53个案例的实证分析》，载《法律适用》2009年第11期，第60页。

〔3〕 舒国滢：《法律原则适用中的难题何在》，载《苏州大学学报》（哲学社会科学版）2004年第6期，第20页。

较传统的因素，主要是当事人行为及其后果的性质；后者则主要从当事人身份和整个纠纷的形成过程等辅助因素对是否违背诚信原则作出判断。本部分将主要分析前一种适用诚信原则的方式。

国内学者对诚信原则研究的成果已经比较丰富，如历史沿革、制度变迁、功能意义等。其中与司法实践较为接近的是将诚信的类型分为主观诚信和客观诚信。前者是主体对其行为符合法律或具有合道德内容的个人确信，法律因为主体的这种确信赋予其行为以有利的待遇；后者则是一种课加给主体的行为义务：为了评价主体的行为，要抛弃当事人自己的尺度而使用一个客观的标准，这种客观标准由主体行为与法律标准或典型的中等的社会行为的对比构成，同时应考虑主体实施行为的社会背景寻求可适用的法律标准。〔1〕在直接确定特定主体的主观心理状态非常困难的背景下，主观诚信的评价存在着不少模糊和不确定的因素，客观诚信逐渐成为判断是否遵循诚信原则的标准。从现有的指导性案例来看，这一标准主要包括行为和结果两个方面的内容。

例如在指导性案例2号（即吴梅案）中，当事人在二审期间达成了和解协议，但是被告并未履行。该案的裁判理由认为，被告的行为“未按和解协议履行还款义务，违背了双方约定和诚实信用原则”，并最终判决被告败诉。引入诚信原则作为民事审判程序中的实体性判断因素，是指导性案例2号的一个亮点，最高人民法院可以在以后的指导性案例中朝着加强诚信原则及其适用条件的方向，作出更多权威性的调整和发展。〔2〕最高人民法院案例指导办公室在解读该案件时也认为：“该指导案例的发布，有利于依法维护当事人合法权益，维护人民法院生效裁判的权威，同时，向当事人和社会宣传了合约应当自觉遵守和忠实履行的重要意义，有利于倡导自觉守法、诚实信用的良好社会风尚。”〔3〕当然，对于该案中引入的诚信原

〔1〕徐国栋：《诚实信用原则二题》，载《法学研究》2002年第4期，第79~80页。
〔2〕王亚新：《一审判决效力与二审中的诉讼外和解协议——最高人民法院公布的2号指导案例评析》，载《法学研究》2012年第4期，第81页。
〔3〕最高人民法院案例指导工作办公室：《指导案例2号〈吴梅诉四川省眉山西城纸业有限公司买卖合同纠纷案〉的理解与参照》，载《人民司法》2012年第7期，第33页。

则，也有学者提出了质疑，认为指导性案例2号滥用了该原则，因为在法律已明确规定了违约者的法律责任的背景下，再援引诚信原则就是多余的。[1]应当说，这种质疑与严格限制法律原则的适用是内在一致的，都是强调法律规则在适用上的优先性。但是，指导性案例2号并非将诚信原则作为唯一裁判理由，而是将《民事诉讼法》中的相关法律规则并列。这种做法不仅符合公报案例中的传统，而且非常符合最高人民法院遴选该案例的初衷：援引诚信原则能够更充分地论证判决结论，进而提醒处理类似案件的法官，应当注重诚信原则的扩展意义和宣示效果。

指导性案例2号判断诚信原则所针对的对象是被告违背和解协议的行为，这种出尔反尔、背信弃义的行为违背了"禁止反言"的诚信原则类型。禁止反言是指一方当事人信赖他方当事人的行为而为一定行为，他方当事人不得采取与先前的行为不相一致的立场。禁止反言是因为一方当事人对于对方当事人的行为产生正当的信赖，即对对方的积极行为产生信赖。[2]禁止反言来源于契约必守的基本理念，已经成为各国司法实践中判断违反诚信原则的基本类型之一，我国也不例外。[3]除了指导性案例2号之外，涉及股权转让协议的指导性案例67号，在裁判理由中也专门引述了规定诚信原则的《合同法》第69条，对违反转让协议的一方当事人给予了否定评价。

特别值得关注的是，在涉及行政协议的指导性案例76号中，法院在裁判理由中认定："亚鹏公司作为土地受让方按约支付了全部价款，市国土局要求亚鹏公司如若变更土地用途则应补交土地出让金，缺乏事实依据和法律依据，且有违诚实信用原则。"这一表述是诚信原则首次出现在行政类指导性案例之中。对于经过平等协商形成的行政协议，即使是事实上处于强势一方的行政机关，也不能随意变更协议内容，否则就是违背了"禁止反言"的要求，也就是违反了诚信原则。这对于保护行政相对人的权益，以

---

〔1〕严仁群：《二审和解后的法理逻辑：评第一批指导案例之"吴梅案"》，载《中国法学》2012年第4期，第172页。

〔2〕李龘：《再论诚实信用原则的类型化——以传统抽象概念思维为参照》，载《西南政法大学学报》2013年第5期，第76~77页。

〔3〕徐国栋：《我国司法适用诚信原则情况考察》，载《法学》2012年第4期，第28页。

及约束和规范行政行为，也是非常有益的。

虽然从司法实践中总结的若干类型可以辅助法官对是否违背诚信原则进行判断，但是，个案的具体性和原则的概括性，仍然会造成法官认识上的模糊和不确定。在一些案件中，法官可以依据外在行为表现直接判断是否违背诚信原则，但是，在另一些案件中，还需要结合行为产生的后果进行综合判断。例如，指导性案例15号关注的是关联公司产生的法人人格否定问题。在该案中，三个公司在主管人员、经营范围和财务管理等方面高度混同。其中承担主要债务的一家公司最终因资不抵债而破产，使得债权人的利益受损。最高人民法院在遴选该案件时，也特别强调了其中的结果因素："关联公司人格混同的结果因素是指人格混同的程度必须达到严重损害债权人利益的后果时，法院才否认关联公司的法人人格，让关联公司之间承担连带责任。该结果因素实际上包含了两方面的内容：其一，债权人的权益因为关联公司人格混同而受到了严重的侵害。其二，如果不适用法人人格否认，将无从保障债权人的利益。"〔1〕换言之，以人格混同的方式经营关联公司，这种行为并未直接违反诚信原则，但是，如果该行为产生了对债权人的损害后果，那么，就应当判断存在违背诚信原则的情形。由于推崇意思自治，民商事行为的类型极其多样，即使总结了一些违背诚信原则的行为类型，可能也只是挂一漏万，而结合特定行为产生的后果，则能够为法官在适用诚信原则的问题上提供更多参考。

更重要的是，从司法实践的需要来看，法官更重视基于特定结果形成的判断。从行为和结果的关系来看，所有的行为都会产生一定的结果；那些已经归纳出来的行为类型，能够直接辅助判定是否遵循诚信原则，原因就在于那些行为在绝大多数情况下都会产生消极后果。对其进行总结就可以节省法官的决策成本。在单独依靠外在行为无法形成准确判断时，将该行为产生的后果也纳入考量范围，则能够更有效地厘清案件性质。这种重视裁判结果的倾向被称为"后果主义考量"：后果主义思想主张任何行动、

〔1〕最高人民法院案例指导工作办公室：《指导案例15号〈徐工集团工程机械股份有限公司诉成都川交工贸有限责任公司等买卖合同纠纷案〉的理解与参照》，载《人民司法》2013年第15期，第36页。

规则或策略等的选择都应该考虑其将带来的可能后果。其目的在于帮助人们通过考虑做出某一选择所导致的相关后果来看清这种选择是否具有正当性的本质。[1]在当下的中国司法实践中，后果主义经常对裁判走向发挥重要影响，这种影响有时候甚至被过度放大。[2]但是，对于以诚信原则为代表的法律原则来说，其模糊性和多义性的特点需要法官在个案中具体甄别和选择，所依据的重要标准之一正是不同裁判结果所产生的不同后果。从这个意义上来说，强调后果主义对于法律原则的实践应用来说，还是相当必要的，甚至是占有主导地位的。

二、诚信原则在民事指导性案例中的辅助运用方式：考察主体身份和纠纷过程

从前述分析中可以看到，行为及其结果能够具有外在可观察的特点，成为适用诚信原则时主要考虑的直接因素。然而，在另外一些案件中，这些因素仍然不能完全判定是否以及如何适用诚信原则的问题，或者说，法官还需要其他辅助性的因素来确保诚信原则得到了妥当的适用。当然，辅助性因素与基础性因素并非决然分开，因为辅助性因素也会表现为外在行为及其结果，其重要作用在于强调特定的因素辅助基础性因素进行综合考察。从已有的涉及诚信原则的指导性案例来看，纠纷主体的身份以及整个纠纷过程，是法官主要考察的辅助性因素。

（一）通过考察纠纷主体身份适用诚信原则

例如，指导性案例30号涉及的是跨行业跨地区的反不正当竞争行为，核心争议问题是，非直接竞争关系的经营者是否能够通过登记类似企业名称的方式构成不正当竞争。该案的裁判理由认为："市场竞争中的经营者，

---

〔1〕杨知文：《司法裁决的后果主义论证》，载《法律科学》2009年第3期，第3~4页。

〔2〕孙海波：《"后果考量"与"法条主义"的较量——穿行于法律方法的噩梦与美梦之间》，载《法制与社会发展》2015年第2期，第169页。

应当遵循诚实信用原则，遵守公认的商业道德，尊重他人的市场劳动成果，登记企业名称时，理应负有对同行业在先字号予以避让的义务。”换言之，在本案中适用诚信原则，主要考察的是竞争者（即使是间接竞争关系）的身份。单纯从申请登记使用名称类似的商标来看，难以准确判定本案中是否存在不正当竞争行为，毕竟被告的行为并没有直接体现在《反不正当竞争法》第5条等条文所明确列举的范围之内。此时就需要依据《反不正当竞争法》第2条中所规定的诚信原则，具体体现在考察纠纷当事人之间的身份及其相互关系之中。如果是完全不存在竞争关系，那么，被告的行为就不能被直接认定为不正当竞争行为。

进而言之，考察纠纷主体之间的身份关系，实质上是分析相关主体实施特定行为的深层目的，是通过外在身份来间接推断主观状态，仍然是遵循着客观诚信标准。具体到指导性案例30号来说，该案中的纠纷双方主体之间存在着特殊的竞争关系，最高人民法院在解读该案时也认为：“反不正当竞争法不仅应当将违反禁止性竞争性条款的直接竞争关系纳入调整的范围，而且还应当将违反诚实信用原则的恶意争夺交易机会、阻碍市场竞争、侵害消费者或社会公众利益的间接竞争关系也纳入调整范围。”[1]恰恰是这种间接竞争关系，决定了本案被告的行为违反诚信原则。

与指导性案例30号相类似，同样涉及反不正当竞争法的指导性案例29号直接体现了同业竞争关系。指导性案例29号的裁判理由认为：“天津国青旅（被告）作为与天津青旅同业（原告）的竞争者，在明知天津青旅企业名称及简称享有较高知名度的情况下，仍擅自使用，有借他人之名为自己谋取不当利益的意图，主观恶意明显。”因此，被告的行为构成不正当竞争。针对网络中出现的特殊不正当竞争行为，《反不正当竞争法》的相关规则也不明确，此时借助于原被告之间的同业竞争关系，可以辅助诚信原则的适用，进而判定不正当竞争行为的存在。虽然后者并没有在裁判理由

〔1〕最高人民法院案例指导工作办公室：《〈兰建军、杭州小拇指汽车维修科技股份有限公司诉天津市小拇指汽车维修服务有限公司等侵害商标权及不正当竞争纠纷案〉的理解与参照——反不正当竞争法中的竞争不限于直接的竞争关系》，载《人民司法》2015年第12期，第37页。

中直接援引诚信原则，但是，最高人民法院在解读该案时确认：“该指导案例旨在明确具有商号作用的企业名称的简称，可以作为企业名称保护；……有利于更好地保护企业的名称权，依法制止利用他人的知名度和商誉的不正当竞争行为，从而维护诚实守信、公平竞争的市场秩序。”〔1〕质言之，指导性案例29号也是以隐性的方式适用了诚信原则，其重要依据就是纠纷当事人之间的同业竞争关系。

基于同业竞争关系适用诚信原则的情况，也直接展现在指导性案例45号中。在该案中，被告（奥商网络技术有限公司等）通过技术手段，在原告（百度网讯科技有限公司）的搜索结果页面上强制弹出广告。该案裁判理由认为：“尽管在互联网上发布广告、进行商业活动与传统商业模式有较大差异，但是从事互联网业务的经营者仍应当通过诚信经营、公平竞争来获得竞争优势，不能未经他人许可，利用他人的服务行为或市场份额来进行商业运作并从中获利。”基于都是从事互联网经营的同业身份，法官确认了被告的行为构成不正当竞争。互联网的迅速发展使得涉嫌不正当竞争的行为层出不穷，也给法官认定造成了困难。在《反不正当竞争法》确立的法律规则不够细致、尚未完全与时俱进的背景下，法官经常会援引该法第2条所明确的诚信原则作为兜底条款适用，对互联网中的不正当竞争行为进行认定，充分显示了法律原则的重要作用。

（二）通过考察纠纷过程适用诚信原则

如前所述，法官难以直接确认纠纷当事人主观心理上是否存有善意或者诚信，通过客观的外在表现来确认诚信原则的适用，就成为更可取的判定标准，也就是在主观诚信与客观诚信之间更倾向于后者。而客观外在表现的考察范围，除了纠纷当事人的行为和身份之外，整个纠纷产生的过程也应当包括其中，也会成为适用诚信原则的参考，多个指导性案例都涉及

〔1〕最高人民法院案例指导工作办公室：《〈天津中国青年旅行社诉天津国青国际旅行社擅自使用他人企业名称纠纷案〉的理解与参照——有商号作用的企业名称简称应视为企业名称》，载《人民司法》2015年第12期，第30页。

这个方面的内容。

例如，指导性案例1号中，法院认定被告（房屋购买方）并没有违背诚信原则的行为，原因在于，被告从多个途径获得了房源信息，并选择了报价较低的中介公司完成交易，此时并不构成原告（某房屋中介公司）所宣称的“跳单”。[1]在指导性案例49号中，原告（石鸿林）因客观原因无法直接举证，被告（华仁公司）则没有正当理由拒绝提供相关证据，虽然依据民事诉讼“谁主张谁举证”的基本原则，原告并没有完全举证，但是，法院仍然在裁判理由中认为：“应从公平和诚实信用原则出发，合理把握证明标准的尺度，对石鸿林提供的现有证据能否形成高度盖然性优势进行综合判断。”进而肯定了原告的主张。在指导性案例64号中，原告（刘超捷）办理了预付费手机卡，但是被告（徐州移动公司）并未在订立格式合同时明确告知特定重要条款，进而在原告没有缴纳相应费用时停止了服务。该案裁判理由认为：“被告对此负有明确如实告知的义务，且在订立电信服务合同之前就应如实告知原告。如果在订立合同之前未告知，即使在缴费阶段告知，亦剥夺了当事人的选择权，有违公平和诚实信用原则。”在以上几个指导性案例中，法官在确定违反诚信原则的行为时，并没有仅仅局限于最终的纠纷行为或者结果，而是将整个纠纷过程进行了全面考察，通过这种过程分析与相应行为性质的判定相互结合和映照的方式，实现了抽象诚信原则的具体化，使得诚信原则的适用更加稳妥和准确，也使得最终的裁判结果更具说服力。

通过对纠纷过程的考察来确认诚信原则的适用，在指导性案例58号中表现得尤为突出。该案裁判理由在确认了纠纷当事人为同业竞争关系的基础上，将案件关键问题（是否构成不正当竞争）直接归结于是否违背诚信原则，并完全围绕诚信原则的适用展开说理论证。被告（反诉原告）余晓华为“同德福”老字号的传承者，其注册的重庆同德福公司与该商标的使

---

〔1〕 指导性案例1号的裁判理由认为：“同一房源信息经多个中介公司发布，买方通过上述正当途径获取该房源信息的，有权在多个中介公司中选择报价低、服务好的中介公司促成交易，此行为不属于‘跳单’违约。从而既保护中介公司合法权益，促进中介服务市场健康发展，维护市场交易诚信，又促进房屋买卖中介公司之间公平竞争，提高服务质量，保护消费者的合法权益。”

用有着确定的历史渊源，加之外包装上已经形成明显区别，并未侵犯原告（反诉被告）的商标权；而原告成都同德福公司则没有举证其“同德福TONGDEFU及图”商标已经具有相当知名度，也没有证明其与同德福老字号之间有历史渊源，而原告外包装上的“百年老牌”等字样却使得公众容易产生混淆。因此，法院的裁判理由认为：“余晓华登记个体工商户字号的行为是善意的，并未违反诚实信用原则，不构成不正当竞争。基于经营的延续性，其变更个体工商户字号的行为以及重庆同德福公司登记公司名称的行为亦不构成不正当竞争。”相反，原告的行为则容易使消费者产生误解，构成虚假宣传。在指导性案例58号的处理过程中，法官并非仅仅分析同业竞争的当事人现有的行为，同时对其行为的历史渊源也进行了透彻了解，确定了纠纷发生的整体过程。建立在对纠纷来龙去脉全面掌握的基础上，裁判理由就比较扎实和充分，使得抽象模糊的诚信原则得到了具体论证和展示。

三、法律原则在指导性案例中运用的启示与借鉴

最高人民法院在《关于案例指导工作的规定》第2条确定了指导性案例的基本类型，其中之一就是“法律规定比较原则的”。虽然法律原则并不等同于“法律规定比较原则的”类型，但是，二者共同具有比较抽象、模糊和不确定的特征，还是相当接近的。从已有的指导性案例，尤其是民事类指导性案例中可以看到，以诚信原则为代表的法律原则还是在指导性案例中占据着非常重要的地位的。而众多指导性案例也为后案法官适用诚信原则（以及其他法律原则）提供了很多启示和借鉴。

首先，法律原则广泛存在于司法实践之中，其适用问题应当引起实务工作者的高度重视，指导性案例能够在其中发挥重要作用。法学理论研究者为法律原则的司法适用设置了诸多限制条件，例如“法律规则是法律推理的基本前提，只有在规则的适用必然明显地导致严重违反法治的后果时，才能够考虑使用法律原则进行推理。而若要适用法律原则，则必须经过一

定的、特别的理性对话程序，对法律原则的内容进行认真识别”。[1]这种严格的限制条件多是针对将法律原则单独作为裁判依据的情况。从司法实践的角度来看，法律原则还是经常能够在案件中被援引的，诸多民事类指导性案例已经证实了这一点。除此之外，其他部门法的指导性案例也多有直接援引法律原则之处。例如，指导性案例37号（诉讼法案件）涉及《纽约公约》中的管辖原则；指导性案例38号（行政法案件）直接援引了正当程序原则；指导性案例40号（劳动法案件）依据了工伤保险“无过失补偿”的基本原则；指导性案例56号（诉讼法案件）引述了管辖恒定原则；指导性案例61号（刑事案件）参照了公开、公正、公平的证券市场原则；指导性案例65号（民事案件）分析了公平原则；指导性案例72号（民事案件）贯彻了合同自由原则；等等。可见，法律原则的适用在主要部门法中都有所涉及，而在指导性案例中高密度地出现，原因在于，指导性案例需要在适用法律上提供创造性的思路或者提示。

法律原则的适用本身就是针对法律规则存疑的特殊情况，在不同程度上发挥着填补规则漏洞的作用。这一点集中体现在涉及反不正当竞争法的指导性案例中。在前十五批指导性案例中，共有六个不正当竞争法案例，有半数在裁判理由中直接引述了诚信原则，这里凸显了法律原则对法律规则漏洞的补充作用，尤其是预想外型漏洞。“所谓预想外型漏洞，指某种事件超出了立法者的预见，因而未有法律规定。多数属于因社会经济生活的发展变化所致。依诚实信用原则补充预想外型漏洞，是指以诚实信用原则作为排除乍看起来应予适用的法律规定之手段。”[2]市场经济的迅速发展使得经营主体之间的竞争日趋激烈，多种新类型的不正当竞争行为对原有《反不正当竞争法》中明示列举的不正当竞争性行为规则产生了严重冲击，《反不正当竞争法》的修订已经提上立法日程。2016年底，国务院已经通过了《反不正当竞争法》（修订草案），该草案也将提请全国人大常委会审

---

〔1〕葛洪义：《法律原则在法律推理中的地位和作用——一个比较的研究》，载《法学研究》2002年第6期，第14页。

〔2〕梁慧星：《诚实信用原则与漏洞补充》，载《法学研究》1994年第2期，第26页。

议。在实施了二十三年之后，《反不正当竞争法》大规模的修订工作已经迫在眉睫，这也从侧面说明司法实践中已经积累了大量难以直接处理的反不正当竞争行为类型。而指导性案例恰恰是针对现实中新型不正当竞争行为，为处理类似案件提供了重要参考；法官做出裁判结果时所依据的，主要是《反不正当竞争法》第2条所规定的诚信原则。由此可以预见，在面对法律规则难以涵盖的疑难案件时，法官更需要指导性案例在适用法律原则方面提供重要提示和思路。[1]

其次，法官在适用法律原则进行裁判时，应当具有宏观视野，并遵循一定方法。由于法律原则的适用经常针对法律规则难以处理的问题，在这类案件中，法官没有或者难以直接通过微观规则形成裁判结果，所以就需要对相应法律的精神主旨等内容具有宏观把握，才能准确适用法律原则。例如，在前述诚信原则的适用中，从最终裁判结果来看，法官通常对较为弱势的一方进行倾向性保护，或者说裁判结果更有利于较为弱势的一方。指导性案例1号的当事人为中介公司和个体购房者，指导性案例49号的当事人为软件公司和个体软件设计者，指导性案例58号的当事人为食品公司与老字号传承人，指导性案例64号的当事人为电信服务商和个人手机用户，指导性案例76号的当事人为行政机关和行政相对人。这些适用诚信原则的指导性案例，最终的裁判结论都有利于后一方当事人，也就是较为弱势的一方。这也是诚信原则本身的一项重要功能，无论是强调主观诚信还是客观诚信，都是如此。[2]虽然具体个案需要具体分析，但是，如果能够把握以上裁判倾向和原则的倾向性，处理类似案件的法官就能够更好地适用诚信原则。

从法律方法论的角度来说，保护弱者的倾向经常借助于目的解释方法得以确认。目的解释方法强调的是基于法律的目的对法律规范的含义进行

---

〔1〕 对于《反不正当竞争法》第2条中作为一般条款的诚信原则，包括最高人民法院在内的国内司法实践存在着不同的处理方式，需要以保护相应法益为基础确定其司法适用的步骤。（参见吴峻：《反不正当竞争法一般条款的司法适用模式》，载《法学研究》2016年第2期。）涉及诚信原则的反不正当竞争法案例能够推进明确该一般条款的适用倾向，统一处理方式。

〔2〕 徐国栋：《诚信原则理论之反思》，载《清华法学》2012年第4期，第9页。

阐释。从已有的指导性案例来看，法律的目的可以分为法典的目的和法条的目的。[1]适用诚信原则时表现的保护弱者倾向，更多地体现了法典目的，以消费者权益保护法、合同法中的格式条款以及劳动法为代表。当然，在阐释抽象法律原则在个案中的具体适用时，法官还需要运用多种解释方法，才能够充分说理和论证。细致分析适用法律原则的指导性案例能够使得法官在这个方面受益匪浅。

再次，指导性案例能够在推动法律原则适用的类型化方面，发挥重要作用。由于法律原则的高度概括性，司法实践中的确很难把握，通过判例的方式对其进行类型化区分，已经成为普遍经验。法国、德国和日本的民事法典中，并没有将诚信原则进行一般化，这种立法漏洞经由司法机关的长期实践得以弥补，甚至形成了以诚信原则为核心、能够广泛作用于民事法律领域的判例体系。[2]类似的情况在公序良俗原则的适用上也同样存在，德、日等国已经形成了相当数量的判例积累，甚至出现了主导型判例，对于解决实际司法实践中的难题具有很强的指导意义。[3]借鉴这些域外经验，指导性案例也完全可以在诚信原则的类型化方面发挥重要作用，有观点甚至建议在民法典中直接规定判例（或者指导性案例）作为法律、习惯之后的基本法律渊源。[4]目前已有的指导性案例已经出现了法律原则适用类型化的倾向。例如前文分析的禁止反言，就是违反诚信原则的基本类型。除此之外，还有缺乏正当利益、以有害的方式行使权利等。“这些具体化的方式相较于诚信原则本身更贴近于当事人的行为，是对行为‘外观’的更为直接的描述，因而对法官的自由裁量权运用作了有效约束。当然，‘诚信’的具体化并不限于前述几种情形，而是一个开放的体系，可以通过司法裁判不断地对违反诚信要求的行为予以类型化。”[5]随着指导性案例在

〔1〕 孙光宁：《目的解释方法在指导性案例中的适用方式》，载《政治与法律》2014年第8期，第146页。
〔2〕 王丽娟：《诚实信用原则的立法演进与司法实践》，载《行政与法》2007年第2期，第101页。
〔3〕 林来梵、张卓明：《论法律原则的司法适用——从规范法学方法论角度的一个分析》，载《中国法学》2006年第2期，第132页。
〔4〕 曹守晔、何建：《树立案例思维，加强案例指导》，载《人民法院报》2017年1月10日第2版。
〔5〕 杨明：《论民法原则的规则化——以诚信原则与情势变更原则为例》，载《法商研究》2008年第5期，第79页。

数量上的不断增加，其所能涵盖的法律原则适用类型也会不断增加，最高人民法院应当有意识地关注法律原则适用的不同类型，并通过多样的指导性案例对这些类型进行强调，从而为各级法院适用法律原则提供样本和思路。

最后，法律原则的适用在每个具体个案中都需要具体化。即使日益增多的指导性案例能够推动法律原则适用的类型不断增加，每个案件的特殊情况都要求法官仍然需要具体问题具体分析。“虽然法律原则通常具有主导性法律思想的特质，其不能直接适用以裁判个案，毋宁只能借其于法律或者司法裁判的具体化才能获得裁判基准。”[1]涉及诚信原则的指导性案例已经为这种具体化的工作提供了一定的解决思路：在客观诚信备受重视的背景下，通过各种客观因素的考察来确定诚信原则的适用，这些客观因素包括外在行为及其结果、主体身份以及纠纷的形成过程等。虽然法律原则比较抽象和模糊，其适用也带有一定的不确定性，但是，这并不意味着法官适用法律原则就不受任何约束。相反，法官要使得裁判结果获得广泛接受，就必须使其裁判理由建立在客观公正的基础之上，而非法官主观任意的基础之上。尽量使得裁判理由具有客观化属性，是适用法律原则的基本要求之一。例如适用诚信原则需要考察纠纷的整体形成过程，这一思路在行政类指导性案例中也有所表现：指导性案例40号涉及工伤认定问题，该案法官就详细地分析了劳动者受伤的形成过程，包括理由、地点和时间等客观因素，最终做出了有利于劳动者的裁判结论。行政类指导性案例对纠纷过程的强调，更多地表现在适用正当程序原则之中。虽然我国仍然没有行政程序法典，正当程序原则并没有以法条的形式表现出来，但是，在涉及行政行为的司法审查时，很多案件都渗透着正当程序原则的隐性适用。在指导性案例6号中，法官充分挖掘了《行政处罚法》第42条中“等”字的含义，这属于对法律规范意义边缘的解释和适用。[2]该案最终归结为

---

〔1〕［德］卡尔·拉伦茨：《法学方法论》，陈爱娥译，商务印书馆2003年版，第353页。

〔2〕孙光宁：《法律规范的意义边缘及其解释方法——以指导性案例6号为例》，载《法制与社会发展》2013年第4期，第57页。

行政程序违法，理由就是在做出重大行政处罚时没有告知行政相对人的听证权利，这一结论背后正是体现了正当程序原则。类似情况在指导性案例38号“田勇案”中再次出现，该案的裁判要点之一就是高校做出重要处罚决定时，应当及时送达决定并允许受罚者申辩，否则就是违背法定程序。特别需要强调的是，该案的裁判理由中直接出现了“为充分保障当事人权益，从正当程序原则出发”这样的表述，直接体现了正当程序原则的要求。再如指导性案例26号，对于政府网站内部操作运行导致回复政府信息公开申请不及时，这一问题并没有直接规定在《政府信息公开条例》之中。但是，法官最终认定网站内部运行步骤并不能成为延迟回复的理由。该裁判理由强调了程序及时的要求，同样也体现了正当程序原则。指导性案例41号确认，具体行政行为未引用具体法律条款即为程序违法；指导性案例69号将程序性行政行为纳入对行政相对人的权益救济途径。以上诸多行政类指导性案例中都重点考察了整个纠纷的形成过程，实质上是间接地适用了正当程序原则。简而言之，通过对客观因素的分析，法官才能够在个案中准确地将法律原则具体化，使得法律原则真正能够与个案事实实现“对接”。当然，在这个过程中，需要法官进行大量的说理论证工作，消耗的时间和精力必定要远远大于普通案件。在这个方面，即使是指导性案例，也难说得上成功：虽然在精神主旨上，很多指导性案例都能够秉承法律原则的精神并在个案中适用，但是，其裁判要点和裁判理由部分基本上没有对适用法律原则进行展开论述，只是在行文中提及法律原则，或者将法律原则与接近的法律规则简单并列。对于指导各级法院适用法律原则来说，付诸阙如的方式难以带来法律思维水平的实质提升，这也应当成为指导性案例在适用法律原则时需要改进和完善的重要方向。

结语：司法改革背景下的法律原则适用

适用法律原则是法官处理个案时需要认真对待的问题，所有个案的处理并非在真空中进行，总是处在特定的时代背景之下。这种时代背景反过来也会影响法律原则的适用问题。在中国当下全面推进依法治国的背景下，法律原则的适用问题是深入进行司法改革的一个缩影。案例指导制度本身也是司法改革的重要制度创新，在指导性案例中挖掘适用法律原则的思路和启示，能够提升司法者处理案件的思维水平和能力。根据《关于案例指导工作的规定》以及《〈关于案例指导工作的规定〉实施细则》，在发现待决案件与指导性案例在法律适用和案件事实方面相似时，法官应当参照指导性案例，这一规定对于适用法律原则来说同样适用。换言之，在确定存在相似性的前提下，法官可以参照相应指导性案例适用法律原则的情况将法律原则作为裁判理由。从这个意义上说，案例指导制度能够成为法律原则正式进入裁判理由的重要途径。

但是，在目前司法实践中适用法律原则的效果，却并非由案例指导制度单独决定的。因为各种正式制度及其运作都会对适用法律原则产生直接或者间接的影响，特别是司法改革中的诸多创新制度。例如，员额制意在遴选出业务素质更强的法官专门从事审判工作，这种法官会更加全面地研习指导性案例，在面对疑难案件时更好地适用法律原则，并能够更详细地进行说理论证；相比于以往适用法律原则较为混乱的情况，无疑是一种进步。再如，司法责任制从外在要求法官公正处理案件，适用法律原则是完成这一目标的途径之一，法官也更有动力去推动法律原则的适用。另外，司法职业保障制度降低了法官适用法律原则所带来的风险，也有利于推动法律原则在司法实践中发挥更大作用。

面对司法改革浪潮的汹涌澎湃，法律原则的适用不能依赖于单一制度，而是需要多种制度协同运作。对于司法实践中的类似问题，如裁判文书说理等，也遵循着同样道理。[1]对于个体法官来说，通过研习指导性案例等方式，提升适用法律原则的能力，并在个案裁判需要时参照指导性案例实现法律原则的实际适用，是着眼于长远的稳妥策略。

---

〔1〕 苏力：《判决书的背后》，载《法学研究》2001年第3期，第3页。

第三节　行政法指导性案例对司法审查范围的扩张与限缩

在案例指导制度正式运行之后，多个行政法指导性案例都对司法审查的范围进行了调整，其中主要倾向是扩大行政诉讼的受案范围，此外还基于尊重学术自治和公司自治而部分排除了法院的审查。通过指导性案例调整司法审查的范围，具有相当重要的实践价值，但是，该方式的隐忧更加值得关注，大致包括僭越立法权、盲目照搬西方制度、遴选指导性案例的偏差以及难以应对激增案件等。要有效发挥行政法指导性案例调整司法审查范围的功能，需要最高人民法院和地方法院的共同努力，前者首先应当确立调整司法审查范围的稳妥方向，完善案例指导制度的实际运行，同时积极推进自身的整体转型；后者则应当及时跟进前者的调整意图，激励对相关指导性案例的参照适用，同时在个案裁判中继续探索调整司法审查范围的具体方向和方式。通过适用指导性案例，最高人民法院和地方法院可以进一步加强业务联系，对于推进法治进程来说有着重要意义和价值。

一、行政法指导性案例对司法审查范围扩展与限缩的表现

在经历了二十多年之后，《行政诉讼法》在2014年经历了首次“大修”，其主旨之一就是解决起诉难的问题，口头起诉、登记立案、延长起诉期限等，都有利于保障行政相对人的诉权，而更为重要的修法内容则是扩大受案范围，使得更多的行政行为接受司法审查。在呼唤修改《行政诉讼法》的声音中，扩大受案范围始终是重头戏之一。[1]在整体法治的宏观进程中，法律必须保持稳定性，只有等到比较成熟的时机才能进行大规模的修改。这种时机一方面意味着在立法领域中，原有法律规范已经与社

---

〔1〕姜明安：《扩大受案范围是行政诉讼法修改的重头戏》，载《广东社会科学》2013年第1期，第36页。

会的现实需求之间发生了相对严重的冲突，另一方面也意味着从司法中已经积累了应对此类冲突的经验。就《行政诉讼法》的修改而言，原有的受案范围比较保守，大多局限于具体行政行为。法治进程的发展、社会公众权利意识的提升都迫切需要通过司法审查更多的行政行为，这种迫切需求与保守规定之间的矛盾便突出地反映在司法过程之中，是对主审法官的严峻挑战。

在行政诉讼的司法实践中，法官们也积累了不少相关的经验，在没有与原有规定发生严重冲突的基础上，在实质上扩大了行政诉讼的受案范围。这些经验集中地体现在最高人民法院所发布的公报案例之中。虽然公报案例并不具有正式效力，但是，却为相关行政案件的解决，尤其是扩大受案范围，提供了有益的启发，不仅发挥了统一法律适用的作用，更是为将来的立法修改积累了经验。更重要的是，在案例指导制度出现之后，最高人民法院所发布的指导性案例具有比公报案例更强的正式效力，更有利于法官在行政诉讼实践中直接吸收和采纳。而且，《行政诉讼法》修改后扩大的受案范围，仍然没有满足社会的预期和需要，不断更新的指导性案例也能够在继续扩大对行政行为的司法审查方面发挥重要作用。现有的多个行政指导性案例中，已经出现了这一趋势。

由于司法是社会正义的最后一道防线，从理论上可以说，司法审查的范围是极其广泛的。但是，社会纠纷的复杂和司法资源的有限，都使得实践中，司法审查又必须有特定的领域，如何具体进行界定和划分，在中国目前的司法实践中仍然存在着不少模糊之处。在指导性案例中，除了通过行政指导性案例扩大司法审查的范围之外，还有一些案例限缩了司法审查的范围。由于指导性案例都是经过层层遴选的优秀案例，不仅包含了主审法官的经验与智慧，还包含着最高人民法院的特定意图，因此，对这些调整或者明确司法审查范围的指导性案例进行细致分析，对解决以上问题来说是大有裨益的。

（一）扩展司法审查范围：行政类指导性案例的重要指向

“国家应该特别致力于减少不确定性，促进合理化进程，尽量通过专业技术来预测、计算、驾驭以及控制那些非常复杂的、流动的事项。这正是独立的法官和法律职业共同体应该也能够大显身手的地方。”[1]随着法治进程的深入，社会对司法寄予了更多的期待，希望通过司法活动适用法律，实现各种权利诉求。司法者要满足以上期待，前提条件是基于正式的法律依据来扩大司法审查的范围，而这一点也恰恰是修改之前的《行政诉讼法》缺陷的集中体现。原《行政诉讼法》第11条和第12条通过肯定和否定的方式，限定了行政诉讼的受案范围，明确排除了一些行政行为。虽然这些规定比较符合当时的历史条件，但是，与日益发展的法治进程之间的龃龉却越发明显。在相关立法修改完成之前，司法者仍然必须遵守这些规定。面对社会公众对扩大行政诉讼受案范围的强烈需求，针对行政诉讼中的某些“禁区”，一些凝聚着实践理性和经验的曲线方式被最高人民法院总结和提升，并先后通过公报案例和指导性案例的方式向各级法院传播。

例如指导性案例5号，专门强调了通过附带性审查的方式对抽象行政行为进行审查，扩大了行政诉讼的实质受案范围。原《行政诉讼法》第12条、修改后的《行政诉讼法》第13条都确认，“行政法规、规章或者行政机关制定、发布的具有普遍约束力的决定、命令”都不属于行政诉讼的受案范围，换言之，这些抽象行政行为（行政规范性文件）已经被明确排除在司法审查范围之外。然而，作为首个行政指导性案例，指导性案例5号却在裁判要点中强调：“地方政府规章违反法律规定设定许可、处罚的，人民法院在行政审判中不予适用。”虽然这一表述符合原《行政诉讼法》第53条中行政审判中“参照规章”的规定，但是，该案件专门将其放在重点位置，实质上则是突显在裁判理由中对抽象行政行为进行司法审查。该案判决书也专门用较大篇幅对超越上位法设定权限范围的地方规章进行了否定评价，最终确定该地方规章“不予适用”。表面上，该行政诉讼针对的是具体行政行为（行政许可和行政处罚），但是，在裁判理由中对该具体行政行为所依据的行政规范性文件进行了审查，这种审查方式被称为附带性审查。该审查方式既可通过阻止违法抽象行政行为的具体适用，防止其

---

〔1〕季卫东：《法治中国》，中信出版社2015年版，第71页。

损害相对人的合法权益，又不损害立法体制和行政立法权，较符合我国国情，而且各级法院已有十余年的使用经验。在具体操作上，法院仅在判决书“本院认为”部分确认抽象行政行为不合法、不予适用，而不在主文中判决无效，意味着司法审查只是对不当的抽象行政行为的司法矫正，是对相对人权利的司法救济，而不是对行政机关行使职权的干涉，更不意味着法院取代行政机关实施抽象行政行为。〔1〕最高人民法院案例指导工作办公室也认为：现行法律制度下，人民法院无权撤销、改变甚至是宣布规章无效，只有在个案裁判中才具有法律规范的选择适用权。因此，法院一般不宜直接在判决书中宣告违反上位法的规章无效，而应直接依据合法的上位法对被诉具体行政行为是否合法作出认定。〔2〕简而言之，在指导性案例5号中，对被参照的地方规章给出“不予适用”的否定性评价，实质上是通过附带性审查的方式将抽象行政行为纳入行政诉讼之中，这种强调所带来的示范效果，能够给其他法院在处理类似案件时带来有益启示。

与指导性案例5号类似，指导性案例38号也突出了对抽象行政行为的司法审查，只是其对象换成了高校内部规定。该案裁判要点2明确：“高等学校依据违背国家法律、行政法规或规章的校规、校纪，对受教育者作出退学处理等决定的，人民法院不予支持。”相比于具体决定，高校内部在教育部门的授权范围内制定的校规和校纪，实质上也是抽象行政行为。当这些校规和校纪违反或者超越上位的法律规范时，也应当受到司法审查的否定评价。在指导性案例38号中，北京科技大学的068号通知（《关于严格考试管理的紧急通知》）中扩大了“考试作弊”的认定范围，针对考试作弊的处理方式比1990年《普通高等学校学生管理规定》第12条更为严厉，而且与该管理规定第19条中明确列举的应予退学情形不符。而北京科技大学的退学决定正是基于068号通知做出的。针对这种缺乏合法性基础的抽象行政行为，法院也同样以附带性审查的方式对其进行了否定评价，最终

〔1〕胡志超：《论对抽象行政行为的司法审查》，载《法律适用》2001年第12期，第16页。

〔2〕最高人民法院案例指导工作办公室：《指导案例5号〈鲁潍（福建）盐业进出口有限公司苏州分公司诉江苏省苏州市盐务管理局盐业行政处罚案〉的理解与参照》，载《人民司法》2012年第15期，第51页。

判决被告败诉。

特别需要说明的是，以指导性案例5号为代表的附带性审查方式，强调将抽象行政行为纳入司法审查范围之中，是在《行政诉讼法》修改之前很长一段时间内就已经存在的做法。而修改后的《行政诉讼法》第54条和第64条则通过新增条文的方式直接肯定了附带性审查。[1]质言之，这些新增条文反映了司法实践中的探索，为立法的修改和完善提供了宝贵经验，二者的互动有利于全面审查抽象行政行为。

除了抽象行政行为之外，内部行政行为也经常被排除在司法审查范围之外。基于原《行政诉讼法》第12条的规定，行政机关内部的人事等行政行为被排除在司法审查范围之外，很多学者将其概括为内部行政行为，而且很多法官也经常以此为由拒绝受理一些行政案件。其实，这种概况和提法并不准确，因为行政机关的内部行政行为有着多种样态，人事、业务等都可以归于内部行政行为。更重要的是，在一些案件中，本来属于内部的某些行政行为，被直接付诸实施，进而对行政相对人的权益产生重要影响，这些案件经常被认为是内部行政行为而被拒绝受理。指导性案例22号却对此给予了否定评价。

在该案中，国土行政部门直接执行了上级政府的批复，而没有重新制定行政决定，对相对人的权益产生了明显影响。最高人民法院认为，“本案最终认定来安县人民政府作出的批复虽然属于内部行政行为，一般情况下不可诉，但由于其所属国土行政管理部门直接将该批复付诸实施并对行政相对人的权利义务产生了实际影响，故该批复法律效力外部化，具有了可诉性”。[2]对于将所有内部行政行为都排除在司法审查范围之外的观点，以上论断对其进行了厘清和修正，其背后的依据在于对相对人的权益给予

---

〔1〕修改后的《行政诉讼法》第53条规定：“公民、法人或者其他组织认为行政行为所依据的国务院部门和地方人民政府及其部门制定的规范性文件不合法，在对行政行为提起诉讼时，可以一并请求对该规范性文件进行审查。前款规定的规范性文件不含规章。”第64条规定：“人民法院在审理行政案件中，经审查认为本法第五十三条规定的规范性文件不合法的，不作为认定行政行为合法的依据，并向制定机关提出处理建议。”

〔2〕最高人民法院案例指导工作办公室：《指导案例22号〈魏永高、陈守志诉来安县人民政府收回土地使用权批复案〉的理解与参照——内部行政行为外部化具有可诉性》，载于吕山主编：《中国法律评论》（2014年第一卷），法律出版社2014年版，第191页。

充分救济；否则，出于规避行政诉讼风险的目的，很多行政部门将会纷纷效尤此类做法。

与排除内部行政行为相似，基于特别权力理论，行政诉讼的传统观点也将高校及其内部决定排除在司法审查范围之外，但是，第九批指导性案例中的38号和39号案例则对此“再次”给予了否定评价。所谓的“再次”是因为，这两个案例原来都是公报案例，尤其是指导性案例38号“田永诉北京科技大学拒绝颁发毕业证、学位证案”，曾引起学术界和实务界的热烈讨论，甚至引起了社会的广泛关注。这个案件“对于提高社会公众关注教育法的意义，虽然难以精确地用量化的方法去估价它的作用，但可以肯定地说，这远非惯常的教育法制宣传和印发红头文件所起的作用所能比拟的。其最明显的效用是使教育纠纷从其原有的天地中走出来，关注人群从一个学校迅速地扩展到整个社会”。〔1〕造成这一结果的直接原因在于，最高人民法院将其选入公报案例，几乎是第一次充分肯定了高校能够成为行政诉讼的被告，同时也是对传统观点的明确否定。作为指导性案例，该案的判决理由重申：“高等学校与受教育者之间属于教育行政管理关系，受教育者对高等学校涉及受教育者基本权利的管理行为不服的，有权提起行政诉讼，高等学校是行政诉讼的适格被告。”这种在被告主体范围上的扩展，最早由公报案例表现，现在则由指导性案例承担，是在高等教育中推进行政法治的重要提升。除了将高校明确为行政诉讼被告之外，还有很多公报案例明确地扩大了行政诉讼被告的范围。〔2〕也许是出于谨慎或者循序渐进的考虑，最高人民法院只是将涉及高校的公报案例重新公布为指导性案例，但是，这种重新肯定也展现了继续扩大行政领域中司法审查范围的趋势，而这种主体范围上的扩张也得到了立法修改的肯定。〔3〕

---

〔1〕 刘丽新：《司法审查在我国高等学校管理法治进程中的作用》，载《法律适用》2004年第11期，第25页。

〔2〕 例如“深圳市蛇口区环境监测站诉香港凯达企业有限公司环境污染案”“溆浦县中医院诉溆浦县邮电局不履行法定职责案”等公报案例，实质上将具备行政职能的公益垄断企业也纳入行政诉讼的被告范围。

〔3〕 修改后的《行政诉讼法》第2条新增条款：“前款所称行政行为，包括法律、法规、规章授权的组织作出的行政行为。”这一立法修改意味着，众多公报案例和指导性案例在将更多特定主体纳入司法审查范围方面的努力，终于得到了正式认可和肯定。

（二）限缩司法审查范围：尊重学术自治和公司自治

当然，由于行政行为有着极其复杂的多种具体形式，如何具体区分并将其纳入行政诉讼的范围之中，仍然是留给司法者的挑战。质言之，司法者不仅应当明确司法审查的扩展范围，还应当了解相应的限缩范围，这样才能够在恰当的范围中发挥司法的最优效果。这种对司法审查范围通过限缩予以明确的方式，在指导性案例中也有所体现。例如，在上文分析的指导性案例22号中已经明确，只有在内部行政行为产生了“外部化”效果的时候，这种内部行政行为才能够被司法审查，这种条件限制是比较明确的。

更为典型的例证是指导性案例39号。指导性案例38号已经明确了高校能够成为行政诉讼的被告，但是，这并不意味着高校的任何行为都可以进行司法审查。最高人民法院通过指导性案例39号明确：“在符合法律法规规定的学位授予条件前提下，确定较高的学士学位授予学术标准或适当放宽学士学位授予学术标准，均应由各高等学校根据各自的办学理念、教学实际情况和对学术水平的理想追求自行决定。对学士学位授予的司法审查不能干涉和影响高等学校的学术自治原则，学位授予类行政诉讼案件司法审查的范围应当以合法性审查为基本原则。”学术自治是高校运行的基本原则，在法定范围内自行确定的内部标准，这一点类似于没有产生外部化影响的内部行政行为，都不应当由司法机关对其进行合理性审查，而是仅能进行合法性的底线审查。在指导性案例38号之后，紧接着公布指导性案例39号，最高人民法院的这种文本安排既能够扩展司法审查范围，又能够防止该范围的过度扩张，对于准确限定、调整和明确司法审查范围，是非常有益的。

除了尊重学术自治之外，最高人民法院通过指导性案例10号还强调了尊重公司自治。该案裁判要点明确：“人民法院在审理公司决议撤销纠纷案件中应当审查：会议召集程序、表决方式是否违反法律、行政法规或者公司章程，以及决议内容是否违反公司章程。在未违反上述规定的前提下，解聘总经理职务的决议所依据的事实是否属实，理由是否成立，不属于司法审查范围。”该裁判要点所表达的中心意思，是将司法审查的范围同样局限于合法性审查，而将公司内部法律关系排除在审查范围之外。该案对特定组织机构内部行为所持有的基本立场，与前述指导性案例 39 号等非常接近，无须赘述。

从现有的指导性案例来看，有相当部分的行政指导性案例涉及司法审查范围，主要突显了扩大司法审查范围的趋势；而以指导性案例 10 号和 39 号为代表的另一些指导性案例，则明确限缩了司法审查的范围。任何意图诉诸司法解决的纠纷，都必须跨过司法审查范围这道“门槛”，这一门槛的高低对于后续程序及其结果有着非常重大的影响。如果司法审查的范围过宽，不仅案件数量上的激增会使得司法者难以招架，更会使得一些不适合由司法判断的案件纳入司法程序之中；反之，如果司法审查范围过小，不仅会使得众多权利无法得到有效救济，还会损害司法者的权威，甚至是整个法律的权威。对于司法审查范围问题上的模糊之处，指导性案例是在正式制度范围内回应该问题的新途径，对其利弊得失还需深入辨别分析。

二、行政法指导性案例对司法审查范围调整的价值与隐忧

根据《关于案例指导工作的规定》第 7 条，地方法院在审理类似案件时，“应当参照”指导性案例。这是对指导性案例正式效力的直接规定，也是其效力超越以往公报案例的集中体现。从前述分析的案例可以看到，对于司法审查的范围中模糊之处，最高人民法院通过案例指导制度可以进行明确，并通过地方法院的参照而在司法实践中予以贯彻。这种对司法审查范围的调整方式既然通过案例指导制度得到了最高人民法院的肯定，必然有着其自身独特的价值和优势，至少可以从以下几个方面得到证明。

第一，有效地回应社会需求。例如，扩大行政诉讼受案范围一直是相关立法修改的重要内容，但是在这种修改真正出现并生效之前，无论是推进行政法治的需要，还是维护行政相对人权益的需要，都以行政诉讼的形式涌向法院。此时，通过指导性案例的方式对行政诉讼的审查范围进行变

通性扩张，是司法者真正维护法治精神、保障行政相对人权益的追求。这一点在对行政程序进行司法审查的公报案例中也可以得到印证，体现了最高人民法院一以贯之的立场和态度。〔1〕而且，这种扩张至少没有直接与当时有效的立法规定冲突，能够满足形式合法性的底线要求，是有效回应社会需求的曲线方式。当然，众多指导性案例针对了行政诉讼司法审查范围的实体内容，也得到了后来立法修改的肯定，附带性审查就是典型例证。再如对司法审查范围的限缩，相关指导性案例准确地界定了公司自治和学术自治的边界，使得有限的司法资源不能将触角过分伸长，保障相关主体能够自行处理内部事务，体现了司法本应具有保守的特点，同样是对社会需要的满足。

第二，实现案例指导制度自身的预设目标。《关于案例指导工作的规定》第1条就明确："总结审判经验，统一法律适用，提高审判质量，维护司法公正"是案例指导制度的宗旨和目标。在社会需要司法对其审查范围进行调整的背景下，地方各级法院实质上都在通过个案进行着此种探索。当然，此种探索难免泥沙俱下、良莠不齐。如果缺少相应的归纳和总结，很容易形成司法审查范围上的混乱。而最高人民法院通过发布有代表性的指导性案例，能够通过业务指导的方式统一地方法院的相关司法实践。

第三，激发司法者的能动性和创造性。在社会需求与有限立法的紧张关系中，司法者面临着巨大的挑战。如何以符合法治精神的方式进行裁判，甚至能否将特定案件纳入司法审查的范围，都是这一挑战的具体表现。此时，司法者要应对挑战，需要竭尽所能地调和紧张关系，需要充分运用其实践经验和智慧。就调整司法审查范围来说，上文所论及的诸多指导性案例最初也仅仅是普通个案，并不具有普遍效力。其中所蕴含的创造性被认可并被逐级推荐，最终被遴选为指导性案例，能够对相关司法实践发挥广泛影响。这一遴选过程也能够激励后案法官在审判活动中发挥能动性。

第四，符合法治先进国家的共性经验。从目前指导性案例对司法审查范

〔1〕 章剑生：《对违反法定程序的司法审查——以最高人民法院公布的典型案件（1985—2008）为例》，载《法学研究》2009年第2期，第159页。

围的调整结果来看，有不断扩大该范围的总体趋势，美国、德国、英国等法治先进国家，大多以概括性条款的方式充分肯定了司法审查的广泛范围，仅有少数例外情况。而我国的司法审查，主要是对行政行为的审查，虽然通过《行政诉讼法》的修改进行了部分扩张，但是，仍然没有达到广泛的程度。通过指导性案例的方式进行扩大，能够在个案的“零敲碎打”中逐步将更多行政行为的类型纳入司法审查范围，是符合法治经验的总体趋势的。

从以上几点可以看到，通过指导性案例对司法审查范围进行调整，有诸多重要理由支持。由此也可以预测，虽然立法上的修改（如修改后的《行政诉讼法》第12条和第13条）已经对司法审查的范围进行了进一步的明确，但是，最高人民法院还是会通过多种方式继续调整该范围，尤其是通过发表指导性案例的方式。但是，这并不意味着该方式就是完美无缺的，我们应当更多地关注其中的隐忧，才能够全面分析其中的利弊得失，为最高人民法院和地方法院采纳和适用该调整方式提供详细的决策参考。

首先，案例指导制度存在着僭越立法权限的可能。案例指导制度借鉴于判例制度，实际上是由司法创制并提供新法律规则的一种方式，这也是该制度的基本定位之一。“对于案例指导制度来说，创制规则是其根本职责之所在。没有规则的创制，也就没有指导性案例存在的必要性。案例指导制度通过创制司法规则，发挥其对司法活动的指导作用，以弥补立法与司法解释的不足。”〔1〕虽然其中对法律规则的创新程度偏低，但是，对于司法审查范围这样的基本诉讼制度，由指导性案例进行直接确定，其带来的风险程度要远远高于某一具体实体法领域。案例指导制度提供的新规则集中体现在指导性案例的“裁判要点”部分，从现有的官方正式文本来看，这些要点实质上仍然直接确定了抽象的规则，而不是如很多学者建议的那样是对案情的高度浓缩和概括。〔2〕这些抽象规则的很大部分都是对现有法律规则的细化、扩展，甚至还有不少是规避、变通和超越。〔3〕对于裁判要

〔1〕 陈兴良：《案例指导制度的规范考察》，载《法学评论》2012年第3期，第126页。
〔2〕 宋晓：《裁判摘要的性质追问》，载《法学》2010年第2期，第96页。
〔3〕 孙光宁：《指导性案例对法律规则的扩展与变通》，载《学海》2014年第4期，第62页。

点（裁判要旨）的担忧和质疑一直存在，对其过分重视可能会使得人们忽视指导性案例的裁判理由，更不要说研读判决书文本。这样，会使指导性案例的正当性证明变成空中楼阁，并使指导性案例客观上变成另一种形式的条文化的司法解释甚至是成文法。有三方面的内容在裁判要旨中很难被包括进来：案件事实、支持判决结论的法律论证、判决的逻辑与法律结论，而这三方面的内容是司法先例的独特价值和生命力所在。[1]具体到调整司法审查范围来说，在扩大行政诉讼受案范围方面，全国人大常委会始终保持比较保守的态度，强调从正反两个方面确定具体受案范围，将受案范围的继续扩大寄托于实体法的发展。[2]与之相对的是，最高人民法院对于扩大行政诉讼的受案范围一直持有相当积极的态度，很多公报案例就已经说明了这一点。在最高人民法院针对《行政诉讼法》修改的建议稿中，在受案范围方面也对原有规定进行了大规模的扩充。[3]然而，最终的修改结果并没有完全吸收最高人民法院的建议，仅仅采纳了其中较少的部分。在已经明确自身态度的背景下，对继续扩张行政诉讼受案范围这一未完成的工作，最高人民法院可以采用司法解释的方式展开[4]，也完全可以通过发布相关指导性案例的方式来实现。在此种情况中，指导性案例所包含的扩张受案范围的指向可以经由地方法院的参照而实现，并非如立法者设计的那样经由实体法完善而实现。该过程的实质是由指导性案例提供的创新规则，实现了对正式制定法条文的超越，实质上是司法对立法权限的僭越。

其次，在脱离相应制度环境和实践环境的情况下调整司法审查范围，带有一定的盲目色彩。无论是案例指导制度，还是通过指导性案例调整

---

〔1〕张骐：《再论指导性案例效力的性质与保证》，载《法制与社会发展》2013年第1期，第102页。

〔2〕例如，《全国人民代表大会法律委员会关于〈中华人民共和国行政诉讼法修正案（草案）〉修改情况的汇报》曾经专门作出说明："一些常委委员、代表、地方、法院、专家学者和社会公众建议进一步扩大行政诉讼的受案范围。另一种意见认为，当前行政诉讼制度实施中的突出问题不是受案范围规定过窄，而是现有受案范围内的争议由于种种原因不能进入诉讼解决。法律委员会经研究认为，修正案草案已经根据实践的发展扩大了受案范围，而且根据现行行政诉讼法的规定，受案范围除该法明确列举的外，人民法院还受理法律、法规规定可以提起诉讼的其他行政案件，受案范围还会随着实体法的发展相应扩大，建议可不对受案范围作大的调整。"

〔3〕江必新等编著：《行政诉讼法修改资料汇纂》，中国法制出版社2015年版，第33～35页。

〔4〕例如，在2015年4月公布的《关于适用〈中华人民共和国行政诉讼法〉若干问题的解释》第11条中，最高人民法院就直接扩大了行政诉讼受案范围之一——行政协议的类型。

（主要是扩大）司法审查的范围，都是借鉴于西方法治先进国家的经验。但是，借鉴过程中的背景考察往往被忽略，这对于相关司法实践取得实效很可能会产生消极影响。就司法审查的范围来说，德国的《行政法院法》第40～43条，美国《联邦行政程序法》（司法审查节）第702～704条、澳大利亚《行政决定（司法审查）法》第5～9条等，都集中规定了相当广泛的司法审查范围，绝大多数行政行为都具有可诉性。将其规定作为扩大行政诉讼中司法审查范围的借鉴对象，表面上看似乎无可厚非，但是，域外相关规定是与其特定的制度和实践背景密切联系的，如果切断了这些关于司法审查范围规定与其背景制度之间的联系，那么，各种制度之间的相互配合和支持也会因此而消失。前述广泛的司法审查范围规定，大多建立在三权分立的整体权力制度框架内，司法权也往往具有较高的权威和超然的地位，对行政权力的规制被充分肯定和认可。而通过指导性案例扩展行政诉讼受案范围这一方式中，司法权和司法者尚未具备以上制度条件和实际地位，特别是僭越立法的可能倾向，更影响着该方式的实际效果。从微观操作的角度来说，案例指导制度与目前很多基本的诉讼制度有着一定的龃龉，缺少可以形成良性互动的制度环境。在指导性案例中存在的诸多技术性缺陷，如效力规定不明确、案例类型偏少、法律适用创新性不足和论证说理不够充分等，都使得法官在参照指导性案例方面，缺少足够的依据、技术、方法，甚至是勇气。这种对司法实践中真正需求的忽视和缺位，造成了指导性案例并没有发挥其预期的效果，其实质是案例指导制度孤立无援的尴尬境地。例如，前述指导性案例10号落脚于如何界定“解聘总经理职务的决议”，而面对复杂的公司内部治理事项，如何在尊重公司自治的前提下将何种事项纳入司法审查范围，该案是否能够以及在多大程度上能够类推于其他事项，都缺少正式制度上的有效安排。而指导性案例38号和39号涉及的学术自治问题，为法官准确界定司法审查的范围带来更大的困难，因为学术自治的范围本身就是复杂多样、有学科之别，在很多情况下甚至是模糊不清的，而法官又不可能对各种学术问题及其边界有充分了解和掌握。更重要的是，包括案例指导在内的诸多司法制度，也没有为解决以上范围界定的难题提供相关途径和方法。与之相对，判例制度中有着诸如先例识别等具体技术，能够在先例和制定法之间形成有效关联，帮助司法者准确调整司法审查的范围。质言之，即使最高人民法院意图通过指导性案例调整司法审查的范围，案例指导制度在宏观和微观上的缺陷，也都很可能影响该意图的贯彻落实，盲目的目标设计及其由此决定的粗糙实践措施，是导致这一结果的主要原因。

再次，最高法院可能缺少足够的视野和能力，遴选出能够调整司法审查范围的可靠案件。前述部分分析了若干调整司法审查范围的指导性案例，但是，这并不意味着将来的相关指导性案例能够在调整司法审查范围问题上给出合适的答案。一方面，从实体内容上来看，无论是扩大行政诉讼的受案范围，还是尊重公司自治和学术自治，在相关指导性案例发布的时候，都已经成为理论界和学术界的普遍共识和共同呼唤；另一方面，在表现形式上，前文分析的指导性案例已经有不少公报案例等前期探索和铺垫，甚至指导性案例 38 号和 39 号本身就直接是已经发布的公报案例。因此，目前已有的指导性案例在调整司法审查范围方面是比较成功的。然而，随着指导性案例在数量上的增加，以后的指导性案例能否仍然会对司法审查的范围给出令人满意的答案，是存在疑问的。从整体法治进程的角度来说，转型社会的深入发展以及国家改革进入深水区，更多复杂的社会问题转化为诉讼案件涌向法院，如何在其中选择准确的审查范围，对最高人民法院来说是与日俱增的巨大挑战，难以简单地用公司自治、学术自治等宏观原则就能够确定。而从目前的能力、地位和社会资源来看，最高人民法院在解决以上问题方面还有不少欠缺。在案例指导制度运行的初期，最高人民法院在具体指导性案例的遴选问题上是比较谨慎的，尽量选择那些争议较少的、能够得到普遍承认的案件，虽然这些案件在创造性上略显不足。当案例指导制度逐渐成为常态，更多指导性案例陆续发布的时候，其质量和水平，以及背后支持的共识，都可能出现降低的趋势。“最高法院作为最高上诉法院……更重要的是要有一套在当代中国其实更缺乏的与这样一个法院的功能相适应的、同时也与这种社会转型相适应的司法知识，一种在更开阔的视野下对社会利益的平衡和把握，一种对公共政策的敏感和精细，一种对上诉法院功能的重新定位，对可能后果的预见力，以及一批真正超越了纠纷解决而理解了规制治理的道理的法官。”〔1〕从这个意义上说，最高人民法院是否能够遴选出适当的指导性案例，进而对司法审查的范围作出与时俱进的合适调整，都存在着一定的困难和疑问。当特定指导性案例对司法审查的范围作出不当调整时，例如侵害了一些组织的自治，或者以更严重的方式僭越了立法和行政权限，那么，在扩张和限缩之间的指示不明会引起相关司法实践的混乱，最终受损的可能不仅是当事者，还包括司法权自身。

最后，面对指导性案例调整后的司法审查范围，尤其是扩张方面，司法机关将缺少足够的应对措施和资源。指导性案例对司法审查范围的调整，主要表现在扩张方面，这一点与《行政诉讼法》修改的主旨是一致的。可以预期的是，一旦放宽了受案范围，行政诉讼在数量上将会激增，尤其是结合了立案登记制之后。对于已经出现的“案多人少”情况，以上案件数量上的大幅度增加将产生雪上加霜的效果。在现有整体司法资源（包括法官人数等法院的软硬件资源）没有大幅度增加的背景下，数量上的激增可能产生审判质量上的下降，误判和错判的可能性也会随之增加。一旦在某些案件上出现的失误被社会舆论所关注，那么，产生的消极影响反而会大大削弱整个司法机关的权威。“一个‘彭宇案’，就足以毁掉多年积累的司法公信和法治信仰。……一百万个公正案件也抵消不了一个不公案件的负面影响，而一个不公案件就足以毁了一百万个公正案件建立起的司法声誉。宏观法治状况一旦跌落到‘临界点’以下，正当的个案裁判就不再取决于法律职业内部的选择和意愿。当今中国法官在具体案件中承受的社会压力，很多不是由于自身的伦理操守，而是源自他们前辈就没能化解的来自普通民众的怀疑猜忌。”〔2〕换言之，在司法资源有着特定限度的背景下，《行政

〔1〕苏力：《司法解释、公众政策和最高法院——从最高法院有关“奸淫幼女”的司法解释切入》，载《法学》2003年第8期，第38页。

〔2〕凌斌：《当代中国法治实践中的“法民关系”》，载《中国社会科学》2013年第1期，第163~164页。

诉讼法》上的修改已经扩张了司法审查的范围，通过指导性案例继续扩大该范围，地方司法机关可能会进一步不堪重负。“管得多”与“管得好”之间往往呈现反比关系。这里再次展现了最高司法机关和地方司法机关的差异关系：前者对全国性案件进行业务指导，可以通过司法解释、指导性案例等方式扩大行政诉讼受案范围，这一倾向得到了普遍认可，对其标榜可以展现最高人民法院的“正确”业务指导；而地方法院的精力、角色和地位，都不允许他们去关注如此宏大的主题，绝大多数的日常工作是在具体案件中形成准确判决，只有在极少数有挑战性的案件中经过审慎思考形成具有一定创造性的判决结论。可以说，最高人民法院通过指导性案例扩张司法审查的范围，这一初衷无可厚非，但是，其中也包含着忽视地方法院实际情况的可能。如果此类指导性案例不断增加，那么，二者的差异以及由此导致的矛盾也会进一步加剧，最终结果可能是两败俱伤。

三、通过行政法指导性案例调整司法审查范围的有效运作

从上文的分析可以看到，虽然通过指导性案例调整司法审查的范围有着独特的价值和优势，但是，其中也包含着不少隐忧，而且二者经常相互交织，难以简单地用取长补短或者趋利避害进行概括。如何恰当地采取相应措施，使得该调整方式达到最优的实际效果，是对司法者的严峻挑战。基于最高人民法院和地方法院的差异，相关的应对措施从这两个层面展开。

（一）最高人民法院方面

在通过指导性案例调整司法审查范围的方式中，最高人民法院是主导者和直接推动者，自然承担着相当重要的责任。从最初指导性案例的遴选到正式发布，再到对指导性案例的实践效果进行观察和分析，最高人民法院都在其中扮演着重要角色，把握着该方式的整体发展方向和微观具体操

作。我们可以从该过程中涉及的三个主要因素：司法审查范围、案例指导制度和最高人民法院自身三个方面继续细化分析。

首先，对于司法审查范围调整的整体方向，最高人民法院仍然应当坚持与时俱进的稳健态度。总体来说，虽然前文中分析了简单借鉴外国司法实践做法带有一定的盲目性，但是，结合我国目前行政法治的实践，继续在该领域中扩大司法审查范围仍然应当成为最高人民法院坚持的基本方向，从对《行政诉讼法》修改的热切希望和热烈探讨中也可以看到这一点。在本次《行政诉讼法》修改中，已经明确将所有“具体行政行为”修改为“行政行为”，其中继续扩大行政诉讼范围的意图不言而喻。当然，对限缩司法审查范围，也需要确定一下底线范围。在这种扩大和限缩之间，最高人民法院在确定具体调整范围的时候，需要进行多种因素的考量，才能够准确遴选相应的指导性案例。这些考量的因素可能非常众多，前文已经分析了在行政领域中扩大司法审查范围的成功指导性案例，最高人民法院完全可以从中吸取经验。例如，《行政诉讼法》中受案范围过于狭窄，已经成为理论界和实务界都承认的共识，为发布相应的指导性案例提供了合法性基础；再者，地方法院的审判实践为最高人民法院提供了经验和教训的积累，是通过个案审判调整司法审查范围的“试验场”，其中的经验被最高人民法院确定为公报案例。

除此之外，国外相关的立法与司法经验，也应当成为重要的考量因素，例如，在限缩司法审查范围中，学术自治是排除法院对高校某些行为进行审查的基础原因之一，但是，学术自治的范围又是难以准确界定的。借鉴高等教育比较发达的国家中司法的经验，几乎是必然的选择。在指导性案例 39 号中，最高人民法院认可了合法性审查标准。但是，随着我国高等教育的急速发展，合理性标准也将逐渐受到更多的重视，这一点从美国的相关经验中就可见一斑：通过引用合理性原则，使司法审查延伸到学校管理的内部，对学校管理形成了有效外部监管；司法审查限定在特定的学生宪法权利范围内，既突出了保护受教育者合法权益的目的，又避免了司法审查对学校管理和教育规律可能造成的干扰；司法审查力求立场中立，基于充分的理由和证据，与学校运作具有实质性的联系，有效地降低了法院、学校、学生之间的主观性冲突；将合理性原则的内涵不断丰富化，充分运用教育判例在创制司法审查原则方面的灵活性。[1]不断发展的高等教育也需要相应的司法审查，司法审查的范围很可能也会由此继续扩大，甚至有观点就认为高校中职称评定的问题也应当具有可诉性，这与学术自治的传统观点截然相反。[2]在“有权利就有救济”的基本理念下，高校更多的行为都有可能被纳入司法审查的范围，通过比较解释借鉴外国经验，是最高人民法院在确定相应指导性案例时需要考虑的因素。此外，在本次《行政诉讼法》修改的建议中，还有很高的呼声要求将公务员的奖惩纳入受案范围之中。[3]其理由就是，世界各国已经逐渐放弃特别关系理论，此类案件已经完全可以被行政诉讼所接纳，而我国公务员与其行政机关之间的争议缺乏有效救济途径，更有大量隐性行政纠纷被埋藏，不排除将来出现相关指导性案例对此类案件的可诉性进行调整。

当然，同样重要的考量因素还有法学研究的成果。被《行政诉讼法》立法修改所吸收的、对抽象行政行为的附带审查，原先已经由公报案例和指导性案例所肯定，相关的研究成果也早已发现并给予大力呼唤。[4]经过多年的积累，中国的法学研究已经日趋成熟，法教义学和社科法学都为司法实践提供了丰富的研究视角，最高人民法院也应当积极采纳和吸收法学研究成果，从而为调整司法审查范围确定准确的范围和方向。

其次，完善案例指导及其配套制度，使得指导性案例对司法实践发挥更为直接的积极影响。指导性案例在当前的司法实践中受到冷遇，没有发挥预期中的广泛而积极的效果。这与案例指导制度自身的设计有着直接关

---

〔1〕李为民：《美国教育司法审查的合理性原则及其启示》，载《外国教育研究》2010年第11期，第80页。

〔2〕郭庆菊：《高校教师职称评审行为之司法审查》，载《学术交流》2011年第3期，第78页。

〔3〕江必新主编：《新行政诉讼法专题讲座》，中国法制出版社2014年版，第65页。

〔4〕相关研究成果参见程竹汝：《行政法治必须解决的一个关键问题——论对抽象行政行为的监督》，载《政治与法律》2005年第1期；江必新：《〈行政诉讼法〉与抽象行政行为》，载《行政法学研究》2009年第3期；郭百顺：《抽象行政行为司法审查之实然状况与应然构造——兼论对行政规范性文件的司法监控》，载《行政法学研究》2012年第3期；胡锦光主编：《行政法专题研究》（第二版），中国人民大学出版社2006年版，第71页；上官丕亮：《论抽象行政行为的不可诉性与可附带司法审查性》，载《西南政法大学学报》2005年第3期；胡锦光：《论我国抽象行政行为的司法审查》，载《中国人民大学学报》2005年第5期；等等。

系，尤其是一些配套的细化规定付诸阙如，影响了地方法院参照适用指导性案例的积极性。例如，指导性案例具有“应当参照”的效力，但是，如何理解“应当参照”本身就成为一个问题，有学者甚至否定了该规定的实际效力。〔1〕即使能够肯定指导性案例的正式效力，如何与其他司法制度尤其是诉讼制度相互配合和协调，也面临着类似的问题。例如，在与指导性案例足够类似的案件中，当事人能否以“应当参照指导性案例而未参照”为上诉理由，上诉法院应当如何对此进行评价和回应，主审法官又应当承担何种责任，等等。虽然来自最高人民法院的观点对以上问题有所回应，例如，当事人要求参照某指导性案例遭到拒绝时，法官应当说明理由。在上诉和申诉中，上级法院可以参照指导性案例而做出改判或者发回重审。〔2〕但是，这些观点尚未得到正式制度的确认。此外，如何具体准确地判断待决案件与指导性案例达到“足够相似”的程度，也是需要明确和细化的问题。在没有完全明确以上问题的情况下，地方法院难以参照指导性案例，贯彻最高人民法院在调整司法审查范围上的意图。与此同时，最高人民法院也应当通过多种渠道，鼓励地方法院推荐与调整司法审查范围相关的案件，作为遴选指导性案例的对象。目前，最高人民法院已经向其审判业务部分印发了《案例指导工作绩效考评暂行办法》，并鼓励地方法院继续细化和完善。这些措施都对遴选出调整司法审查范围的优秀指导性案例有着重要推动作用。

最后，在审时度势的基础上，积极推动自身的整体转型。在全面深入依法治国的背景下，最高人民法院也迎来了实现转型、提升权威的契机，各种司法制度的创新都是这一契机的表现，案例指导制度也是如此。指导性案例能否以及在多大程度上发挥调整司法审查范围的功能，根本的决定性因素仍然是最高人民法院。目前，最高人民法院仍然承担了比较繁重的审判业务，这使其无暇顾及推进司法制度创新、形成公共政策等方面的统

〔1〕谢晖：《“应当参照”否议》，载《现代法学》2014年第2期，第54页。

〔2〕张军：《充分发挥案例指导作用 促进公众高效权威的社会主义司法制度建设——在全国法院案例工作会议上的讲话》，载于胡云腾主编：《中国案例指导》（第1卷），法律出版社2015年版，第294页。

领工作，而后者才恰恰是最高人民法院独有的、不可替代的功能。如果最高人民法院仅仅满足于现状，将案例指导仅仅视为对理论界呼吁的一种回应，仅仅是通过有限个案来标榜扩大的司法审查对权利的救济，缺乏真正将其贯彻于地方司法实践的决心和措施，那么，指导性案例在调整司法审查范围方面的作用也就无从发挥。如同对扩大行政诉讼受案范围形成的长期共识一样，案例指导也被理论界和实务界长期寄予厚望，指导性案例具有灵活多变、与时俱进的优势，十分适合最高人民法院及时对整体司法政策进行调整。就司法审查的范围来说，通过指导性案例进行的调整，实质上是最高人民法院为司法影响或者参与社会活动确定一个程度：司法审查的范围越大，司法对社会的影响就更加直接和广泛；但是，过度的社会参与也会耗尽有限的司法资源。从司法哲学的角度来说，司法审查的范围是在保守主义和积极主义之间的程度选择。转型社会产生的众多纠纷，使得司法不得不采取积极应对的措施。最高人民法院通过指导性案例等方式，逐步扩大司法审查的范围，是比较稳妥的路径。同时，巡回法院等制度创新，使得最高人民法院能够从繁忙的审判业务中抽身，集中精力于宏观审判工作的引领和指导，是推动其整体转型的积极因素。

（二）地方法院方面

由于层级的不同，地方法院并不能像最高人民法院那样确定指导性案例，但是，所有指导性案例都必须经由地方法院才能够产生实效，调整司法审查范围的指导性案例当然也不例外。可以说，地方法院是通过指导性案例调整司法审查范围的最终执行者。同时，地方法院也在为最高人民法院提供指导性案例的原型和前身，其作用同样不容忽视。对于地方法院来说，在应对调整司法审查范围的指导性案例时，至少可以从以下几个方面做出贡献。

首先，及时通过指导性案例跟进最高人民法院所调整的司法审查范围。以往最高人民法院对司法审查范围的调整主要是通过司法解释、批复、答复或者公报案例展现的，指导性案例是一种新方式。虽然以往的诸多方式也会对地方法院的司法实践产生一定影响，但是，这种影响力十分有限，在很多情况下并没有得到地方法院的有效回应。例如，指导性案例 38 号“田永案”，在最高人民法院公报中公布以来，引起了社会的广泛关注，高校在对其学生实施惩戒行为（尤其是涉及退学等方式）时，完全能够成为行政诉讼的被告。但是，即使有该案作为“先例”，很多地方法院在审查类似案件时，仍然以特别关系理论为依据，将高校的退学决定排除在行政诉讼受案范围之外。[1]这些案件的存在从侧面说明，地方法院对于最高人民法院如何调整司法审查的范围，缺少及时和全面的了解。当然，这种情况和公报案例并无正式效力有关。在案例指导制度运行之后，此类情况应当有所改观，毕竟，指导性案例的效力要明显高于公报案例，忽视指导性案例中所确定的司法审查范围，会给主审法官带来消极影响。在资讯日益发达和便捷的背景下，地方法院了解和分析指导性案例中所包含的规则及其引申含义并非难事。而且，最高人民法院也通过多种渠道强化对指导性案例的宣传。例如，在每批指导性案例发布时，最高人民法院都会以《关于发布第×批指导性案例的通知》为名，专门向各级法院传达相应文件，同时，在这些通知中对每一个指导性案例背后所要实现的目的进行凝练和概括，其中也经常直接明确某案件是为了调整司法审查范围。[2]此外，《人民司法》《法制日报》《人民法院报》等刊物也有对指导性案例的大篇幅介绍和分析。简而言之，面对着具有正式效力的指导性案例，地方法院应当尽量细致研习，不仅关注裁判要点，更要获知其背后对司法审查范围的调整，这样才能够将该意图贯彻于审判活动之中。

其次，在审判类似案件时，积极主动地适用指导性案例。及时跟进和了解，是地方法院适用指导性案例的前提。问题的关键不在于获知指导性

---

〔1〕 例如，2002 年，北京某大学生因考试作弊被退学；2003 年，重庆女大学生因恋爱怀孕被退学；2005 年，成都两大学生因在教室接吻被勒令退学。针对以上决定提起的行政诉讼，都被基层法院以该行为为内部行政行为为由，认定该案不属于行政诉讼受案范围。

〔2〕 例如在《关于发布第五批指导性案例的通知》中，最高人民法院确认，指导性案例 22 号“旨在明确内部行政行为外部化后的可诉性问题。该案例明确下级行政机关直接将上级行政机关的批复付诸实施，并对相对人的权利义务产生了实际影响，相对人对该批复不服提起诉讼的，人民法院应当依法受理。该案例法律适用符合行政诉讼法立法精神，有利于畅通行政相对人权利救济的渠道，监督和促进行政机关依法行政”。

案例的具体内容，而是在审判活动中贯彻其规则和精神。虽然目前案例指导制度在具体操作上存在着不少缺陷，指导性案例在司法实践中被适用的积极性也不高，但是，地方法院不应就此而忽视其“指导”作用。从业务学习的角度来说，研习指导性案例能够从长远上提升司法者的能力与素质；从直接适用的角度来说，指导性案例也提供了很多直接的创新规则或者裁判思路，对于解决审判实务中出现的具体难题，还是很有帮助的。对于调整司法审查范围来说，行政诉讼领域中继续扩大受案范围仍然是主流趋势，除此之外，立法中鲜有具体规定。这就意味着，面对复杂的社会纠纷，司法介入和参与的程度，需要由具体承办法院甚至是主审法官来确定，指导性案例则是良好的参照对象。无论是从指导性案例的效力，还是参照的必要性来说，地方法院都应当积极主动地适用指导性案例，对司法的社会参与度进行准确判断。需要说明的是，适用指导性案例的方式完全可以是灵活多样的。目前对案例指导制度的完善措施多是集中于，将指导性案例及其裁判要点直接在判决书中体现，作为形成判决的直接依据。这固然是一种比较理想的状态，但是，在相应的配套规定出台之前，指导性案例也可以通过隐性的方式发挥间接作用。对于调整司法审查范围而言，无论是做出是否受理案件裁定的参考，还是对该裁定进行说明的论证理由，都是指导性案例发挥作用的方式。

最后，在审判个案时继续探索如何调整司法审查的范围。根据《关于案例指导工作的规定》，所有的指导性案例最初都是通过多种途径推荐给最高人民法院的生效案件。这就意味着，当案的主审法官并不确定其审判的案件能够成为指导性案例，而最高人民法院将其遴选为指导性案例，也贯彻着相应的意图。从原有公报案例的经验可以看到，最高人民法院是积极鼓励那些创造性判决的，指导性案例 38 号和 39 号就是典型例证。地方法院在探索调整司法审查范围方面有着自身的优势，他们能够直接面对立法规定的有限与社会强烈需求之间的冲突；在面对类似情况时，多地法院的共同做法能够总结出有效的应对措施，而这些地方法院不同的对待态度或者审判结果，又可以将其探索仅仅局限于个案范围之内，即使并不成功也不会波及甚广。这些优势都是深居庙堂的最高人民法院所不具备的。这一探索过程与前述研习指导性案例的过程之间完全可以形成良性互动：将某地法院的成功经验经由最高人民法院的指导性案例向其他法院推广，这个“地方法院—最高人民法院—地方法院”的运行过程，能够形成多方共赢的局面，能够准确调整司法审查的范围。在地方法院的探索中，要形成对司法范围调整的准确判断，主审法官应当具备深厚全面的知识储备，以及对现行法律与社会需求之间关系的准确理解；同时，能够准确运用法律解释、法律论证、法律推理，以及利益衡量和漏洞补充等法律适用方法，在裁判文书中进行细致说理。而要提升以上素质和能力，认真研习指导性案例又是一个重要途径。对于主审法官来说，研习指导性案例所获得的认知，能够贯彻到创造性审判个案之中，又为将来被遴选为指导性案例做了准备，这又是一种良性互动。

结语：最高人民法院与地方法院在案例指导中的配合

从指导性案例调整司法审查范围的分析中可以看到，最高人民法院与地方法院的联系非常紧密：前者公布的指导性案例，由后者具体参照和适用；而所有的指导性案例原初都是后者进行创造性审判的案件。《人民法院组织法》第 17 条规定了上下级法院之间为监督与被监督的关系，而实际上二者关系还包括党务、人事、经费等方面的司法政务工作关系。[1]2010 年底，《关于规范上下级人民法院审判业务关系的若干意见》第 8 条也明确：“最高人民法院通过审理案件、制定司法解释或者规范性文件、发布指导性案例、召开审判业务会议、组织法官培训等形式，对地方各级人民法院和专门人民法院的审判业务工作进行指导。”该文件与《关于案例指导工作的规定》发布时间仅相差一个月，而且在第 8 条中直接关联。在指导性案例陆续公布、逐渐对审判工作产生影响的背景下，前述《意见》第 8 条中通过“发布指导性案例”对地方法院进行业务指导，才得以真正落实。可以说，指

---

〔1〕 刘玉华、魏磊等：《上下级法院监督指导关系的再认识》，载《人民法院报》2013 年 12 月 4 日第 8 版。

导性案例是最高人民法院与地方法院之间加强联系的新形式。

如果说其他类型的指导性案例提供的主要是具体的实体规则，那么，调整司法审判范围的指导性案例则对更大层面上的、司法参与社会纠纷的程度问题表明了最高人民法院的态度，后者的影响力更为深远。可以预见，随着类似指导性案例继续发布，将来司法审查范围的调整还将继续，无论是扩大还是限缩，抑或是明确细化，都将是最高人民法院和地方法院共同协作的结果。在这个过程中，二者之间的业务联系也将更加密切，这对于切实推进法治进程来说，是大有裨益的。

图书在版编目（CIP）数据

中国司法的经验与智慧：指导性案例中法律方法的运用实践／孙光宁著．—北京：中国法制出版社，2018.10
（法治思维与法律方法文库）
ISBN 978-7-5093-9808-1

Ⅰ.①中… Ⅱ.①孙… Ⅲ.①案例-研究-中国②司法制度-研究-中国 Ⅳ.①D920.5②D926

中国版本图书馆CIP数据核字（2018）第221989号

策划/责任编辑　陈　兴　　封面设计　李　宁

中国司法的经验与智慧：指导性案例中法律方法的运用实践

ZHONGGUO SIFA DE JINGYAN YU ZHIHUI：ZHIDAOXING ANLI ZHONG FALÜ FANGFA DE YUNYONG SHIJIAN

著者/孙光宁
经销/新华书店
印刷/三河市紫恒印装有限公司
开本/730毫米×1030毫米　16开　　印张/24.25　字数/321千
版次/2018年10月第1版　　2018年10月第1次印刷

中国法制出版社出版
书号ISBN 978-7-5093-9808-1　　定价：65.00元

北京西单横二条2号
邮政编码100031　　传真：010-66080537
网址：http：//www.zgfzs.com　　**编辑部电话：010-66010405**
市场营销部电话：010-66033393　　**邮购部电话：010-66033288**

（如有印装质量问题，请与本社印务部联系调换。电话：010-66032926）